KB040503

현대 한국의 사상흐름

지식인과 그 사상 1980~90년대

GENDAI KANKOKU NO SHISO
by Yoon Keun Cha
Copyright© 2000 by Yoon Keun Cha
Originally Published in Japan in Japanese
by Iwanami Shoten, Publishers, Tokyo in 2000.

현대 한국의 사상흐름

지식인과 그 사상 1980~90년대

윤건차 지음

당대

현대 한국의 사상흐름

지식인과 그 사상 1980~90년대

지은이/윤건차
펴낸이/김종삼
펴낸곳/도서출판 당대

제1판 제1쇄 인쇄 2000년 10월 11일
제1판 제1쇄 발행 2000년 10월 18일

등록/1995년 4월 21일(제10-1149호)
주소/서울시 마포구 연남동 509-2, 3층 (121-240)
전화/323-1316 팩스/323-1317
전자주소/dangbi@chollian.net

ISBN 89-8163-061-5 04300

한국어판을 펴내며

이 책은 2000년 9월 8일 일본의 이와나미쇼텐(岩波書店)에서 간행된 『現代韓國の思想 1980-1990年代』의 한국어판이다. 그러니 이 책은 일본과 한국에서 거의 동시출판되는 셈이다. 실제로 이와나미쇼텐의 편집작업이 끝나기 전에 이미 한국에서 번역작업이 시작되었고 번역작업 과정에서 확인된 몇 가지 사항이 이와나미쇼텐의 편집에 도움이 되기도 하였다.

필자는 재일조선인 2세이다. 일본에서 출판된 필자의 책 가운데 한국어판으로 번역되어 나온 책은 이미 세 권이 있다. 『한국 근대교육의 사상과 운동』(청사, 1987)과, 『현대일본의 역사의식』(한길사, 1990), 『일본: 그 국가·민족·국민』(일월서각, 1997)이 그것이다. 『한국 근대교육의 사상과 운동』은 1860년대 근대 초기부터 1919년 3·1독립운동까지의 조선 근대사상사를 교육을 중심으로 서술하고 있으며, 『현대일본의 역사의식』과 『일본: 그 국가·민족·국민』은 주로 일본 근현대의 사상사와 더불어 재일동포의 역사와 사상에 관해서도 다루고 있다. 지금까지 한국에서 출판된 이 세 권의 책들과 비교해 볼 때, 이번의 책은 필자가 처음으로 현대 한국의 사상을 본격적으로 다루면서 집필한 것이라 할 수 있다.

이 책은 민주화운동이 과감하게 전개되었던 1980년대 이후부터 2000년 6월까지 한국의 사상흐름을 주제로 하고 있다. 80년대의 사상도 다루고 있지만, 전체적인 서술은 90년대를 중심으로 하고 있다.

'압축근대'라고 표현할 수 있는 한국의 근현대사, 그중에서도 특히 8, 90년대의 사상을 총괄하고 있다. 그리고 이 책은 한국의 사상적 격류의 외곽에 있으면서도 늘 한국, 나아가 한반도 전체의 정치·경제·문화의 변화에 크게 영향을 받을 수밖에 없는 재일조선인 2세의 시각에서 서술된 것이다. 어떤 의미에서는 이러한 책의 집필은, 그 성과는 별개로 하더라도 여러 가지 인간관계가 복잡하게 얽혀 있는 국내의 연구자보다는 오히려 그런 얽매임으로부터 비켜나 있는 국외의 연구자가 하는 편이 쉬울지도 모르겠다.

지금까지 조선의 근대사상사와 일본의 근현대 사상사 그리고 한일관계사와 그 틈새에 끼여 있는 재일동포의 문제에 줄곧 관심을 기울여오던 필자가 현대 한국의 사상에 대해 깊은 관심을 가지게 된 것은 1997년 9월부터 한 학기 동안 서울대학교 대학원에서 일본 근현대 사상사를 강의할 기회를 얻으면서부터였다. 사실 필자가 서울대학교에서 강의를 하게 된 것도, 그 당시까지의 사상사 연구에 일종의 한계를 느껴서 격동의 역사를 시시각각 마음에 새기는 한편으로 세계의 조류와 거의 시차를 두지 않고 여러 사상조류가 교차하는 한국에서 배우고 싶었기 때문이다. 그로부터 3년이란 세월이 지나 이렇게 일본과 한국에서 거의 동시에 연구성과를 간행할 수 있게 된 것은 필자로서 더할 수 없는 기쁨이다.

이 책을 집필하는 동안 필자는 사상의 다이내미즘(dynamism)을 새롭게 인식하게 되었고, 특히 사상연구에서 한국의 위치를 어떻게 설정할 것인가가 매우 중요하다는 것을 자각했다. 종래의 국가나 계급, 민족 등을 비롯해서 최근 10여 년 동안 한국에서 논점이 되어왔던 근대성과 식민지성, 탈식민지화의 개념이 가지는 의미와 그 중요성도 다시금 깨닫게 되었다. 이렇게 하여 이 책을 세상에 선보이게 되었는데, 이제는 이 책이 던지는 '물음'이 과연 무엇인지를 필자 스스로 독자들과 함께 시간을 들여서 음미해 나가는 것이 앞으로의 과제라고 생각한다.

다만 필자로서는 밖에서 한국의 사상을 논하는 것에 대해 아무래도 주저함 같은 것을 느끼지 않을 수 없다. 여기에는 몇 가지 이유가 있겠으나, 우선 사상연구라는 것이 역시 대상으로 하는 사람의 인격이라고 할까, 초상권을 불가피하게 침해하게 된다는 점이다. 특정 인물의 사상을 유형화하고 고정된 형태로 특징짓는 것은 사상의 다이내미즘과 개인의 지적 탐구영역을 침범하고 왜곡하는 결과를 가져올 수도 있다. 설령 많은 자료를 읽고 또 읽고 사람들과 주고받은 상당량의 인터뷰나 이메일을 기반으로 해서 서술했다고 할지라도, 이 서술 자체는 현실과의 괴리라든가 사상형태의 단순화 그리고 대상의 무한한 객체화라는 한계를 면할 수 없다. 따라서 이 책의 서술대상이 된 사람들과의 끊임없는 대화가 이제부터 매우 중요하다고 필자는 생각한다.

그리고 외부에 있는 필자가 한국의 내부사정이나 실제 생활 속에서 느끼게 되는 감정 등을 잘 알지 못함으로 해서 필연적으로 어느 정도 애매한 선에서 서술하지 않을 수 없었다. 다시 말해 소극적으로 표현하는 경향이 나타날 수밖에 없었다는 점이다. 한국에서 교육을 받고 생활하는 사람에게는 아주 상식적인 일도 외국에서 자라고 교육받은 사람은 전혀 모른다거나 잘못 이해하고 있는 것이 적지 않기 때문이다. 한국의 국내모순을 어디까지 파악하고 서술할 수 있을 것인가 하는 점에서부터 개개인의 이름표기에 이르기까지, 약간 과장해서 말한다면 오해나 편견 심지어 차별이라고 받아들여지는 것은 아닐까 하는 두려움이 없지 않다. 이 역시 오직 폭넓은 대화를 끊임없이 해나갈 때만이 해소될 수 있을 것이라고 본다.

이 책은 사상서 등의 우수한 출판으로 알려진 당대출판사에서 간행된다. 한국의 민주화운동과 출판사업에 커다란 공헌을 해온 박미옥 사장을 비롯하여 출판사 사람들의 배려에 최대한의 경의를 표하고 싶다. 또한 번역을 해준 탁월한 연구자 장화경 교수에게도 진심어린 감사의 뜻을 표한다.

2000년 9월
도쿄에서 윤건차

머리말
'압축근대'를 살고 있는 한국

　20세기에서 21세기에 걸쳐 있는 시기에 한국사회는 근대의 역사가 흘러가면서 만들어낸 여러 가지 사회상을 집약적으로 보여주고 있다.

　'근대'란, 첫번째 의미로는 '서구근대'로 규정되면서도 실제로는 '식민지근대'를 그 다른 한쪽 끝으로 해서 그 사이에 중심·반(半)주변·주변의 여러 가지 '근대적' 모습이 혼재된 상태로 존재한다. 세계사적 사실을 보더라도 영국과 프랑스를 '전형'으로 하는 서구근대가 있고, 그것에 저항하고 분리하여 달성된 미국의 근대가 있고 또한 '서양의 충격'을 거친 다음 아시아 침략을 지렛대로 하여 이룩한 일본의 굴절된 근대가 있다. 식민지근대라 하더라도 아시아에서는 중국의 경우 반(半)식민지, 조선의 경우 완전식민지라는 서로 다른 위상이 있고, 더욱이 일본이라는 국민국가에 포섭되어 버린 오키나와의 근대가 있다. 이와 같이 세계사에서 말하는 '근대'는 서구근대에서 식민지근대에 이르기까지 그 내용은 다양하다. 제2차 세계대전이 종료된 다음의 세계는 그러한 근대의 종언인 동시에 새로운 지배-피지배의 관계가 복잡한 형태로 구축된 시대이다.

　이러한 관점에서 한국의 근대, 특히 20세기 말로 이어지는 한국 근대사를 볼 때 그것은 근대로 가는 자주적 발자취, 식민지지배, '해방', 남북분단, 전쟁, 분단의 고착화라는 비극의 시대로 각인되어 있으면서도, 그후의 고도 경제성장 달성 등을 통해 다름 아닌 '압축근대'의 양상을 보이고 있다. 특히 1980년대에서 90년대의 한국은 격동하는 국제관계 속에서 정치·경제·사회의 각 분야에서 커다란 변화를 경험하고, 사상적으로도 세계사조의 변화와 밀접하게 연관된 행보를 나타낸다. 물론 여기서는 민중이 역사변혁의 주체가 되었으며, 지식인 또한 그에 못지않게 역사의 전개에서 크나큰 역할을 하였다.

현대 한국을 지성사·사상사·학문사·정신사의 측면에서 살펴보면, 1945년 8월 해방에서부터 48년 8월 대한민국 건국까지는 미군정 하에서 친일파에 대한 비판과 좌익·우익의 대립이 기조를 이루었다고 볼 수 있다. 그후 50년대 말까지는 한국전쟁을 겪으면서 미국에 대한 사상적·학문적 종속화가 진전되어 반공이데올로기가 침투하던 시대이다. 이윽고 60년 4월에는 '학생혁명'이 일어나는데 그 뒤를 이어 박정희의 군사쿠데타로 군사독재정권이 성립되었다. 그리고 65년에 한일조약이 체결되고 군사파쇼라는 엄혹한 조건 아래서 70년대까지는 반(反)체제 지식인의 소시민적·자유주의적인 활동이 전개되어 나갔다. 특히 72년 12월에 박정희정권이 이른바 '유신체제'를 출범시켜 영구집권의 기반 구축에 나선 것은, 학생과 지식인들을 중심으로 한 민주화운동에서는 획기적인 사건이 되었다.

미·소냉전과 남북분단으로 규정된 이러한 발자취 속에서 바야흐로 고도 경제성장이 시작되면서, 80년 5월의 광주민중항쟁을 계기로 한국사회의 근본적인 변혁을 지향하는 민주화운동이 본격적으로 전개되었다. 80년대 중반 이후에는 마르크스·레닌주의를 기반으로 하는 사회과학이 확산·침투되면서 이것이 운동론과 연계되어 한국자본주의 논쟁 및 사회구성체 논쟁이라 일컬어지는 일대 논쟁이 지식인들 사이에서 확산되어 나갔다.

90년대로 이어지는 현대 한국의 전환점인 1987년 박종철 고문치사 사건을 계기로 노동자·학생의 대투쟁이 전개되자, 군부지배층은 이를 '민주화선언'으로 대처할 수밖에 없었다. 그 결과, 민주화가 어느 정도 진전되고 고도 경제성장과 더불어 시민사회의 형성도 진척을 보였다. 그러나 그것 역시 한 순간에 그치고, 1989~91년의 소련·동유럽권의 붕괴로 좌파와 진보세력은 급속하게 쇠퇴하기 시작한다.

이렇게 하여 90년대에 들어서면 1993년 김영삼 '문민정권'의 탄생을 거치고 한국의 사회과학과 인문과학은 쇠퇴의 길로 들어서는데, 그 주된 요인은 전통적인 마르크스주의에 대한 신뢰성의 상실이었다. 사실 일부 마르크스주의자가 마르크스주의의 '전화(轉化)와 재구성'을 모색하기 시작하는 가운데, 적지 않은 마르크스주의자들은 신판 근대화론이나 프랑스사상에 급속하게 접근해 갔다. 포스트모더니즘의 조류가 확산되는 과정에서 지식인은 이제까지 신봉해 오던 사상에 대한 근본적인 회의를 품게 되며 사회과학의 근간을 이루는 주제인 '근대'나 '근대성'을 본격적으로 묻기 시작하였다.

그래도 이러한 사상적 혼미와 더불어 1997년 말에 한국이 IMF 관리경제라는 비상사태에 놓이면서, 한국의 지식인은 사상의 재구축이라는 시대적 과제를 짊어지게 되었다. 1998년 2월에 김대중정권이 탄생함으로써 한국 역사상 최초의 야당에 의한 정권교체가 실현되고 경제가 악화되면서 그후 진보세력이 어느 정도 되살아나고 나아가 그 속에서 여러 사상집단의 활동과 각종 형태의 시민운동이 매우 활발하게 전개되기 시작하였던 것이다. 80년대 말까지만 해도 반체제운동은 군사독재정권과의 대결을 기본 과제로 하고 사상 및 학문적 논의도

국가권력의 문제로 수렴될 수밖에 없었지만, 90년대에 들어와서는 80년대에 볼 수 없었던 여러 가지 사회문제가 한꺼번에 분출하였다고 할 수 있을 것이다.

20세기 말에서 21세기에 걸쳐 있는 오늘날, 한국의 사상계는 바야흐로 갖가지 꽃이 현란하게 피어 있는 듯한 느낌이 든다. 전통적인 마르크스주의의 재구성을 서두르는 구좌파적 마르크스주의, 루이 알튀세르의 사상을 수용한 알튀세르적 마르크스주의, 프랑스사상의 영향을 받아서 문화나 소수집단에 주목하는 신좌파적 마르크스주의, 마르크스주의를 비판적으로 극복하면서 시민사회의 의의를 강조하는 좌파적 시민사회론, 또한 마찬가지로 마르크스주의를 비판적으로 받아들이면서 페미니즘과 에콜로지(환경보호운동) 등의 시민운동을 중시하는 급진적 민주주의론 혹은 역사학계 등에서 많이 볼 수 있는 진보적 민족주의 그리고 사회민주주의적 색채를 띤 각종 자유주의론, 게다가 보수적 민족주의를 포함한 반공색채가 농후한 보수사상 등이 있다(**지식인 지도 참조**). 더욱이 전격적인 발표를 통해 2000년 6월에 분단 후 최초의 남북정상회담이 실현된 것은 한국의 지식인들에게 크나큰 충격을 주어 남북 교류나 통일을 시야에 넣은 새로운 사상의 전개를 재촉하게 되었다.

무릇 사람이 자신을 가장 강하게 의식하는 것은 위기에 봉착했을 때이다. 개인이든 지역공동체든 혹은 민족공동체든 그러한 위기는 자기상실 내지는 자기존재를 위협하는 강력한 타자(他者)를 지각했을 때 가장 선명한 형태로 나타난다. 때때로 자기상실은 순식간에 강력한 적대자를 자각케 하고 그 적인 타자는 자신의 거울이 되어 불안에 가득 찬 자신을 생생하게 비추어준다.

이런 의미에서 볼 때, 오늘날의 한국은 심각한 사회불안과 아이덴티티의 위기에 빠져 있다고 할 수 있을 것이다. 다만 역설적이게도 위기는 새로운 자신을 되찾기 위한 시련이고, 계기가 될 수도 있다. 다시 말해 '압축근대'의 한국사상은 세계사가 떠안고 온 여러 종류의 모순을 집약적으로 내포하고 있는 만큼, 새로운 세기를 열어나가는 사상을 제시할 가능성을 간직하고 있다고 할 수 있지 않을까.

이 책에서 현대 한국의 사상을 서술하려는 것은 무엇보다도 한국 현대사상에 대한 필자의 이해를 심화시키기 위함이다. 재일조선인 2세인 필자의 가장 첫번째 관심사는 일본땅에서 재일조선인의 역사와 현재 그리고 미래에 관해 고찰하는 것이다. 일본 제국주의가 조선을 침략함으로써, 조국을 떠날 수밖에 없었던 구식민지 출신의 한 사람으로서, 현재 살고 있는 일본에서 '민족'적 권리를 획득하고 옹호하는 것은 기본적인 책무의 하나이다. 그래서 필자는 지난 십수 년 동안 주로 사상사적 측면에서 일본의 근현대사에 관심을 기울여왔다. 그러나 재일조선인으로서의 아이덴티티 탐구와 미래에 대한 모색은 일본에 의해서만 규정되는 것이 아니라, 조국인 한반도의 역사와 사상의 변화에 의해서도 좌우되는 것이다. 더구나 남북한은 전쟁의 세기라 일컬어지는 20세기의 마지막까지 여전히 분단국가로 남아 있다.

이러한 의미에서 남북한의 역사와 사상에 더욱더 관심을 기울일 필요가 있으나 현실적으로 그러한 서적이 부족하고, 특히 민주화가 진전된 한국의 현대사상 전체를 묘사하는 책은 보이지 않는다. 한국의 학술 및 사상의 움직임은 매우 급속하고 다종다양하여 개괄적으로 이해하는 정도도 사실은 매우 어려운 작업이다. 그것은 현대 한국의 사상사적 이해가 아직도 암중모색 상태에 있다는 것을 의미하는데, 이 책은 부족하나마 이를 위한 자그마한 시도가 될 수 있을 것이다. 실제로 한국에서도 현대사상을 총체적으로 파악하고 개괄한 연구성과는 아직 없을 뿐더러, 각 논자의 주장이나 사상의 표현은 많은 경우 '항아리'에 갇힌 듯한 상황에 머물러 있다. 잡지의 지면이나 학술연구회, 심포지엄 등에서 활발한 논쟁이 이루어지긴 하지만 이것들이 축적되어 새로운 성과를 만들어가는 경우는 그다지 많다고 볼 수는 없을 듯하다. "나무는 보되 숲은 보지 못한다"는 비유대로, 전체에서의 위상을 알지 못한 채 '전문가'들끼리의 논의가 끝없이 되풀이되어 외부사람들은 논쟁의 내용조차 이해하기 어려운 경우도 적지 않다.

이 책의 시도는 어디까지나 한국 현대사상을 총체적으로 파악하려는 것이고, 그 점에서 개개의 문제나 논점에 관한 논술이 부족하다는 결점을 안고 있다. 그러나 이러한 제약에도 불구하고 이 책이 한국 현대사상을 이해하는 데, 나아가 현대 일본의 사상을 고찰하는 데 미력하나마 의미를 가질 수 있기를 바랄 따름이다.

이 책은 이미 발표한 글을 재구성한 부분도 아주 일부 있으나, 기본적으로 전체의 글을 다 새로 썼다. 전체 구성은 머리말과 4개의 장, 그리고 맺음말로 되어 있다.

제1장은 6, 70년대와 특히 80년대 한국의 사상흐름을 개괄함으로써 90년대를 이해하는 데 도움을 주고자 했다. 구체적으로 80년대 '혁명의 시대'에 지식인의 고뇌를 중심으로 민주화운동의 진전과 이를 뒷받침해 준 전통적인 마르크스주의의 양태, 그리고 한국자본주의와 사회구성체를 둘러싼 지적 논쟁을 다루고 있다. 사회변혁의 담당자와 관련해서 민중개념에 대해서도 서술하고 있다.

제2장에서는 80년대 말에서 90년대 초에 걸친 사회주의권의 붕괴

라는 사태를 맞이하여 세계와 연동하는 형태로 한국 사상계가 크게 동요하고 그 속에서 다양한 사상조류가 소용돌이치는 것을 논하고 있다. 특히 진보진영이 동요하는 과정에서 진행되었던 마르크스주의의 분화와 그중 하나인 알튀세르의 사상이 한국에 수용되는 양태에 관심을 기울이고 있다. 사회운동의 측면에서는 각종 시민운동이 활성화되는 과정과 이를 담당하는 시민사회론 등에 관해서도 쓰고 있다.

제3장은 90년대 사상의 흐름을 장식하는 포스트모더니즘의 조류와 포스트모더니즘이 제기한 '근대성' 문제를 다루고 있다. 근대성 논의와 함께 등장한 '탈근대의 문제설정'이 한국에서 어떤 형태로 표출되는지를 살펴보면서 전통적 마르크스주의의 재구성 문제도 언급하고 있다. 그리고 역사인식을 둘러싼 갈등 속에서 식민지근대화론이 갖는 의미와 한국 민족주의 문제도 간략하게 다룬다.

제4장에서는 김대중정권이 성립한 후 오늘날까지의 사상흐름을 개괄하고 있다. 김대중정권의 주요 정치지도자들 및 그들의 사상적 경향, 신자유주의와 진보진영의 대응, 건국 50주년을 맞이한 탈냉전하의 분단 패러다임, 그리고 진보/보수 대립구조의 재구축과 관련된 사상적 갈등과 '탈식민지주의의 문제설정' 등을 논하고 있다. 제4장은 이 책 전체를 정리하면서 한국 현대사상이 안고 있는 과제를 명확히 하고 몇 가지 논점을 제시하고 있다. 이런 의미에서 이 책의 가장 중요한 부분이라 할 수 있다. 사실 모더니티(modernity)의 현재 및 탈식민지주의 문제는 서구세계나 일본의 문화연구나 포스트콜로니얼리즘(postcolonialism) 문제와 중첩되는 것이다. 그러나 이 책에서는 지면의 제약도 있어서 문제의 정리와 논점제기에 그칠 수밖에 없었다.

원래 지식인은 '지성'의 기능을 담당함으로써 동시대의 변화에 강한 관심을 가지는 것을 그 본질로 한다. 물론 지식인 개개인에 따라 지성의 활동은 다양하나, 지식인은 본래 현실변혁에 참여하는 사상성(思想性)을 추구하는 존재라고 할 수 있다. 이 책의 의도는 무엇보다도 이러한 지성의 활동을 역사의 발자취 속에서 그려내고자 하는 것이지만, 필자의 능력부족과 지면사정으로 다루지 못했거나 불충분한 형태로 논의된 문제가 많은 것 또한 사실이다. 예를 들어 철학, 정치학, 사회학과 같은 학문분야별로 문제를 검토할 수 없었다. 또 문학론이나 예술론 영역은 거의 다루지 못했거니와, 민족주의나 페미니즘 이론의 전개 등에 관해서도 자세히 서술할 수 없었다. 이 점은 필자에게 남겨진 과제로 하고 앞으로 여러 방식으로 논의하여 구명해 나가고자 한다.

이제까지 일본에서는 세계사라고 하면 서양사와 동양사 · 이슬람역사라는 기존 틀의 총화로 받아들이는 경향이 강했다고 생각된다. 그러나 이러한 고루한 틀을 가지고 세계 속의 일본을 보면, 여기에는 갖가지 장애가 가로놓여 있다. 일본에서 세계를 바라볼 때 혹은 반대로 세계에서 일본을 볼 때, 가장 가까이 있는 이웃나라에서 바라보는 시각이 필요하다는 생각이 절실히 든다. 사실 21세기를 맞이하는 한국사회는 여전히 근대의 역사가 새겨넣은 여러 특질을 집약적으로 안고 있을 뿐 아니라 그 가운데 적지 않은 부분은 일본과 떼려야 뗄 수 없는 관계를 가지고 있으므로, 한국사회를 이해하는 것은 곧 일본을 더 깊이 아는 것이 된다고 본다.

사상이란 살아 있는 것이어서 사상의 완성 혹은 완성된 사상이란 없다. 이 책에서 다루는 한국의 여러 사상이나 이론도 결코 완성된 것은 아니다. 그러나 격동의 역사 속에서 한국의 지식인들이 엮어온 사상의 흐름을 파악하고 그로부터 미래를 향한 모색을 시도함으로써, 일본과 남북한에 사는 사람들 그리고 재일조선인의 삶의 실상을 되짚어보고 앞으로의 삶의 방식을 사고하는 소재가 되었으면 하고 바란다. 필자의 이 같은 시도나 의도가 실제로 어느 정도의 성과가 있을지 확실하지는 않다. 독자 여러분의 기탄 없는 비판을 기대한다.

이 책을 쓰는 데 협력해 준 많은 사람들에게 감사드린다. 그리고 책이 출판되기까지는 특히 이와나미쇼텐(岩波書店)의 도미타 다케코(富田武子) 씨가 많은 도움을 주었다.

[지식인 지도]

90년대 말부터 2000년에 걸친 한국의 사상흐름을 어떻게 이해할 것인가 하는 점은 매우 어려운 과제이다. 그러나 여기서는 일단 아래의 도표와 같이 정리해 보고자 한다. 이런 식의 정리를 한편으로는 '지식인의 현주소' 내지는 '지식인 지도'와 같은 것이라고 할 수 있겠지만, 현실적으로 지식인 개개인의 사상적 특질을 어떤 식으로 유형화한다는 것은 어려운 문제이다. 개인의 주장은 각양각색일 뿐 아니라, 예를 들어 정치나 통일정책 그리고 가족관이나 여성관 등에서 적지 않은 편차가 존재한다. 또 마르크스주의자라든가 생태주의자(ecologist) 혹은 민족주의자라는 식으로 하나의 범주로 고정화할 수 없는 것도 통례이다. 무리하게 유형화하는 것은 지식인 혹은 사상 그 자체에 대한 지적 폭력일 수도 있다. 그렇기 때문에 필자는 이러한 도표를 제시하면서 끝까지 주저하지 않을 수 없었다. 그럼에도 학문의 객관성과 사상의 전체적인 이해라는 관점에서 볼 때, 어느 정도의 유형화는 허용되는 것이라고 생각한다. 아무튼 이 책에서는 이러한 도표를 전제로 삼으면서 필요한 범주 내에서 개개인의 사상에 관해 논하기로 한다.

구좌파적 마르크스주의	김세균, 손호철, 최갑수,	
	김수행, 김성구	(전통적 마르크스주의)
	정성진	(트로츠키주의)
알튀세르적 마르크스주의	윤소영	(알튀세르, 발리바르)
신좌파적 마르크스주의	강내희, 심광현	(문화사회, 문화정치)
	이진경, 윤수종	(코뮌주의, 소수자운동)
좌파적 시민사회론	조희연, 김동춘	(좌파적 시민사회론)
	임영일	(그람시적 노동운동론)
	신광영, 김수진	(사회민주주의적 노동운동론)
	유팔무, 김호기	(그람시적 시민사회론)
급진적 민주주의론	이효재, 조혜정, 장필화,	
	고갑희, 태혜숙, 김은실,	
	조은, 조순경	(페미니즘)
	김종철	(환경근본주의)
	박홍규, 방영준, 구승회	(아나키즘)
	이병천	(급진적 민주주의)
진보적 민족주의	강만길, 안병욱, 서중석,	
	김인걸, 도진순	(진보적 민족사관)
	이세영	(마르크스주의적 방법론)
	송두율, 강정구	(남북연대)
	백낙청, 최원식	(민족문화론, 근대비판/근대주의)
	임지현	(시민공동체적 민족주의)
사회민주주의론	?	
비판적 자유주의	강준만, 김영민, 고종석, 진중권	(지식인비판)
진보적 자유주의	최장집	(민주적 시장경제론, 민주국가/시민사회론)
	한완상, 김성국	(자유주의적 시민사회론)

	임현진, 임혁백	(성찰적 근대화론, 협조주의적 노동운동론)
개량적 자유주의	한상진	(중민론, 제3의 길, 중용사상)
	황태연	(지식프롤레타리아트, 생태사회주의론)
	정운찬, 김태동, 이근식	(경제개혁론)
	민경국	(근본적 신자유주의, 하이에크)
보수적 자유주의	공병호, 복거일	(수구적 신자유주의)
복고적 민족주의	김지하	(생명사상, 탈근대적 근본주의, 율려운동)
보수적 민족주의	신용하…	(자민족중심주의, 근대주의)
보수주의	송복, 함재봉…	
극우반동	조갑제, 이도형…	

　지식인의 유형화라는 의미에서 보면 보수주의에 관한 항목이 적지만, 수적으로는
보수적 경향을 지닌 지식인이 가장 큰 비율을 차지할 것이다. 또 이 도표에 열거된 지
식인 이외에도 사상적으로 중요한 인물이 다수 있음은 물론이다. 그 가운데 한 사람인
김진균에 대해 간략하게 언급하고자 한다. 김진균은 구좌파적 마르크스주의뿐 아니라
신좌파적 마르크스주의, 좌파적 시민사회론, 급진적 민주주의론, 진보적 민족주의를
비롯한 한국 진보진영의 중심에 위치하는 대표적인 인물이다.

차 례

제1장

동시대 한국역사를 어떻게 볼 것인가

제1장 동시대 한국역사를 어떻게 볼 것인가

1. 혁명의 시대, 지식인의 고뇌

이 책의 주된 목적은 90년대 한국의 사상조류를 파악하고 그 문제점을 지적하는 것이다. 그러나 그러기 위해서는 민주화운동이 활발하게 전개된 6, 70년대와 특히 80년대의 사상흐름을 총체적으로 살펴볼 필요가 있을 것이다. 80년대는 나중에 극단적인 억압 속에서 극단적인 변화를 추구하였던 '혁명의 시대'(이해영 편, 1999)라고 규정되는 시대이다.

80년대 한국의 민주화운동은 '민족민주화운동'이라고 일컬을 수 있다. 이것은 민족 전체 그리고 민족의 앞날 그 자체에 직결되는 중요성을 지닌 민주화운동이라는 의미이다. 이러한 민주화운동은 역사적으로 60년대에 시작되어 70년대에 들어와서는 학생과 지식인을 중심으로 본격화된다. 그후 70년대 말과 80년대 초에 운동영역이 분화되지 않은 채로 확산되는 시기를 거쳐 80년대 말에 이르러서는 다양한 분화와 재편성을 반복하면서 노동자, 농민, 지식인, 학생 등 다양한 민주세력에 의해 전면적인 운동으로 발전해 갔다.

60년대 초 군부세력이 쿠데타를 통해 정치권력을 장악했을 당시 한국사회는 아직도 농촌사회였다. 인구의 대부분(70%)이 농촌지역의 권위주의적 인간관계망 속에 갇혀 있었으며 춘궁기에는 양식이 떨어진 농가가 수십만 호에 이르는 빈곤사회였다. 그후 70년대 들어서 박정희정권의 이른바 '유신체제' 아래서 자본주의적 발전이 진행되어 사회 전체가 급속하게 '근대화'의 소용돌이 속으로 휘말려 들어가면서 사람들의 생활양식과 가치관은 크게 바뀌어갔다. 농촌에서는 '새마을운동'이 전개되어 관개용수를 끌어오고 품종개량과 기계화가 추진되었으며 가옥이 개선되어 갔다.

한국경제가 '한강의 기적'이라고 일컬어질 정도의 고도성장을 이룩한 것도 이 무렵으로, 한국 근대사에서 처음으로 노동자계급이 본격적으로 형성되어 마침내 군부와 관료 중심의 권위주의적 체제에 비판적인 역사주체로 성장해 나갔다. 물론 6, 70년대 민주화운동의 중심은 어디까지나 학생과 지식인이었는데, 이런 흐름은 1980년 5월의 광주민중항쟁을 계기로 크게 바뀐다.

사회의 민주화를 지향하는 지식인의 각성은 이미 1960년 학생을 중심으로 한 '4·19혁명'을 계기로 해서 시작되고 있었다. 4·19혁명이 일단 성공을 거두고 이승만정권이 물러나자 비로소 지식인들 사이에서 미국에 대한 비판의식이 싹텄으며 미국식 자유민주주의 이념에 대한 의구심과 민족주의적인 자각이 일어났다. 이어서 1964, 65년의 한일회담 반대운동으로 『사상계』(1953년 장준하 등이 창간), 『청맥(靑

脈)』『신동아』 등이 민족주의 입장에서 논객을 불러모으게 되며 1966년 1월에는 백낙청이 문학 중심의 종합잡지 『창작과비평』을 창간한다. 그리고 70년대는 부패한 특권층을 고발한 시인 김지하(본명 김영일)의 담시 「오적(五賊)」 필화사건 및 청년노동자 전태일의 분신자살을 비롯해서 한국에는 강권지배에 저항하는 반체제운동이 휘몰아쳤다. 산업화의 진행을 배경으로 노동운동을 비롯한 유신헌법 개헌서명운동, 언론자유실천운동, 각종 인권침해에 반대하는 운동 등 민주화운동이 격렬하게 전개되는 가운데 지식인들은 아래로부터 끓어오르는 힘에 용기를 얻어 빠른 속도로 자각해 나간다.

1980년 5월 광주에서 일어난 민중항쟁은 전두환을 필두로 한 이른바 신군부세력과 민중의 전면적 충돌이었다. 주한미군사령부의 승인 아래 2만 5천 명의 계엄군이 동원되어 수많은 동포가 학살된 것은 한국민중에게 심각한 충격을 주었다. 이 패배로 60년대 이래의 민주화운동은 크나큰 상처를 입고 절망과 좌절 속에서 진보세력의 재구축에 나서야 했다.

광주의 패배를 계기로 진보세력 내부에서는 민주화운동의 실패를 총체적으로 평가하는 작업이 진행되었는데, 여기서는 무엇보다도 학생과 지식인 중심의 민주화운동의 유약함에 대한 반성 그리고 노동자계급 등 기층민중의 의식화와 조직화의 필요성이 강조되었다. 또한 미국에 대한 환상을 버리고 외세에 대한 인식을 전환하는 것의 중요성도 논점이 되었다. 뿐만 아니라 반(反)권력투쟁과 더불어 사회 전반의 민주화 필요성을 통감하면서 이를 위해서는 남북통일을 촉진하는 운동이 반드시 전개되어야 한다는 것을 인식하게 되었다(학술단체협의회 편, 1999).

민주화운동의 새로운 전개를 촉진하는 이러한 인식은 학생운동권을 중심으로 빠르게 획득되었는데, 특히 1983년 이후의 정치적 '유화국면'에서 대학이나 교회, 공장현장에서 여러 형태로 의식화되면서 마침내 사회 전체로 침투해 나갔다. 사회운동의 측면에서 보면, 이것은 학생 · 중산층 · 노동자 · 도시빈민이 하나가 된 민주화운동의 전개라고 할 수 있다. 또 지식인 쪽에서 본다면, 비판이론의 분출과 사상의 전환이라는 '논쟁의 시대'가 도래한 것이다. 더구나 민주화운동을 실질적으로 뒷받침하는 사상을 담당한 것은 잇따라 출판된 사회과학 서적을 비롯한 각종 출판물이었다.

　다시 말해 민주화운동의 전개에서는 학술운동의 형태를 갖춘 학문연구가 커다란 역할을 했던 것이다. 하지만 여기서 말하는 학술운동은 대학을 중심으로 하는 체제 내의 아카데미즘이 아니라 대학교수 및 재야연구자들이 서로 협력하여 기존의 아카데미즘에 대항하면서 전개한 변혁을 위한 학술 · 연구 운동이다.

　한국의 학문연구는 몇 시기로 나누어서 살펴볼 수 있다. 지금까지의 연구성과를 바탕으로 해서(학술단체연합심포지움 준비위원회 편, 1988) 필자 나름대로 정리해 보면, 제1기는 해방 후부터 50년대까지로 이 시기는 미국에 대한 '학문적 종속화'가 진행된 시기라고 특징지을 수 있다. 제2기는 군사정권이 지배한 6, 70년대로 경제개발을 전면에 내세운 군부파시즘 아래서 체제에 저항하는 지식인 중심의 소시민적 학문관이 일반화된 시기이다. 제3기는 1980년 이후 87년의 노동자 · 학생 대투쟁 그리고 80년대 말의 소련 및 동유럽권의 대격동에 이르기까지이며, 제4기는 사회주의권의 붕괴 후 20세기 말의 90년대이다.

먼저 제1기인 50년대는 한국전쟁을 겪으면서 정치적으로는 냉전이 데올로기가 세계질서의 기조를 이루는 상황에서 우익세력에 기반을 둔 이승만정권이 자주노선의 운동세력을 탄압하며 극우의 길로 치달은 시대이다. 이 과정에서 한국의 학문연구는 미국에 더욱더 종속되어 갔는데, 구체적으로 이것은 두 가지 측면으로 나타났다. 하나는 학계의 주류를 이루어온 식민지시대 이래의 일본식 학문이 미국식으로 대체되어 한국의 학문연구가 미국의 영향을 압도적으로 받게 된 것이다. 또 하나는 이렇게 학문적 성격이 변화함에 따라 학계 내부의 재편 및 보충이 일어난 것이다. 특히 당시 3, 40대의 정치학자를 미국의 각 대학에 유학시킨 미국무성의 '문화정책'은 이와 같은 상황을 더욱더 부채질하였다.

이 시기에 사회학에서는 주로 사회를 통합의 개념으로 파악하는 미국의 구조기능주의가 위세를 떨쳤고, 정치학에서는 정치발전을 중시하는 형태주의 이론이, 경제학에서는 GNP 증가를 중심으로 한 성장경제학이 일방적으로 우위를 차지하였다. 또 심리학에서는 개인의 욕구와 갈등을 중시하는 프로이트 심리학이 도입되었고, 이보다 조금 늦게 교육학에서는 심리측정과 평가방법을 이용한 객관적 실증주의가 보급되었다.

이 모든 것은 비록 가혹한 식민지지배를 벗어났다고는 하나 냉전체제하에서 선택의 여지 없이 분단구조에 놓이게 된 한국사회의 기본적인 모순을 무시 내지 경시하는 이론이었다. 그 가운데서 이른바 실증주의 역사학은 당시까지의 민족주의 사학이나 사회경제사학의 전통과 거의 단절된 채 출발했는데, 학문으로서의 무사상 · 무성격을 나타내었을 뿐 아니라 몰역사적이고 주체성이 결여된 사회과학과의 불행한 관계, 즉 접합되지 않음으로 해서 동시대사 연구가 결여되어 자칫하면 복고주의적 역사인식으로 치우쳐버리는 경향이 있었다. 정치적으로 말한다면 반공독재 정치권력에 이용되는 측면을 지니게 되었던 것이다.

제2기는 군사정권의 강권적 지배가 계속된 6, 70년대인데, 이 시기의 학계는 자유민주주의에 충실한 지식인들의 소시민적 학문관이 주류를 이룬다. 그런 한편으로 정치적 긴장관계가 이어지면서 일부 진보적 지식인들 사이에서는 국민을, 정통성을 잃은 군부의 지배질서에 저항하는 민중으로 재해석하게 되는 시기라고 할 수 있다. 하지만 군사독재정권 아래서 고통과 절망의 늪을 방황하고 있던 지식인에게 이 시기는 용기를 내어 글을 쓰면 잔인한 고문을 받고 감옥으로 끌려가고, 불안에 떨어 펜이 무디어지면 양심이 괴로운 시대였다. 문자 그대로 여전히 계엄령에 의해 지배되는 '신문맹사회'(작가 박태순)였던 것이다. 그렇기 때문에 이 시기의 학문은 당시의 사회운동과 마찬가지로 사회를 총체적으로 변화시키고자 하는 인식이 부족하여, 일정한 한계가 있는 것이었다고 할 수 있다.

그 가운데서도 사회과학을 살펴보면 60년대는 미국산 근대화론이 큰 위력을 떨치는 것을 특징으로 하고 있는데, 이것은 한국에 미국식 이론들이 도입되는 전형을 이루는 것이었다. 미국의 구조기능주의를 바탕으로 한 근대화론은, 선진국이 후진국에 근대적인 이념·가치·기술 등을 전파함으로써 후진국이 발전한다는 측면을 강조하는 이론이다. 일반적으로 후진성의 원인은 후진국 자체의 문화적 요인에 있다고 봄으로써 근대화를 곧 서구화라고 인식하고 미국의 세계정책을 합리화하는 정책적·이데올로기적 특질을 지니고 있다. 더구나 근대화론은 원래 그 이론의 본질상 마르크스주의와 대결하는 것이지만, 마르크스주의 사상과 이론 수준이 해방 전후보다 후퇴했다고 여겨지는 6, 70년대의 사회상황에서 지식인들 사이에서 강한 영향력을 행사하게 되었다.

제3기는 광주민중항쟁을 계기로 민주화운동이 고조된 80년대로서, 이 시기의 학문연구는 바로 '혁명의 시대'를 이론 및 사상의 측면에서 지원하는 중요한 역할을 하였다. 다시 말해 이 시기의 사회운동이 민족·민중운동으로 질적 향상을 이룸에 따라 지식인들 사이에서도 진보적인 연구방법론이 확산되어 학술운동, 과학운동, 비판적 아카데미즘이 뿌리를 내렸다. 또 그때까지의 소시민적 세계관이 민중적 세계관으로 바뀌는 질적 변화가 일어나기도 하였다. 사회운동이 사회모순의 심화에 대응하는 형태로 변혁운동의 성격을 띠어가는 가운데, 민족·민중적 학문관이 서서히 뿌리내리고 그때까지 의식의 밖에 있던 민족분단의 문제에도 관심을 기울이게 되었던 것이다.

민주화운동의 고양과 더불어 변화를 겪었던 이러한 학문연구는 구체적으로 재야의 학술운동 형태로 전개되었다. 1984년 7월에 산업사회연구회가 창립된 것을 시작으로 해서 망원한국사연구실, 한국농어촌사회연구소, 역사문제연구소, 한국근대사연구회, 여성사연구회, 여성한국사회연구회, 사회철학연구실, 문학예술연구회, 한국정치연구회 등이 잇따라 설립되었고, 이러한 재야의 학술연구는 "제3세대 학자군의 기성 학문질서에 대한 본격적인 도전"(『월간조선』 1988년 7월호)으로 평가되었는데, 마침내 이 기세는 지방의 연구회나 학제적 연구조직의 설립으로 이어졌으며 이 모두가 학술운동·과학운동·연구자운동의 성격을 띠는 동시에 시민을 대상으로 하는 '계몽'적 성격 또한 지녔다.

1988년 6월 서울의 한양대학교에서 10개의 재야 학술운동단체가 주최한 '학술단체연합심포지엄'이 열렸다. 80년대 학술운동의 하나의 도달점이자 새로운 출발점이기도 한 '역사적 사건'이었다. "80년대 한국 인문 · 사회과학의 현단계와 전망"을 주제로 이틀에 걸쳐 개최된 이 심포지엄에는 약 3천여 명의 연구자, 시민, 학생 들이 몰려들었으며 17편의 논문이 발표되었고 총 20시간에 걸친 토론이 진행되었다. 인문 · 사회과학의 쇠퇴가 두드러지는 오늘의 상황에서는 가히 상상하기도 힘들 정도의 열기였다. 실제로 당시 신문지상에는 연일 '민족 · 민중적 학문' '제3세대 학자' 등의 문구가 실리기도 했는데, 사회변혁에 대한 의욕과 이에 호응하는 비판적 학문에 대한 관심이 얼마나 컸는지를 말해 주고 있다.

심포지엄 첫날 기조발표를 한 서울대학교 사회학과 김진균 교수는 연합심포지엄의 성격을 '해방' 이후 성장한 젊은 연구자들의 '지적 잔치'라고 표현하고 있다(『서울신문』 1988. 5. 31). 기조발표문의 제목이 "민족적 · 민중적 학문을 제창한다"였는데 이것은 그때까지의 학문연구가 민족적 · 민중적이지 않았음을 의미하는 것이었다.

『한겨레신문』 사설(1988. 6. 11)에서는 다음과 같이 쓰고 있다.

…하나의 비판적 학문공동체의 출현을 알리는 이번 심포지엄에서 우리는 기존의 학문풍토와 학계에서는 들을 수 없었던 새로운 소리를 듣는다. 이 새로운 학문공동체의 성원들은 기존의 인문사회과학이 분단현실과 민중적 삶을 규정하는 핵심적 문제를 외면한 채, 서구의 학문과 이론을 무비판적으로 수용하는 일에 더 몰두하

여 왔다고 비판한다. 그 결과로서 학문은 현실의 모순을 은폐하거나 기존의 사회질서를 합리화하고 또 거기에 안주하여 왔다는 것이다. 이들 젊은 연구자들에게 한국 자본주의의 모순구조와 분단현실로 외화된 민족문제만큼 민중의 삶을 규정하는 중요한 문제는 없다. 이러한 인식은 민중·민족의 문제를 학문의 중심 과제로 끌어안지 않으면 안 된다는 사실을 일깨워준다.

제3기, 즉 80년대는 다음 절에서 설명하고 있는 바와 같이, 이론·사상적으로는 마르크스주의 시대이지만 학문연구의 시기구분 면에서 보면 80년대 말과 90년대 초의 사회주의권 붕괴와 그로 인한 마르크스주의의 분화가 나타나는 제4기로 이어진다.

이러한 학문연구의 시기구분과는 별도로 한국의 학문연구가 지닌 특징을 말한다면, 무엇보다도 냉전체제와 분단구조에서 오는 권력적 억압에 의해 좌우되었다는 점이다. 사실 해방 직후의 지식인도 그랬거니와 한국전쟁 후의 지식인 역시 그러했다. 그들은 자신의 지성과 양심을 기반으로 새로운 정치이념을 확립하고 자주독립의 민족국가를 건설하는 데 매진하려 했지만, 언제나 냉전과 분단 논리에 의해 고통받아야 했다.

일반적으로 일본 식민지하에서는 인문·사회과학이 정상적으로 발달하지 않았던 것으로 이해하는 경향이 있다. 그러나 민족주의 사학이나 조선어학은 물론이고 조선총독부의 조선연구를 매개로 하여 이에 대항하는 형태로 성립된 '조선학(朝鮮學)' 등 재야학자들에 의한 그 나름의 업적이 있었으며, 특히 사회경제사학 분야에서는 백남운(白南雲)으로 대표되는 상당한 실적도 있었다. 다만 안타깝게도 해방 이후에는 그 발전이 저해되었고, 특히 '해방공간' 3년을 거치면서 좌파세력이 제거됨에 따라 마르크스 사상과 이론이 배제되어 학문연구의 방법론적 확립에 커다란 좌절을 겪어야 했다. 이어서 한국전쟁의 참극과 분단구조의 재편성 과정을 통해서 일본 식민지시대의 학문을 대신하여 미국의 여러 이론이 무비판적으로 수용되었다. 그후 분단구조하의 한국에서 허용된 지식과 이론은 주로 미국에서 직수입된 것에 한정되었으며, 한국의 사회과학은 억압적인 정치권력과 무비판적인 외국이론이라는 '두 개의 권위'의 지배를 받게 되었다. 당연히 여기서는 학문의 자유라든가 사실비판의 자유는 없었고, 한국의 사회과학자가 사용하는 지식 · 개념 · 용어 · 이론 등은 역사도 문화도 전혀 다른 미국에서 빌려온 것이 차지하게 되었다.

그로부터 연구자뿐 아니라 온 국민에게 분단의식이 내면화되어 현실기피 경향이 자리잡고 노동운동이나 사회운동, 언론활동, 연구활동, 기타 모든 활동이 체제 지향적으로 왜곡되기에 이르렀다. 공산주의에 대한 피해의식과 적대의식이 고착화되는 가운데 '애국' '민족주의' '민주주의' 등과 같은 용어는 지배층을 이롭게 하는 형태로 전도되어 사용되었던 것이다. 더구나 이런 상황에서 미국을 중심으로 한 외세의 한국진출이나 자본주의 사회 고유의 모순 역시 분단의식의 저해를 받아서 표출되기 어려웠으며, 이것은 결과적으로 한국 인문 · 사회과학의 발전을 크게 가로막는 요인이 되었다.

이런 가운데 70년대 후반부터 비판적인 지식인들 사이에서 가장 중요한 문제는 한국사회의 자본주의적 성격과 분단현실을 객관적으로 어떻게 이해해야 할 것인가 하는 점이었다. 사상적인 측면에서 볼 때, 주목해야 할 첫 전환은 한국을 '제3세계'의 시각에서 파악하려는 사고방식이 생겨났다는 것이다. 제3세계라는 인식은 세계를 하나의 체제로 상정하고 세계체제는 중심과 주변(또는 반주변)으로 나누어져 있으며 주변은 중심에 종속되는 관계에서 발전해 왔다는 데 주목하는 것이었다. 요컨대 세계체제는 현실적으로 수세기에 걸쳐서 형성되어 온 자본주의 세계체제이며, 따라서 근현대의 한국사회 구조 또한 자본주의 세계체제, 특히 일본 및 미국과의 관계 속에서 파악되어야 한다는 인식이 생겨났다고 할 수 있다.

그런데 이와 같이 제3세계적 위치에서 스스로를 바라보고자 한 것은 사회과학이 아니라, 문학에서 제3세계 문학이 논의되면서부터였다(김진균, 1986). 즉 70년대 중반까지만 해도 한국은 자신이 제3세계에 속한다는 것을 인식할 수 없었다. 실제로 한국은 제3세계, 비동맹국가들의 회의에 북한보다 훨씬 먼저 참석하였지만, 세계 내에서의 자신의 위치를 인식하는 기본적인 사실판단조차 하기 어려웠던 것이다.

제3세계라는 인식틀을 획득한 한국의 사회과학은 이와 동시에 분단현실을 어떻게 파악하고 규명할 것인가 하는 문제의식을 갖게 되었다. 다시 말해 70년대까지만 해도 사회과학은 기본적으로 몰역사적 성격을 띠었으며, 분단이라는 사실조차 왜곡하고 혹은 심정적 차원의 문제로 받아들여서 학문적 분석대상이라고 할 수 없었다. 이러한 과정을 거쳐 비로소 한국의 사회과학은 분단현실을 무시하고는 그 어떤 사회과학적 연구도 성립할 수 없으며, 또 분단과 자본주의 양자를 대상으로 할 때만이 사회과학으로서의 임무를 다할 수 있음을 깨달았던 것이다.

70년대 후반에는 역사학을 포함한 한국의 인문과학도 전체적으로 '민족' '민중'이라는 시각을 획득함으로써 크게 발전한다. 여기에서는 문학의 역할도 컸는데, 사실 4 · 19혁명 이후 여러 차례에 걸쳐서 순수문학 대 참여문학의 논쟁이 일어나면서 리얼리즘문학론, 시민문학론, 농민문학론 등이 서서히 형태를 갖추기 시작하였고 70년대 이후에는 민중 · 민족문학론으로 심화되었다.

이렇게 해서 80년대 한국의 학문연구는 이론 · 사상 면에서 민족민주운동의 전개를 지원하는 역할을 하였는데, 이것은 머지않아 현대한국의 사상사 및 정신사 발전으로 이어지는 단서를 제공하기도 했다. 사회과학 중에서도 경제학과 사회학이 중심적 위치를 차지하였는데, 특히 경제학은 사회과학 연구 전체의 견인차 역할을 하였다. 경제학은 한국 자본주의의 현단계와 성격을 분석하는 데 크게 공헌하고 사회학은 사회구성과 계급구조의 분석에 주력하여 이 두 학문분야는 전체적으로 사회과학의 학제적 연구를 이끌어나가게 되었다.

1980년 5월의 광주민중항쟁이 지식인의 자기각성을 촉진하고 '혁명의 시대'를 열었다는 것은 이미 서술하였다. 요컨대 한국의 지식인은 귀한 피를 흘림으로써 비로소 반공이데올로기와 미국에 대한 인식 면에서 극적인 전환을 이루었으며 한국의 현실에 맞는 학문연구로 본격적으로 나아가기 시작하였던 것이다. 때마침 전두환정권이 마르크스주의를 비판적으로 극복하기 위한 것이라며 1981년부터 일시적으로 출판규제를 완화한 움직임도 있어서 출판분야에서는 현실인식에 필요한 책이 조금씩이나마 착실하게 간행되었고 대학가의 지하에서는 금서나 비밀번역물이 나돌기 시작했다. 그때까지 사상계몽서라 하면 주로 문학작품에 의존해 왔었는데 지식인이나 학생들이 사회과학 관련 서적으로 몰려들게 되었다.

이런 가운데 해방 40년을 맞이한 1985년에는 정부당국의 탄압 아래서 분열되어 있던 민주세력의 중심이 민주통일민중운동연합(민통련)으로 통합되고 민주화운동 자체도 훨씬 열기를 띠어간다. 이렇게 사람들의 의식이 크게 성장하는 가운데 '해직'되어 4, 5년씩이나 궁핍한 생활을 할 수밖에 없었던 대학교수들이 피땀어린 연구성과를 들고 '복직'하게 되었다. '복직교수'들의 책은 투쟁경력 면에서도 열렬한 환영을 받았는데, 주요 서적을 살펴보면 다음과 같다. 『분배의 경제학』 (변형윤, 1982), 『비판과 변동의 사회학』(김진균, 1983), 『80년대 국제정세와 한반도』(리영희, 1984), 『한국현대사』 『한국근대사』(강만길, 1984), 『한일경제 100년의 현장』(유인호, 1984) 외에도 성래운, 한완상, 장을병, 송기숙 등의 사회생활 체험기나 평론집도 기층민중과 고락을 함께하는 것으로서 많이 읽혔다.

참고로 70년대의 것도 일부 포함해서 80년대에 출판된 주요한 서적을 열거해 보면 이러하다. 인간과 사회에 대한 인식을 새롭게 하기 위한 책으로는 『한국 민족주의의 탐구』(송건호, 1977), 『민족경제론』 (박현채, 1978), 『시대와 증언』(안병무, 1978), 『민중과 지식인』(한완상, 1978), 『전환시대의 논리』(리영희, 1979), 『우상과 이성』(리영희, 1980), 『해방전후사의 인식』(송건호·임종국 외, 1985)과 『대학의 이념』(야스퍼스, 1975), 『대지의 저주받은 자들』(F. 파농, 1979), 『지식인을 위한 변명』(싸르트르, 1979) 등이 있다.

또 세계 혁명가에 관한 책으로는 『아리랑』(님 웨일즈, 1984), 『중국의 붉은 별』(에드가 스노우, 1985), 『강철은 어떻게 단련되었는가』(N. A. 오스트로프스키, 1986), 『마르크스: 생애와 사상』(리우스, 1988) 등이 있으며, 철학서로는 『변증법이란 무엇인가』(하이스, 1976)와 『변증법입문』 (이삭 편집부, 1983), 『마르크스주의 인식론』(코프닌, 1988)과 같은 종류의 서적이 많이 읽혔고 경제학과 관련해서는 제국주의와 제3세계경제론, 종속이론에 관한 것이 인기를 끌었다.

바야흐로 한국은 혁명의 시대였는데 이를 반영하는 서적도 적지 않았다.『프랑스혁명에서 빠리꼼뮨까지』(노명식, 1980),『스페인 내전 연구』(齊藤孝, 1981),『러시아 혁명: 레닌에서 스탈린까지』(E. H. 카, 1983),『라틴아메리카 현대사』(後藤政子, 1983),『중국현대혁명사』(池田誠, 1985),『쿠바 혁명사』(L. 휴버먼 외, 1985),『베트남전쟁』(리영희, 1985),『혁명의 사회학』(F. 파농, 1986),『레닌과 아시아민족해방운동』(남풍 편집부 편역, 1988)과 같은 다채로운 혁명사가 그것이다. 이것은 당연히 한국 현대사에 대한 관심으로 이어져서『해방3년사』(송남헌, 1985)나『한국민중사』(한국민중사연구회, 1986) 등이 그 성과로 나왔고 또 분단현실과 통일에 초점을 맞춘 책도 다수 출판되었다.

이 서적들 대부분은 체제와 반체제라는 엄혹한 긴장관계가 계속되는 가운데서 젊은 연구자들의 정열적인 노력으로 세상의 빛을 볼 수 있었던 것들이다. 물론 마르크스주의 원전도 번역되었는데 대표적인 것으로『경제학 · 철학초고』(1983),『자본론』(전3권, 1989),『독일 이데올로기』(1989) 등이 있다. 다만 이 책들은 공개적으로 출판된 것으로서, 그전까지는 원서나 일본어 번역서의 해적판이 많이 나돌았고 또 여러 형태로 번역이나 인쇄된 지하출판물도 많았다.

이러한 출판물 홍수에 대해 치안당국은 종종 단속을 반복하여 다수의 서적 등을 압수하였지만, 때마침 1987년의 '6월항쟁'으로 민주화의 거센 폭풍이 전국을 휩쓸고 언론의 자유가 어느 정도 이루어지면서 서적출판 또한 다시 활기를 띠게 되었다. 그 동안 운동 슬로건도 '민주화'에서 '통일'로 무게중심이 이동하고 정부당국이 500권에 달하는

'금서'를 해금할 수밖에 없게 되자, 전국의 주요 서점에는 해금도서가 넘쳐흘렀고 당시 판매금지되어 있거나 비밀출판된 책들까지도 사실상 방치상태가 되었다. 마르크스주의 이론, 사회주의 · 혁명운동사, 미군정기와 남조선노동당(남로당)의 각종 자료, 제주도 4 · 3사건, 한국전쟁, 해방 후 북한으로 넘어간 이른바 '월북작가'의 문학작품, 4 · 19혁명, 광주민중항쟁, 나아가 민주화운동이나 노동운동 기록, 제5공화국의 부정 폭로 등 사회와 역사, 학문의 모든 영역의 서적뿐 아니라 이윽고 '북한'관련 서적의 출판도 서서히 활발해졌다.

이러한 민주화운동의 흐름에서 주목해야 할 것은 80년대 후반 들어서 당시까지 적대시해 왔던 북한에 대한 관심이 급속도로 높아졌다는 점이다. 즉 한국경제가 공산권에 대해 접근해 가고 남북한 사이에 정치대화의 분위기가 무르익고 또 조국통일에 대한 열기가 드높아진 상황 등을 배경으로 하고 있는 북한에 대한 관심은, 과거 냉전구조에서는 상상조차 할 수 없었던 것이다.

전국대학생대표자협의회(전대협)가 추진한 1988년 6 · 10 '남북청년학생회담' 및 8 · 15 '남북통일축전'을 전후하여 대학가에서는 '북한 바로알기운동'이 확산되었으며 일반시민들 사이에서도 북한에 대한 관심과 조국통일에 대한 염원이 크게 높아졌다. 그리고 서울대학교나 전남대학교, 그 밖의 '대학신문'이 잇따라 '김일성 주체사상'을 공공연하게 게재한 것을 전환의 계기로 하여 주체사상에 대한 관심이 단숨에 고조되면서 한국 사회과학에서도 유일한 '금제(禁制)'로 남아 있던 '북한'연구가 현실화되었다.

2. 자본주의 논쟁과 마르크스주의

80년대 한국 사회과학 연구에서 가장 활발하게 논의되었던 것은 한국사회 또는 한국 자본주의 성격을 어떻게 규정할 것인가 하는 문제였다. '한국자본주의 논쟁'이라고 불리는 이 논의는 단순히 학계나 언론계뿐 아니라 이른바 '운동권' 내부에서도 엄청난 반향을 불러일으켰다. 그것은, 이 논쟁의 주요 논점의 하나인 사회구조와 사회모순의 평가 내지는 성격규정이 운동 주체세력 설정, 투쟁대상 규정, 운동노선 정립 등과 같은 전략·전술을 결정해야 하는 당면한 사회변혁운동의 방향에 적지 않은 영향을 끼쳤기 때문이다.

사실 한국은 6, 70년대의 수출주도형 공업화로 괄목할 만한 경제성장을 이룩하면서 커다란 사회변동을 체험하게 되며 그와 동시에 농촌지역의 상대적 빈곤, 도시빈민의 팽창, 소득분배의 불평등 확대, 노동쟁의 격화, 권력집중화와 정치반동화 등의 왜곡을 안게 되었다. 이는 그때까지 무비판적으로 수용해 왔던 근대화론으로는 대처할 수 없는 사태의 출현을 의미했다.

그런 가운데 80년대 초에 정성진·조희연·이대근 등은 당시 세계적으로 주목받고 있던 종속이론을 적극적으로 수용하여, 한국경제는 대외의존이 심화되는 과정에서 형성된 것이며 더욱이 자본주의 세계체제의 주변부에 포섭되어 자본·기술·자원 등 모든 재화를 중심부에 의존시키는 종속성을 심화시켜 왔다고 논한다. 한국은 중심부와는 이질적인 사회구성체로 이루어진 불완전한 자본주의, 즉 주변부자본주의에 편성되어 있으며 정부는 이러한 종속적인 발전을 지속시키기 위해서 더욱더 권위주의적인 억압정치에 의존할 수밖에 없다는 것이다. 이른바 '주변부자본주의론(주자론)'의 주장이다.

이에 대해 전통적인 마르크스주의에 의거하고 있던 박현채 · 조민 · 정윤형 등은 종속적일지라도 자본주의인 한 그 내부에 자본주의 원리가 관철된다는 전제하에서 한국사회의 발전을 바라보아야 한다고 주장했다. 주자론은 한국사회 내부의 계급관계와 모순관계를 파악하지 않고 있다, 한국사회의 자본주의 발전단계의 성격을 인식하지 못한다, 해방 후의 한국사회는 주변부자본주의가 아니라 전형적인 자본주의의 길을 걷고 있으며 지금은 '국가독점자본주의(국독자론)' 단계에 접어들고 있다는 것이 이들의 논지였다.

즉 박현채 등은 중화학공업을 중심으로 하는 광공업부문이 GNP의 상당 부분을 차지하는 등 경제규모가 급속하게 확대됨에 따라 일정한 자본축적이 이루어져서 독점자본이 성장한 것을 강조하며, 주자론과는 달리 계급구조에서도 산업노동자가 도시빈민보다 우위를 차지하고 있다고 분석하였다. 이로부터 운동론으로는 반제(反帝) · 반독점 · 반독재를 기반으로 하는 민족 · 민중 · 민주혁명의 단계적 실천이 필요하다는 것이었다.

80년대 중반 들어와서 이처럼 주로 주자론과 국독자론을 주장하는 사회과학자들 사이에서 한국사회의 기본 성격을 둘러싼 격렬한 논쟁이 붙었다. 특히 정부당국의 탄압으로 5년여 만인 1985년 10월에 다시 간행된 『창작과비평』(부정기간행물 1호, 통권 57호)에 박현채와 이대근의 글이 실리면서 이것이 도화선이 되어 '한국자본주의 논쟁'은 본격적으로 불붙기 시작하였는데, 그후 짧은 기간 동안 수십 편의 글이 발표될 정도의 대논쟁이 전개되었다.

하지만 원래 종속이론이 라틴아메리카를 대상으로 하고 있는데다 처음에 프랭크나 아민 등의 주장이 일본을 통해서 간접 수입된 점도 있었기 때문에, 주자론 입장에서의 논의는 그후 급속하게 퇴색해 갔다. 이대근의 논지에 관해서 언급한다면, 그것은 종속이론이라기보다 실제로는 조선경제사의 탁월한 연구자였던 가지무라 히데키(梶村秀樹)의 주장에 근거한 것이었다.

사실 한국에서 종속이론이나 주자론이 논의되었던 것과 관련해서 당시 한국사회의 정치상황을 제대로 파악해 둘 필요가 있다. 정성진의 회고에 의하면, 당시 반체제운동의 이념은 부르주아민주주의와 민족주의가 주도하고 있었으나 70년대 중반에 이르러서 이러한 이념의 한계가 인식되었다. 그래서 수용되기 시작한 것이 종속이론과 윌러스틴의 세계체제론이다. 실제로 80년대 들어서서 정성진 등은 종속이론과 주자론을 한국의 진보진영에 적극적으로 소개하였다. 여기에서는 첫째 마르크스주의나 사회주의를 공공연하게 주장하는 것은 국가보안법에 저촉되는 상황 아래서 그것들을 간접적으로 주장하기 위해서 종속이론을 논의한 점, 둘째 종속이론에 내재해 있는 스탈린주의에 대한 비판에 공감한 점 등 두 가지 이유가 있었다고 한다. 즉 종속이론이나 주자론의 소개와 주장이 반드시 본의였던 것은 아니지만, 그럼에도 불구하고 이 이론들이 곧 '이단'시되어 매장되었던 것은 학문발전이라는 의미에서는 불행한 일이었다는 것이다(정성진, 1999).

아무튼 머지않아 80년대 중반부터 주자론을 대신하여 나타난 반제(反帝)직접투쟁론은 그 이론적 근거로 '식민지반(半)봉건사회론(식반론, NL)을 제시하면서 국독자론과 격렬한 논쟁을 전개해 간다. 식반론에서는 한국사회를 과거 일본 제국주의에 의한 식민지와 본질적으로 다르지 않은 미제국주의의 완전한 식민지라고 본다. 미국은 한국의 실질적인 지배자이며 국내 정치권력은 미제(美帝)에 예속된 통치기구에 지나지 않는다는 것이다(홍덕률, 1992).

당연히 한국의 반(反)파쇼투쟁은 미국에 대한 민족자주화 투쟁인 민족해방투쟁으로 설정된다. 구체적으로 계급모순과 함께 민족모순을 보다 중시함으로써 민족해방민중민주주의혁명론의 입장에 서 있는 민족해방투쟁은 1986년 초의 반전반핵, 팀스피리트 반대, 양키용병교육 반대 등의 투쟁을 계기로 한국 학생운동의 주류를 이루었다.

이 사이에 국독자론은 미·일 독점자본의 이중지배 아래에 있는 한국 자본주의의 특질을 분석시각에 첨가시켜서 이론적으로는 '신식민지국가독점자본주의론(신식국독자론, CA)'으로 전개되었다. 80년대 중반의 대논쟁으로 알려진 '사회구성체 논쟁'은 주로 '식반론'과 '신식국독자론'의 대립·논쟁을 가리키는 것으로 이해할 수 있다. 사상의 대중화를 지향하여 1988년 9월에 창간된 『사회와사상』(한길사) 11월호 특집 "80년대 한국사회 민주변혁론의 쟁점"에서는, 논쟁의 현단계는 사회구성체론으로서의 '식민지반봉건사회론'(혹은 그 변형인 '식민지반(半)자본주의론')과 '신식민지국가독점자본주의론'의 대립, 변혁론으로서의 '반제반(反)봉건론'과 '반제반독점론'의 대립으로 압축된다고 쓰고 있다.

사회구성체론의 쟁점의 중심은 한마디로 자본주의라는 '보편성'과 (신)식민지라는 '특수성'을 어떻게 통일적으로 파악할 것인가 하는 것이었다. 실제로 이 논쟁은 복잡하고 난해하기 그지없는 것이었는데, 다양한 이론 그룹과 분파가 있을 뿐 아니라 이론전개의 속도 또한 정리하기조차 어려울 정도로 빨랐다.

한국사회의 성격을 둘러싼 이러한 이론전개 속에서 마침내 한국의 사회과학은 분단이라는 역사적 현실로부터 민족 · 국가 · 계급 · 민중의 문제를 명확하게 규명해야 한다는 주장이 나오게 되었다. 즉 종속적 자본주의의 많은 모순이 분단이라는 역사적 요인에 의해 더욱더 확대 · 심화되고 있는 이상, 서구적 가치개념만으로 한국사회를 분석하는 것은 적절치 못하다는 것이다.

이러한 문제제기의 가장 큰 논점은, 민족 전체의 안전이 위협받고 있는 현실에서는 근대 민족국가의 건설을 지향하는 민족주의가 중요한 이데올로기의 하나로 설정되어야 하며, 더욱이 국제자본이 국내기업가에게 직접투자하는 형태가 아니라 국가를 통해서 들어온다는 점에서 국가의 문제는 분단된 민족의 문제와 함께 신중하게 고려되어야 한다는 것이었다. 또 농민 및 노동자가 독점자본주의와 대립하고 지식인 · 학생 · 도시빈민 등이 사회운동의 주체적 역할을 담당하고 있는 상황에서 이들 집단을 '계급'이라는 용어로 묶기는 어려우므로 그 대신 '민중'이라는 용어를 명확하게 할 필요가 있다는 주장이었다. 그리고 전체적으로 분단과 자본주의적 발전이 내포하고 있는 모순을 극복하기 위해서는 통일을 지향하는 사회과학의 창조가 반드시 필요하다는 것이었다.

학술운동 면에서 볼 때 이 논쟁을 주도한 것은 대학교수와 중견연구자뿐 아니라 오히려 '제3세대 학자군'이라고 불리는 젊은 연구자들이었다. '제3세대 학자군'이라는 용어는 최장집(고려대 정치학)이 편집 · 집필한 『한국자본주의와 국가』(최장집 편저, 1985)의 "편집자 서문"에서 처음 사용된 것으로 보인다. 이것이 함의하는 바는 동서 이데올로기의 폐쇄성에 얽매이지 않는 동시에 서구이론을 추종하지도 않고 자기 사회의 모순과 문제에 유효한 보편개념으로서 민족과 민중을 정립하고자 하는 것이었다.

이들 젊은 연구자 대부분은 80년대 초에 대학원 혹은 학부 학생으로서 학생운동을 경험하였고 제3세계의 진보적 이론을 주체적으로 흡수하면서 그것을 현실에 적합하게 발전시키고 나아가 지금까지의 일방통행식 학문의 생산 및 유통 구조를 탈피하여 새로운 재야 연구자집단을 만들려고 하였다. 이들은 기성학계의 보수성, 교조성, 도식성에 끊임없이 도전하면서 사회변혁의 이론적 구조를 제시하는 데 정열을 불태웠으며 구미의 비판적 이론의 섭취와 사회운동의 참여와 기획에서도 발군의 재능을 보였다.

그러나 다른 한편 오늘날의 시각에서 한국자본주의 논쟁과 사회구성체 논쟁을 볼 때, 그것이 여러 가지 약점을 지니고 있었던 것 또한 확실하다. 식반론 및 신식국독자론은 모두 마르크스주의의 패러다임에 속하는 것이고, '사회구성체'라는 용어 자체가 마르크스나 레닌의 이론에서 유래하는 것이었다. 그것은 경제적 기초를 토대로 해서 상부구조의 여러 영역을 포함하는 사회 전체를 의미하고, 구체적으로는 자본주의 성격을 둘러싼 문제 그리고 그 기초 위에 서서 변혁의 주체와 성격을 어떻게 설정할 것인가 하는 문제였다.

이 가운데서 식반론은 어느 쪽인가 하면 정치경제학의 틀을 뛰어넘어서 권력의 자율성을 보다 강조하고 철학적으로는 역시 사적 유물론의 범위를 벗어나서 인간주의적 · 주의주의(voluntarism)적 성격을 강하게 띠었다(김동춘, 1997b). 반대로 신식국독자론은 전통적 마르크스주의의 입장, 계급적 입장을 보다 강하게 견지하는 것이었다. 게다가 이들 이론이 실제로 한국에 들어온 것은 서구를 비롯한 그 밖의 지역에서 이미 다양한 네오마르크스주의와 탈마르크스주의(ex-

Marxism) 이론이 확립되어 있던 시기이다. 사실 한국에서도 이미 70년대 말에는 종속이론 등의 마르크스주의 이론이나 사회민주주의론, 그 밖의 수정주의적 마르크스주의의 색채를 띤 비판이론이 수용되고 있었다.

다시 말해 구미나 라틴아메리카에서는 고전적 마르크스주의의 일국적·단선적 발전단계론이나 도구론적 국가인식 혹은 '민주집중성(民主集中性)'을 구실로 삼은 비민주적인 운동론·조직론이 반성되고 마르크스주의의 새로운 조류들이 널리 확산되고 있던 가운데, 한국에서는 오히려 비판이론의 수용이 선행하여 그것들이 '비판적으로 극복'되는 형태로 전통적 마르크스주의가 도입되고 있었다. 실제로 70년대 말부터 80년대 초에 한국에서는 종속이론 등의 마르크스주의와 그 밖의 비판이론의 수용이 전성기를 맞이하여 루카치나 프랑크푸르트학파의 비판이론, 알튀세르의 구조주의, 그람시나 풀란차스의 정치이론 그리고 프랭크의 종속이론과 아민의 주자론이 학계의 일부 진보파들 사이에 공유되고 있었을 정도이다(文京洙, 1990).

김진균은 앞에서 말한 1988년 연합심포지엄의 기조발표에서, 이제까지 종속이론 등 마르크스주의의 진보적 이론을 수용하는 과정에서 고전적·전통적인 마르크스주의에 대한 충분한 이해가 결여되어 있었기 때문에 혼란이 컸지만 지금은 이론과 실천이 결합한 민족적·민중적 학문의 정립을 위한 출발점에 서 있다고 결론 맺고 있다(『한겨레신문』 1988. 6. 9). 이는 전통적인 마르크스주의가 한국 변혁운동을 떠받쳐주는 핵심적 이론으로 자리잡고 있음을 의미했다.

여기에는 80년대 후반 노동자계급의 대두라는 한국사회의 현실 앞에서도 노동자계급의 혁명성에 대한 인식이 철저하지 못했던 주자론을 비롯한 마르크스주의적 이론들에 대한 비판이 함축되어 있었다고 보아도 될 것이다. 현실적으로도 전통적인 마르크스주의에 의거한 변혁이론은 노동자계급의 혁명성을 중시한 '민중민주주의'의 의미부여에 적지 않은 역할을 하였다.

그렇지만 전통적인 마르크스주의를 비롯하여 80년대 한국의 마르크스주의적 변혁이론은 한결같이 국가권력의 탈취를 중심 과제로 설정하고 또한 다른 사상이나 이론을 배제하는 지적 폐쇄성 때문에 머지않아 한국사회 현실과의 괴리가 두드러지게 된다. 사회구성체 논쟁 자체도 서구과학들의 지적 자산이 그다지 축적되어 있지 않은 상태에서 도식적이고 관념적인 성격을 가질 수밖에 없었다. 사회구성체 논쟁은 한국사회가 안고 있는 구조적인 문제를 해결해 가는 이론적인 틀을 제시하는 역할을 담당했지만, 다른 한편으로는 짧은 기간 동안에 한국사회의 성립을 설명하고 변혁을 위한 운동이론을 제시하려고 했기 때문에 조잡하고 추상적인 논쟁구조를 만들어내게 되었던 것이다. 논쟁의 기본적인 특질은 역시 마르크스주의의 경제결정론·계급환원론의 틀에 머무는 것이었고, 그런 의미에서 기성의 개념으로 한국사회에 접근하고 상당히 단순화된 여러 개념을 연결시켜 전체 사회체제를 설명하려 했다고 볼 수 있다.

그 결과, 한국에서는 일찍이 80년대 말에 마르크스주의는 변혁이론으로서의 매력을 잃게 되며 그후 중진자본주의론(中進資本主義論)과 종속약화론, 개량화론, 사회민주주의론 등이 위세를 떨치게 된다. 이 이론들은 모두 고도 경제성장과 관련하여 한국 자본주의의 힘을 적극적으로 인정하고 혁명에 의한 사회주의의 실현보다는 경제발전을 통한 민주주의적 변혁의 중요성을 주의 깊게 호소하는 것이었다.

이 가운데서 중진자본주의론에 대해 간단하게 살펴보기로 하겠다. 중진자본주의론은 서울대학교에서 경제사를 전공한 안병직이 주장한 이론이다. 이 이론은 제국주의에 대한 종속의 강화와 재벌독점 강화를 기본 명제로 하는 신식국독자론을 비판하면서 진보적 사회과학자들 사이에 침투되어 있던 신식국독자론 자체를 '종속이론의 변종'에 불과한 것이라고 혹평한다. 즉 이 이론에 따르면, 그 동안의 사회구성체 논쟁은 추상적이고 이론적인 차원에 머물렀을 뿐 아니라 고도성장을 이룩하고 있는 한국경제의 실태를 무시한 것이라고 보고, 한국 자본주의는 세계 자본주의에 대해 어느 만큼의 종속성을 띠면서도 기본적으로는 독자적 발전과정을 걷고 있다는 것이다. 요컨대 저개발국가의 자본주의 발전은 필연적으로 종속성을 동반하지만, 그 종속성은 발전과정에서 차츰 극복되어 나간다는 논리이다. 그리고 미국의 헤게모니는 개별국가의 정치·경제에 일일이 간섭하는 것이 아니라 자본주의 세계체제라는 커다란 구조를 유지하는 것을 일차적 목적으로 하고 있으며, 이러한 구조 안에서 개별국가는 정치·경제를 자유로이 운용할 수 있고 바로 거기에서 저개발국가의 경우에도 정치적 독립과 경제적 발전을 추구할 수 있는 공간이 보장된다는 것이다(『한겨레신문』 1989. 11. 23; 안병직, 1989).

80년대 중반까지만 해도 식반론의 입장을 취했던 안병직은 일본에서 중진자본주의론을 주창한 나카무라 사토루(中村哲)의 이론을 그대로 수용하여 새로운 이론을 제시하게 된다. 하지만 안병직의 중진자본주의론은 표면적으로는 고도성장을 이룩한 한국경제의 실태를 긍정적으로 평가하는 것이지만, 실제로는 '원조'경제의 현실을 왜곡하고 값싸고 질 높은 노동력이라는 미명 아래 후발국가에서 자행되는 경제수탈을 긍정하는 이른바 미제찬미론(美帝讚美論)을 의미하는 것이었다(채만수, 1990).

더구나 안병직이 『조선일보』(1990. 1. 17)에서 쓰고 있듯이, 경제발전을 이룩하고 있는 한국은 이미 통일을 하지 않아도 민주적인 자주독립국가를 건설하는 역사적인 전망을 갖게 되어 민족모순·분단모순은 점차로 부차적인 것이 되고 있다고 주장한 것은 결코 간과할 수 없는 대목이다. 이는 한편으로는 경제지상주의로 기우는 것을 의미하고 다른 한편으로는 한국의 경제성장의 성격을 왜곡하고 더욱이 민주화와 통일을 향한 80년대 변혁운동의 본질적 의의를 부정하는 것이었다.

다만 여기서 1987년 '6월항쟁' 이후 한국에서는 제3세계와의 연대라는 발상이 점차 희박해지고 사상과 운동 차원에서도 그 중심이 민주화로, 나아가 통일문제로 바뀌어갔다는 점을 지적해 두어야 할 것이다. 이것은 변혁이론을 둘러싼 사회구성체 논쟁이 혼미를 거듭하는 가운데서도 학생운동이 군사적 파쇼체제에 대결하는 강력한 반체제조직이었던 점과 또 운동노선이 남북통일을 지향한 것과 관계가 있다.

1989년 시점에서 보면, 한국의 학생운동권은 크게 NL(민족해방민중민주주의)파, CA(제헌의회)파, PD(민중민주주의)파, 이 세 집단으로 구성되어 있다고 볼 수 있다(박덕건, 1989). 그때까지 운동권을 양분하고 있다는 인상을 주었던 NL과 CA 양 세력이 점차 힘을 잃고 소수파였던 PD가 급속하게 세력을 확대해 나갔던 것이다. 한마디로 NL의 약화와 CA의 퇴조, PD의 부상이라는 구도라고 할 수 있었다. 여전히 NL이 학생운동권에서 다수파를 차지하고 있었지만 학생운동의 기본적인 흐름은 NL 대 PD를 기본축으로 하여 재편성되는 추세였다. 학생운동권 내 이들 분파는 사회구성체론의 각 진영과 상호 밀접한 관계를 맺고 있었기 때문에 각 진영의 이론과 운동은 그야말로 표리 일체가 되어 서로 경쟁하였다.

NL의 사회성격론과 변혁론은 '식민지반(半)자본주의론'과 '민족해방민중민주주의혁명(NLPDR)'이며, CA는 '신식민지국가독점자본주의론'과 '민족민주혁명(NDR)' 그리고 PD는 역시 '신식국독자론'과 '반제반파쇼민중민주주의혁명(AIAFPDR)'을 근거로 하고 있었다. 여기서 PD와 CA의 사회성격론은 똑같은 신식국독자론이지만, 내용 면에서는 약간 차이가 있다. CA는 한국 자본주의가 비록 국가독점자본주의 단계에 있다고 할지라도 제국주의의 국제 분업질서에 예속되어서 규제를 받기 때문에 생산적 발전이 정체되어 있다고 주장한다. 이에 비해, PD는 신식민지 사회라고 할지라도 자본주의는 확대재생산되어 국가독점자본주의 자체가 '고도로 발전된 자본주의'이므로 신식국독자론의 생산력정체론은 틀렸다고 반박한다. PD에 따르면, 한국사회는 자본주의 발달이 지체되어 있는 것이 아니라 이미 자본주의 과잉에 의해 모순이 첨예화된 사회라는 것이다.

이러한 PD의 입장은 한국사회를 제국주의의 식민지로 보는 NL과 커다란 격차가 있다고 할 수 있는데, 실제로 NL은 식민지적 종속은 자본주의 발전을 저해할 뿐 아니라 반(半)봉건성을 온존·강화시키고 있다고 주장한다. 요컨대 PD는 식민지에서도 독점자본이 순조롭게 성장할 수 있다는 것을 강조하면서 독점자본 나아가서는 그 상부구조인 파시즘을 가장 중요한 공격대상으로 설정했다면, NL은 제국주의(매판세력) 대 민중을 대립관계로 보고 모든 투쟁에서 항상 반미

(反美) 자주화를 기본적 투쟁으로 설정하였다.

오늘날의 시점에서 보면, 이들의 주장이 제각각 난점을 안고 있었음을 쉽게 이해할 수 있다. 그중에서도 CA와 NL이 주장한 자본주의의 발자취와 혁명전망은 그후의 역사적 전개에서 크게 벗어나는 것이었다. 실제로 당시 NL은 실천적 지도이념을 북한의 '주체사상'에서 구하고 이것을 사상적 통일의 기초로 삼았다. 한편 PD의 사상적 기반은 '반(反)주체사상'이며, '비(非)주체사상'이기도 하고 또 '마르크스 · 레닌주의'이기도 했다(조희연, 1989). 다시 말해 PD의 지도적 이념은 하나의 통일된 것이라기보다 혼돈상태였던 만큼 애매함을 내포하고 있었다. 그러나 역설적으로 바로 이 점 때문에 그후의 역사전개에서 어느 정도 유연성을 갖고 대응할 수 있었다고 생각된다.

다만 1986~89년의 학생운동권 주류는 NL이었다는 것을 확실하게 기억해 둘 필요가 있다. 당시 한국 최대의 학생운동 조직이었던 NL은 6천 명의 직업활동가와 3만 명의 동조자를 보유하고 있었으며, 북한의 '주체사상'을 가장 유력한 지도이념으로 하면서 조국통일을 최종목표로 내걸었다. 이런 상황에서 한국에서는 '운동권' 학생을 중심으로 북한에 대한 관심이 높아졌을 뿐 아니라, '주체사상'이 마르크스주의의 한 분파사상이라기보다는 통일을 관심영역에 포함시킨 독자적인 민족주의적 사상으로 받아들여지기까지 했다. 정부가 『로동신문』 등의 자료를 공개하고 북한의 '비인간성' '비민족성'을 폭로하는 역공격을 시도한 것도 바로 이 시기이다.

결국 여기서는 북한에 대한 정부와 민중의 생각과 기대가 다른 상태에서, 당시까지 정치지배의 도구로 이용되어 왔던 민중이 점차적으로 의식변혁을 이룬 모습을 상상해 볼 수 있다. 실제로도 광범위한 민중이 88년 서울올림픽에서 소련을 비롯한 공산권 및 동유럽권 선수단과 관광객을 접하고 또한 역대 정권의 부정부패를 냉엄하게 추궁할 정도로 성장한 것이 그대로 공고한 반공의식을 곧바로 이완시켜 갔던 것이다.

3. 한국 근현대사에서 민족문제와 계급문제

80년대는 사회변혁을 지향하는 사회운동, 특히 민주화운동이 활발하게 전개되었던 시기이다. 오늘의 시점에서 60년대 이래의 민주화운동을 이끌어온 진보적 지식인의 사상적 흐름을 보면, 엄밀하게 구분할 수는 없지만 대체로 60년대는 소시민적 민주화운동, 70년대는 민중주의적 민주화운동, 80년대는 변혁적 사회운동의 시기였다고 정리할 수 있을 것이다(안기석, 1995).

그러면 여기서는 한국 근현대사를 이해할 때의 기본적인 시각에 관해서 살펴보기로 하겠다. 역사는 단순히 과거의 총화가 아니라, 어떤 시점 혹은 한정된 조건에서 일정한 분석시각을 가지고 정리하고 재구성하는 것이다. 당연히 역사시각과 역사인식은 사람에 따라 천차만별이지만, 그럼에도 불구하고 특정 장소 혹은 특정 시대에 한정된 역사의 이해는 그 나름의 기본적인 시각, 즉 많은 사람이 공유할 수 있는 하나의 사고방식과 분석시각을 가능하게 한다. 이것을 준비하는 것이 역사학과 사회과학의 임무라고 할 수 있다.

한국 근현대사에서의 이러한 기본적인 시각으로는 '민족문제'와 '계급문제' 두 가지를 들 수 있다. 이때 민족문제와 계급문제는 마르크스주의 역사관 및 사회관과 복잡하게 얽혀 있는 용어이며, 따라서 마르크스주의적 색채를 띠면서도 기본적으로는 근대세계의 어느 지역에도 적용 가능한 분석시각이라고 할 수 있다. 그러나 예를 들어 이제 일본에서는 민족문제나 계급문제 같은 용어는 거의 사용되지 않을 뿐더러 오히려 시대착오적 이데올로기 용어가 되어버린 것과 마찬가지로 지역이나 국가, 시대에 따라서 수용되는 방식은 매우 다를 수밖에 없다.

하지만 한국 근현대의 역사를 생각할 때, 이 두 가지 용어는 오늘날에도 여전히 유효한 것이라고 할 수 있다. 이것은 그만큼 식민지지배와 남북분단의 역사에서 민족이나 계급과 연관되어 있는 모순이 크다는 것을 의미한다. 사실 남북한의 근현대사는 오늘날에도 계급문제를 다루면서 민족문제를 서술하는 것이 핵심을 이루고 있다.

원래 한반도에 사는 사람들이 하나의 민족공동체로서 결집력을 갖게 된 것은 고려시대에 들어서부터이다. 이런 역사를 거쳐서 한반도의 주민은 조선왕조 후기부터 근대민족으로 발전하는 길을 걸었다. 이 근대민족으로의 발전과정은, 자본주의적 생산양식이 어느 정도 보급됨에 따라 그때까지의 봉건적 생산관계를 기반으로 한 계급제도인 신분제도가 무너지기 시작한 것과 맥을 같이한다. 다시 말해 원래 근대민족의 형성은 봉건사회의 극복이라는 계급문제를 내포하고 있었던 것이다. 한국의 경우, 민족의 형성은 1860년대 이후 외부의 압력을 받으면서 왜곡되기 시작하여 계급문제에서 출발한 민족문제는 반(反)봉건·근대화 문제를 내포하면서도 동시에 반(反)제국주의 문제를 보다 큰 문제로 떠안게 되었다.

일반적으로 식민지종속국가(지역)의 민족문제는 피억압민족이 억압과 지배에 저항하여 민족독립과 민족적 통일을 실현하려 할 때 발생하는 문제를 의미한다. 구체적으로 민족형성과 민족국가 수립 문제, 이를 위한 민족해방운동의 전과정을 포함하는 문제로 이해되고 있다. 하지만 민족문제는 처음에는 내부의 계급문제에서 출발하여 궁극적으로도 계급문제의 해결을 통해서 비로소 근본적으로 해결되는 문제인 것이다. 따라서 민족문제는 계급문제와 떼려야 뗄 수 없는 관계에 있으며, 계급적 입장의 차이에 따라 민족문제에 대한 인식과 대응방식도 달라지게 마련이다(이영호, 1989).

한국의 경우, 민족모순은 무엇보다도 식민지시대의 일본 제국주의와의 이해관계 그리고 해방 후에는 분단고착화 과정에서 나타났다. 한편 계급모순은 자본주의적 생산양식이 관철됨으로써 기본적으로는 자본과 노동 사이의 모순으로 나타나지만, 식민지시대에는 지주와 소작의 반(半)봉건적 모순이 자본주의적 모순과 밀접하게 결합되어 있었다. 해방 후 60년대 들어와서부터 남한에서는 급속한 경제성장으로 계급모순은 더욱더 첨예화되고 있었다.

여기서 잠깐 역사추진의 변혁주체를 살펴보면, 억압당하고 종속적인 지위에 놓여 있었던 조선근대에서 변혁을 담당한 주체는 노동자·농민 등의 민중 및 지식인들로 이루어진 반제반봉건 세력이었다. 민족운동의 에너지 역시 일부 민족자본가를 포함한다고 하더라도 기본적으로는 민중이 주된 담당자가 되는 민족주의, 즉 민중적 민족주의를 근거로 하였다. 결국 민족주의란 반일·반제의 문제이자 자주성과 민주주의의 문제였으며, 또한 출신지와 조국, 동포와 민족에 대한 애정의 문제이고 궁극적으로는 통일된 민족국가 건설의 문제였다.

한국 근현대사에서는 계급문제보다 민족문제가 훨씬 큰 비중을 차지하고 있었다. 그만큼 민족모순이 민중의 생활에 크나큰 고통을 주었다는 의미이다. 그리고 해방 후의 현대사에서 민족문제는 많은 경우 분단과 통일 문제로 파악된다. 한국 민족문제의 기본적인 성격을 다시 한 번 정리해 보면 다음과 같은 특징을 지니고 있다.

첫째, 아직도 해결되지 않은 민족문제의 핵심은 통일된 민족국가의 건설이며 이 민족문제는 반일·반제 민족해방투쟁을 출발점으로 하여 역사에 아로새겨져 왔다. 둘째, 한국의 민족문제는 계급문제와 거의 동시에 발생하여 오늘날에 이르기까지 계급문제와 불가분의 관계에 있다. 셋째로, 민족문제는 계급문제와 중층적으로 결합되어 있는 동시에 민족운동의 이념이 크게 마르크스주의적 입장과 민족주의적 입장으로 나누어져 있다. 넷째로, 민족문제는 해방 후 동서냉전이라는 이념을 달리하는 두 개의 진영, 즉 외세가 개입된 분단문제를 안고 있어서 동북아시아를 중심으로 하는 국제관계에 크게 규정당하게 되었다. 그리고 마지막으로, 탈냉전 후인 90년대의 민족문제는 '남한' '북한' '미국'이라는 분단 패러다임에 규정되어 남북한의 긴장관계가 지속되고 있을 뿐 아니라 미국의 대(對)남북한 정책의 영향을 강하게 받고 있어서 통일에 대한 전망이 여전히 불투명하다.

원래부터 한국 현대사는 격동의 역사이고 음울한 사건들로 점철되어 있다. 개인적 차원에서 보면 학살·암살·처형·투옥·고문·사건날조·부당해고·강제헌납 등이 다반사였으며, 사회적 차원에서는 좌우익의 대립과 진보정당에 대한 탄압, 친일파·친미파의 존재, 한국전쟁, 군사독재, 장기집권, 권위주의, 지역주의·지역차별의 횡행 등이 사람들에게 이루 헤아릴 수 없는 슬픔과 통곡의 씨앗이 되어왔다. 이러한 격동의 역사의 밑바탕에 남북한의 분단과 분단고착화가 가로놓여 있었던 것은 말할 나위도 없다.

현대 한국은 일반적인 세계 자본주의 문제로는 해결될 수 없는 조건 속에서 존속해 왔다고 할 수 있다. 따라서 한국 현대사에서 사상과 문화의 흐름을 고찰할 때, 남북분단과 국제관계를 제외한 내재적 발전으로만 보는 것은 거의 아무런 의미가 없다. 한국의 사회운동을 이끌어온 사상의 전개를 보더라도, 그것은 한국사회 내부의 사상 내재적 발전뿐 아니라 과거 식민지시대의 유산과 해방 후의 남북관계, 동서 냉전구조, 한미관계, 자본주의의 발전단계, 각종 조직운동·민중운동 등의 전개와의 관계 속에서 고찰되어야 한다.

실제로 해방 전인 40년대는 민중에게 암흑의 시대였지만, 사상사 면에서는 결코 그렇지 않았다. 50년대 역시 한국전쟁이 있었음에도 불구하고 사상사적으로는 은밀하게 다음 시대를 준비한 시기였다. 사건사 측면에서 보더라도 6, 70년대는 인민혁명당사건(1964, 74), 통일혁명당사건(1968), 남조선민족해방전선사건(1979) 등 다수의 조직사건이 적발되었으며 현대 사상사에 중요한 의미를 지닌다. 더구나 한국의 경우에는 군사독재와 권위주의 체제가 오랫동안 지속되어 왔기 때문에, 사상사의 흐름을 파악할 때 제도권과 비제도권, 체제 내와 반체제 쪽을 동시에 살펴보아야 한다.

뿐만 아니라 80년대의 변혁사상은 주로 마르크스주의를 기반하고 있었다는 점은 이미 말했지만, 여기에 주체사상과 '수정주의'를 첨가하는 것 또한 필요하다. 수정주의의 경우, 한국에서 수정주의가 일정한 의도를 가지고 사용되게 된 것은 미국의 역사연구나 국제정치학·외교사 연구에서 동서냉전의 기원과 베트남전쟁에 대한 비판적 고찰이 하나의 조류를 이룬 것과 관계가 있다.

70년대 들어와서 미국에서는 베트남전쟁으로 인한 좌절감과 죄의식을 직접적인 계기로 하여 정부의 베트남 정책에 대한 오류를 추궁하는 움직임이 활발하게 일어나며, 이런 움직임은 마침내 냉전이 시작된 무렵의 정책에 대한 의구심으로 이어지게 된다. 이것이 바로 정부를 중심으로 한 정통파 및 주류파의 '공식견해'에 도전하는 '수정주의' 입장인데(麻田貞雄, 1974), 이러한 진보적 성향의 연구동향은 한국전쟁을 포함한 미국의 아시아정책에 대한 반성과 재평가로 이어지면서 80년대의 한국 역사학계에 커다란 영향력을 발휘하게 된다. 수정주의 이론을 기반으로 해서 브루스 커밍스가 『한국전쟁의 기원』을 간행한 것이 1981년이며, 곧 이어 이것은 변혁기에 접어들어 있던 한국의 역사학계, 특히 젊은 진보적 연구자들 사이에 지대한 영향을 끼쳤다. 80년대 이후에 한국에서 나타나는 '수정주의 사관' 혹은 '민중사관' 같은 현대사의 새로운 해석이 그것인데, 이는 기존의 역사연구와 역사교육에 일대 변화를 가져오게 된다.

　이와 관련하여 한 가지 덧붙이면, 일본에서 '역사수정주의'라는 용어가 유행한 데서 알 수 있듯이 수정주의라는 것은 이른바 '자유주의 사관'의 주장으로 주로 등장한다. 즉 전후(戰後) 일본의 역사교육은 '도쿄재판사관' '코민테른사관' '암흑사관' '자학(自虐)사관' '반일(反日)사관'에 의해 훼손되어 왔기 때문에, 이를 바로잡기 위해서는 '자국의 생존권과 국익추구의 권리'를 명확하게 인정하고 '자국의 역사에 자부심'을 갖도록 하는 역사교육을 지향해야 한다는 것이 그 핵심을 이루고 있다. 일본의 수정주의는 배타적인 일본 내셔널리즘과 불가분의 관계를 맺고 있는 동시에 민족차별·성차별의 성격을 적잖이 지닌데다 교육현장에서 쟁점이 될 정도로 광범위하게 '국민적' 확산을 이루게 된다.

원래 수정주의라는 용어는 서구에서는 프랑스 등지에서의 역사를 수정하는 행위, 즉 나치의 유태인 학살 같은 만행을 은폐하기 위한 목적으로 사용되고 있다. 유럽이나 일본의 수정주의나 역사수정주의와 같은 용어의 사용은 올바르다고 할 수 없으며, 오히려 '네오나치즘적 역사 재검토'라든가 '일본판 역사 바로세우기'라고 불러야 마땅할 것이다. 이런 의미에서 한국에서 '수정주의'라는 용어를 사용할 때는 세심한 주의가 필요하다.

한국 현대사는 1945년 8월의 이른바 8·15에서부터 시작한다고 볼 수 있다. 그러나 한국의 경우, 현대사 연구는 그 자체가 한국이라는 국가의 정통성의 근거로 간주되고 있는 대한민국임시정부(1919년 4월 상해에서 수립된 망명정부)의 평가 자체에 의심을 품고 혹은 해방 후에도 살아남은 '친일파'의 죄과를 폭로하는 것이 되기도 하였다. 사실 이승만 대통령 이후 박정희, 전두환으로 이어지는 군사정권 자체도 친일파를 대거 등용한 반공독재권력이었으므로, 과거를 명백히 밝히는 것은 곧 정권의 안정을 위태롭게 하는 것으로 연결되었다.

그러나 1972년 12월 박정희의 이른바 '유신체제'의 시작과 함께 학생과 지식인을 중심으로 한 민주화운동이 전국적으로 전개되었으며, 현대사의 금기에 도전하는 연구자의 학술활동도 점차 활성화되어 갔다. 역사학계에서는 이미 60년대 들어와서부터 식민지시대에 강요되었던 식민지사관과 정체성론(停滯性論), 후진성론을 극복하고 민족주의를 정립하는 작업이 시작되었는데, 70년대 후반에 와서는 현대사 연구 역시 본격적으로 전개되었다.

그 가운데도 강만길의 『분단시대의 역사인식』(1978)은, 당시까지의 역사학이 일제시대 식민지사관의 극복에만 매달려 있는 것을 비판하고 가장 절실한 과제인 분단체제의 청산을 철저하게 인식하고 그 방향을 모색했다는 점에서 획기적인 시각을 제시한 것이라고 할 수 있었다. 이어서 1979년 10월에 박정희 대통령 시해사건과 때를 같이하여 간행된 『해방전후사의 인식』(송건호·임종국 외)은 현대사 연구에서 기념할 만한 일이었다. 이 책은 총 40만 부가 넘게 팔리는 베스트셀러(『統一日報』, 1989. 11. 2)가 될 만큼 역사학계와 일반독자에게 지대한 영향을 미쳤으며, 한국 현대사의 연구와 관심에 강력한 기폭제 역할을 하였다. 이 책은 독립운동의 전개과정과 식민지 말기의 친일파 군상을 비롯하여 해방의 민족사적 의의, 미군정(1945. 8~48. 8)의 정치사적 성격, 이승만 노선과 친일파 문제 등을 구체적으로 논하고 있으며 또 해방 전후기의 민족운동 지도자의 모습을 처음으로 밝히고 있다.

이윽고 1980년 5월의 광주민중항쟁 후에 각종 사회과학 서적과 번역서가 출판되었다. 앞에서 언급한 커밍스의 『한국전쟁의 기원』도 번역·출판되어 현대사 연구에 커다란 충격을 던져주었을 뿐 아니라 한국의 학문연구 수준을 단숨에 향상시키는 역할을 한다. 역사학뿐 아니라 정치학, 경제학, 사회학 같은 분야에서도 젊은 연구자들이 활약하기 시작했으며, 현대사 연구가 서서히 시민권을 획득하게 되었다. 그런 가운데 1984년에 강만길의 『한국근대사』『한국현대사』(창작과비평사)가 출간되어서, '민중'이 역사서술의 전면에 등장하고 역사학계는 물론이거니와 지식인과 학생, 일반독자에게 커다란 영향을 끼쳤다.

이와 같이 민주화운동의 전개와 더불어 80년대 후반부터 '수정주의

사관' 내지 '민중사관'이 전면에 등장하면서 '민중'이 변혁의 주체로서 논의되고 또한 해방 후의 반공독재권력의 구조에 메스가 가해짐에 따라, 식민지시대의 사회주의 운동은 민족해방운동의 일환으로 자리매김되었다. 유영익은 「수정주의와 한국현대사 연구」(이기백 편집, 1997)에서, 80년대 후반 이후에 미국에서 수입된 수정주의 사관이 한국의 역사연구에 끼친 공적을 인정하면서 한국의 수정주의 사관은 냉전이데올로기와 정부가 내세운 반공·안보 우선 논리를 타파하고 역사서술에서 총체론적 내지 구조주의적 방법론에 입각한 시각과 분석을 가능하게 하였다고 높이 평가하고 있다. "수정주의는 한국 현대사 연구의 새로운 지평을 열어주었고 나아가 한국사 연구에 있어 보기 드문 '백가쟁명(百家爭鳴)' 시대를 열어주었"으며, "1990년대 초에 걸쳐 현대사 연구의 '주류학풍'으로 자리잡았다"고 쓰고 있다.

하지만 군사독재정권의 억압으로 오랫동안 현대사 연구가 금기시되던 한국에서 분단이나 통일 문제에 관한 논의가 비로소 가능해진 것은 1987년의 '민주화선언' 이후라고 할 수 있다. 이것은 다름 아닌 '민주주의'의 실현 없이는 분단과 통일을 거론할 수 없었다는 한국 현대사의 진실을 말해 주는 대목이다. 하지만 90년대 들어와서 한국에서는 '수정주의 사관'이라는 용어는 물론이고 '민중사관' '민중사학' 같은 용어도 거의 사용되지 않고 단지 '역사학' '역사연구' 등으로 불리고 때때로 '과학적·실천적 역사학'(한국역사연구회)이 표방되게 된다.

어쨌든 한국 현대사의 이와 같은 이해를 바탕으로 70년대, 특히 80년대를 되돌아보면 민주화운동이 빛나는 시대라고 기록될 수 있다. 마르크스주의, 주체사상, 수정주의 등의 사상과 이론은 한국에서 볼 때 분명 '외래사상'이었지만, 한국의 지식인은 이를 자국의 사회모순과 맞서게 하는 지적 고뇌를 자청함으로써 질풍노도의 80년대를 아로새겨 나갔던 것이다. 실제로 지식인들 사이에서는 근대화 및 산업화에 관련된 계급모순의 문제, 분단과 통일 그리고 반미 · 자주의 민족문제가 한꺼번에 분출하였으며, 또 노동 · 민주화 · 여성 · 환경 · 복지 등의 개별문제가 구체적으로 논의되면서 동양사상과 생명사상 등도 부상하였다.

문익환, 리영희, 강만길, 백낙청, 황석영, 조정래 등은 분단과 통일이라는 민족문제를 열심히 거론하면서 정부가 공식화한 지배이데올로기에 과감하게 도전하였다. 또한 김지하는 70년대의 민중사상에 이어서 환경보호와 생명사상의 논제를 일찍이 제시하여 지식인과 운동권에 또다시 커다란 충격을 주었다. 한편 박현채는 '민족경제론'을 제창하여 한국사회의 과학적 이해에 적지 않은 공헌을 하였다. 그리고 김진균을 비롯한 일군의 사회학자는 계급모순의 분석을 학문연구의 전면에 내세웠을 뿐 아니라 노동운동 등의 현장에도 직접 관여하여 구체적인 민중문제에 뛰어들었다. 최장집과 장기표도 이론과 실천 영역에서 민주주의 문제를 다루면서 착실한 노력을 계속하였다. 70년대부터 계속해서 기독교 등의 종교운동가와 인권활동가는 인권 · 복지 · 평화 문제에 더욱더 본격적으로 뛰어드는 자세를 보였다. 또 동양사상가인 김용옥이 지식인들 사이에서 동양사상의 중요성을 새삼 인식시켰던 것도 80년대의 일이다.

이처럼 7, 80년대의 지식인의 활약은 심각한 자기고뇌를 거듭함으로써 이루어졌다.[1]

끊임없이 금기에 도전한 리영희는 한국전쟁 때 입대하여 군복무를 하다가 휴전 후에 제대하여 합동통신과 그 밖의 언론기관에서 주로 외신부문에서 활약하였다. 그후 한양대학교 신문방송학과 교수가 되었으며, 1974년 이후『전환시대의 논리』『8억인과의 대화』『우상과 이성』등 여러 권의 책을 펴내 큰 반향을 불러일으켰다. 저서에서는 중국인민의 혁명과 사회주의의 진실을 기술하여 사회주의에 대한 객관적인 시각의 중요성을 호소하였으며, 군사적인 측면에서 남북한을 면밀하게 비교하여 '북한 괴뢰집단의 남침위협'의 허구성을 폭로하였는가 하면, 또 권력에 영합하는 보수언론에 정면으로 도전하였다. 반공·냉전이라는 허위의식에 사로잡혀 있던 지식인과 학생에게 이 책들은 '의식해방'의 돌파구가 되어 발상의 전환과 의식의 각성, 시대에 대한 자각을 열어주는 역할을 했다. 은폐되어 있던 시대의 진실을 전하고 반공교육에 의해 왜곡된 젊은이들의 의식전환을 촉구하는 자세로 인해 '의식화의 원흉'으로 조사당국의 분노를 샀고, 몇 차례나 투옥·고문·해직 등의 고난을 받게 된다.

사실 일단 각성한 젊은이가 국가보안법과 반공법 위반혐의로 법정에 서게 되면, 그 법정에서 국가권력의 대리인인 검찰은『전환시대의 논리』를 비롯한 리영희의 저서가 문제의 발단임을 종종 논고하였다고 한다. 실제로도 오늘날 한국에서 활약하고 있는 진보적인 지식인들 가운데 상당수가 대학시절에 리영희의 책을 접함으로써 자신의 사상이 변혁되었다고 증언하고 있다. 이러한 리영희의 사상은 아마 '휴머니즘에 의한 이데올로기 비판' 혹은 '계몽주의적 휴머니즘'이라고 부를 수 있을까 싶다.

한국자본주의 논쟁 및 사회구성체 논쟁에서 한쪽의 주역이었던, 지금은 작고한 박현채는 오랫동안 재야의 연구자로 불우한 시절을 보내

다가 나중에 조선대학교에 교직을 얻을 수 있게 된다. 박현채는 반공이데올로기의 폭풍 속에서 그 맥이 단절되어 있던 마르크스·레닌 사상에 근거하여 과감하게 '운동의 과학화'를 지향하며 혁명적 노동운동의 복권을 시도하였다. 그는 종속이론 등의 '아류'이론을 비판하면서 일본의 '오쓰카사학(大塚史學)' 등의 영향을 받아 '민족경제론'을 창시하였는데, 이는 민족주의와 마르크스주의에 대한 자신의 신념의 발로이기도 했다. 그가 말하는 민족경제는 기본적으로 민족적 생존권의 확보와 발전이라는 민족주의적 요구에서 연유하는 것이었다. 또 한국의 현실에서 국민경제의 주체적 발전과 그에 따른 외국자본·매판자본과의 상호관계를 밝히고 통일을 지향하는 민족주의의 확립에 이바지하는 것이기도 하였다. 박현채의 민족경제론은 이론적으로는 아직 미완성 상태였지만, 한국의 지식인과 운동권에 민주화와 자주화, 통일의 과제가 지니는 중요성을 제시하고 특히 노동자계급과 민중에게 변혁을 위한 무기를 제공하는 것이 되었다.

고려대학교에서 역사학을 전공한 강만길은 한국 역사학계에서는 분단극복을 위한 실천적 역사학의 제창자로 확고한 지위를 차지하고 있다. 그는 한국 근현대사학의 개척자이자 한때 '해직'의 고통도 겪은 민주화운동의 탁월한 역군이기도 하다. 8·15해방과 한국전쟁을 통해서 민족문제에 눈을 떴지만 50년대까지만 해도 한국에서 근대사라 하면 아직도 조선왕조 시대의 역사를 가리키는 것이었다. 그런 상황에서 강만길은 60년대 이후의 자본주의 맹아론이나 내재적 발전론 등, 식민지사관의 극복을 둘러싼 논쟁에서 언제나 중심적 역할을 하였다. 마침내 강만길은 일제하의 사회주의 운동을 민족해방운동사 속에 자리매김하는 새로운 독립운동사를 제시함으로써 한국 근대사 연구를 크게 진전시켰고, 그후 현대사를 개척하여 '민족사학' 및 '민중사학'을 제시하고 분단극복사학과 '통일전선' 개념을 정립하는 등 늘 역사학 연구의 제일선에 서 있었다(조광, 1993).

28세의 젊은 나이에 『창작과비평』을 창간한 백낙청은 군사정권에 의해 판매금지 · 정간 · 폐간 처분 등의 박해를 받으면서도 30여 년 동안 지식인을 고무하는 잡지를 계속 발간해 오고 있다. 서울대학교 영문학과 교수이기도 한 백낙청은 1974년에 '민족문학'의 과제는 문학영역에서의 반(反)식민지 · 반봉건 시민혁명이라고 설정하고 이후 70년대 내내 분단극복운동으로서의 '민족문학론'을 줄기차게 주장하였다(백낙청, 1978). 백낙청의 민족문학론은 좁은 의미에서의 문학론에 머물지 않고 철학과 예술의 독자적 과제도 포함한 인류사적인 시각에서 민족문제를 고찰해야 한다는 중요성을 피력하였다. 분단이라는 현실에서 문학다운 문학은 '민족문학'밖에 없고 그것은 한국뿐 아니라 제3세계 나아가 서구세계도 포함한 새로운 보편성의 탐구로 이어진다는 것이다(『동아일보』, 1996. 3. 24). 민족문학론에서는 과학만능주의를 비판하며, 사실 80년대 말에는 계급모순과 민족모순을 강조한 마르크스주의적인 분단이해에 의문을 던지고 남북한을 "분단 자체를 재생산하는 관계"로 보는 "주요모순으로서의 분단모순론"을 제기하였다.

한국 사회학계의 중심적 존재인 김진균(서울대 사회학)은 학문적으로는 보수적인 근대화론에서 출발하였으나, 70년대 말의 긴장된 정치 상황 속에서 사회의 모순을 자각하면서 그후 민중운동에 적극적으로 참가한다. 그의 사상적 기반은 전통적 마르크스주의라고 할 수 있으나, 실제로는 여기에 머물지 않고 각종 운동에 참여하는 과정에서 비

(非)마르크스주의적인 사상을 폭넓게 습득하게 된다. 1980년의 지식인서명사건으로 해직되지만 계속해서 재야의 각종 운동에 관여하며 늘 민중의 투쟁현장으로 발걸음을 옮겼다. 이런 속에서도 한국산업사회연구회 회장, 민주화를 위한 전국교수협의회 공동의장, 전국노동조합협의회 후원회장 등 민간 학술운동단체 및 노동운동 관계 등의 간부직을 두루 맡고 있다. 『사회과학과 민족현실』(1988) 등에 나타나 있는 그의 연구시각은 한국사회를 제3세계론으로 우회하지 말고 "분단된 우리 사회의 특수성을 경험적으로 분석하고 이론적으로 개념화해야 한다"는 것이고 "민족적 · 민중적 학문의 정립에 초점"을 맞추고 있다(『시사저널』, 1991. 7. 4). 그의 연구에서 노동자계급 · 노동운동을 중시하는 것은 '너무나도 인간적'이라고 일컬어지는 그의 인품을 그대로 말해 주는 것이라고도 할 수 있다.

지금까지 언급한 연구자들은 모두 한국사회에서 '엘리트'적 존재이지만, 그와 동시에 이들은 민주화운동의 중요한 역군이기도 하다. 한국의 연구자는 실제 변혁운동에도 관여하였고 또 그만큼 노동자 등의 기층민중과도 적지 않은 관계를 맺고 있음을 의미한다. 이들의 학문적 업적과 사고방식은 군사독재정권과 극렬하게 맞서면서 획득되었기에 독특한 가치를 지닌 것이었다. 특히 이들 제1세대가 '민족경제'와 '민족사학' '민족문학'을 구체적으로 제기한 것은 한국의 민족주의가 단순히 '민족감정'에 머무는 것이 아니라 현실의 사회구조 및 변혁과 밀접하게 결합되어 있다는 것을 나타내는 데 큰 의미를 지녔다.

그러나 역시 당연한 것이지만, 이러한 개성이 넘치는 사고방식이 다른 의미에서 갖가지 비판을 받았던 것 또한 사실이다. 리영희는 우익 등으로부터 북한 일변도라는 비난을 끊임없이 받았는가 하면, 박현채는 교조주의적이라고 비판받았다. 강만길은 분단시대의 역사인식에서 국제관계를 지나치게 경시하였다는 비판을 받았고 백낙청 또한 남북분단의 현실을 잘못 이해하고 있으며 소시민적이라는 야유를 받기도 하였다. 또 김진균의 계급관계에 대한 강조는 이항대립적 사고에 치우쳐서 한국사회를 올바르게 파악하지 못하고 있다는 비판을 받았다. 그러나 여러 가지 비판이 있었다 할지라도 80년대의 사상과 운동이 이들 탁월한 지식인을 중심으로 전개된 것은 분명하다. 오히려 80년대 말과 90년대 이후의 사상과 운동은 제1세대인 이들의 사상과 운동을 넘어서는 것이 과제였다고 할 수 있다.

4. '민중'개념과 중간층논쟁

80년대의 '민족민주화운동'은 동시에 '민중민주주의운동'이었다. 국가권력과 자본가에 대한 명시적인 대항세력이 오랫동안 존재하지 않았던 상황에서, 80년대의 운동에서는 '민중'이 변혁주체로 전면에 등장하게 된다. 역사학과 사회학 등에서도 민중사학과 민중사회학 등이 논의되고 '민중'개념의 정립이 도모되었다. 여기서 말하는 민중은 지배체제에 저항하는 존재인데, 식민지시대의 민족독립운동 전통을 계승하는 한편 피억압자로서의 계급연합적·통일전선적 성격을 지니는 사회집합체였다.

역사학에서는 특히 변혁주체인 민중을 강조하는 역사서술이 중시되어 '민중사학' '민중사관'이 학계를 풍미하였다. 예를 들어 김인걸(서울대 한국사)은, 민중사학에서 말하는 '민중론'은 실제로는 '변혁주체론'이며 또 변혁주체론으로서의 '통일전선론'이라고 강조한다(강만길 외, 1989). 민중사학이나 민중사관이라는 명칭은 시기적으로는 80년대 말까지 왕성하게 사용되었으나, 그 의미와 내용에 관해서는 오늘날까지 아직 본격적인 정리가 이루어지지 않고 있다.

문학영역의 경우 70년대의 민족문학은 80년대 이후에 민중운동 및 통일운동이 발전함에 따라 노동문학, 농민문학, 분단극복문학 등으로 구체화되어 노동자·농민 운동과 결합한 민중문학으로 발전하였다. 노동현장이나 농업현장에서 문학작품이 다수 나오면서 박노해(朴勞解, 노동해방이라는 의미임. 본명은 박기평) 같은 노동자 시인도 탄생하였다.

80년대 들어와서는 사회학과 그 밖의 사회과학에서도 민중개념이 다양한 방식으로 논의되었으며 여기에 '중간층' 내지 '중산층' 문제도 한몫 끼여서 한국사회의 변혁노선 및 변혁주체에 관련되는 격렬한 논의가 전개되었다. 그러나 1987년의 노동자·학생 대투쟁과 그에 이은 군부지배층의 '민주화선언' 이후, 점차 '민중'을 대신하여 '시민'이라는 용어가 사용되었으며 곧 이어 '시민사회'를 둘러싼 논의가 활발해졌다.

이것은 90년대에 들어서면서 한국의 민주화 문제가 시민사회라는 관점에서 논의되게 되었다는 것을 의미하는데, 사회주의권 붕괴라는 세계사적 사건과 관련이 있다. 따라서 90년대가 되면 민족·계급 용어와 마찬가지로 민중이라는 용어가 급속하게 쇠퇴하지만, 시대적 대전환을 이해하기 위해서는 80년대의 민중론 흐름을 제대로 파악해 둘 필요가 있다.

한국 근대사에서 민중이라 하면, 무엇보다도 근대의 여명기에 탄생한 민족종교인 동학(東學)의 '백성'이라는 개념이 떠오른다. 동학은

"사람이 곧 한울님이다(人乃天)"에 의한 '보국안민(保國安民)'을 교의의 근본으로 하고, 절대적인 가치의 기준은 초월적인 신이 아니라 만인의 마음속에 있는 하늘이라고 하였다. 이러한 역사의 연장선에서 민중이라는 단어를 자각적으로 사용한 것은 역사학자이자 민족해방운동의 투사였던 신채호(1880~1936)이다. 1919년 3·1독립운동 후, 신채호는 『조선혁명선언』(1923)에서 민중을 민족해방의 주체로 인식하였다. 여기에서 민중은 민족과 거의 같은 뜻으로 사용되고 있으며, 역사는 "아(我)와 비아(非我)의 투쟁"이라고 명제화하고 있다.

이 민족개념은 오늘날의 시각에서 보면 관념성·고유성을 벗어나지 못하고 있을 뿐 아니라 민중개념 또한 그 속에 포함되는 모순들을 경시하는 성격을 띠고 있지만, 민중과 민족을 통일적으로 파악한다는 점에서 획기적인 의미를 지녔다고 할 수 있다. 그러나 어떤 식으로든 식민지시대 그리고 해방 후의 신식민지시대에 민중 내지 민중론이 끊임없이 논의의 대상이 되어온 것은, 그것이 피지배하에 있는 민족구성원의 존재양식을 나타내고 또한 민족해방의 주체 설정과 관련되어 있었기 때문이다.

70년대의 민주화운동에서 민중개념은 아직도 추상적인 단계에 머물러 있었다. 50년대 후반부터 잡지 『사상계』에서 본격적으로 평론활동을 한 무교회주의 기독교인 함석헌(1901~89)은 6, 70년대에 고난 속에서 살고 있는 종교적 민중론을 전개하였고 또 70년대 초부터 조직신학자 안병무와 성서학자 서남동 등이 '민중신학'을 제창하는 등, '하느님의 백성'이라는 민중론이 적지 않게 제기되었다. 그러나 70년대의 민중론은 전체적으로 민중을 미분화된 관념적 실체로 파악하고 민중을 구성하는 모든 계급·계층의 생활상의 요구와 정치적 입장을 구체적으로 파악하지 못한 채 민중의 피억압상태를 추상적으로 논의하는 수준이었다.

당연히 이러한 관념적 민중론은 사회모순에 대한 구체적인 정치경제학적 분석을 결여하고 있었으며, 80년대의 사회적 상황의 변화와 사회운동의 발전에 따라갈 수 없는 약점을 드러내었다. 70년대의 민주화운동에서 제기되었던 민중신학과 민중문학, 민중사회학 등이 80년대에 들어와서 침체현상을 나타낸 것도 종전까지의 민중론이 현실변혁운동의 속도를 따라가지 못했기 때문이다.

여기에서 잠시 기독교인에 대해 살펴보기로 하겠다. 70년대 민주화운동의 최전선에 서 있었던 것은 학생과 기독교인이었다. 1973년 5월에 한국기독교의 뜻있는 교역자 일동은 '1973년 한국기독교인선언'을 발표하였는데 그것은 유신정권에 대한 사실상의 선전포고였다. 교회는 종종 투쟁현장이 되었고 남북통일을 비장하게 염원한 문익환 목사를 비롯하여 많은 성직자가 투옥되었다. 그러나 현실에서 한국의 기독교는 전체적으로 보수적 성격을 띠었으며, 사회의 변동기에 '도피장소'의 역할을 하게 된다.

1890년대에 그 숫자가 기껏해야 수백 명에서 수천 명이었던 조선의 기독교신자는 열강의 각축을 거쳐 일본 식민지가 된 1910년에는 10여만 명으로, 3·1운동이 일어난 1919년에는 28만 명으로 늘어났다. 그리고 해방 후 한국전쟁 직전인 1949년에 남한에만 90만 명이던 신자수가 1970년에는 398만 1천 명으로 크게 증가하였으며, 이 숫자가 민주화운동 10년을 거친 1981년에는 907만 6천 명(한국 전체인구의 23.5%)이 되었다. 70년대 민주화운동 시기만 보더라도 초대형 매머드교회를 포함하여 많은 교회가 전국에 세워졌는가 하면, 빌리 그레이

엄의 전도집회와 1974년의 대전도집회 '엑스프로74' 등에는 세계사상
보기 드문 100만 명 규모의 신자가 모였다. 그러나 이것은 명백하게
민주화운동의 정력을 잠식하는 역할을 했는데, 그만큼 민중은 하느님
에게 의지하려고 교회로 모여들었고 교회공동체에 다가가는 것으로
삶의 안정을 구하였다고 이해할 수 있다(柳東植, 1987).

민중론이 추상성을 탈피하고 '과학적'으로 논의된 것은 80년대 중
반에 한국사회의 변혁이론이 다양하게 논의되면서부터이다. 80년대
중반이 되면서 사회성격론-변혁론-민중론이라는 상호연관성 속에서
변혁주체로서의 민중이 문제로 대두되었으며, 이 가운데서 민중론은
다양한 분화과정을 거쳤다. 민중개념을 둘러싼 논의가, 한국 자본주
의의 성격과 사회구성 파악, 변혁노선의 선택, 변혁주체의 설정 등의
논의의 심화와 관련하여 확대되어 갔던 것이다.

결국 민중론이 활발해진 것은, 80년대 중반 들어서부터 자본주의 발
전에 의해 사회구조가 급속하게 변화하여 민중의 계급적 분화가 누가
보아도 명백할 정도로 진전되면서 이에 대응하여 노동운동의 활성화
등 사회운동이 급속하게 발전해 간 것과 관련이 있다. 이와 동시에 80
년대 들어와서 광범위하게 증가한 중간층을 어떻게 파악할 것인가 하
는 '중간층논쟁'이 일어나면서 중간층의 계급적 위상과 민주화운동에
서의 세력배치 문제가 민중론에서 하나의 쟁점이 된다(백욱인, 1990).

80년대의 민중론은 크게 계급론적 입장에서의 민중론과 소외론적
입장으로 나눌 수 있다. 마르크스주의 입장에 선 민중론은 민중개념
을 자본주의 발전에 수반되는 계급분화와 관련지어 주로 계급동맹의
관점에서 고찰하는 것이다. 이에 비해 소외론적 입장에 근거한 민중
론은 민중을 정치적 · 경제적 · 문화적 지배의 수단으로부터 소외되

어 있는 다양한 집단으로 보며, 마르크스주의의 계급론적 시각을 부정한다.

전자에 속하는 논자로는 박현채, 서관모 등의 마르크스주의자를 들수 있으며, 후자의 논자로는 70년대 후반부터 나중에 스스로 '민중사회학'이라고 이름붙인 민중론을 다수 발표한 한완상이 있다. 이 민중론의 전개는 당연히 중간층(중산층)의 증대를 어떻게 이해해야 할 것인가라는 문제와 얽혀 있는데, 이와 관련하여 한상진이 1988년 무렵부터 제창한 '중산층적 민중론', 즉 '중민론(中民論)'은 커다란 논쟁을 불러일으키게 된다.

마르크스주의에 입각한 박현채는 민중을 주로 경제적 착취관계에 의해 규정당하는 존재로 파악하고자 했다. 이는 자본주의 전개과정에서 어떤 계급이 구조적으로 낮은 위치에 놓이게 되는지를 밝히고 민중의 실체를 규명하는 것을 선결과제라고 보는 사고방식이라고 할 수 있다. 이 관점에서는, 생산노동자·농민·도시빈민은 경제영역에서 사회적 생산의 직접담당자임에도 불구하고 경제잉여에 걸맞은 정당한 분배에서는 소외되어 버리는 존재임을 밝히고 자본주의 경제법칙은 끊임없이 민중을 경제발전의 희생자로 재생산한다는 점이 강조되었다. 이러한 주장은 현실적으로는 기아와 빈곤, 열악한 생활수준을 강요받고 있는 민중의 모습을 학문적으로 파악함으로써 계급사회의 실태를 고발하려는 것이었다(박현채, 1985).

또 서관모는 계급분화의 역사적 추이를 통계적으로 밝히는 연구성과를 거둠과 동시에, 모든 중간계층은 정치적으로는 부르주아민주주의의 옹호자라는 측면을 지니고 있다고 할지라도 오늘날의 민주변혁운동에서는 프롤레타리아트의 중요한 동맹세력이라고 보았다(서관모,

1988). 여기에서 말하는 넓은 의미의 중간계층은 반(半)프롤레타리아 트와 프티부르주아층으로 구성되어 있었다.

원래 마르크스주의에서 중간층의 이해 및 위상과 관련하여, 식반론 과 신식국독자론 사이에는 적지 않은 견해차이가 있었다. 변혁운동의 본질은 민족해방에 있다고 보는 식반론에서는, 민족해방을 기본적으 로 각 계급과 계층을 뛰어넘는 민족 전체의 과제로 설정하고 관념적 으로는 중간층도 변혁운동의 중요한 세력의 하나라고 본다. 이에 비 해 한국 자본주의의 특징을 독점의 강화와 종속의 심화로 정리하고 있는 신식국독자론에서는, 기본모순은 계급모순이고 주요모순은 제 국주의 및 파시즘과 민중 간의 모순이라고 설정하고 프티부르주아층 인 중간층은 변혁운동의 기본세력이 아니라 동맹세력이라고 보고 있 다(이영희, 1990b).

그러나 87년 6월항쟁 이전에는 마르크스주의 진영의 경우 전체적 으로 중간층의 보수적 · 친지배층적 성격을 강조하는 경향이 강했다. 즉 관료제도에 대한 의존, 출세주의, 물신주의, 보수주의에 물들어 있 는 것을 중간층의 이데올로기적 속성이라고 보면서 비판했다(박형준, 1989). 그러나 6월항쟁에서 이루어낸 중간층의 적극적인 역할은 중간 층이 지닌 상대적 진보성을 인식시키는 계기가 되면서, 민주화과정에 서 중간층의 역할을 강조하는 견해가 확산되어 간다. 나아가 중간층 의 진보성은 학생운동을 포함한 '저항적인 대학문화'가 사회적 의지의 소통매개로서 적잖은 역할을 한 결과라는 시각도 나왔다(이각범, 1988).

한편 한완상은 이러한 마르크스주의적 이해에 위화감을 표시하면 서, 민중을 정치적 · 경제적 · 문화적 지배수단에서 소외된 존재라고

정의하고 민중의 존재양식을 '즉자적(卽自的) 민중'과 '대자적(對自的) 민중'으로 나누어서 고찰했다. 한완상은 전두환정권이 들어선 직후에 서울대학교 사회학과 교수에서 해직되어 미국으로 건너갔는데, 해직중이던 1984년에『민중사회학』(한완상, 1984)을 펴내 자신의 의견을 집대성한다.

한완상은 민중개념을 사회학적 관점에서 고찰하여, 민중은 정치지배 수단으로부터 소외되어 있는 동시에 생산·분배 및 소비 전반에 걸친 행위로부터도 상당히 소외되고 나아가 다른 사람들로부터 존경받을 정도의 문화수단도 갖지 못한 집단이라고 규정한다. 이와 같은 사회의 불평등구조는 인류사에서 보편적인 것이고, 노예제사회 이래의 역사적 사회에 관철되어 오는 것이기도 하다는 것이다. 그러나 이것만으로 민중의 성격이 전체적으로 파악되는 것은 아니라며 즉자적 민중과 대자적 민중이라는 민중의 두 개의 얼굴을 이해해야 한다고 주장한다. 여기서 즉자적 민중은 스스로 민중이라는 자의식을 가지고 있지 않은 '잠자고 있는 민중'을 가리키며, 대자적 민중은 민중이라는 자의식을 자각하고 있는 민중을 의미한다. 따라서 이렇게 볼 때, 지식인과 민중의 관계에서 즉자적 민중은 지식인에 의한 의식화 작업의 대상으로 규정된다.

한완상의 민중개념 규정은 한편으로『파워 엘리트』등을 저술한 라이트 밀스 등 서구사회학의 래디컬리즘(radicalism)의 영향을 받으면서 또 한편으로 군사독재정권에 저항한 70년대 민주화운동의 리버럴리즘 내지 휴머니즘의 변혁사상 영향을 받은 것이라고 볼 수 있다. 뿐만 아니라 이러한 규정은 생산수단으로부터 소외된 사람들이 프롤레타리아이고 그들 개인은 비록 무력하기는 하지만 계급으로서는 변혁의 중심세력, 역사의 주인공이라고 보는 전통적 마르크스주의의 사고방식에 반대하는 것이었다. 존재가 의식에 영향을 미치는 것은 사실이지만 그렇다고 해서 그것이 민중의식을 전적으로 결정하는 것은 아니라고 보는 것이 한완상의 입장이라고 할 수 있는데, 어디까지나 정치·경제·문화의 모든 영역에서 총체적으로 소외된 피지배자가 민중이라는 것이다.

한완상의 이 같은 민중개념은 사회변혁을 지향하는 민중주체의 재설정이라는 의미를 지녔다는 점에서 우파로부터 비판을 받은 동시에 또 마르크스주의의 계급개념에 이의를 제기하였다는 의미에서 좌파로부터도 비판을 받게 되었다. 좌파로부터의 비판으로는, 예를 들어 전통적인 마르크스주의 입장에 서 있는 김진균은 한완상의 계급개념은 단순히 경제적 시각으로만 협소화한 것으로 '중산층' 범주를 설정하는 경우에도 계급 내지 계층 개념의 기준을 사회구성의 법칙성과의 관계에서 명확하게 밝히지 않은 채 관념론적인 설명에 빠져 버렸다고 비판하였다. 계급이나 소외는 경제적 시각만으로 설명되지 않는 총체적인 것이며 마르크스주의 계급론에 대한 이해 자체가 철저하지 못하다는 비판이다(김진균, 1989).

또 조희연도 즉자적 민중과 대자적 민중을 구별하는 한완상의 민중개념은 자본주의적 운동법칙이 지배적인 특정 사회의 민중을 가리킨다기보다 모든 시대에 존재하는 피지배층 일반을 지칭하는 개념이라고 지적하면서, 자본주의 시대의 기본적 계급관계와 그 속에서의 계급투쟁의 과제 설정을 무시한 것이라고 비판한다(조희연, 1987). 잠시 여기서 이러한 비판에 대해 필자 나름의 의견을 덧붙인다면, 한완상의 지식인과 민중 관계라는 문제설정에서 민중을 처음부터 계몽의 대상으로 설정하는 것은 지식인을 특권화해 버리는 함정에 빠지는 것 아닌가 하는 지적도 가능할 것이다.

'중민론'을 제창한 한상진(서울대 사회학)이 그 동안의 민중론 전개에 대해 나타낸 반응 역시 살펴볼 필요가 있다. 먼저 마르크스주의자의 민중개념과 관련해서, 한상진은 그것은 관념적인 민중논의에 비해 민중의 실체를 밝히려고 한 분석이지만 경제결정론이나 계급환원론에 빠질 경향성이 있다고 강하게 비판한다. 예를 들어 박현채의 민중론은 민중개념을 경제적 모순에 의해 규정당한 완결적 개념으로 보고 있으며, 노동자·농민·도시빈민을 동일한 개념으로 묶어서 정치적 모순과 그 밖의 요소를 경시하는 환원주의로 귀착한다고 논하였다. 민중=프롤레타리아라는 등식 또한 한국사회의 발전수준과 그에 따른 내부의 복합성과 정합되지 않는 좁은 개념설정으로 변혁운동의 주체 설정이라는 점에서도 타당성을 잃고 있다는 것이다. 한편 한완상의 민중개념에 대해서는, 이제까지 주류였던 계급론적 사고를 탈피하고 민중=프롤레타리아라는 등식을 명시적으로 부정하는 것이라고 평가하면서도 민중개념을 지나치게 일반화했기 때문에 그 구체성이 애매해지고 즉자적 민중과 대자적 민중의 구분도 민중개념에 대한 혼란을 불러일으켰다고 비판한다(한상진, 1987).

이로부터 한상진은 한국사회의 구체적인 분석에서 출발하는 민중개념을 대안으로 제시하는데, 그 중심이 '중민론'이다. 중민론은 변혁적 지향을 가진 중산층과 학생, 즉 '중민'을 기층민중과 함께 '민중'의 유기적 구성부분으로 파악하면서도 실제로는 중민에서 사회변혁의 보다 큰 기반을 찾으려고 하는 이론이다. 이 중민론은 마르크스주의를 기반으로 하는 신식국독자론 중심의 한국사회 이해와 노동자계급

중심의 변혁노선에 이의를 제기하는 것으로, 민족모순과 계급모순을 자본주의의 예속적 성격이라는 측면에 한정하여 파악하는 견해는 이데올로기적 편향을 범하는 것이라고 비판한다. 또한 사회구조를 지배자층과 노동자계급으로 나누어서 보는 것은, 중간계층의 위치설정을 애매하게 하고 민중이라는 개념이 갖는 총체적이고 포괄적인 의미를 약화시키는 결과가 된다는 것이다(『동아일보』, 1989. 6. 17; 한상진, 1991b).

호의적으로 본다면, 이 중민론은 사회주의권의 혼란을 눈앞에서 보고 프롤레타리아트독재를 지향하는 것의 한계를 고려하면서 민주주의의 원리를 정치뿐 아니라 경제·사회의 모든 영역으로 확산·심화시켜 나가야 한다고 호소하는 것이라고도 할 수 있다. 그러나 실제로는 중민을 중시한 중민노선은 노동자·농민·도시빈민 등 기층민중을 중심으로 한 변혁이 아니라 중간층 중심의 점진적인 사회개혁을 주장하는 것이라고 말해야 할 것이다.

한상진의 중민론은 1987년의 '민주화선언' 후에 사회주의권의 경직성이 드러나고 또 한국 자본주의의 발전이 하나의 전환기로 접어드는 등, 이른바 한국사회가 대전환기의 한가운데 있을 때 제기되었다. 학문적인 면에서는 체제 내부의 기성학계와, 재야를 포함한 진보진영 간의 장벽을 허무는 의미를 지니고, 한국사회의 현상 분석과 변혁노선의 논의를 한층 더 광범위하게 전개시키는 계기가 되었다. 그렇다고 할지라도 진보진영의 입장에서 볼 때, 한상진의 문제제기는 개량주의적 편향, 정치주의적 편향, 중산층 주도론의 오류를 범하는 것에 지나지 않는 것이었다.

진보진영의 이와 같은 비판은 여러 각도에서 이루어졌으나, 그 중심은 무엇보다도 한상진의 중민론이 한국사회의 현단계에서 변혁과제를 자유민주주의의 확립에 한정시키고 중민=중산층적 민중을 중심으로 하는 점진적 개혁을 주장하는 것이라는 점이었다. 사실 한상진은 경제적 모순과 정치적 모순을 분리하여, 경제적 모순은 노동자·농민·도시빈민인 기층민중이 실생활에서 직접 느끼는 것이지만 정치적 모순은 오히려 중산층의 의식과 날카롭게 충돌하기 쉬운 것이라고 주장하였다. 이것은 한상진이 의식조사의 결과를 활용하여, 중산층의 정치의식은 노동자계급의 정치의식보다 진보적이었다는 것을 전제로 한 논리이다. 그러나 중산층 진보성론은 현실적으로 정치로부터 노동자계급을 배제하는 결과를 가져왔거니와 광범위한 민중연대 및 통일전선 형성을 방해한다는 비판을 받게 된다(백욱인, 1990).

한상진 자신은 '개량주의'라는 비판에 직면하여 이를 부정하지만, 기성의 민중론에 대한 중민론의 비판적 사고 자체가 기층민중의 변혁적 정치의식과 결합되지 않을 때 이것은 현실적으로 개량주의에 빠질 것이라는 점은 확실하다. 실제로도 중산층의 정치의식은 유동적이어서 사회변혁의 실천운동에 그리 쉽게 통합된다고 볼 수 없으며, 이런 의미에서 사회변혁에서 노동운동이 차지하는 중요성을 경시하는 것은 위험한 것이었다고 할 수 있다. 다만 그후 90년대 한국사회의 발자취를 볼 때, '개량주의'적인 색채를 띤 한상진의 지론이 실제로는 진보성을 가장한 논리로 상당히 기능하였던 것은 아닌가 싶다. 이것은 한국의 마르크스주의가 1989년 이후의 사회주의권 붕괴와 밀접하게 연동되어 급속한 분화과정을 걷게 되는 것과 관계 있는 것으로, 90년대 한국의 사상과 운동을 분석하는 데 반드시 유의해야 할 점의 하나이다.

80년대 민주화운동을 논할 때 민중문화운동이 수행한 역할을 과소평가해서는 안 될 것이다. 70년대에 민족문학의 태동 등 문학운동을 중심으로 성장하기 시작한 민중문화는 70년대 중반 들어서부터 탈춤이나 마당극, 노래운동 등 다양한 발전을 보였으며 노동운동이나 농민운동 등 민중운동과의 접점을 모색해 나갔다. 대학가를 중심으로 탈춤, 마당극 등 전통적 민족문화에 대한 관심이 폭발적으로 퍼져나갔으며, 특히 탈춤은 민주화운동의 상징적 의미를 지니기까지 했다.

탈춤과 마당극이 70년대 문화운동을 주도하였던 것은 유신독재에 강하게 저항하고 또 역경에 처하여 신음하는 민중의 이미지를 다른 어떤 표현수단보다 대변하기 쉬웠기 때문이다. 굿, 농악, 민요 같은 전통적 요소와 연극, 노래 등이 결합한 탈춤과 마당극은 노동현장과 농업현장에서 다양한 형태로 공연되었고 오락성 또한 있어서 민중의 의식화와 투쟁의 주요한 무기가 되었다. 그리고 노래운동은 70년대 초의 포크송을 출발점으로 하여 각 대학의 서클 등에 의해 전투적인 운동가요로 정착하였으며, 이것이 노동현장이나 농촌으로도 파고들게 되었다.

70년대 중반까지만 해도 '대학문화'의 틀을 뛰어넘지 못했던 민중문화운동은 이렇게 하여 80년대에 들어가면 노동운동과 그 밖의 급속한 발전에 힘을 얻어 민중의 삶의 애환을 묘사하고 운동의 현장과 직접 결합하게 된다.

70년대의 문화운동을 뒷받침한 이론적 근거는 공동체론과 '신명론(神明論)'이라는 주장도 있다(최승훈, 1988). 여기서 말하는 공동체론은 고립된 개인과 소외된 개인, 단편화된 개인에게 건강한 공동체적 의식을 심어줌으로써 결과적으로 사회 전체를 하나의 공동체로 만들어간다는 일종의 사회학적 가설 또는 인간학적 가설이다. 이에 비해 신명론은, '신명'이라는 말이 원래 흥에 취한 유쾌한 기분이나 끓어오르는 흥, 나아가 도취한 정신심리 상태를 의미하는 것이다.

신명론은 철학적 존재론·미학 등의 범주에 속하는 것인데, 공동체론과 함께 시나 연극·창작·판소리·춤·민요 등에 광범위한 영향을 미쳤다. 13세기의 『삼국유사』에도 기록이 나오지만, 신명은 인간을 초월한 곳에 있는 '신'의 힘이라는 의미를 띠고 있었다. 그릇된 정치에 항거하는 용기나 힘은 다름 아닌 신의 힘에 의해 주어지며 상상도 할 수 없을 정도의 민중의 힘으로 분출했던 것은 아닐까.

70년대 문화운동의 전개에서 신명론을 특히 강조했던 사람은 김지하인 것으로 알려져 있다. 시인 김지하는 60년대 이후 반독재 민주화를 위해서 용감하게 싸워서 사형 구형을 받고 8년 동안 감옥생활을 해야 했다. 무속 내에 있던 신명이 70년대의 민속예능 세계에서 되살아났을 때, 그것은 현대의 신명론으로 김지하에게 계승되어 80년대 초에 발표된 그의 '생명사상'에서 완성되었다고 할 수 있을지도 모르겠다.

사실 김지하는 담시 「오적(五賊)」(『사상계』, 1970년 5월호)에 뒤이어 발표한 「풍자냐 자살이냐」(김지하, 1970)에서, 풍자의 미학은 단순한 미의식의 하나가 아니라 수백 년에 걸친 악정(惡政)과 폭력을 견디어 낸 민중의 존재형식의 하나라고 규정하고 있다. 풍자는 그 자체가 지배세력의 폭력행위에 대한 반(反)폭력으로, 그리고 오늘날 예술에서는 예술적인 반폭력으로 규정되는 것이라고 한다. 풍자의 올바른 형식은 민중의 우매성, 속물성, 비겁함과 같은 부정적인 요소는 날카롭게 공격하지만 민중의 무한한 힘과 총명함·대담함 등의 긍정적 요소에 대해서는 찬사와 애정을 아끼지 않는 것이라고 김지하는 말한다.

그럼에도 불구하고 김지하의 이러한 신명론 사상은, 80년대 초에 생명사상을 발표하면서부터 문화운동의 분야에서 멀어져 간다. 그의 생명사상이 범신론적 우주론, 일종의 형이상학적 관념론으로 수용되었기 때문이며 또한 현실의 민중운동 전개가 그의 사상과 괴리되기 시작하였기 때문이다. 그런 가운데 80년대의 문화운동은 70년대의 문화운동과 근본적으로 다른 양상을 보이면서 언론운동과 출판운동, 교육운동, 여성운동, 과학운동 등 다종다양한 형태로 전개되어 갔다.

80년대는 여성해방운동과 페미니즘 이론의 연구에서도 어느 만큼의 성과가 있었다. 한국에서 여성운동 하면 이효재(한국여성사회교육원 이사장, 전 이화여대)의 이름이 떠오르는데, 이효재는 원래 가족사회학과 가족사 전공자로 이른바 페미니즘 이론의 연구자는 아니다. 그러나 이효재는 한국여성사의 개척자로서 큰 업적을 남겼을 뿐 아니라 여성운동의 지도자로도 활약하였다. 페미니즘 이론의 연구 측면에서는 70년대에 몇몇 연구자가 서구 페미니즘 이론을 번역·소개 작업을 하면서 80년대 들어와서 서구이론을 한국에 적용하는 것에 적지 않은 관심과 노력이 기울여졌으며 연구분야도 다양해지고 어느 정도 체계화되었다고 할 수 있다(김혜경, 1992).

원래 페미니즘 이론이라 하면 상당히 포괄적인 개념이고 내용적으로는 가부장제 비판과 섹슈얼리티(sexuality), 젠더(gender) 등의 이론연구를 비롯하여 신체성과 모성에 대한 관심 등이 포함된다. 그러나 여기에서는 이 모든 것을 일괄하여 페미니즘 이론으로 보고 80년대 페미니즘 이론의 연구를 일단 세 시기로 나누어서 정리해 보기로 하겠다.

먼저 80년대 전반은 여성운동과 민중운동을 통일시키려는 몇몇 여성운동단체가 설립되었던 시기이다. 이화여자대학교에서는 1977년에 여성학 강좌를 개설하고 82년에는 대학원에 여성학과를 설립하였다. 또 1985년에는 여성학회가 발족하였고 페미니즘 이론의 학문적 지위가 향상되었다. 이 시기에는 여성문제의 사회구조적 인식이 확산되면서 자본주의와 가부장제 이데올로기가 여성문제의 본질이라는 견해가 확산되고 제3세계에서 한국여성의 위치 및 노동 · 빈민 여성의 문제에도 관심이 기울여진다.

80년대 중반은 여성해방 논쟁이 활발하게 전개된 시기인데, 그 과정에서 자본주의와 가부장제를 여성문제를 생성시킨 기본축으로 인식하면서도 이 둘에 똑같은 비중을 두는 사회주의 페미니즘 입장과, 자본주의와 계급구조에 여성문제의 본질이 있다고 보는 마르크스주의 페미니즘 간의 인식대립이 첨예하게 나타났다. 그러나 이러한 논의는 한국사회 내부의 여성의 현실에 대한 충분한 이해와 운동역량이 부족하였기 때문에 거의 생산적으로 이루어지지 못했다고 평가할 수 있다. 그럼에도 이러한 성과를 바탕으로 80년대 말에는 한국의 여성문제가 총체적으로 다루어지고 이론연구의 성과도 잇따라 간행되었다.

물론 한국의 페미니즘 이론연구를 서구와 마찬가지로 자유주의 페미니즘(liberal feminism), 마르크스주의 페미니즘(Marxist feminism), 급진적 페미니즘(radical feminism), 사회주의 페미니즘(socialist feminism)으로 분류하는 것은 적당하지 않고 역시 80년대 민주화운동의 진전에 공헌하고 이에 연대하는 '민중지향적 여성운동론'으로 보아야 한다는 의견도 있다(정현백, 1990). 실제로 80년대 여성운동에서는 수출지향형 경제정

책에 의해 양산된 여성노동자들의 운동이 활발해지고 노동운동의 선두에
서서 열악한 노동조건의 개선과 민주적 노조의 결성을 중심으로 하는 투
쟁이 펼쳐졌으며 이와 동시에 결혼퇴직제 반대, 모성보호 요구 등의 문제
도 날카롭게 제기되었다. 이것은 80년대의 민중운동과 문화운동 그리고
여성해방운동이 90년대에 어떻게 계승되었는지를 고찰하는 시각과도 관
련된 문제이다.

제2장

격변에 휩쓸린 사상

제2장 격변에 휩쓸린 사상

1. 사회주의권의 붕괴와 진보진영의 동요

80년대 말부터 90년대 초에 걸쳐 세계에서는 사회주의권 붕괴라는 거대한 역사적 사건이 진행되었다. 1986년 소련의 고르바초프 정권은 페레스트로이카를 착수하였으며, 89년에는 동유럽 사회주의 국가들이 흔들리기 시작하고, 90년에는 베를린장벽이 무너졌고 통일독일이 탄생하였고 뒤이어 91년에 소련이 붕괴하였다.

오늘날 20세기의 서구 마르크스주의 사상의 역사를 회고해 보면, 교조주의적 마르크스주의 이외에 두 가지 중요한 마르크스 해석이 제안되었다고 한다(今村仁司, 1997).

하나는 20년대에 등장한 '주체주의적' 마르크스주의이다. 주체주의적 마르크스주의는 루카치의 『역사와 계급의식』(1923)으로 대표되는데, 같은 시대의 코르슈 역시 역사를 변혁하는 혁명적 주체의 철학을 구상하였다. 러시아혁명을 배경으로 한 세계혁명이라는 '절박한' 의식 아래서 혁명적 주체의 이론을 마르크스에서 찾으려 했던 것으로, 전후(戰後)에는 사르트르가 이 풍조를 대표했다.

다른 하나는 60년대에 등장한 프랑스사상가 알튀세르의 마르크스 해석이다. 알튀세르는 마르크스 이후의 마르크스주의를 구성하는 두 가지 요소를 루카치에서 사르트르까지의 주체주의와, 객체주의 또는 경제주의가 마르크스주의의 용어로 위장된 근대 의식철학(따라서 부르주아 철학)으로 보았고 이 둘을 다 비판함으로써 마르크스 고유의 사상과 이론을 밝히고 이를 통해 마르크스의 철학과 과학을 재발견할 수 있다고 주장하였다.

그런데 한국의 마르크스주의는 이미 언급한 바와 같이, 루카치와 코르슈 등은 70년대 말에서 80년대 초의 아직 마르크스주의 이론에 대한 직접적인 연구가 어려웠던 조건에서 주로 철학이나 미학 이론의 형태로 수용되었으며 알튀세르 또한 같은 시기에 이미 일부의 연구자에 의해 받아들여지기 시작하였다.

알튀세르는 마르크스 사상의 구조론적 재이해를 시도하여 구조주의적 마르크스주의자로 60년대 이후의 사상적 대혁신의 기수가 되었다. 제2차 세계대전 후 마르크스주의의 위기가 사상의 문제로 분명히 인식되었던 것은, 서구 선진국가들의 경우 60년대의 일이다. 1956년 흐루시초프의 스탈린 비판을 기점으로 해서 서구지식인들의 마르크스 · 레닌주의에 대한 비판도 급격히 거세어졌지만, 미소냉전의 격화는 오히려 스탈린주의의 구속력을 강화시키는 힘으로 작용하였다.

미소냉전이 고조될 때 평화주의를 견지하는 것은 지식인의 존재증명이었고 마르크스주의의 현대적 표현인 스탈린주의가 이를 담보로 삼았다. 즉 스탈린주의가 개인숭배, 전제주의, 집단테러 등으로 사상적 빈곤을 드러내는 가운데 정치적 영향력은 여전히 유지되었기에 지식인의 심각한 딜레마가 생겨났던 것이다. 그러나 프랑스의 1968년 '5월혁명(68년혁명)'으로 프랑스 지식인의 전위당(프랑스공산당)에 대한 신뢰가 결정적으로 손상되면서 마르크스주의는 사상적으로 그리고 운동 차원에서 국제적 위기를 맞이하게 되었다.

1965년에 『마르크스를 위하여』와 『자본론을 읽는다』(공동저작)를 출간한 알튀세르는 이러한 마르크스주의의 빈곤과 혼미의 시대에 마르크스주의의 재구성을 감행한 사상가이다. 그는 『마르크스를 위하여』의 서문에서, 무엇보다도 당시의 정치상황 속에서 이루어진 마르크스 해석의 실상에 비판적 자세를 취하였다. 또한 그는 소련과 그밖의 사회주의 국가들의 부정적인 현실과 마르크스 이념 사이의 격차를 측정하고 현존사회주의를 비판하는 무기를 연마할 필요성을 주창하였다. 이른바 마르크스주의의 심각한 위기에 직면하여 알튀세르는 먼저 빈곤화된 마르크스주의의 해체, 즉 마르크스 사상을 새롭게 해독하는 것이 반드시 필요하다고 지적하였다. 그리고 그때까지의 마르크스주의가 하나의 보편적인 세계사라는 것을 상정하고 역사는 정신과 인간성 등의 개화 및 완성을 향해 진보 · 발전한다는 목적론적 발전사관에 빠져 있다고 비판한다. 이로부터 알튀세르는 사회와 역사를 경제적 · 정치적 · 이데올로기적 생산에 관련된 구조들에 의한 '중층결정'의 역동적 시스템으로 파악하고 새로운 '역사의 과학'을 창출하는 것으로 재해석해야 한다며 마르크스에 관한 새로운 해석을 주장하였다.

60년대 들어와서 알튀세르가 체험한 마르크스주의의 위기는 1987

년의 민주화투쟁 후와 90년대 초에 걸쳐서 한국의 마르크스주의자가 실감한 위기와 상당 부분 겹치는 것이었다. 양자에 커다란 차이가 있다면, 그것은 현존사회주의가 붕괴하기 전인가 아니면 후인가 하는 점이다. 즉 알튀세르가 프랑스공산당원으로서 프롤레타리아트독재를 방기한 공산당과 첨예하게 대립하는 등 노동자계급의 사상투쟁 · 계급투쟁을 강조한 데 비해, 한국에서는 일부 연구자를 제외하고는 노동자계급 중심의 사고가 후퇴하고 알튀세르의 네오마르크스주의적 측면인 문화주의적 요소가 중시되는 경향이 있었다.

생각해 보면, 80년대 중반에 한국에서 격렬하게 진행되었던 자본주의론이나 사회구성체 논쟁은 사상과 이론의 측면에서 볼 때 세계사흐름에 역행하는 것이었다. 이미 80년대는 소련이나 동유럽권에서는 체제를 뒤흔드는 변화가 누가 보아도 명백해졌으며, 특히 제3세계에서도 마르크스주의에 대한 감정적 거부와 이론적 비판이 더 이상 거스를 수 없는 기본적 추세가 되고 있던 시대이다.

그러한 시대에 동서냉전의 최후 유산으로 남은 한반도의 남쪽에서는 종속이론 등의 마르크스주의 이론들과 정통파라고 할 수 있는 마르크스 · 레닌주의를 비롯하여 주체사상 등에 이르기까지, 마르크스 이후의 세계를 장식한 진보이론이 열심히 연구 · 논쟁되었을 뿐 아니라 현실의 변혁이론으로서도 적지 않은 의미를 가졌던 것은 세계 진보이론의 발전역사에서 드문 일이었다고 할 수 있을 것이다.

이것은 한국의 '압축근대'의 양상을 여실히 보여주는 것이기도 했지만, 이와 같은 역설, 혼돈, 혼란상태는 어떤 의미에서 한국사회에 대한 입장을 근본에서부터 뒤엎고 21세기를 지향하는 새로운 사상과 이론의 형성을 한국에서 가능하게 하는 것이 되었다. 실제로 한국에서는 마르크스주의적 시각이 수용되면서 이제까지 벌레취급을 당하고 있던 노동자를 비롯한 약자가 계급이라는 시각을 통해 역사의 주인공으로 재해석되고 평등과 인권을 둘러싼 구체적인 운동이 제기되기에 이르렀다.

1987년 6월항쟁 이후, 한국에서는 일단 '진보이론'이 변혁운동의 진영뿐 아니라, 국민적 가치로 민중들의 속에 급속하게 침투해 갔다. 그러나 소련과 동유럽권에서 70여 년에 걸친 사회주의의 역사적 실험이 실패로 끝나자, 진보진영은 거센 동요에 휩쓸렸고 사상·이론 면에서의 우위도 순식간에 무너지기 시작하였다. 때마침 1989년 봄 이후의 '공안정국'에서 정치권력이 진보진영에 대해 격렬한 물리적 및 이론적 반격을 가하는 가운데 진보진영의 동요는 마르크스주의의 분화라는 형태로 나타났다.

여기에서 한국에서의 '진보'와 '보수' 문제를 서술하면, '진보논리'에 대립하는 사상 및 이념은 일반적으로 '보수논리'가 된다. 실제로 한국의 지배층은 종종 사회의 대립과 갈등을 자유민주주의를 신봉하는 보수세력과 사회주의를 신봉하는 진보진영의 관계로 의제화(擬制化)해 왔다. 그러나 현실적으로는 건강한 의미의 보수 사상이나 이론은 아직 존재하지 않고 진보진영을 '좌경용공'이라고 매도하는 '수구의 이론'이 있을 뿐이었다(이종석, 1990).

이를 뒷받침하는 수구세력의 실체는 군사독재정권은 물론이거니와 그 모태인 군부세력, 권력과 결탁한 재벌 등의 경제계 그리고 일본 식민지시대 이래의 기득권 옹호에 혈안이 된 친일·친미 언론기관, 나아가 여기에 모여드는 보수이데올로그(ideologue)들이었다. 그들이 내세운 '자유민주주의'는 본질적으로는 지배의 논리를 은폐한 '외피'에 불과하다. 사실 수구세력은 자유민주주의보다는 권위주의적 독재, 통일보다는 분단의 지속, 자주보다는 예속을 통한 기득권 확보를 우선시했으며 자신의 사상·이론적 취약성을 보완하기 위해 국가보안법 같은 폭력적 제도에 의존하는 자세를 계속 취해 왔다. 한국의 정치정세가 악화될 때마다 북한의 침투나 공작을 전면에 내세운 '공안사건'이 빈발했던 것이 이를 실증해 준다.

1990년을 전후하여 사회주의권의 붕괴와 군부세력의 반격 속에서 선전되었던 것이 다름 아닌 자유민주주의이다. 마침 그때 진보진영에서는 마르크스주의의 위기가 정면으로 거론되고 포스트마르크스주의나 사회민주주의가 논의되면서 자유민주주의론에 대한 반론도 시도되었다. 정치적으로는 NL(민족해방민중민주주의)파와 PD(민중민주주의)파의 연합적 성격을 지닌 월간잡지 『사회평론』(1991년 5월 창간)이 창간호부터 3회에 걸쳐서 창간 대특집으로 '사회민주주의' '자유민주주의' '마르크스주의'를 다루고 "우리 시대의 사상적 지표는 무엇인가"라는 문제를 새삼 제기한 것도 이와 같은 맥락이라고 볼 수 있다.

분단체제하의 한국에서 '자유'는 반공보수세력 및 군부독재권력의 명분에 지나지 않았다. 자유민주주의도 일종의 수사에 불과하고 그 내용도 추상적 수준에서 논의되는 데 불과하였다. 그러나 80년대 말에 자유민주주의라는 말이 이데올로기적 형태로 권력측에서 새삼 유포되었을 때, 진보진영은 이에 대해 정면으로 학문적 비판을 전개하였다. 『사회평론』(제2호, 1991년 6월호)의 특집에서, 정치학자 김세균과 손호철은 마르크스주의 입장에서 자유민주주의론의 허구성을 논하였으며 역시 정치학자인 최장집은 시민사회론 내지 진보적 자유주의 측면에서 자유민주주의의 역사와 현재의 실상을 소극적으로 평가

하면서 민중에 기반을 둔 자유민주주의의 발전에 희망을 거는 자세를 취했다. 또 한 사람, 작가 복거일은 보수지배층을 대변하는 논객으로 한국에서는 '민주'보다 '자유'의 측면이 더 중요한 의미를 갖는다면서 바야흐로 자유민주주의는 반드시 실현되어야 하는 이상이라고 호소하였다.

김세균은 민주화운동에 참가하여 거의 쫓겨가다시피 베를린자유대학에 유학한 정치학자이다. 80년대 말에 귀국한 후 당시 미국유학파가 압도적이었던 학계풍토에서 드물게 독일에서 유학한 사람으로 서울대학교 정치학과 교수가 되었다. 독일에서는 네오마르크스주의자들의 국가도출논쟁 등 주로 국가론과 관련된 분야를 공부하였고 귀국한 후에는 노동운동 현장과 밀접한 관계를 맺으면서 전통적인 마르크스주의의 연장선에서 위기에 처한 한국 마르크스주의의 재구성에 도전하였다.

이에 비해 현실분석을 중시하는 최장집은 자유민주주의의 이념적 측면보다는 그것이 실제로 어떻게 발전해 왔는가를 중시하는 학자이다. 그는 시카고대학 정치학과에서 애덤 프셰보르스키(Adam Prze-worski) 등에게서 사사하였는데 그곳의 학풍은 사회민주주의와 신자유주의를 합친 것으로, 반공적 풍토의 한국에서 보면 상당히 진보적인 분위기였다고 생각된다. 최장집은 자신이 시카고대학에서 공부한 다원주의나 코포라티즘, 종속이론, 그람시 이론 등을 한국의 정치학 연구에 적용하려 하였다. 마르크스주의자는 아니지만 마르크스주의의 유효성을 고려하면서 한국의 민주화 추진을 위해 점진적인 개혁노선을 제시하고자 한다.

한편 작가 복거일은 항상 기득권층을 옹호하는 논지를 펴지만, 그의 사고방식에는 자유주의를 고찰하는 데 필요한 부르주아계급과 노동자계급 같은 계급개념이나 계급대립 그리고 국가권력 등에 대한 사회과학적 분석이 결여되어 있다. 바로 이 점 때문에, 비단 복거일뿐 아니라 한국의 '자유주의자'라는 사람들은 실질적으로는 '보수주의자'이고 그 대부분은 현존하는 질서의 유지와 기득권층 옹호에 집착하는 반공주의자라고 보아도 무방할 것이다.

그러나 어찌 되었든 한국의 자유민주주의는 한국의 내적 발전과 그에 따른 시민사회의 힘의 반영에 의해 형성된 것이 아니라, 외부로부터 비주체적으로 이입된 것이다. 역사적으로도 한국의 국가제도는 해방 후 좌우의 대립과 남북분단, 한국전쟁의 격동 속에서 국내의 첨예화된 계급대립과 남북한의 체제간 대립에 의해 규정되었으며 군사독재의 강권기구로서 제도화된 것이다. 또한 일본 식민지시대에 어렵사리 성장한 민족부르주아의 전사(前史)가 있었고, 해방 후의 신흥부르주아도 사실상 국가권력과 미국 중심의 외국자본에 의존하는 종속적 성격이 강한 존재로 형성되었다.

그 때문에 한국의 부르주아는 부르주아민주주의 · 자유민주주의의 진보적 가치관을 가질 수 없었고, 자유민주주의의 제도적 근간을 이루는 대의제도 또한 그 실태를 보면 지배권력의 권위주의적 독재를 정당화하는 민중지배의 도구였다. 민주화운동이 내건 '민중민주주의'는 이러한 부르주아민주주의 · 자유민주주의의 허구성과 싸우는 과정에서 나온 것으로, 부르주아민주주의의 대안적 의미를 가지는 것이었다.

그런데 한국 마르크스주의의 주류를 이루고 있던 전통적 마르크스주의는 80년대 말부터 엄청난 어려움에 부딪혀 새로운 전개를 기대하기 힘든 상황에 놓이게 되었다. 한국의 재벌기업이 세계 곳곳에 진출해서 노동자의 생활수준을 높이고 문화와 소비가 시대의 관심사가 되는 가운데, 노동자계급의 역사적 임무라든가 헤게모니 장악이라는 마르크스주의의 고전적 명제는 어느새 잊혀져 가고 있었던 것이다. 80년대에 전국의 공장에 진출했던 수만 명의 '대졸 현장활동가'도 페레스트로이카로 사회주의의 몰락이 두드러지자, 곧 이어 90년대 초에 현장에서 철수하여 상당수가 시민운동가로 변신하였다.

이리하여 중산계급뿐 아니라 노동자계급까지도 변혁운동에 대한 의욕을 상실하고 진보적 지식인의 동요와 이탈이 계속되는 가운데 마르크스주의는 서구에서 유입된 각종 포스트주의의 소리에 귀를 기울여서 개방성과 유연성을 갖춘 사상으로 전환하는 것이 요구되었다. 이른바 마르크스주의는 사회상황의 변화와 포스트주의의 도전을 받아 성숙한 마르크스주의로 변화하는 과제를 감당하게 되었던 것이다.

그런 가운데 1990년을 전후하여 사회민주주의론이 전통적인 마르크스주의를 대신하는 하나의 대안으로 부상하였다. 서구의 사회민주주의 이론과 경험을 소개하고 사회민주주의적인 복지국가의 실현을 변혁운동의 목표로 삼아야 한다는 것이었다.

논쟁에 불을 붙인 것은 노동운동가 김수길이다. 그가 쓴 「사회민주주의의 재평가와 민주적 대안」(김수길, 1990)은 진보진영에 사회민주주의적 노선의 수용을 본격적으로 제기한 최초의 글이었다. 그는 무엇보다도 현대 자본주의와 현대 사회주의가 걸어온 여러 가지 변화양상과 위기의 실태를 정리하고 그것들이 전통적 마르크스주의가 이론적으로 상정한 가설과 얼마나 정합성이 없는지를 서술하면서, 따라서 마르크스주의는 자본주의의 모순을 해결하는 대안이 아니라고 주장한다. 이와 동시에 원래 자본주의의 혁명적 위기가 발생할 가능성은 현실적으로 희박하다고 보고 민중은 오랜 개혁과정을 통해서 진보를 쟁취해야 한다고 논한다.

민중운동은 장기적인 전망을 가지고 민주주의적 개혁노선을 추진해야 한다는 김수길의 이 주장은, 실질적으로는 자본주의 체제에서의 노사의 계급투쟁 및 국가권력의 계급성을 부정하고 노동자와 민중의 생활환경·노동조건의 개선에 주력해야 한다는 것이다. 즉 한국의 경제발전이 군사독재정권과 종속적 자본가의 연합에 의해 주도되고 서구에서 볼 수 있는 좌파를 포함한 대의제민주주의의 틀이 형성되지 않고 노동자계급의 헤게모니 확립도 절망적으로 되어버린 상황이므로, 민주적인 개혁노선에 중심을 두어야 한다는 것이었다.

그러나 마르크스주의 원칙에 어디까지나 충실하려는 사람은, 이 같은 사회민주주의론은 한국사회의 내재적 발전과정에 따른 것이 아니라 오히려 페레스트로이카 이래의 사상적 혼란에서 비롯된 것이라고 비판하였다(나자흠, 1991). 한국에서는 이전에도 몇 차례 사회민주주의가 정치적 실천의 이념으로 논의되었던 적이 있었다. 그러나 이번에는 민주화가 어느 만큼 진전되고 합법적인 정치공간이 어느 정도 확보되어 있는 조건에서, 사회민주주의의 찬동자 사이에서는 변혁주체의 편협함이 오히려 진보운동의 전개를 방해하고 있다는 문제의식이 공유된 것이라고 볼 수 있다.

사실 1990년을 전후하여 한국에서 논의된 사회민주주의론은 그 나름의 확산을 보였지만, 그것은 변혁운동에서 마르크스·레닌주의의 한계를 간접적으로 보여주는 성격을 가지고 있었다. 더구나 이러한 사회민주주의의 주장은 현실적으로는 합법적인 진보정당을 결성하는 움직임에 연동하게 된다. 민주화운동의 투사였던 장기표가 마르크스·레닌주의를 부정하는 것은 아니라고 하면서도 실제로는 전위당＝일당독재론에 이의를 제기하며 민중주체의 민주주의를 전면에 내세우고 민중당의 결성에 분주하였던 것도 이 무렵이다.

또한 1991년 이후에 임현진(서울대 사회학), 임혁백 및 김병국(둘 다 고려대 정치학), 송호근(서울대 사회학) 등이 그때까지의 전투적인 노동운동 노선을 폐기하고 협조주의적인 노동운동, 민주적인 조합주의론을 강력하게 밀고 나간 것도 사회민주주의적 계급타협을 지향하는 것이었다고 할 수 있다. 지식인 중심의 민주적 조합주의론은 주로 『사회비평』에서 전개되었는데, 국가에 의한 자본과 노동의 동반관계 구축, 이익집단의 집중화를 통한 이해관계의 대변 그리고 정치협상을 통한 갈등의 조정 등을 주장하였다(임현진·김병국, 1991; 임현진·송호근, 1992).

90년대 초 한국에서는 아직도 합법적인 진보정당이 하나도 존재하지 않았다. 당시에 여러 사회주의 단체 중에서 가장 급진적이었다고 일컬어지는 남한사회주의노동자동맹(사노맹)은 여전히 사회주의 혁명을 부르짖으며 비합법투쟁을 고수하고 있었다. 게다가 그러한 비합법조직은 현실적으로 노동자·민중과 상당히 동떨어진 존재일 따름이었다. 이것은 사노맹의 상징적 존재였던 '얼굴 없는 시인' 박노해가 구속된 후 제1심 최후진술에서, 사노맹이 노동자대중운동과 결합하지 못하고 또 노동자와 민중의 대중성 확보에도 실패한 것을 심각하게 자기비판하고 사회주의권의 붕괴라는 조건 아래서 앞으로는 "인간적 사회주의, 아름다운 사회주의, 한국의 사회주의"를 지향한다고 선언한 데서도 잘 드러난다(「박노해 최후진술」, 『사회평론』 1991년 10월).

아무튼 사회민주주의 논쟁은 전통적인 마르크스주의와 대비를 이루면서 진행되었으며, 이런 의미에서 마르크스주의는 더 이상 변혁사상으로 독점적 위치를 차지하지 않는다는 점이 선명해졌다. 더구나 사상사적으로 볼 때 중요한 것은, 마르크스주의를 포기한 좌파지식인이 상당히 많았음에도 불구하고 각종 잡지 등을 보건대 사회주의를 포기했다고 당당히 선언한 사람은 거의 없다는 점이다.

실제로 이 시기에 진보진영 내부에서 '사회민주주의자'라는 말은 '기회주의자'와 거의 동의어로 쓰였던 점으로 미루어보아, 마르크스주의에서 사회민주주의로 교리를 바꾼다고 공언하고 사회민주주의를 전면에 내세우기란 어려운 상황이었다고 볼 수 있다. 아마 여기에는 식민지시대 이래의 친일파 문제와도 얽혀 있어서 '전향'이란 것에 대한 두려움 내지는 께름칙함이 있었을 것으로 보인다.

2. 마르크스주의의 분화와 알튀세르

사회주의권 붕괴 후에 한국의 마르크스주의자 대부분은 좌절하지 않을 수 없었다. 아주 일부의 마르크스주의자만이 마르크스주의의 전화 내지 재구성의 길을 걸었을 뿐, 많은 사람이 한국 자본주의의 발전을 긍정적으로 보는 신판 근대화론으로 회귀하거나 혹은 프랑스사상을 수용하여 포스트모더니즘의 방향으로 흘러갔고 또 새로운 사회운동이라고 할 만한 환경운동, 여성운동, 복지운동, 문화운동 등의 영역에서 활로를 찾았다. 그러나 전체적으로 보면, 마르크스주의를 폐기하는 방향으로 내달은 연구자나 운동가, 학생은 한국 자본주의의 과학적 분석이라는 사상적인 활동을 포기하고 한국사회의 민주화를 방해하는 전근대적 사회구조나 전시대의 제도에 대한 비판정신을 잃게 되었다.

마르크스주의의 분화는 마르크스주의의 재생이나 전화(轉化), 재구성 나아가 변용 등으로, 논자에 따라 여러 가지로 표현되었는데 1990년을 전후하여 먼저 사회민주주의와 분석적 마르크스주의, 좌파적(마르크스주의적) 시민사회론의 형태로 논의되었다. 이들 모두 80년대 마르크스주의의 논의에서 한 번은 등장했던 것인데, 마르크스주의의 위기에 즈음해서 다시 논의의 전면으로 떠올랐다.

그러나 마르크스주의의 위기는 단순히 부분적인 수정이나 보완으로 극복될 수 있는 것이 아니고, 바로 이런 점에서 마르크스를 전면적으로 재해석한 알튀세르와 그의 제자 발리바르 등이 한국에서 중시되었던 것은 오히려 당연한 일이었다. 알튀세르와 발리바르가 마르크스에 접근한 방식은 주로 이데올로기 문제를 중심에 놓고 어디까지나 마르크스 사상 내부에서 그 한계를 극복하려고 한 것이었다.

물론 마르크스주의의 위기를 극복하려는 노력이 특히 알튀세르나 발리바르의 수용·전개에 국한되었던 것은 아니다. 당연히 80년대의 신식국독자론을 계승하고 전통적인 마르크스주의를 고수하면서 그것의 재생 내지는 재구성을 도모하는 일단의 연구자가 존재하였다. 또한 포스트마르크스주의를 주창하면서 마르크스주의의 재생을 지향한 연구자도 있었다. 이 경우 '포스트'는 계승과 단절이라는 서로 다른 의미를 동시에 포함하는 용어이다. 따라서 '포스트마르크스주의'라는 용어는 마르크스주의의 계승이라는 의미에서 '후기마르크스주의'라고도 해석할 수 있으며, 또 마르크스주의와 단절된 다른 것, 즉 '탈마르크스주의'로 해석할 수도 있다. 후자의 경우는 알튀세르나 발리바르의 논의와 달리 마르크스 사상의 외부로 시야를 넓혀서 마르크스 사상의 외부에서 마르크스주의를 고찰하려 했던 시도로서, 포스트모더니즘이나 포스트구조주의 등 이제까지 전혀 소개되지 않았던 사상으로 한국에 등장했다.

다만 한국의 경우, 전자의 의미에서의 포스트마르크스주의, 즉 후기마르크스주의에 대한 지향은 초기단계에 얼마간 논의되었으나 실제로 사상 내지 이론으로 성립되지는 않았다고 보아도 무방하다. 오히려 이러한 이론정립 방식은 결국 비(非)마르크스주의 내지 반(反)마르크스주의의 방향으로 빠져 급진적 민주주의나 페미니즘, 에콜로지 등의 개별 사상·운동론이나 심지어는 다소 채색된 형태의 자유주의론이나 '제3의 길' 논의로 이어졌다고 할 수 있다.

마르크스주의의 위기와 관련해서 당시에 논의된 중요한 쟁점은 '프롤레타리아트독재와 민주주의의 문제' '소유 및 생산 관계의 변증법' '사회주의 모순론' '사회주의 인간론' 등이라고 한다(김창호, 1992). 마르크스주의의 정치경제학과 변혁론에 주요한 쟁점이 있었다고 할 수 있으나, 실제로는 알튀세르 등과 관련하여 마르크스주의 철학이나 역사관, 인식론에 대해서도 많은 논의가 이루어지고 있다.

여기에서는 적어도 90년대 초의 한국 마르크스주의의 논의를 다음과 같이 세 부분으로 나누어서 서술할 필요가 있다. 첫째 마르크스주의의 위기를 마르크스의 사상 자체에서 발견하고 마르크스주의의 근본적인 오류를 지적하는 이론전개, 둘째 알튀세르 및 발리바르 등을 수용함으로써 구조주의적인 방법론을 통해 마르크스주의를 재해석하려는 시도, 셋째 전통적인 마르크스주의의 입장을 고수하면서 마르크스주의의 재구성을 시도하는 움직임이 그것이다.

먼저 마르크스주의에는 근본적인 오류가 있고 그 오류는 기본적으로 마르크스 이론 그 자체에 있다는 논의를 보면, 이 주장의 대표적 논객은 이병천이다. 이병천은 한국에서의 마르크스주의 수용·비판·부정의 과정을 가장 전형적으로 보여주는 논자 중 한 사람이다.

이병천은 서울대의 안병직 밑에서 한국경제사를 공부하고 처음에는 신식국독자론의 입장을 취했으나 머지않아 현존사회주의의 실패는 마르크스주의의 파산을 의미한다는 주장을 하게 된다. 특히 사회주의의 실패와 마르크스주의의 파국을 마르크스주의 정치경제학의 근본적 오류에서 도출하고 계급대립의 존재와 계급투쟁을 통한 계급 없는 사회의 건설이라는 마르크스주의 명제 자체에 이의를 제기하면서, 프롤레타리아독재는 신화로 바뀌었고 마르크스의 합리주의적·목적론적·결정론적 역사철학도 더 이상 성립하지 않는다고 비판한다. 현실세계에서는 노동자계급의 특권적 역사주체, 보편적 계급으로서의 지위라는 신화가 무너졌을 뿐 아니라 계급투쟁의 중심적 위치조차 잃어버렸고 사회운동은 이미 환경보호운동이나 평화운동, 여성해방운동, 각종 복지운동, 차별반대운동 등으로 다양하고 복합하게 전개되고 있다는 것이다. 따라서 당연히 모든 주체는 제한적인 존재이며, 그로부터 다양한 운동주체의 승인, 복합적·집합적인 해방으로 나아가는 프로젝트가 필요하며 다원적 민주주의인 '민중주체 민주주의'야말로 지향해야 할 목표라고 논한다. 마르크스를 넘어서는 마르크스, 새로운 얼굴의 마르크스, 절대적인 마르크스가 아닌 상대적 마르크스, 즉 비(非)마르크스를 동반자로 하는 마르크스를 추구해야 한다는 것이다(손호철 외, 1990; 이병천, 1991a).

이러한 이병천은 그 연장선상이 아니라 오히려 거의 동시에 포스트마르크스주의 주장으로 나아가고 있다. 사실 1991년의 사회경제학회의 월례토론회에서 「맑스 역사관의 재검토」(이병천, 1991b)를 발표한 후, 1992년 7월의 학술단체협의회 토론회에서 「포스트맑스주의와 한국사회」(이병천, 1992)를 발표하였다. 뒤이어 박형준과 함께 『마르크스주의의 위기와 포스트마르크스주의 1·2·3』(이병천·박형준 편, 의암출판, 1992~93)을 간행했다.

그에 따르면, 역사는 사회주의권의 붕괴로 지금까지의 국제 마르크스주의 운동을 청산하고 바야흐로 포스트마르크스주의로 전환하는 결정적인 분수령에 있다면서 다음과 같이 말한다. 즉 마르크스의 계급투쟁사관은 계급개념을 강조한 나머지 공동체와 신분 개념을 과소평가하고 특히 아시아에서는 중앙집권적 전제국가의 역사성을 파악하지 못하고 있다. 마르크스의 정치경제학 비판, 자본주의 생산양식론에서 계승해야 할 것은 노동가치론과 잉여가치론이 아니라 자본주의 경제에 대한 질적 구조이론이다. 포스트마르크스주의는 '주의'로서의 마르크스주의의 핵심에 해당하는 역사적 유물론과 단절한다는 의미에서 이미 마르크스주의가 아니다. 그러나 자본주의에 대한 비판이론으로서의 정치경제학 비판을 비판·보존·전환시킨다는 점에서 포스트마르크스주의는 여전히 마르크스의 전통 속에 있다. 포스트마르크스주의는 이제 마르크스 이론뿐 아니라 철학, 국가와 정치이론, 경제이론, 여성해방이론, 에콜로지 등 비마르크스주의적인 수많은 진보이론의 유산을 흡수함으로써 그 내용을 채워나가야 한다. 이런 의미에서도 포스트마르크스주의는 포스트근본주의적 급진민주주의라는 것이다.

이리하여 이병천은 현단계 한국사회의 주요 문제는 민주주의이며 또 이것이 한국의 포스트마르크스주의가 지향해야 할 정치목표이기도 하다고 말한다. 즉 한국 민주화의 과제는 서구사회에서 오랜 세월에 걸쳐서 획득된 복지국가적 시민권을 압축적인 형태로 획득하는 것이라는 의미이다. 단 이 경우에 한국 민주화의 헤게모니는 노동자계급이 장악하는 것이 아니라 노동운동과 지식노동자 운동 그리고 학생운동이 주요한 축을 이루어야 한다고 논한다. 그만큼 노동자계급은 수적으로나 역량 면에서는 적다는 것인데, 이것은 이병천이 노동자계급의 헤게모니론과 프롤레타리아트독재론, 전위당노선을 우선적으로 폐기해야 한다고 주장하는 것과 일맥상통한다.

여기에서 이병천의 포스트마르크스주의 주장이 80년대 변혁운동의 평가와 관련하여 새로운 변혁노선 및 변혁주체의 설정을 모색하는 것이라는 점은 분명하다. 결론적으로 변혁운동에서 노동자계급의 중심성을 부정하면서 다양한 주체에 의한 각종 시민운동의 전개에서 새로운 노선을 찾아내야 한다는 것이다.

그것은 이른바 '신사회운동'이라고 총칭되는 것인데, 이론적으로는 1990년에 한국에서 번역된 『사회변혁과 헤게모니』(라클라우·무페, 1990)에서의 라클라우(Laclau)와 무페(Mouffe)의 주장에 많이 의존하고 있다. 라클라우와 무페가 제창한 포스트마르크스주의는 이른바 포스트구조주의의 영향을 받아 출발한 마르크스주의의 새로운 이론화 시도 가운데 하나이지만, 실제로는 마르크스주의와 결정적인 사상적 단절을 보이고 있다. 사실 라클라우와 무페의 포스트마르크스주의 사상이 한국에서는 '급진적 민주주의'라는 새로운 개념과 함께 수용되었는데, 이병천이 주장한 포스트마르크스주의 역시 현실적으로는 한국 민주화의 촉진이라는 신사회운동적인 각종 운동의 전개에 중점을 둔 것이었다고 볼 수 있다.

'신사회운동'이라는 개념은 7, 80년대에 구미 여러 나라에서 활발해진 환경, 평화, 여성, 반핵, 녹색당 같은 다양한 사회운동을 지칭하여 사용되기 시작하였다. 이 같은 운동이 '새로운' 사회운동이라고 불리었던 것은, 그때까지의 사회운동 형태를 대표했던 노동운동과 비교하여 운동의 위치·목표·조직·행동수단이 크게 달라졌기 때문이다. 노동운동은 경제성장과 분배를 통한 진보를 중심 과제로 삼았던 데 비해, 신사회운동은 오히려 이러한 물질적 진보를 거부하는 형태로서 해방적이고 비판적인 자세와 정신의 양태를 중시한다.

마르크스주의의 위기라는 사태 속에서, 확실히 처음에는 이병천의 주장이 어느 만큼의 신선함으로 받아들여졌다. 민주주의가 어느 정도 진전되고 신중간계급이 부상하는 상황에서 신사회운동의 필요성을 역설하는 주장은 호감을 얻었으며, 경제정의실천시민연합(경실련, 1989년 11월 결성) 등 시민운동을 중시하는 자세도 평가를 받았다. 즉 다음 세대를 이끌어나갈 포스트마르크스주의자로 평가받았다고 할 수 있다. 하지만 이와 동시에 진보진영으로부터는 호된 비판을 받기도 했다.

같은 시기에 사회학자 김동춘은 이제까지의 마르크스주의에 대한 이해방식에 의문을 품고 교조적 마르크스·레닌주의를 한국에 적용하는 것의 한계를 지적하면서, 이병천의 주장에 대해서도 가차없는 비판을 가하였다. 「80년대 후반 이후 한국 맑스주의 이론의 성격변화와 한국 사회과학」(『창작과비평』 통권 82호, 1993년 겨울호. 김동춘, 1997b)에서 김동춘은 무엇보다도 이병천은 "우리 사회에서 가장 급진적으로 맑스 이론으로부터 이탈해 나간 이론가"라고 규정하면서 다음과 같이 말한다.

　그[이병천-인용자]는 단순한 수정이나 '전향'이 아닌 하나의 지적 용단 차원에서 포스트맑스주의 노선으로의 전환을 추진해 나가고 있다. 그는 라끌라우와 무페의 이론을 받아들여 맑스의 형이상학적·본질주의적·종말론적 요소를 비판하면서, 그 대신에 다원성과 자율성과 행위자로서의 인간주체성과 민주주의적 프로젝트의 중요성을 강조하고 있다. … 그러나 그의 주장이 라끌라우·무페와도 다른 점은, 첫째 라끌라우·무페의 담화적 주체형성을 비판적으로 보면서도 주체의 형성을 다원성과 비고정성의 차원에서 설정함으로써 이론적인 비일관성을 드러낸다는 점, 둘째 라끌라우·무페에 …비해 그는 노동세계의 변화와 지식노동자의 비중 증대를 훨씬 더 강하게 주장하면서 사실상 '자본주의' 개념 자체의 폐기로 나아가고 있다는 점, 셋째 라끌라우·무페가 맑스이론 내의 이원성을 인정하면서 자신들의 포스트맑스주의를 맑스이론의 위기와 헤게모니 개념의 발전사 속에서 그것의 연장이나 최후의 지점으로 주장하고 있음에 반하여, 그는 모든 책임이 맑스 자체에 기인하고 있다고 봄으로써 사실상 맑스의 역사관 전체를 부정하고 있다는 점이다. … 즉 그는 사회주의 붕괴라는 사실을 현존사회주의 역사 속에서 보기보다는 맑스의 이념 속에서 구하고 있다.

이리하여 김동춘은 이병천의 경우 한국사회에서 노동자계급의 구성 변화와 노동운동 위축 등의 문제도 이론적 탐구와 해석 과정을 거치지 않은 채 마르크스주의에 그 책임을 돌리고 있다고 말한다.

이병천의 주장과도 관련하여, 여기에서 가장 중요한 문제는 아마 한국의 변혁운동에서 노동자계급의 위치를 어떻게 설정할 것인가 하는 점일 것이다. 설령 이병천이 노동자계급의 중심성을 부정하였다고 해도, 과연 그것이 한국사회의 현실을 올바로 반영하고 있는가 하는 문제가 있다. 이 점에 관해 진보진영에서는 당연히 비판적 의견이 많이 제기되었다. 그 가운데 유팔무의 이병천에 대한 비판을 정리해 보면 대략 다음과 같다(유팔무, 1992).

즉 이병천의 주장은 마르크스주의 이론이나 또는 마르크스주의의 90%를 버리는 것인데, 그가 주장하는 비노동자계급적 사회운동과의 적극적인 연대의 제창도 지금까지 이미 논의되었던 것으로 별로 새로운 지표는 아니다. 오히려 이병천은 권위주의적 지배에 의한 한국사회의 반공적 성격 및 억압체제가 마르크스주의의 자유로운 이론연구와 노동운동의 발전을 어떻게 왜곡해 왔는가에 대해서 언급하지 않고 있다. 사상이 역사를 만드는 것이 아니고 또한 마르크스주의가 있어서 노동운동이 일어난 것이 아니며, 자본주의가 있는 한 노동운동과 자본주의의 극복운동은 전개되는 것이다. 더구나 노동운동의 중심성을 부정하는 것은 실제로는 운동의 무정부주의화를 초래하는 것과 같아서, 이것은 예를 들어 한상진의 중민론으로 나아가는 것인지도 모른다는 것이다.

이병천에 대한 이러한 비판의 대부분은 90년대 한국사회가 80년대의 사회적 모순을 그대로 안고 있다는 인식을 전제로 하고 있다고 볼 수 있다. 그로 인해 포스트마르크스주의=신사회운동의 주장은, 노동운동 내부에 있어야 비로소 중요한 위치를 차지할 수 있는 것이라고 강조되기도 했다(이재현, 1992). 다만 90년대 초반 단계에 공공연히 나

서서 포스트마르크스주의를 주장한 이론가나 운동가는 그리 많지 않았던 것으로 보인다. 이론적으로 어떻게 설명되든간에 현실에서는 노동운동과 구별되는 각종 민중운동이나 시민운동이 이미 다양한 형태로 전개되고 있었다.

포스트마르크스주의와 관련된 당시의 논의에서 매우 흥미로운 것을 든다면, 중민론을 제창한 한상진과 포스트모더니즘에 관심을 가진 김성기가 연명으로 당시 유행하기 시작하였던 포스트모더니즘을 논하면서 포스트모더니즘의 아나키즘적 탈중심화 주제에 대한 대안으로 "포스트마르크스주의에 주목한다"고 새삼 덧붙이며 포스트마르크스주의의 이론적 검토에 대한 의지를 밝힌 것이 아닐까 싶다(한상진·김성기, 1991).

그러나 이보다는, 당사자인 이병천이 1993년 9월에 발간된 잡지의 인터뷰에서 마르크스주의와 포스트마르크스주의의 경계 설정 자체가 무의미하며 아직 방향성이 보이지 않는다고 하면서 발 빠르게 포스트마르크스주의 입장에서 이탈하는 자세를 보인 것에 주목하고자 한다(조희연, 1993a). 이 인터뷰에서 이병천은, 마르크스주의 자체는 '근대 계몽적 이성'의 발현형태이며 현대의 사상·이론적 과제는 '근대적 비판이성의 한계'를 넘어서는 데 있다면서 서구근대와 동양근대, 근대성의 이중성 등, 근대성 자체를 묻는 문제의식을 밝히고 있다(이병천, 1993). 그후 이병천은 포스트마르크스주의에 대해서는 발언을 삼가고 오히려 한국의 민주화를 촉진하는 급진적 민주주의 방향으로 나아간다.

한편 마르크스주의 분화의 또 한 가지 형태—알튀세르와 발리바르의 수용을 그 특색으로 하고 있다—는 경제학자 윤소영에 의해 주도

되었다. 서울대 학부와 석사과정 시절까지만 해도 윤소영은 부르주아 근대경제학에 심취해 있었으나 80년대 초에 한국사회의 격변을 경험하고 알튀세르와 민족경제론의 창시자 박현채를 만나면서 스스로 마르크스주의 이론가로 탈바꿈하였다. 윤소영은 발리바르에 관한 논문으로 박사학위를 취득한 후『창비 1987』의 좌담회에 참가했을 무렵부터 진보진영의 이론논쟁에 가담했다. 그후 그는 NL파와 대립하는 PD파의 이론적 근거인 신식국독자론을 정식화하는 데 힘을 쏟은 한편, 반(反)NL진영이 범(汎)PD진영으로 결집하는 데도 일조했다. 윤소영은 알튀세르를 접하면서 노동자계급의 운동에 공헌할 수 있는 이론을 만들어내야 한다고 판단하고, 서관모 등과 함께 '서울사회과학연구소(서사연)'의 젊은 연구자를 이끌면서 서사연의 준기관지라고 할 만한 잡지『현실과과학』(1988년 8월 창간)을 통해서 자신의 입장을 표명하게 된다.

서사연은 전두환정권에 의해 서울대를 해직당한 김진균의 개인연구실로 1983년에 출발한 것이다. 처음에는 서관모·조희연·임영일 그리고 사회학을 전공하는 대학원생들이 중심이 되어 운영되다가, 1990년 3월에 윤소영을 비롯하여 경제학·정치학 전공의 대학원생들이 합류하면서 서사연으로 발전하였다. 하지만 서사연은 1991년 여름에『현실과과학』및 공동저작『한국에서 자본주의의 발전: 시론적 분석』(서울사회과학연구소 경제분과, 1991)의 집필 및 간행과 관련하여 공안당국의 조사를 받고 해체의 위기에 몰렸다.

알튀세르의 입장을 취한 최초의 본격적인 글로는, 윤소영 등 서사연에 모인 연구자들의 공동작업 성과인「한국에서의 '맑스주의의 위기'와 한국사회성격 논쟁」(『사회평론』제16호, 1992년 8월)을 들 수 있다. 이 글은 80년대 중반부터 한국 마르크스주의의 정착을 위해 정력적으로 활동해 온 신식국독자론자의 '자기반성' 형태로 제출된 것이라고 볼 수 있다. "마르크스주의의 위기를 마르크스주의적으로 극복한다"는 문제의식에 기반하여 알튀세르를 따라서 "마르크스주의의 위기 속에서 마르크스주의를 전화시킨다"는 것이 이 글의 의도였다. 마르크스주의의 위기는 마르크스주의의 역사적 발전이 '하나의 순환'을 마쳤다는 것을 의미하므로, 마르크스주의가 새로운 형태로 부활하기 위해서는 기존의 '지배적 형태'를 전화(轉化)시켜서 이제까지의 '순환의 중심'의 위치를 바꾸는 것이 요구된다는 것이다.

여기서 기존의 지배적 형태의 전화란 "마르크스주의의 순수하고 완전한 이론적 전통이라는 것은 존재하지 않는다는 것을 인정한다"는 것이며 이제까지의 '순환의 중심'의 위치를 바꾼다는 것은 "마르크스주의 이론과 노동자운동의 정치적 실천 사이의 융합의 제도적 틀인 전통적 계급투쟁조직인 당(黨) 형태가 문제임을 인정한다"는 것이다. 이것은 지금까지 공식화되어 온 스탈린주의적 전위당노선의 문제점을 지적하는 동시에 전위당은 "계급투쟁을 위한 정세적 조직형태"이어야 한다면서 노동운동과 대중운동의 활성화를 주장하는 것이었다. 즉 '당의 정치'라는 형태로 전개되어 온 지금까지의 계급투쟁·계급정치는 이미 낡은 형태라고 보고, 정세의 변화에도 불구하고 고정된 당의 형태에 집착하는 기존 노선을 혹독하게 비판하는 것이었다. 이 점에서는 프롤레타리아독재를 깨끗이 부정한 이병천과는 반대입장에 서지만, 한편으로 80년대 후반의 전통적 마르크스주의/PD파의 전위당 중심의 변혁노선에서는 이것이 정치적 실천으로는 이제 불충분하다는 것을 선언하는 것과 다름없었다(윤소영, 1992; 1996; 김형기, 1992).

알튀세르는 프롤레타리아독재를 포기한 프랑스공산당과 대립하면서 프롤레타리아독재의 견지를 주장하였으나, 원래 알튀세르와 그의 제자인 발리바르의 프롤레타리아독재론은 상당히 복잡하다. 한마디로 프랑스공산당의 프롤레타리아독재 방기는 스탈린주의의 방기인 동시에 마르크스·레닌주의의 방기라는 것이 알튀세르와 발리바르의 비판 핵심이다. 이들에 따르면, 스탈린주의를 비판하면서 마르크스·레닌주의를 복원하는 것이야말로 중요하며 이로부터 마르크스·레닌주의의 복원을 매개해 주는 모택동주의에 주목했던 것이다(윤소영, 1995; 1996).

이와 같이 윤소영은 알튀세르의 마르크스주의를 이해하고 『현실과 과학』에 이어, 전통적 마르크스주의 입장을 견지하고자 하는 연구자들과 함께 동인잡지 『이론』을 창간하였다(1992년 여름). 그후 윤소영은 한신대에 재직하면서 일관되게 알튀세르와 발리바르의 이론을 받아들여 이를 한국의 조건에서 발전시키는 일에 매진하고 있다. 그것은 윤소영 자신에게 마르크스와 알튀세르의 제자라는 자부심과 알튀세르적 마르크스주의야말로 마르크스주의를 한층 더 풍성하게 한다는 확신이 있기 때문이다. 나아가 알튀세르는 프랑스 노동운동과 국제노동운동사에서도 빛나는 발자취를 남겼다는 이해가 있기 때문이다.

일반적으로 포스트마르크스주의는 경제 중심성을 부정한다. 인간 사회생활의 여러 영역들간의 관계에서 확인되는 것은 서로 다른 영역들간의 접합뿐이며 특정 영역의 중심성은 확인되지 않는다고 보는 것이다. 그에 비해 알튀세르는 사회를 구성하는 여러 영역의 상대적 자율성을 인정하면서 궁극적으로는 경제가 결정한다는 입장을 취한다(신정완, 1992). 한국에서 이와 같은 알튀세르에 의거해서 마르크스주의의 위기를 돌파하려 한 이론가가 반드시 많다고는 할 수 없었다. 『이론』의 동인 서관모가 마침내 알튀세르와 발리바르의 이론에 접근해 갔으나 그 접근방법은 그다지 적극적이지 않았으며, 결과적으로 알튀세르적 마르크스주의에 대한 비판은 윤소영에게 집중되었다.

『사회평론』(제16호)에는 윤소영의 글과 함께 그에 대한 비판의 글도 여러 편 실렸는데, 비판의 글들에서는 무엇보다도 한국의 알튀세르파 이론가들의 고뇌와 한국 노동운동 현실의 고뇌 사이에는 깊은 골이 있음이 지적되었다. 윤소영에 대한 비판을 요약하면 이러하다. 한국에서 마르크스주의의 위기는 교조적 마르크스주의의 위기이며, 한국 노동운동에서 비롯된 것이 아니라 외국의 위기론이 수입된 것이다. 즉 한국의 노동운동과 변혁운동은 결코 위기에 빠진 것이 아니고, 마르크스주의의 위기라고 일컬어지는 것의 내용은 기실 연구자들에 의해 수입된 위기론의 이데올로기적 확대재생산에 불과하다. 윤소영 등은 한국의 현실을 분석한 것이 아니라 결국은 마르크스 · 레닌의 어구에 사로잡혀 알튀세르와 발리바르에 대한 훈고학(訓 學)으로 현실에 대치시키려 한다는 것이다.

이론적 노력은 먼저 현실에서 출발해야 하는 것인데, 한국의 변혁운동이 현실적으로 위기에 직면해 있었다는 점에서 볼 때 윤소영에 대한 이런 비판은 약간 교조주의적 비판에 치우친 경향이 있었다고 할 수 있겠다. 이 가운데는 알튀세르의 사상과 이론은 처음부터 포스트마르크스주의로 전락할 소지를 가지고 있었다고 비판하는 글도 볼 수 있다. 트로츠키주의의 입장에 선 정성진은, 마르크스주의의 위기가 마르크스 자신의 모순으로 소급된다는 주장은 바로 알튀세르주의와 포스트마르크스주의의 접점이며 또한 마르크스주의 모순의 분석을 통해 마르크스주의를 변화시키려 한다는 주장은 일부 포스트마르크스주의자의 주장과 본질적으로 차이가 없다고 논하고 있다(정성진, 1992).

다만 한국에서 알튀세르가 수용되는 과정에서, 그 수용의 강조점이 시간이 흐르면서 함께 변화되어 갔다는 점에 주의할 필요가 있을지도 모른다. 앞에서 이병천을 논하면서 인용한 김동춘은, 처음에는 알튀세르의 레닌주의적 요소와 계급투쟁 측면이 강조되었기 때문에 한국에서 알튀세르는 '전통주의'와 구분되지 않은 채 받아들여지기도 했으나 1987년 이후에는 노동운동의 약체화 등 한국사회의 변화와 뒤얽혀서 알튀세르의 '네오마르크스주의'적 · '문화주의'적 요소가 부각되었다고 말한다(김동춘, 1997b).

원래 알튀세르의 사상이 아무리 마르크스주의의 순수성을 간직하고 있었다 할지라도 그것은 실제대상과 노동운동에 대한 관심의 부재, 현실정치에 대한 침묵의 대가로 주어졌던 것이며 이런 의미에서 그 순수성은 아카데믹하고 정적일 수밖에 없다는 것이다. 사실 한국에서 철학자 알튀세르에 대한 관심이 높아졌던 것은 노동운동의 후퇴와 연구자 · 대학생의 이른바 체제내화를 반영하고 있었다고 한다.

사상이 역사를 바꾸는 것은 아니고 또 사상이 아닌 현실에서 배워야 한다는, 앞에서 서술한 문제에 입각해서 말한다면, 김동춘이 지적하는 것처럼 확실히 알튀세르는 한국 현실의 '필요'에서 받아들여졌으며 그 '현실'이 변화하면서 알튀세르의 해석 또한 바뀌었다고 보아야 할 것이다. 알튀세르 사상은 어디까지나 선진자본주의 국가인 프랑스를 배경으로 한 이론적 고찰이고 그것이 한국에 어떻게 적용될 수 있는가는 별개의 문제였다.

윤소영 스스로는 알튀세르를 통해서 처음에는 한국 마르크스주의 위기의 독자성을 해명하고 마르크스주의를 전화시키는 계기를 자신의 신식국독자론에서 찾고자 했다. 윤소영에게 신식국독자론의 계급문제와 민족문제의 문제설정은 기본적으로 여전히 유효한 것이었다. 그러나 윤소영은 알튀세르를 견지하면서도 그것을 한국이라는 현실적 조건에서 수용할 때는 근대사상으로서의 마르크스주의가 유효할 수 있는 조건은 무엇이며 또 그것을 어떻게 전화시켜야 할 것인가라는 문제에 부딪히면서 19세기 이래 모더너티의 세계사적 한계에 대해 사고하게 되었던 것 같다.

윤소영 쪽에서 보면 설령 마르크스주의의 핵심적 사상이 계급투쟁 사상이라고 하더라도 계급투쟁의 중심성 및 최종적인 지위를 아무런 매개 없이 주장하는 것은 이미 불가능해졌고 그런 의미에서 계급투쟁에 대한 핵심적인 의미 부여를 해체할 필요성에 직면하게 된다는 것이다. 다시 말해 윤소영은, 프롤레타리아독재론은 노동자계급의 중심성에 대한 선험적인 주장과는 아무런 관계도 없다고 보았다. 따라서 당연히 계급투쟁의 중심성 및 최종적 지위를 강조하는 마르크스주의의 근대적 표상은 해체되어야 하지만, 또 그렇게 되면 일찍이 계급투쟁 사상 속에 포함되어 있지 않았던 다양한 갈등에 대해서도 새삼 주목할 필요가 요구된다. 이로부터 계급투쟁의 관점에서 그것들을 어떻게 접합시킬 것인가 하는 문제가 발생하는데, 바로 이것이 계급투쟁의 과잉결정(중층결정)이라고 할 수 있는 새로운 문제설정이다.

한마디로 마르크스주의 전화의 핵심은 계급투쟁의 과잉결정이고, 계급투쟁의 과잉결정이란 계급정치로 환원되지 않는 대중정치의 쟁점을 발견해서 양자를 접합시켜야 한다는 알튀세르적 테제였다. 이것은 후기 알튀세르의 사상전개와 관련된 테제이지만, 이러한 마르크스주의의 전화 프로젝트를 좀더 구체적으로 파악하기 위해서는 이를 발전시킨 발리바르의 주장에 귀기울일 필요가 있다.

사실 알튀세르의 마르크스주의 전화론 및 프롤레타리아독재론은 80년대 이후에 발리바르에 의해 '인권의 정치'로 발전한다. 익히 알고 있듯이, 근대사상의 서구적 담론에서는 인간과 남성이 동일시되고 여성은 배제되어 있다. 이에 비해 발리바르는, '인권의 정치'의 핵심은 인간과 시민의 동일성을 전제로 하는 평등과 자유의 동일성이라고 하면서 자본주의적 생산양식과 주체화 양식의 접합이라는 새로운 문제설정을 제시하였다. 다시 말해 인권의 정치에서 '인권'은 스피노자적인 의미에서 타자에게 양도할 수 없는 '자연권'으로서의 '시민권'인데, 발리바르를 공부한 윤소영은 이것을 구체적으로 노동권과 여성권(女性權)으로 설정하고 있다. 부르주아적 시민이 아니라 프롤레타리아적 나아가 반(反)근대적 의미에서의 시민개념은 훨씬 포괄적이고 실질적인 것으로서, 여기에는 부르주아적 시민논의에 포함되지 않는 여성 등의 권리가 포함된다는 것이다. 더구나 '인권의 정치'는 푸코적인 의미에서의 편재하는 권력에 대한 '저항'에 머물지 않고 계급과 더불어 인간 전체, 인류 전체, 즉 세계 전체, 역사 전체의 변혁='혁명'으로 이어지는 근본적인 개념이라고 본다(윤소영, 1996).

지금까지 살펴본 윤소영의 이론전개, 사고의 전개는 매우 난해하여 정확하게 파악하기는 어렵다. 마르크스주의에 회의를 품게 된 한국의 지식인이나 학생운동권에서도 알튀세르의 책이 상당히 읽히기는 했지만, 한국에서는 아직 알튀세르를 소화하지 못하고 있다고 평가될 정도로 그 이론은 '난해' 그 자체로 받아들여지고 있었다(*Newsmaker*,

1993. 6. 13).

이런 가운데서도 윤소영은 알튀세르와 발리바르의 논의를 계속 연구하여 기본적으로는 마르크스주의의 생산양식 문제설정을 인정하면서도 노동자계급운동은 그 위상을 여성이나 사회의 모든 약자·피억압자의 보편적 시민권 및 인권 확보를 위한 투쟁으로 확장시켜야 한다는 입장을 취하였다. 마르크스주의에 기반을 두면서 비(非)마르크스주의적인 급진주의로도 시야를 넓히고 있는 것이다.

그에 따르면, 시민운동의 시대가 도래했다고 느닷없이 일컬어진다 해도 현실적으로 노동운동과 구별되는 시민운동 영역이 새롭게 추가된 것은 아니었다. 노동운동이나 민족민주운동이 곧 시민운동의 내용이며 그에 입각해서 미래의 전망을 이야기하는 것이 필요해진다. 이런 점에서 윤소영의 이론에서 사회변혁의 주체는 누구인가라는 질문을 받는다면, 그것은 '시민으로서의 노동자와 여성'이라고 할 수 있다 (조희연, 1993b).

1992년 말에 서사연이 해체된 다음, 윤소영은 서사연의 핵심이었던 경제학분과를 이어받아서 1994년 6월에 '과천연구실'을 열었다. '과천연구실'의 '과천'이란 굳이 해석하자면 과학적 실천의 약자이다. 윤소영은 이곳을 거점으로 하여 그후 사회운동과 거리를 두면서 오직 이론연구에만 몰두하게 된다. 필자 나름대로 이해한다면 이론과 실천이 계속 괴리되어 있는 90년대의 시대상황에서 윤소영은 이론연구를 자신의 목표로 정했던 것으로 보인다. 사실 그는 『이론』의 동인에서 탈퇴하고 사회적으로도 한 발 물러나 있는 입장에서 마르크스주의 연구에 전념하였다. 그 성과는 '공감이론신서'로 차례로 간행되고 있는데, 최근에는 포스트모더니즘과 신자유주의가 가져온 악영향을 집중적으로 비판하는 일을 추진하고 있다.

그런데 마르크스주의의 위기를 맞이하여 전통적 마르크스주의 입장을 견지하는 이론가와 운동가가 어떻게 대처했는가는 매우 흥미로운 문제이다. 이런 전통적 마르크스주의의 거점이 앞에서 말한 동인잡지 『이론』인데, 『이론』의 발족은 서사연의 해체와 밀접한 관계가 있다. 『이론』의 동인에는 강내희, 강명구, 김기원, 김세균, 김수행, 김재기, 서관모, 손호철, 윤소영, 이세영, 정성진, 정영태, 정운영, 정춘수, 최갑수, 최종욱, 허석렬, 홍승용이 참여하였으며, 중간에 김성구와 남구현이 합류하고 나중에 윤소영이 탈퇴하였다.

맨 처음 『이론』의 발간이 계획되었던 것은 1991년 12월로, 그전까지의 주요한 전통적 마르크스주의자 집단이 거의 무너져버린 상황에서 새로운 연구소나 연구집단을 만들기는 어렵다고 판단하고 『이론』 동인으로 출발했던 것이다. 『이론』은 1992년 여름호부터 97년 여름호(제17호)까지 간행되었는데, 창간호는 5천 부였던 데 비해 최종호인 제17호는 1천 부에 그칠 정도로 해마다 판매부수가 줄었다.

1991, 92년은 한국에서 각종 포스트주의가 범람하고 시민사회적인 문제설정이 본격적으로 대두하기 시작하던 때이다. 김세균의 총괄적인 이해에 따르면, 『이론』은 『현실과과학』과 마찬가지로 사상·이데올로기적으로는 탈스탈린주의적 레닌주의 내지 사변적인 알튀세르적 마르크스주의 색채가 짙었다(김세균, 1999c). 이와 비교할 때, 사회주의권 붕괴 이전의 PD진영 운동가들은 사상·이데올로기 면에서 소련에서 정식화된 마르크스·레닌주의 내지 스탈린주의에 경도되어 있었다고 할 수 있다.

김세균의 이러한 이해는 아마 초기의 『이론』 기획에 윤소영의 영향이 컸음을 의미하는 것일 텐데, 이는 또 알튀세르적 마르크스주의가 처음에는 전통주의 계보 속에서도 주요한 위치를 차지했다는 것을 시사한다. 나중에 윤소영이 결국『이론』동인에서 탈퇴하게 되었던 것은, 이론과 실천 양면에서 전통적 마르크스주의/PD파의 변혁노선(＝전위당 중심)에 대한 위화감, '북한' 사회체제의 평가 등과도 관련된 통일문제ㆍ민족주의 이해에서 미묘한 차이가 있었기 때문인 것으로 추측된다(윤소영, 1993; 1994a; 1994b).

다만『이론』에서는 전통적 마르크스주의에 기반을 둔 '구좌파적' 문제설정과 달리 '신좌파적' 문제설정이 다각적으로 모색되기도 하였다. '신좌파적' 문제설정은, 전통주의와 구별되는 유럽의 다른 마르크스주의 조류들에 대한 관심, 계급문제로 전부 환원될 수 없는 여러 가지 사회문제에 대한 관심, 계급적 대중운동과 정치운동 이외의 다른 사회적 실천에 대한 관심, 거시적 문제에 대한 시선에서 소홀했던 미시적 문제에 대한 관심의 증대 등이 그 특징을 이룬다.

이런 의미에서『이론』은 탈마르크스주의적 조류가 굽이치는 조건에서 마르크스주의적 문제설정을 견지하는 동시에 이를 풍성하게 하는 데 어느 정도 기여했다고 평가할 수 있다. 무엇보다 실제로는 동인의 능력부족 등으로 마르크스주의적 문제설정의 영역을 비계급적 영역으로까지 넓히고자 한 신좌파적 지향의 노력은 결국 커다란 한계에 부딪혔던 것으로 보인다(김세균, 1999). 그래도 마르크스주의적 입장을 버리지 않고 또한 마르크스주의적 문제의식을 받아들이려는 여러 글이『이론』지에 실렸던 것을 잊어서는 안 될 것이다. 트로츠키주의의 주장이 구좌파의 새로운 견해로 피력된 것도 그 하나의 예이다. 그렇지만 전체적으로 보면 이 시기에 마르크스ㆍ레닌주의를 새로

운 조건에서 발전시키려는 시도는 상당히 어려운 일이었다고 말할
수 있다.

3. 김영삼정권하의 정치 · 사상 공간과 시민사회론

80년대 후반의 민주화운동이 내걸었던 민중민주주의는, 부르주아
민주주의 · 자유민주주의에 본질적으로 내재해 있는 취약성이나 왜
곡과 싸우는 과정에서 나온 것인데 부르주아민주주의의 대안적 의미
를 지니는 것이었다. 그러나 원래 자유주의와 민주주의는 그 성립에
서부터 서로 대립 · 충돌하는 모순적 관계에 놓여 있다. 민주화운동에
서의 '민주화' 역시 그 실제 내용은, '언론의 자유' 같은 말에서도 볼
수 있듯이 기본적 인권의 보장을 핵심으로 하는 자유화였다.

이런 의미에서는 87년 민주화선언으로 자유화의 과제는 일단 확립
되었다고 볼 수 있지만, 실제로 그러한 자유화조차도 군사파쇼정권의
존속으로 전진과 후퇴를 되풀이해야 했다. 그 연장선상에서 한국에서
자유화라는 과제는, 1993년 2월 김영삼 '문민정권'이 탄생하면서 그런
대로 달성되며 또 이것은 어느 만큼의 민주화로도 이어졌다.

사상적인 구도로 볼 때, 80년대가 군사파쇼 국가주의와 자유주의
(정치적으로는 중도) 및 마르크스주의(진보진영) 동맹군의 대결이었
다고 한다면, 90년대는 후자의 승리와 더불어 그 속에서 자유주의가
마르크스주의를 압도해 가는 시대였다. 그러나 자유주의의 역사가 짧
은 한국사회에서 80년대의 마르크스주의적 급진주의는 90년대 들어
와서 자유주의를 뛰어넘어서 각종 포스트주의 범람으로 나아갔다. 게
다가 자유주의자들이 기대해 마지않던 '문민화'의 도래와 함께, 자유

주의는 실제로 미국 중심의 '금융세계화'를 주축으로 한 신자유주의 방향으로 통합되어 갔다. 이는 한국사회의 자유주의의 허약성이 사상의 발전에 치명적인 것이 되었음을 의미한다.

한국에서 마르크스주의와 자유주의의 상호관계에 대해서는 지금까지도 몇몇 연구자들이 다루고 있다. 논자에 따라 약간 차이는 나지만, 기본적인 사고방식은 해방 후의 자유주의의 빈곤이 마르크스주의의 발전을 저해했다는 것이다(김동춘, 1997b; 임지현, 1998). 다시 말해 자유주의가 뿌리내리지 못하고 경직된 극우반공주의로 나타난 조건 속에서, 한국의 마르크스주의는 세련된 자유주의와의 대화 및 논쟁을 경험하지 못하고 밀폐된 공간에 갇혀서 변혁사상으로는 '정통'이라며 안주하는 경향에 빠졌다는 것이다.

또한 한국의 마르크스주의는 자유주의 이론과 철학적·방법론적 측면에서 대결하면서 스스로를 성숙시킬 기회를 가질 수 없고 자유주의 이론을 철저하게 무시함으로써 존속하였다. 결국 한국의 마르크스주의가 성숙할 수 없었던 큰 이유는 자유주의의 빈곤에 있으며, 자유주의의 빈곤은 이론의 발달을 방해했을 뿐 아니라 진보진영 내부의 보수적 체질을 온존시키는 결과를 불러일으켰다는 것이다.

알튀세르적 마르크스주의 입장을 취했던 윤소영은 이러한 견해에 반드시 찬성하지는 않은 것 같다. 한국 마르크스주의의 혼란은 자유주의의 빈곤보다는 오히려 분단상황으로 인한 민족주의의 특수성이라는 맥락에서 이해되어야 한다는 것이다. 또 그렇기 때문에 한국에서 마르크스주의의 문제설정은 단지 계급만이 아니라 민족문제와 연계해서 사고해야 한다고 그는 말한다(윤소영, 1994b).

윤소영의 이러한 이해방식은 분명히 일리가 있다고 생각된다. 실제로도 마르크스주의 위기의 요인을 자유주의의 빈곤에서 찾는 것은 문제가 많다. 그러나 냉정하게 생각해 보면, 현실적으로 자유주의의 빈곤을 문제삼지 않을 수도 없다. 세계사에서 해방의 역사를 보더라도, 민족해방이 달성되고 사회주의가 통치원리가 된 후 사회건설·국가건설이 제대로 안 된 예는 많다. 생산력이나 제반 생산관계가 미숙한 개발도상국에서는 자연히 전위당의 지도력이 강조되고 시간이 흐르면서 전위당의 독재가 확립되었던 경우도 적지 않다. 그 결과, 반대세력이나 야당 등이 존립하지 못하고 결국 개인의 자유로운 행동이 억압되고 사회가 정체되어 버린다. 이러한 역사의 교훈은 역시 자유주의의 문제와 관계가 있다고 생각할 수 있을 것이다.

그러면 여기서 1993년 2월에 출범한 김영삼정권을 어떻게 평가할 것인가를 살펴보기로 하겠다. 정권의 탄생 당시에는 한국역사상 첫 문민정권이라는 것이 강조되었으나, 시간이 경과함에 따라 정권의 민주적 성격에 의문을 가지게 된 것은 익히 알고 있는 바와 같다. 원래 군사파쇼인 노태우 전 대통령 일파와의 타협으로 탄생한 정권이고 그런 점에서 어디까지나 한정적 성격의 '문민정권'이었던 것은 분명하다.

그러나 더 근본적인 문제는 과연 대한민국이 정통성이 있는 국가인가 하는 점이다. 비록 분단국가라고 할지라도 한국은 실제로 하나의 국가로 존속하고 UN에도 가입해 있는 것은 사실이다. 그러나 3·1독립운동 정신을 이어받은 대한민국임시정부의 '법통'을 계승한다는 의미에서, 한국은 정통성을 가진 국가인가 하면 그 대답은 부정적일 수밖에 없다.

임시정부는 국제적으로 승인받지 못했지만 적어도 성립 초기와 해방 직전에는 망명정부로서의 정통성을 가지고 있었다. 그러나 한국은 현실적으로 한반도의 통일정부가 아니고 남쪽만의 단독정부이다. 임시정부가 지향했던 것은 어디까지나 한반도의 통일정부였고, 그런 의미에서 한국은 이미 임시정부의 정통성을 계승한 것이라고 할 수 없다. 이 점은 해방 당시 임시정부의 주석자리에 있던 김구가 그후 미국과 이승만의 남한 단독정부수립 계획에 반대하고 통일국가의 수립에 온 힘을 기울였던 것에서도 분명히 드러난다.

이것은 역사가 강만길이 입버릇처럼 말하는 바인데 역사학, 정치학, 경제학, 그 밖의 학문들이 있지만 역사학만이 유일하게 정권의 정통성을 문제삼고 있다. 정치학의 경우에는 어떤 과정을 거쳤든 일단 수립된 권력을 당연한 것으로 인정하고 분석대상으로 하고 있다. 그러나 역사학은 그 과정 자체를 문제삼으면서 정통성 여부를 묻는다. 더구나 정권의 정통성이라는 것은 계속되는 것이 아니고 정권의 성격에 따라서는 도중에 단절되기도 한다.

그러한 의미에서도 한국이라는 국가의 정통성 그 자체가 문제시되지만, 김영삼정권의 경우에는 군사파쇼정권의 연장선상에서 성립되었다는 점에서 정통성이 없거나 정통성이 불충분한 정권이라고 하지 않을 수 없다. 덧붙인다면, 한국의 일부 운동가들이 말하는 바와 같이 항일빨치산 투쟁의 역사를 가진 조선민주주의인민공화국이 한반도의 정통적 국가인가 하면 이 또한 그렇다고 볼 수 없다.

지금까지 이 책에 등장한 연구자들의 김영삼정권에 대한 평가를 살펴보면, 크게 세 가지로 나누어진다(윤도현, 1995). 첫째는, 좌파적 시민사회론 입장의 조희연 평가가 있다. 이 입장에서는 김영삼정권을 군사파쇼와 구별되는 부르주아민주주의 내지는 부르주아민주주의의 한국적인 초보형태라고 본다. 둘째는, 부르주아민주주의와 파시즘의 중간형태라고 보는 견해이다. 유팔무, 최장집, 손호철 등이 이 입장에 속하는데 그중에서도 그람시적인 시민사회론 입장을 취하는 유팔무는 권위주의적인 자유민주주의라고 말한다. 이에 비해 신식민지 파시즘이라는 개념을 거부하는 최장집은 제한적 민주주의 정권이라고 보고 있다. 즉 시민사회에서 나온 민간정치 체제인 동시에 과거의 권위주의적 국가기구나 기득권층을 대변하는 여당조직과 친화성을 가지고 성립한 정권이라는 것이다. 한편 전통적 마르크스주의의 입장인 손호철은 김영삼정권을 신식민지 파시즘에 자유주의적 요소가 가미된 양면적 체제라고 말한다. 또 최장집과 손호철은 신식민지 파시즘 개념을 사용하는 것에서는 의견을 달리하지만, 독점자본을 옹호하는 정권이라는 점에서는 의견을 같이하고 있다. 그리고 셋째로는 파시즘이라는 평가인데, 단 실제로 김영삼정권은 역대 군사파쇼정권의 맥을 이은 파시즘정권이었다는 주장은 찾아볼 수 없다. 굳이 든다면, 원칙론을 고수하는 마르크스주의자 김세균이 파시즘적 자유민주주의라고 평가하면서 이를 '이완된 파시즘'이라고 규정하고 있다.

여기에서 거론한 각 논자의 평가는 김영삼정권이 발족한 직후의 것이지만, 기본적으로는 김영삼정권 5년의 전과정에 대한 평가로 보아도 무방할 것이다. 여하튼 김영삼정권이 군사파쇼 시대를 이어받은 이행기 정권이었다는 점은 확실하다. 게다가 이미 알고 있듯이 김영삼정권은 시간이 흐르면서 정치·경제 전반에 걸쳐 실정(失政)을 거듭하여 1998년 2월 김대중정권의 출범을 기다리지 못하고 97년 말에 IMF 관리체제로 전락하는 것으로 사실상 막을 내렸다.

그 동안 김영삼정권하의 정치·사상 공간에서는 '세계화'라는 슬로건 아래 표면적으로는 고도 경제성장을 구가하였고 문화와 소비가 시대의 키워드가 되었다. 여기서 세계화는 지구화(globalization)의 한국적 표현이지만, 원래 지구화＝세계화는 제국주의의 철저한 전지구적 규모라는 요소를 띠고 있다. 뿐만 아니라 영어제국주의라고도 일컬어지는 정보화사회의 진행과도 관련된 개념이다.

　하지만 김영삼정권하에서는 사회의 전반적 위기가 서서히 진행되는 속에서 사회 전체의 사상·이데올로기가 보수화되었고, 특히 보수주의자의 이념적 기반이 강화되었다. 다만 아무리 그렇다 해도 보수주의 이념은 그 이전과 마찬가지로 불명확한 상태였고 또 한편으로 진보주의 이념도 긴장감을 잃고 초점이 흐려져서, 전체적으로 사상의 빈곤이 가속화되었던 것으로 보인다. 그리고 이제까지 역대정권의 정통성을 보완하는 역할을 해오던 반공주의도 사회주의권 붕괴에 뒤이은 '문민정권'의 등장으로 차츰 약화되었다고 할 수 있다.

　그러면 여기에서 '진보'란 무엇이고 또 '보수'란 무엇인지를 한번 생각해 보기로 하겠다. 사실 '진보'나 '보수'라는 말 자체는 이미 마르크스주의적 사고방식이라고 할 수 있다. 사상사적으로는 17세기 영국의 베이컨과 18세기 프랑스의 콩도르셰 등의 계몽사상 나아가 칸트와 피히테, 헤겔 등의 독일 관념론에서의 진보개념을 논의할 필요가 있을지도 모른다. 그러나 19세기 이후에 진보관념을 적극적으로 제시한 것은 오웬, 푸리에, 생시몽, 마르크스 등의 사회주의자였다.

　하지만 현실적으로는, 사회과학적인 엄밀성은 별개로 하더라도 자본주의적 경제성장이 곧 '진보'라고 이해되고 있는 것은 분명하다. 실제로 구소련과 동유럽권에서는 사회주의의 방기와 자본주의의 도입·발전을 진보라고 간주하고 금융의 세계일체화를 중심으로 하는 신자유주의적 발전을 진보라고 이해하는 경우도 적지 않다.

그렇지만 과거 200년을 돌아보면 사회주의·마르크스주의가 사실상 진보의 기수였던 점은 부정할 수 없으며, 해방 후 한국 지식인들 사이에서도 기본적으로는 그렇게 인식되어 왔다. 한마디로 자본주의를 비판하고 그것을 넘어서고자 하는 것이 진보였다. 그런 의미에서 진보의 개념은 과학기술의 발달이나 사회의 진화 같은 '발달'이나 '진화'와는 구별되는 것이다.

마르크스주의자인 김세균의 설명에 따르면, 자본주의 사회에서 계급적으로 노동자와 민중의 입장에 서서 사회의 기본모순 내지 주요모순을 해결하고자 하는 입장이 '진보'이고 이러한 해결을 저지하려하는 입장이 '보수'이다(金世均, 1994). 그리고 '개혁'과 '개량'은 특정한 사회체제가 유지된다는 조건하에서 민중의 이익이 한층 더 실현되도록 사회관계를 변화시키는 것을 의미하는데, '개혁주의'나 '개량주의'는 이러한 개혁을 절대시하고 변혁을 단순히 '개혁의 누적'으로만 생각하는 정치적 입장을 가리킨다. 당연히 사회관계의 변화를 시도할지라도 민중의 권리와 이익을 희생으로 삼으면, 그것은 '보수반동'이다. 김세균은 이러한 관점에서 김영삼정권을 파시즘적 요소를 지닌 정권으로 간주하며, 그 정책전개는 '개혁'이라는 이름으로 행해진 '보수반동'에 지나지 않는다고 비판한다.

그럼에도 불구하고 90년대 들어와서 변혁사상으로서의 마르크스주의의 지위가 뒤흔들리는 가운데 한국의 진보개념 역시 동요하게 되었다. 80년대 한국의 진보개념이 사실상 마르크스·레닌주의와 민중민주주의에 의해 규정되었다고 한다면, 90년대의 사회민주주의나 각종 포스트주의의 대두는 진보개념에 대한 도전을 의미하였다. 이른바 진보개념의 재정립이 시대의 과제가 되었는데, 이것은 또 진보와 보수가 새로운 대결장소를 모색하는 과제와도 연결되었다.

80년대까지의 사상적 틀은 체제와 반체제의 적대관계를 기본으로 해서 성립되었다면, 90년대 들어와서부터는 부르주아민주주의 아래서 진보와 보수가 건강한 의미에서 공존할 수 있는 틀을 구축해 가는 것이 과제로 부상했던 것이다. 다시 말해, 탈냉전시대에 극좌적 스탈린주의와 극우적 반공주의가 함께 배제되고 진보와 보수가 상호 보완적·경쟁적 관계로 병존하는 것이 한국사회의 순조로운 발전을 담보하는 조건이 되었다.

한편 90년대 들어와서 사회운동의 중심은 당시까지의 민중운동 및 노동운동에서 급속하게 '시민운동'으로 바뀌어갔다. 이리하여 노동자나 민중 대신 '시민'이라는 말이 사용되기 시작하고 시민운동의 개념이 모색되었다. '민중'이나 '시민'의 개념 설정과 그 차이, '민중운동'과 '시민운동'의 구별과 그 평가가 문제가 되었으나 그 밑바탕에는 90년대 초까지만 해도 민중운동·노동운동과 시민운동이 서로 배타적인 상황이 가로놓여 있었다. 민중과 시민이 어떻게 다르고 민중운동과 시민운동의 차이는 무엇인가 하는 문제가 제기될 때 그것은 필연적으로 '시민사회' 나아가서는 민주주의를 둘러싼 논쟁으로 발전하였던 것이다.

시민사회를 둘러싼 논의가 본격화된 것은 1991년이다. 1992년 4월에 한국사회학회와 한국정치학회가 공동 주최한 "한국의 정치변동과 시민사회"와 1993년의 학술단체협의회 제6회 연합심포지엄 "한국 민주주의의 현재적 과제" 그리고 『경제와사회』 지면을 중심으로 전개된 일련의 시민사회 논쟁이 그 대표적인 예이다. 한국사회학회·한국정치학회에서 진행된 문제제기나 논의는 논문집 『한국의 국가와 시민사회』(한국사회학회 · 한국정치학회 편, 1992)에 실렸으며, 그 밖의 논쟁에서의 주요한 글은 『시민사회와 시민운동』(유팔무 · 김호기 엮음, 1995)으로 정리되어 출판되었다. 1992년의 『이론』(제2호)에 실린 김세균의 글에서부터 95년의 『경제와사회』(봄호)에 기고한 유팔무의 글에 이르기까지, 시민사회론을 둘러싼 일련의 논쟁은 한국에서의 시민사회론의 수용방식이라든가 시민운동의 성격 등을 본격적으로 논하였다는 점에서 커다란 관심을 불러일으켰다.

90년대 초의 시민사회 논쟁은 80년대 후반의 사회구성체 논쟁에 버금갈 만큼 스케일이 컸다. 90년대 초에 한국사회에서 시민사회론이 대두했던 것은 우선, 1987년 6월의 민주화선언 이후 사회운동이 분화됨에 따라서 노동운동, 민족운동 외에 환경, 여성, 복지, 지역, 그 밖의 개별운동이 활발하게 전개되었다. 그 결과, 그람시에서 하버마스를 거쳐 포스트마르크스주의에 이르는 다양한 시민사회론이 새로운 실천적 대안의 하나로 주목받게 되었기 때문이다. 둘째로, 소련과 동유럽권이 붕괴한 후 절대적인 권위를 자랑하던 마르크스주의에 대한 근본적인 의문이 표명됨에 따라 80년대의 변혁운동을 비판적으로 평가하려는 움직임이 나왔기 때문이다.

한국의 경우, 시민사회론은 80년대 말의 민중사회학의 계보를 잇는 자유주의적인 입장에서 먼저 논의되었으며 이어 좌파적 입장에서의 시민사회론이 제기되었다. 이에 대해 전통적인 마르크스주의의 입장에서는 시민사회론이라는 이론의 전개 자체에 이의를 제기하였다. 즉 90년대 한국의 시민사회론은 자유주의적 시민사회론과 좌파적 시민사회론 두 가지로 나누어 생각할 수 있다. 또 좌파적 시민사회론은 크게 그람시적 시민사회론과 하버마스적 시민사회론으로 나눌 수 있는데, 논자에 따라서는 알튀세르적 시민사회론의 존재를 주장하는 경우도 있다. 그러나 전체적으로 볼 때, 한국에서의 시민사회론은 이탈리아의 마르크스주의자 그람시의 이론에 의거한 이론 전개가 주류를 이루었다고 할 수 있다.

자유주의적 시민사회론의 입장을 취하는 한완상은 시민사회를 억압적인 국가권력에 대한 저항세력 또는 저항잠재력으로 보고 시민운동 등에서 나타나는 저항세력의 대두를 시민사회의 성장 및 활성화와 동일시한다(한완상, 1992). 그는 부르주아계급에 의해 시민사회가 완성된 서구와 달리 한국사회에서 시민사회의 주체는 산업노동자와 중간층이라고 보면서, 바로 이들에 의한 노동운동과 시민운동의 광범위한 연대가 사회운동의 현실적 대안이라고 쓰고 있다. 이 경우 한완상은 노동자를 계급이 아닌 시민사회의 주체 내지는 구성원으로 파악하고 있는데, 그것은 한국에서 노동자는 아직도 계급으로 형성되지 않았고 또 마르크스주의에서 말하는 토대-상부구조의 구분법을 사용하지 않은 채 시민사회의 개념을 구성하려고 했기 때문이다. 한완상에게 혁명을 통한 체제변혁은 아직 현실성 없는 먼 미래의 일이며 그러한 혁명이 일어나지 않는 상황에서 시민운동이 민중의 고통을 줄일 수 있다면 우선 현실적으로 높이 평가되어야 한다는 것이었다.

자유주의적 시민사회론은 일반적으로 시민 내지 중간층을 비계급적인 존재라고 주장한다. 김성국도 한국의 시민사회론은 이론적으로 마르크스주의적 계급론에 대한 비판에서 출발하고 있음을 인정하면서, 마르크스주의에서 말하는 계급과 마찬가지로 시민 역시 역사적 실체라고 주장한다(김성국, 1992). 김성국은 마르크스주의자인 김세균

(1992)이나 좌파적 시민사회론의 입장에 서 있는 김호기(1993)로부터 '자유주의적' 또는 '부르주아적' 입장이라고 평가되는 인물인데, 그는 계급에 한정되지 않는 시민이나 중산층이야말로 시민사회의 주체라고 생각한다.

자유주의적 입장에 선 시민사회론의 경우, 한국의 시민사회는 종종 국가에 대해 저항할 수 있는 세력으로 간주되며 국가와 힘겨루기를 하면서 '정치 중심적'으로 구성되는 것이라고 본다. 즉 시민사회를 분석할 때 계급과 경제관계의 변수를 과소평가하고 현실정치의 힘겨루기 관계를 중심으로 설명하는 것이다.

이러한 사고방식에 대해, 예를 들어 좌파적 시민사회론 입장의 유팔무는 한완상과 김성국을 비판하는 동시에 특히 최장집이 국가와 시민사회 사이에 정치적 중간층위를 설정하고 국가-정치사회-시민사회라는 3층구조를 주장하는 데 의문을 제기한다(유팔무, 1995). 최장집은 시민사회와 국가 사이에 정치사회라는 중간층위를 따로 설정하고 나아가 국가의 정책결정 과정에 참여해서 영향을 미치는 제도권과 이로부터 배제된 비제도권을 나누어 생각하는데(최장집, 1993), 유팔무에 따르면 이 역시 계급 및 경제적 변수보다 정치적 변수를 더 중시한 결과라는 것이다.

이렇게 자유주의적 입장의 시민사회론에 대해 좌파적 입장의 시민사회론이 제시되었으며, 그것은 주로 마르크스의 시민사회론을 비판적으로 재구성하고자 한 그람시와 하버마스의 이론를 근거로 하고 있었다.

크게 보면 그람시와 하버마스는 모두 마르크스의 토대-상부구조 모델에 나타나는 환원주의적 경향을 비판하고 정치 · 사회 · 문화적인 여러 측면에서 다원성을 파악하기 위해 시민사회 개념을 재구성하고자 했다고 볼 수 있다. 원래 마르크스의 시민사회 개념은 자유와 민주주의 문제에 초점을 맞춘 그 당시까지의 자유주의적 시민사회 개념을 자본주의 생산관계에서의 착취와 지배를 은폐하는 부르주아 이데올로기라고 비판하는 것이었다. 이와 같은 시민사회에서 자유란 사실상 사적 소유와 관련된 경제활동상의 자유이고, 자본주의가 만들어낸 시민사회는 부르주아계급의 가치가 지배하는 사회였다.

이에 비해 그람시는 시민사회를 마르크스주의에서 말하는 토대가 아니라 상부구조의 한 영역으로 보았다. 그람시가 상부구조를 국가와 시민사회로 구분한 것은 부르주아 지배가 단순히 억압적인 국가기구를 통해서 유지되는 것이 아니라 시민사회에 뿌리내린 다양한 제도와 실천을 통해서도 유지되고 있음을 갈파했기 때문이다. 즉 서구사회에서 만들어진 그람시의 이해에서 권력은 정치사회에 집중해 있는 것이 아니고 교회나 학교, 조합, 대중매체 등을 통해서 대중의 '합의'를 기반으로 한 이데올로기=국가 헤게모니로서 시민사회에 확산·침투되며, 시민사회는 계급적 이데올로기 투쟁의 장이었다. 다시 말해 국가는 단지 지배의 도구=폭력장치일 수 없고 시민사회의 전영역에 펼쳐져 있는 헤게모니 관계의 총체로 변질되었다는 것이다. 이른바 헤게모니는 시민사회에서 지배계급이 지적·도덕적인 지도력의 행사를 통해서 만들어내는 피지배집단의 자발적 동의이며, 그렇기 때문에 헤게모니 관계를 일상적으로 변질시키는 운동의 네트워크화(진지전 陣地戰/기동전 機動戰)가 중요하다는 것이었다(김호기, 1995a; 임영일 편저, 1995).

한편 서구 마르크스주의의 재구성에 크게 기여한 하버마스의 경우에는 국가와 시민사회를 매개하는 '공공영역'을 개념화하고 그것을 여론이 형성하는 사회생활이라고 정의하였다. 공공영역은 자유로운 사회성원이 공개적으로 자신의 의견을 표명할 수 있는 장이며 특히 언론이 의사소통의 매개가 된다. 하버마스가 강조하는 공공영역의 기능은 국가를 견제하는 여론형성 기능이고 따라서 공공영역의 발달은 곧 정치적 민주주의의 발달을 의미하였다. 최근에 와서 하버마스는 공공영역 대신 '생활세계'라는 개념을 강조하지만, 아무튼 하버마스가 말하는 시민사회는 국가와 구별되는 독자적 기능을 갖고 개인의 사생활로부터의 합의형성과 문화적인 재생산을 담당하는 것이다(신광영, 1995; 유팔무, 1993).

그런데 여기에서 살펴본 그람시나 하버마스는 주로 번역서를 통해서 소개되고 수용된, 수입학문의 성격을 상당히 띠고 있다. 따라서 좌파적 입장의 한국 시민사회론자들이 그람시나 하버마스를 공부하여 한국사회에 적용하려 했던 것은 일단 긍정적으로 평가할 수 있겠으나, 문제는 무엇보다도 한국의 시민사회 성숙도를 어떻게 볼 것인가 하는 점이다.

이 점에 관해 유팔무는 한국 시민사회의 전개과정을 서구의 역사적 경험과 달리 식민지와 신식민지 구조 그리고 분단상황에서 '바깥에서 안으로' '위로부터 아래로' 외세 의존적인 국가권력의 지도 아래 성립된 시기와, 60년대 이후 급속한 자본주의화를 통해서 '아래로부터 위로' 발전한 시기, 두 단계로 구분하고 있다. 그리고 김호기는 87년 이후 시민사회의 구조변동이 "국가 대 시민사회의 단일구도"에서 "국가와 시민사회의 다층구도"로 변화했다는 것을 강조하고 있다(유팔무·김호기, 1998).

90년대 초의 시민사회론의 등장은 80년대 이래의 전통적인 마르크스주의 흐름에 대한 비판이었다. 그런 만큼 마르크스주의 진영으로부터 강한 반격을 받게 되었다. 전통적 마르크스주의 입장을 취하는 사람이 '시민사회'라는 용어 자체에 위화감을 나타내는 가운데, 시민사회론 비판의 선두에 선 것은 김세균이었다. 그는 「시민사회론」의 이데올로기적 함의 비판」에서, 이른바 '국가와 시민사회의 절대적 분리론'에 입각해 있는 자유주의적 국가·시민사회론을 대신하여 제2차 세계대전 이후에는 서구에서 "(부르주아)국가 속에서의 정치와 경제, 국가와 시민사회의 통일"이라는 새로운 국가·시민사회론이 지배적인 패러다임이 되었다고 쓰고 있다(김세균, 1992).

김세균은 90년대 초의 시민사회론을 민주화의 문제를 시민사회적 관점에서, 그리고 민주화의 수준을 시민사회의 발전수준에 비추어 파악하려고 하는 여러 조류로 보면서, 그 이론적 조류는 크게 두 가지 '자유주의적·부르주아민주주의적 개혁론'과 '포스트마르크스주의적 개혁론'으로 나뉜다고 한다. 이때 포스트마르크스주의적 개혁론이 비록 마르크스주의의 흔적을 지니고 있다고 할지라도 문제설정의 핵심에서 마르크스주의를 폐기하고 자유주의적·부르주아민주주의적 관점을 받아들이고 있는 점에서 양자의 차이는 결코 큰 것이 아니라는 것이다. 부르주아민주주의적 개혁론은 애초부터 부르주아 이론에 근거하여 마르크스주의에 대해 외적 비판을 가하고 있지만, 포스트마르크스주의적 개혁론은 부르주아 이론을 수용하고 마르크스주의에 대해 내적 비판을 가하면서 마르크스주의의 탈마르크스주의화를 추진하고 있다고 본다.

시민사회론에 대한 김세균의 이러한 평가는 교조주의적 색채를 약간 띠고 있지만, 그래도 그는 80년대 중반에 최장집으로부터 시작된 그람시 이론의 수용, 이어서 윤소영에 의한 알튀세르 이론의 수용은 이 이론들이 안고 있는 한계에도 불구하고 시민사회가 발달되지 않고 반공일변도였던 한국사회에서는 그 나름대로 어느 만큼의 진보적 의미를 갖는 것이었다고 본다. 다만 그럼에도 불구하고 그는 현실적으로 예를 들어 좌파적 시민사회론의 주류를 이룬 그람시 이론의 계승 역시 결국은 개량주의적인 흐름을 정당화하는 이론에 지나지 않았다고 평가한다. 오히려 김세균은 변혁운동 전체가 개량주의로 흘러가는 것을 우려하여 필요 이상으로 그람시 이론을 비판했던 것은 아닐까 하는 생각도 든다. 아무튼 김세균이 구상하는 사회변혁은 시민-시민사회-시민운동을 통해서가 아니라 어디까지나 노동자 등 기층민중을 중심으로 하는 민중-민중사회-민중운동에 가치를 두는 것이었다. 김세균에게 민중사회는 시민사회의 대항개념인데, 이는 한국사회 현실에서 기층민중의 문제가 아직 해결되지 않았기 때문이다(『시사저널』, 1993. 3. 18; 김세균, 1993a).

그런데 김세균의 분류에 따르면, 시민사회론 중에 부르주아개혁론적 시민사회론은 한상진·김성국 등이 주장하고 포스트마르크스주의적 시민사회론은 이병천이나 박형준 등이 주장했다고 한다. 이 분류는 1992년 시민사회를 둘러싼 논쟁이 혼돈상태에 있던 상황 속에서 이루어진 것이다. 하지만 지식인의 사상이나 이론을 명확하게 파악하고 지적 세계에서 그것이 차지하는 위치를 설정하기란 매우 어려운 일이다.

사상이나 이론은 원래 복합적이고 중층적이며 가로지르는 요소를 가지고 있을 뿐 아니라 상황이나 시간의 변화와 더불어 변하며 때로는 자기평가와 타자의 평가가 어긋나는 경우도 종종 있다. 따라서 사상과 이론을 고정된 것으로 보고 밀고 나간다면, 일종의 지적 폭력이 될 수도 있다. 그러나 또 역으로 특정 지식인의 사상이나 이론을 파악하고 분석하는 것은 학문연구의 객관성을 확보하기 위해서도 반드시 필요한 일이다.

이런 의미에서 본다면 시민사회론과 관련된 90년대 한국사상에서 좌파적 시민사회론, 사회민주주의론, 진보적 자유주의론, 개량적 자유주의론 등은 서로 친화성을 가지고 있어서 명확하게 구분하기 어렵다. 각 논자의 사상전개의 폭도 넓고 개중에는 시간이 흐르면서 적지 않은 변화를 보인 것도 있다. 또 사회민주주의론처럼, 이제까지 상당수의 논자들이 사회민주주의적 경향을 표명했음에도 불구하고 그것을 하나의 이론 및 사상으로 제시한 연구자는 아직 나오지 않는 경우도 있다.

다만 여기서는 지금까지의 서술에서 이미 밝혀진 바와 같이, 그람시 이론을 중심으로 시민사회론을 주장한 유팔무 및 김호기는 좌파적 시민사회론으로 분류하고, 비계급적인 중간층의 의의를 강조하는 한완상 및 김성국은 자유주의적 시민사회론으로 분류하는 것은 타당할 것이다. 문제는 최장집인데, 그람시를 경유하여 그것을 넘어서려고 한 그의 주장은 마르크스주의적 색채를 띠면서도 그것을 벗어나고 있고 더구나 진보적 자유주의라고도 할 수 있는 관점에서 현상태를 분석하는 것을 중시하고 나아가 '신자유주의적'이라고까지 해석될 수 있는, 그후의 시장이론을 중시하는 논점 등을 고려할 때 역시 자유주의적 시민사회론자 범주에서 이해하는 것이 좋을 듯하다.

한 가지 덧붙이면, 현대 한국에서 이론과 실천 양면에서 시민운동을 중시하는 자세를 일관되게 취해 오는 조희연과 김동춘(둘 다 성공회대 사회학)을 어떻게 위치지을 것인가인데, 여기에서는 일단 좌파적 시민사회론자로 분류해 두기로 한다. 김세균의 마르크스주의적 입장에서 보면, 조희연이나 김동춘 그리고 좌파적 시민사회론자나 자유주의적 시민사회론자는 모두 탈계급화의 개량주의인 것이 확실하다. 사회변혁의 주체는 '시민으로서의 노동자와 여성'이라고 하는 윤소영의 알튀세르적 마르크스주의 입장에서 보더라도 그 평가는 마찬가지일 것이다.

그러나 일이 그렇게 간단하지만은 않다. 아무리 김세균이 민중—민중사회—민중운동을 지향해야 할 가치가 있다고 하더라도 현실은 그가 말하고 있듯이, 민중운동은 정치적으로 계속 패배하고 사회운동의 주도권은 이미 시민민주주의 세력이 장악하고 있는 실정이다(김세균, 1993a).

이런 의미에서는, 조희연이나 김동춘이 마르크스의 이론, 계급적 시각을 하나의 학문적 패러다임으로 수용하면서 시민운동을 중시하는 사고의 틀은 좌파적 시민사회론으로 평가될 수 있다. 김동춘이 말하는 것처럼 자본주의가 존속하는 한, 또한 노동자가 완전히 없어지지 않는 한, '계급분석'과 '자본주의 비판'으로서의 마르크스의 패러다임은 유효하다(김동춘, 1997b). 게다가 조희연이나 김동춘은, 김세균 등이 '비마르크스주의적' '개량주의적'이라고 비판하는 '경실련'과 그 밖의 각종 시민운동의 전개에서 현실적으로 중요한 역할을 하고 있다. 뿐만 아니라 조희연과 김동춘 모두 오늘날의 한국에서 노동운동의 중요성을 주장하고 노동운동 등의 연구에도 깊은 관심을 기울이고 있다. 이 점에서 이들은 마르크스 이론의 패러다임 자체를 부정하고 노동운동을 실질적으로 경시하는 자유주의적 시민사회론자나 개량적 자유주의자 등과는 구별되어야 한다.

단 여기서 잊지 말아야 할 것은 그람시 이론을 공부하고 노동운동 중시의 입장을 취하고 있는 임영일(경남대 사회학)의 존재이다. 그람시 하면 시민사회론을 떠올리지만, 임영일은 오히려 그람시적 마르크스주의라고도 할 수 있을 만큼 그람시 사상을 수용함으로써 노동운동을 시민운동으로 확대해 가는 것의 중요성을 주장한다. 임영일의 주장은 전통적인 마르크스주의에서 떨어져 나온 것이면서도 단순히 시민사회론이라고 규정하기도 곤란한 변혁운동=노동운동 중시의 사상이다. 그의 학위논문 「한국의 노동운동과 계급정치(1987~1995)」(임영일, 1998)도 현장노동자와의 동지적 애정과 실천활동 속에서 씌어진 것이다. 현실적으로 임영일은 한국노동운동의 중심지라고도 할 만한 경상남도에서 적극적으로 운동에 참여하고 있고 전체 노동운동에서 차지하는 위치 또한 상당히 큰 것 같다.

그리고 또 하나 김세균은 앞의 시민사회론 비판에서 '자유주의적·부르주아민주주의적 개혁론'과 '포스트마르크스주의적 개혁론'이라는 분류를 하였는데, 과연 90년대 한국사상으로서 포스트마르크스주의라는 것이 있었는지는 몹시 의문스럽다. 김세균은 이병천을 포스트마르크스주의적 시민사회론의 대변자로 보고 있으나(김세균, 1992), 이미 서술했던 것처럼 이병천이 그것을 이론으로 제시했다고는 도저히 생각할 수 없다. 오히려 앞에서 이병천의 사상편력과 관련하여 포스트마르크스주의에 대해 논할 때 김성기와 한상진이 둘 다 포스트마르크스주의에 관심을 갖고 있다고 언급한 대목을 상기할 필요가 있다. "포스트마르크스주의에 주목하고 있다"는 발언인데, 이와 관련하여 김성기 및 한상진의 언급을 잠시 살펴보는 것이 좋을 듯싶다.

김성기는 『사회변혁과 헤게모니』(1990)를 번역함으로써 한국에서 최초로 라클라우와 무페를 소개한 연구자이자, 『포스트모더니즘과 비판사회과학』(김성기, 1991)에서도 라클라우/무페를 중심으로 포스트모더니즘을 논하고 있다. 라클라우/무페 이론은 마르크스주의의 경제결정론과 계급환원론에 대한 비판을 기본 전제로 삼고 있으며, 정치적으로는 노동운동의 중심성을 전제로 하지 않는 민주연합에 의한 민주주의의 전면화·급진화를 최종목표로 하고 있다. 여기에는 계급과 경제적 조건에 관한 우선순위는 없고 민주주의라는 정치적 가치에 가장 큰 비중을 두고 있다.

이런 가운데 김성기는 다른 글에서, 포스트마르크스주의는 마르크스주의의 전통을 완전히 폐기처분한 것이 아니라 포스트모던적 조건에 마르크스주의적 분석을 재조정하여 급진정치를 재구성하고자 하는 것이라고 쓰고 있다(김성기, 1992). 여기서 포스트모던적 조건이란 계몽주의의 프로젝트 속에서 형성된 규범적 인식론과 보편주의가 이론적·실천적으로 무너진 상황이라고 말하고 있으나, 이 점은 마르크스주의 내부에서 사고하는 것이라기보다 외부에 있는 포스트모던적 조건에 마르크스주의를 적용시키려는 것일 뿐더러 실질적으로는 마르크스주의 기본명제를 부정하는 결과가 된다.

한편 김세균은 한상진을 김성국과 함께 부르주아개혁론적 시민사회론, 즉 자유주의적 시민사회론으로 분류하고 있는데, 특히 한상진의 경우 중간계급 중심의 개혁을 전면에 내세우는 중민론은 그 자체가 그 이후의 중간층 중심의 부르주아적 시민사회의 활성화를 조장하는 이론적 선구가 되었다고 말한다.

한상진은 「세계적 변혁기의 민주주의의 재조명」에서, 전세계적인 민주화투쟁의 진전과 그에 따른 역사적 변화 속에서 민주주의를 둘러싼 사상과 이론은 커다란 한계를 드러내고 있다고 했다(한상진, 1991). 기존의 자유주의적 견해나 레닌주의적 견해뿐 아니라, 사회민주주의 역시 제도화된 조합주의적 타협의 틀 속에서 생산주의적 발전이론에 집착하는 결함을 갖고 있다는 것이다. 그러면서 그가 의도한 것은, 민중운동의 급진화를 경계하는 한편 지배층에게는 개혁에 대한 의지를 가질 것을 호소하고 제도 내의 개혁과 제도 밖의 민중적 사회운동을 포괄하는 '민주주의의 이중적 과정'을 강조하는 것이었다. 즉 마르크스주의의 위기에 즈음하여 마르크스 사상의 해체/재구성을 통해 포스트마르크스주의적 내지 새로운 시민사회론적 관점에 서서 의회제 민주주의와 사회운동의 결합 및 국가와 시민사회의 이중적 민주화를 주장한 것이다. 따라서 그는 국가와 자본에 대한 시민집단의 자율적 통제를 강화할 것을 제안하고 중민론적 개혁론을 이론적 측면에서 포스트마르크스주의와 접합시키려 했던 것으로 이해할 수 있다(윤도현, 1995; 김세균, 1992; 한상진, 1991a).

김성기 및 한상진의 '포스트마르크스주의론'적 담론에 대해서는 좀 더 신중한 설명이 필요할지도 모르지만, 어쨌든 여기에 나타난 그들의 이해 및 논술은 포스트마르크스주의라는 것을 이론적으로 전개했다고 볼 수 없으며, 그후의 사상전개 방향을 보더라도 그들이 포스트마르크스주의의 이론적 탐구에 본격적으로 매달렸다고는 생각되지 않는다. 김성기와 한상진뿐 아니라 한국에서 포스트마르크스주의 이론을 본격적으로 전개한 논자는 실제로 찾아볼 수 없을 뿐 아니라 마르크스주의를 계승한다는 의미에서의 포스트마르크스주의는 말뿐인

구호에 그치고 포스트마르크스주의가 이론으로서 전개 · 성숙되지는 못했다고 이해해도 무리가 없을 것이다. 결국 한국에서 포스트마르크스주의는 그후에도 유효성이 산발적으로 주장되는 등(정철희, 1997) 몇 편의 논고를 찾아볼 수 있으나 기본적으로는 한국의 토양에 뿌리내리지 못했다고 할 수 있다.

포스트마르크스주의와 관련 있는 이론연구로는, 마르크스주의를 비판한 포스트마르크스주의의 허구성을 분명히 논함으로써 마르크스주의의 재구성과 근대성/탈근대성의 문제를 밝히고 마르크스주의에 남겨진 지적 공간을 지적하려고 했던 작업이 오히려 큰 의미를 지니는 것 아닌가 싶다. 포스트마르크스주의는 전통적 마르크스주의의 내부에 있는 내적 모순의 작동에 의해서가 아니라 도리어 마르크스주의에 외재적인 포스트모던적 시대인식을 토대로 해서 단순히 그것과의 대립 속에서 비판적인 문제제기를 했을 따름이라는 것이다.

결국 이것은 마르크스주의 프로젝트 자체를 폐기하여 해체하는 것이며, 이로써 마르크스주의에 대한 오해나 몰이해에서 출발한 포스트마르크스주의의 논의가 궁극적으로는 전통적 마르크스주의를 부인하고 또 별개의 탈마르크스주의적 지평을 열어가는 것과 다름없는 것이 된다. 그렇기 때문에도 이론과 정치적 실천 사이의 긴장과 모순으로 나타난 마르크스주의의 위기와 그 위기의 전화를 목적으로 한 마르크스주의의 재구성이란 문제설정은 마르크스주의 자체의 내적 논리에 의해 설명되어야 하는 하나의 지적 공간으로 여전히 남아 있는 셈이다(신재갑 · 김용환, 1996).

무릇 마르크스주의 위기론이나 포스트마르크스주의의 담론에서 맨 먼저 등장하는 것은 언제나 경제결정론이나 계급환원론에 대한 비판이다. 그러나 생각해 보면, 마르크스주의는 경제결정론이나 계급환원론으로 등치(等値)되는 것이 아니며, 경제결정론이나 계급환원론에 대한 비판은 마르크스주의에 내재해 있는 하나의 문제에 대한 비판에 지나지 않는다.

마르크스주의라 할지라도 실제로 이것은 다원적으로 존재하며 마르크스 · 레닌주의, 헤겔주의적 마르크스주의, 네오마르크스주의, 모택동주의, 분석적 마르크스주의,[2] 구조주의적 마르크스주의 등 여러 가지 흐름이 있다. 이런 속에서 전통적 마르크스주의 등은 확실히 변증법 등 독자적인 난해한 술어로 이론무장을 하고 외계와 단절하는 폐쇄성을 지니고 있지만 그렇다고 해서 마치 금과옥조처럼 경제결정론이나 계급환원론을 가지고 비판한다는 것은 마르크스주의 비판의 정식화된 상투수단일 뿐이라고 할 수 있다.

아무튼 90년대 들어서서 시민사회를 둘러싼 논의는 다양하게 전개되었다. 그 이론적 골자는 서구 시민사회론을 도입 · 수용한 것이었으며, 그런 만큼 이론적 쟁점이 다양하면서도 한국사회와 괴리되어 있었다. 학계나 연구자들간의 논쟁도 얼핏 화려한 듯했지만, 그 실제 내용은 외형적인 것에 머물렀으며 오히려 오늘날에 이르기까지 시민사회론적인 분석시각이 실제 변혁운동의 전개에 얼마나 유효했는지는 의문이다. 한국사회를 특징짓는 권위주의와 민족주의, 연고주의 등에 대한 고찰도 등한시되고 있었던 실정이다.

시민사회론자가 말하는 시민은 기껏해야 중산층화된 노동자이고 미국 노동운동 혹은 서구적 사회민주주의 개념을 번안한 것이었다고 할 수 있다. 다시 말해 한국의 시민사회론은 애매한 형태의 사회민주주의론적인 것 혹은 NGO적 시민운동론(사안별, 쟁점별, 이익집단의 집합체)에 불과하다고 볼 수 있다. 윤소영의 표현을 빌린다면, 90년대 한국의 시민운동과 NGO의 대두는 계급정치의 과소결정으로 설명되는 것이기도 할 것이다. 그러나 90년대 시민사회론의 주장이 명확하지는 않았다 할지라도, 그 밑바탕에 한국의 중산층은 이미 상당 부분이 지배블록에 흡수·포섭되었다는 판단이 있었던 것은 확실하다.

4. 시민운동의 전개와 급진적 민주주의론

90년대는 시민운동의 시대였다. 시민운동은 민주화의 진전과 더불어 발전하였으며 바야흐로 누구에게나 아주 친근한 존재가 되었다. 역사적으로 돌이켜보면, 한국의 시민운동은 60년대 박정희시대에 권위주의적 국가체제 아래서 시장확대와 그에 대응하는 형태로서의 민주화운동 속에서 전개되기 시작하였으며 특히 87년 6월의 민주화항쟁 후에 급성장했다.

시민단체는 비정부조직(NGO)이자 비영리조직이다. 한국에서 시민단체 하면 역사적으로는 YMCA와 흥사단이 먼저 떠오른다. 1903년에 설립된 YMCA는 기독교계단체로 일본의 조선 진출에 대항하는 형태로 조선 각지에 설립되어 식민지시대와 해방 후의 역사에서 커다란 역할을 해왔다. 민주화운동의 추진에도 적지 않은 힘을 기울였고, 90년대 말 전국의 50여 도시에 10만 명의 회원을 가지고 있는 대표적인 시민단체이다. 한편 1913년에 안창호가 설립한 흥사단은 식민지시대뿐 아니라 해방 후에도 생명력을 유지하며 수많은 사회지도자를 육성해 왔다. 민족적 색채를 띤 흥사단 역시 90년대 말 현재 국내에 24개 지부와 미국에 2개 지부를 갖고 있다(김관식, 1999; 『교수신문』1999. 10. 4).

1945년 8월 이후의 해방공간에서 미군정과 이승만의 규제에도 불구하고 시민단체가 잇따라 결성되었으나, 대부분이 좌우의 대립 속에서 정치적 색채를 띠었다. 이런 점에서 오늘날의 시민운동을 활성화시킨 시민단체의 결성은 역시 80년대 후반 이후라고 할 수 있다. 그중에서 현대 시민운동의 효시라고 할 만한 '경실련'은, 앞에서 설명했듯이 1989년 11월에 결성되었으며 경제정의의 실현을 우선 목표로 내걸었다. 계급타협·개량주의 성격을 띠었던 경실련은 그후 직업운동가뿐 아니라 대학교수와 변호사 등이 참여하면서 정치개혁, 사회복지, 교육, 인권, 보건의료 등 각 분야로 활동범위를 넓혀갔으며 90년대 말에는 전국에 32개 지부와 약 2만 명의 회원을 보유한 총합적인 시민단체로 성장하였다.

그 사이 1994년 9월에는 '참여연대'가 시민의 참여, 시민의 연대, 시민에 의한 감시, 시민에 의한 대안제시라는 4대 활동지침을 내걸고 출범하였으며, 90년대 말 현재 참여연대는 회원 5천 명의 종합시민단체로 성장한다. 참여연대는 처음부터 '국가권력의 감시자'를 자처했는데, 이는 체제 내 개혁을 지향하는 것으로서 오늘날에는 경실련과 함께 한국시민운동의 양쪽 바퀴 역할을 하고 있다.

물론 그 동안 전문별 시민단체가 많이 설립되어 활동해 왔던 것은 말할 것도 없다. 여성운동단체로는 오래 된 '한국가정법률상담소'(1956년 설립)가 있으며, 또 '한국여성단체연합'(여성연합, 1987년 설립)과 '한국성폭력상담소'(1991년 설립)가 있다. 환경보호단체로는 '환경운동연합'(환경련. 1993년 설립. 2000년 1월부터 환경연합으로 개칭)과 '녹색연합'(1996년 설립)이 있다. 인권운동단체에서는 정치범 석방과 국가보안법 철폐를 주장하는 '민주화실천가족운동협의회'(민가협, 1985년 설립)가 있고, 또 기본적 인권의 옹호와 사회정의 실현을 위한 조사연구 및 실천활동을 목표로 내건 '민주사회를위한변호사모임'(민변, 1988년 설립) 등이 있다. 부언한다면 이른바 간첩 등의 혐의로 체포된 정치범(양심수)은 1993년에는 359명이었으며, 90년대 말에도 200여 명에 이른다(『한겨레신문』, 1999. 10. 8).

그 밖의 시민단체로는 노동, 농민, 교육, 문화, 소비자, 지역활동, 공해반대, 사회복지, 보건의료, 장애자, 일본군'위안부'(정신대), 남북통일문제 등 각 분야에 걸쳐 다수를 헤아릴 정도여서 이 조직들의 변천이나 명칭변경 등을 정확하게 파악하기 어렵다. 1999년 7월에 시민단체정보센터가 발표한 자료에 따르면, 전국에서 활동중인 순수한 시민단체는 730여 단체가 있고 여기에 노동, 종교단체, 각종 연구기관, 문화예술단체까지 포함하면 모두 3900여 개가 된다고 한다. 결국 현재 한국에는 약 4천 개나 되는 종합적 또는 전문별 시민단체가 각지에 포진해 있으면서 정부의 정책과 시장·자본을 감시하고 사회의 여러 문제의 해결에 나서고 있다고 할 수 있다(김관식, 1999; 「한국의 NGO」, 『교수신문』 1999. 10. 4).

시민운동의 목표가, 압축근대가 만들어낸 갖가지 왜곡을 시정하는 데 있는 것은 말할 나위도 없다. 그중에서도 재벌개혁과 언론기관의 개선은 시민운동이 담당하고 있는 과제의 응축점이라고 할 만하다.

한국에서 재벌의 위치는 다른 개발도상국에 비해서도 특별하다. 극소수의 재벌이 국민경제의 근간을 장악하고 정치자금 제공으로 정치권력과 결탁하였으며, 이것은 그 이면에서 노동운동의 탄압으로 이어졌다. 장상환(경상대 경제학)이 지적하고 있듯이, 문제는 한국의 재벌이 자본주의 사회에서 필연적으로 형성되는 일반적 독점자본과 상당히 다르다는 점이다(장상환, 1992). 이제까지의 연구에서 한국재벌의 특징으로는 다음 세 가지 요소가 지적되고 있다. 첫째 가족적·동족적 지배, 둘째 복합기업형의 다각경영, 셋째로 산하 대규모기업의 독과점적 지위 등이 그것이다. 한국의 재벌은 독점자본 중에서도 특수한 독점자본, 즉 "가족적·동족적 지배하에 있는 다업종 독점자본"이다. 이러한 독점자본은 역사적으로 일본 식민지통치 혹은 해방 후 미군정과 연관성이 있으며, 금융 면에서 정부에 의존하는 동시에 자본과 기술에서 외국자본에 의존하는 구조적인 특질을 지니고 있다.

한편 언론기관 개선 문제는 한국의 미디어가 민족언론이라는 성격을 가지고 있으면서도 실제로는 '제도언론'으로 기능해 왔다는 점에 대한 비판에서 출발한다. 『조선일보』『동아일보』 등의 신문과 TV·라디오 등의 언론기관은 식민지하에서의 친일적 경향의 연장선에서 해방 후 분단이라는 조건 아래서 늘 군부독재정권의 통제에 순응하는 역사를 걸어왔다. 특히 박정희의 군사쿠데타 이후 신문 등 미디어는 다양한 사회집단의 의지를 대변하는 매체라기보다는 정권안보를 위한 언론날조·선전·홍보 등의 역할을 충실하게 하는 기관으로 기능해 왔다(강명구, 1992).

이미 언급한 바와 같이 시민운동을 뒷받침하는 이념은 시민사회론이다. 이 시민사회론은 전통적인 마르크스주의를 부정하고 변혁운동에서 노동자계급의 중심성을 부인한다. 다종다양한 시민에 의한 시민운동의 전개야말로 나아가야 할 길이고, 근대의 긍정적 가치로 일컬어지는 자유·평등·연대를 실현하는 것을 과제로 삼았다. 이것은 사상적으로 보면 서구의 포스트마르크스주의나 신사회운동 등과 일치하는 것이다. 이병천이 포스트마르크스주의를 지향하면서 실질적으로는 급진적 민주주의를 주창하고 한국사회가 지향해야 할 정치목표는 민주주의의 달성이라고 한 것이 그 단적인 예이다.

그러나 앞에서 살펴보았듯이, 실제로 한국에서는 포스트마르크스주의 이론가는 존재하지 않거니와 시민운동의 운동가는 대부분이 과거 마르크스주의자로부터 '이탈한 사람'들이었다. 신정완이 말하는 바와 같이, 원래 서구 포스트마르크스주의에서 민주주의는 사회주의의 하위범주 또는 하위가치가 아니라 오히려 '사회주의'라는 개념에 묶여온 여러 가치 · 지향 · 정책의 일부가 급진적 민주주의의 구성부분, 즉 하위범주로 간주된다(신정완, 1992). 서구의 이러한 사고방식은 기본적으로 한국에도 그대로 적용된다. 그러나 한국의 경우, 시민사회 자체가 아직도 성숙하지 않은 가운데 시민운동의 양상은 당연히 서구의 경우와 다른 모습을 보였다. 오히려 한국의 시민운동 양상은 식민지 지배의 경험과 냉전구조하의 남북분단, 전쟁 그리고 급격한 고도 경제성장 등을 내포한 압축근대가 가져다준 모순의 질에 의해서 규정되고 있다.

한국 시민운동의 특징은 무엇보다도 노동운동과의 연대를 강화하려는 자세에서 드러난다. 예를 들어 참여연대 정책위원장 조희연은, 참여연대는 처음부터 공동전선을 전면에 내세운 중산층적 시민운동이라기보다는 친노동운동 혹은 친민중운동적 시민운동을 지향하는 종합적인 권력감시운동에서 자신의 존재의의를 찾고자 했다고 쓰고 있다. 마찬가지로 참여연대에 깊이 관여하고 있는 김동춘 역시, 모든 시민단체의 과제이기는 하지만 특히 참여연대에는 노동운동과의 연대라는 과제가 있다고 강조한다. 가시적인 형태로 개혁을 실현하기 위해서는 시민운동과 노동운동의 결합이 매우 중요하다는 뜻인데, 이는 전체 변혁운동에서 노동운동이 차지하는 중요한 위치를 자각한 발언이라 할 수 있다(『한겨레신문』 1999. 9. 18). 이런 의미에서 참여연대등 한국의 시민운동은 서구의 신사회운동과 또 다른 성격을 지니고있다.

이 점은, 가령 참여연대가 법질서 범위 내에서 정경유착과 부정부패를 다룬다고 하더라도 현실적으로는 국가보안법 개폐나 지하철노조 파업의 지원, 재벌의 부정에 대항하는 소액주주운동, 의회감시운동, 사법감시운동, 경제민주화운동과 같은 초기 산업화 과정에서의국가와 시장의 왜곡된 관계를 '근대적'인 방향으로 바로잡는 과제가훨씬 더 근본적인 문제로 제기되는 것과 관련된다. 이른바 한국에서는 성숙한 시민사회를 전제로 한 운동이 아니라 시민사회의 성숙을도모하는 운동이 필요하다는 것이고 여기에는 기본대중인 노동자의참가가 불가결해진다.

그러나 현실적으로 시민운동과 노동운동의 제휴 내지 결합은 그다지 순조롭게 진행되고 있다고는 볼 수 없다. 공기업을 민영화해야 한다는 주장은 곧 노동자 생존권과 관련되는 것이며, 또 정경유착으로방만한 경영과 사업확장을 제멋대로 해온 재벌의 정리 및 통합이라하더라도 그것은 노동자의 해고로 직결되는 문제이다.

다시 말해 마르크스주의적인 계급투쟁을 중시하는 진영에서 보면,노동자의 권리확보와 정경유착 해소를 위한 구조개혁 과제를 동시에추진하는 것은 이론·운동론 측면뿐 아니라 시민운동과의 연대 면에서도 딜레마 요소가 되는 것이다. 그만큼 이론과 실천 간에 큰 갈등이생기는 것인데, 이 점은 달리 말하면 시민운동을 중시하는 진영의 딜레마로 이어진다.

예를 들어 참여연대의 발족을 즈음하여 처음에는 '명칭논쟁'이 일어났는데, 인권변호사가 '인권'을 단체명에 넣어야 한다면서 학자그룹이 말하는 '시민'이란 용어를 넣는 데 강한 거부감을 표시한 것에서도 잘 나타난다(『중앙일보』 1999. 5. 18). 결과적으로는 인권도 시민도 다 빼고 '참여연대'라고 하였으나, '인권'이나 '시민'이라는 말 자체가 한국에서는 민중운동과 시민운동의 구별, 시민운동의 과제 설정, 운동 목표와 방법 등과 밀접한 관계가 있는 논쟁의 씨앗이 되는 것이다.

게다가 한국에는 반공주의적인 국가이데올로기가 사회 구석구석에 스며들어 있기 때문에, 시민운동의 의의나 목표가 처음부터 수월하게 받아들여지는 상황은 아니었다. 북한과 대치하고 있는 조건 아래서는 노동자계급의 자기표현인 노동운동 그 자체가 이미 '빨갱이' 소행이라고 차가운 시선을 받는 분위기이다. 당연히 시민운동은 노동운동을 포함한 민중운동과 연대해야 한다고 해도 거기에는 커다란 제약이 따라다니게 마련이다.

그 대표적인 예를 1989년에 결성된 전국교직원노동조합(전교조)의 경우에서 볼 수 있다. 전교조는 기본적으로 반공교육 · 입시교육 일색인 교육계에서 '참교육'을 추구하고자 한 민주적 교원단체이지만, 이미 결성 전부터 '빨갱이'라는 꼬리표가 붙어다녔으며 문교당국과 공안기관은 물론 보수적 언론계, 보수적 교육단체 등으로부터 심한 공격과 탄압을 받았다. 전국의 교사 약 40만 명 중 1만 5천 명 가량이 조합원으로 가입했으며, 이 가운데 1500여 명이 해직되고 김영삼정권 기간 내내 조직은 비합법상태였다.

그만큼 정부당국이나 보수적 국민에게는 큰 충격으로 다가갔으나,

실제로 전교조가 내건 운동목표는 선진국의 교원노조에서는 극히 당연한 것일 따름이다. 시민운동의 입장에서도, 전교조운동과 해직교사를 지원하는 것은 운동의 대주제였음에도 실제로 이들의 활동 앞에는 커다란 장애가 가로막고 있었다. 전국의 공업단지 등지에 결성된 환경보호단체가 정부당국이나 산업계 등으로부터 집요하게 박해를 받은 것도 같은 의미를 지니고 있다.

원래 민중운동에서 말하는 '민중'과 시민운동에서 말하는 '시민'은 개념상 차이가 있다 하더라도 실제 범주는 대개 일치한다. 좀더 구체적으로 민중운동과 시민운동의 차이를 살펴보면, 유팔무는 이렇게 설명한다. 첫째 민중운동은 사회주의를, 시민운동은 민주주의를 궁극적 목표로 한다. 둘째 민중운동은 노동자층을, 시민운동은 중산층을 핵심적인 주체로 본다. 셋째 민중운동은 주요한 문제가 계급적인 것이라고 보고, 시민운동은 초계급적인 것이라고 간주한다. 넷째 민중운동은 보수적인 국가와 자본에 대해 비타협적인 데 비해, 시민운동은 타협적이다(유팔무, 1999).

여하튼 약간의 유보조건이 있다고 하더라도 90년대는 시민운동의 전개에 의해 80년대의 국가 대 민중운동이라는 단일한 사회구도가 국가와 시민사회의 다층적 구도로 점차 전환한 시대라고 할 수 있다. 또 여기서는 정보화사회의 도래라는 요소가 커다란 의미를 차지했다고 생각된다.

그런데 시민운동을 지지하는 주체는 '시민'이지만, 이미 시민사회론에서 설명했듯이 시민은 주로 신중간층을 가리키는 것으로 볼 수 있다. 하지만 90년대 들어와서 시민사회론과는 또 다른 시각에서, 시민사회라기보다는 한국 민주주의의 추진주체를 고찰하는 이론이 전개되었다. 황태연(동국대 정치학)이 '과학기술혁명'을 중심 개념으로 하여 사회과정의 구조화와 주체의 문제에 접근한 것이 그것이다.

황태연은 논문(황태연, 1990a; 1990b)과 저서『포스트사회론과 비판이론』(황태연·엄명숙, 1994) 및『지배와 이성』(황태연, 1996)에서 노동, 소유, 계급 등 마르크스주의 명제들의 재구성을 시도하였고 특히 90년대 한국사회 현실에 적합한 계급이론을 제시하려 하였다. 서구 포스트마르크스주의와 신사회운동론을 공부한 황태연은 무엇보다도 한국에서 과학기술혁명이 진행되고 계급구조에 커다란 변동이 일어나면서 '지식인프롤레타리아트'의 비중이 크게 높아졌다고 지적하였다. 여기서 산업화 진전이 과학기술혁명의 진행을 의미하고 그것이 1990년을 전후하여 화이트칼라 노동자를 비약적으로 증대시킨 것은 확실하다. 황태연은 화이트칼라 노동자 중 단순사무·판매직을 제외한 나머지를 지식프롤레타리아트라고 규정하면서 그때까지의 산업노동자와 구별되는 새로운 계급개념을 강조하였다. 황태연이 말하는 프롤레타리아트 개념은 노동자계급＋지식프롤레타리아트이며, 이는 과학기술혁명으로 현대 자본주의의 계급구성이 근본적으로 변화한 것을 부각시키려는 의도를 가진 것이었다.

그에 따르면 노동자계급은 주로 육체노동에 종사하는 사람으로서 전자자동화의 진전 등에 의해 점차 소멸되어 가는 운명에 있지만 지식프롤레타리아트는 역으로 계속 증가하기 때문에 결과적으로 프롤레타리아트는 전체적으로 증대해 간다. 이로부터 황태연은 과학기술혁명이 더욱 진전되어 가는 상황에서 민주주의의 추진 등 사회변혁에서 지식프롤레타리아트의 역할을 중심으로 고찰하려 한다.

결국 그의 지식프롤레타리아트론은 산업노동자가 계급운동의 중심이었던 전통적인 변혁모델이 과학기술혁명 시대에는 더 이상 맞지 않으므로 그 대신 지식을 매개로 해서 생산관계에 편입되는 지식프롤레타리아트(화이트칼라 노동자)가 수적으로도 변혁역량 면에서도 진정한 주체세력이 된다는 것이다(이영희, 1990a). 이때 황태연은 현대사회에서 두뇌노동이 가지는 의미를 선명하게 부각시키면서 육체노동 중심의 교조적 마르크스주의의 이론전개를 비판할 뿐 아니라 프롤레타리아트를 우둔한 집단으로 규정하는 중간계급 중심의 환경보호운동과 그 밖의 신사회운동에도 비판의 화살을 던졌다. 그의 입장에서 보면 이들 운동은 하나같이 고전적 계급의식을 뛰어넘을 수 없으며 이제는 '자유'와 '에콜로지'의 의식이 높은 '청빈한' 프롤레타리아트의 개념정립이 불가결하다는 것이다.

얼핏 보면 황태연은 마르크스주의 원전에 충실한 듯하다. 더구나 그의 주장은 나름대로 경청할 가치가 있을지 모르지만, 다만 필자의 의견을 말한다면 설령 지식프롤레타리아트의 중시가 그 나름의 의미가 있는 것이라 할지라도 그 대부분이 현실적으로 '현대가족'이나 '삼성가족' 형태로 재벌·대기업에 둘러싸여 있는 상황에서 산업화의 추진주체는 고사하고 과연 사회변혁의 주체가 될 수 있을까 하는 점에서 의문이 남는다. 황태연 자신은, 이런 지식프롤레타리아트의 설정은 기존의 산업노동자의 역할을 과소평가하는 것이 아니라고 쓰고 있으나 실제로는 산업노동자 그리고 기존 노동운동의 경시로 이어지는 게 아닐까 하는 의구심이 들지 않을 수 없다.

여기서 잠시 눈을 돌려서 시민운동이 추구한 민주주의 문제를 부르주아독재나 프롤레타리아트독재라는 의미에서의 '독재' 문제와 관련하여 생각해 보면, 본래 마르크스주의에서 말하는 독재는 '군부독재'와 같은 억압적인 국가통치의 의미에서 사용되는 것은 아니다. 마르크스주의 입장에 선 손호철(서강대 정치학)이 말하는 것처럼, 부르주아독재라든가 프롤레타리아독재는 어디까지나 국가권력의 사회적 성격을 가리키는 '국가유형'의 차원에서 이해되어야 하는 것이다. 이와 같은 의미에서는 부르주아독재든 프롤레타리아독재든 전통적인 마르크스주의 시각에서 보면 민주주의와 독재는 대립적 · 배타적인 관계로 인식되는 것이 아니었다.

그러나 황태연의 경우에는 카우츠키의 볼셰비즘 비판=독재론 비판의 계보에서 민주주의와 독재를, 대립적 · 배타적인 것으로 인식하는 한편 계급적인 역학관계에 의해 변화하는 것이라는 이른바 역사주의적으로 해석하는 경향을 취했다(손호철, 1991). 이 시기의 황태연은 학문적 고찰을 중시하는 자세를 보였으나, 과연 그를 시민사회론자로 평가할 수 있을지는 별개의 문제로 하더라도 이런 식의 민주주의 파악방식은 자본주의 틀 내에서 개량주의를 주장하는 시민운동이 일반적으로 지닌 인식방법이었다고 볼 수 있다.

그런데 90년대의 시민운동을 뒷받침한 사상은 개괄적으로 급진적 민주주의라고 불러도 크게 틀리지 않을 것이다. 이 경우 급진적 민주주의라 하면 앞에서 언급한 라클라우/무페의 사상이 떠오르는데, 그것은 민주주의 투쟁을 급진적으로 한다는 것이 아니었을 터이다.

결국 급진적 민주주의는 자본주의적 생산관계의 극복을 중심으로 한 운동을 조직화하려 한 것이 아니라 그때그때 제기되는 중요한 주제를 중심으로 근원적이고 민주적인 해결을 추구해 나가고자 하는 입장이라고 이해할 수 있다. 한국의 경우 여성해방운동이나 환경보호운동(생태주의, 에콜로지), 아나키즘 운동 등이 급진적 민주주의의 대표적인 예라고 할 수 있겠으나, 그것은 사안별·쟁점별 의미를 띠고 실제로도 NGO적 시민운동으로 전개되었다고 생각된다.

90년대 여성운동을 살펴보면, 87년 6월 민주화항쟁의 성과를 배경으로 한국 여성운동은 눈부신 진전을 보였다. 운동의 주체는 일부 지식인여성이나 여성노동자, 대학생뿐 아니라 농민, 주부, 사무직여성 등 각 계층으로 확산되었으며 활동의 종류 또한 여성에 대한 사회적 차별 반대, 소비자운동, 공해추방운동, 탁아소설치운동, 교육운동 등으로 다양화되고 대중매체를 이용한 활동도 활발해졌다. 일본군'위안부'에 대한 사죄·보상요구운동이 고조되었던 것도 이 무렵이다. 또한 「진보적 남성지식인의 비진보적 여성관」(권인숙, 1991) 같은 글이 발표되면서, 일반적으로 남성의 여성경시관이 '진보'를 자인하는 지식인들 사이에도 의외로 많다는 것이 밝혀진 것도 90년대 초의 일이다.

역사적 배경에서 볼 때, 원래 한국의 여성문제는 서구 이상으로 계급과 민족 문제가 중첩되어 있었다. 이와 같은 배경 속에서 90년대 들어와서 당시까지의 사회주의 페미니즘/마르크스주의 페미니즘의 이론적 틀과 여성노동에 대한 관심에 덧붙여지면서 젠더나 섹슈얼리티 문제가 제기되기에 이르렀다. 이것은 80년대에 여성운동이 민주화운동과 노동운동의 그늘에 가려 민족·민중 지향적인 경향을 띠었던 것과 매우 다른 점이었다.

여성과 페미니즘이라는 주제는 90년대의 학계와 논단은 물론이거니와 사회운동과 문화현상 등 다방면에서 가장 많이 다루어진 '인기상품'이었다고 할 수 있다. 여기에는 포스트모더니즘적 풍조를 받아들인 탈계몽주의적 세계관, 계급운동을 탈신비화한 시민주의 그리고 탈중심주의에 의한 여성문제의 독자성 획득이란 사상적 변화가 그 배경을 이루었다. 계급론 하나만 보더라도 부르주아든 프롤레타리아든 이제까지의 계급론은 어떻게 보더라도 남성 중심적이고, 여성은 부르주아의 아내나 딸이거나 노동자의 아내나 딸에 불과하였다. 민족도 마찬가지로 암묵적으로 남성 중심적이고 따라서 계급이나 민족 문제를 진정으로 사고하기 위해서는 여기에 '성'과 '여성'의 시각이 결여되어 있었던 데 대한 반성이 이루어져야 한다는 것이었다.

90년대의 페미니즘 이론은 연구주제가 다양해지고 성폭력 등 섹슈얼리티에 관한 연구가 증대하였다. 이론적 틀도 훨씬 종합적·포괄적이 되었으며, 특히 포스트구조주의 계열의 이론서가 여러 권 번역·소개되고 연구자층의 확산과 전문화도 진전되었다. 그전까지의 이론이 크게 자유주의적·마르크스주의적·급진주의적·사회주의적, 네 가지로 나눌 수 있다면, 90년대에는 탈근대의 패러다임이 부상하였던 것이다. 이것은 포스트구조주의 등과 같은 새로운 이론경향을 받아들인 것으로서, '해체주의론'의 데리다나 신체에 가해지는 근대적 권력의 양상을 분석한 푸코 그리고 제3세계 여성들에게 큰 관심을 보인 가야트리 스피박(Gayatri Spivak) 등이 읽힘으로써 여성문제가 근대성이나 탈근대 나아가서는 포스트콜로니얼리즘 문제 등과 관련해서 파악되는 방향으로 나아갔다(김혜경·(이박)혜경, 1998).

한국의 페미니즘을 말할 때, 페미니스트의 모임인 '또 하나의 문화'에 관해 설명하지 않으면 안 된다. 80년대 암흑에 뒤덮여 있는 듯했던 한국사회에서 '대안문화'라는 깃발을 내걸고 '또 하나의 문화' 그룹이 사회의 전면에 나선 것은 1984년이었다. 처음에 조형(이화여대 사회학), 장필화(이화여대 여성학), 조은(동국대 사회학), 조혜정(연세대 문화인류학), 조옥라(서강대 인류학), 정진경(충북대 심리학), 고정희(시인, 작고했음), 김애실(한국외국어대 경제학)은 각각 전공이 사회학, 여성학, 문화인류학, 심리학, 경제학 등으로 달랐음에도 불구하고 함께 모여 '자율'과 '공생'이 공통으로 지향할 가치라는 점을 확인하는 데서부터 출발하였다.

여성이라는 입장에서의 사회참여였는데, '또 하나의 문화'는 발족 당시부터 여성운동에서 각별한 위치를 차지하면서 출판활동에도 힘을 쏟았다. 특히 1991년에 출판된 『새로 쓰는 사랑이야기』(편집부 편, 1991a) 및 『새로 쓰는 성이야기』(편집부 편, 1991b)는 대학가 등지에서 폭발적으로 읽히면서 한국사회에 페미니즘의 중요성을 적잖게 인식시키는 계기가 되었다(『중앙일보』 1999. 3. 16).

페미니즘 이론과 관련해서 살펴보면, 조혜정이 1992년부터 『탈식민지시대, 지식인의 글읽기와 삶읽기』 전3권(조혜정, 1992~94)을 간행한 것은 커다란 의미가 있다고 생각된다. 지식에 대한 욕구와 자신의 삶을 연결시키는 문화이론으로 제시되었던 이 책은 서구의 사상과 이론에 물든 지식인사회의 식민지성을 질타하는 동시에, 특히 젊은 대학생을 '또 하나의 문화'에 다가서게 하는 역할을 하였다.

조혜정에게는 자신의 문제를 해명하는 언어를 가지고 있지 않은 사회, 자신의 사회를 바라보는 이론을 자생적으로 만들어낼 수 없는 사회가 '식민지적'이고 자신들의 삶과 연결되지 않는 글읽기, 겉도는 문장, 겉만 번지르르한 삶에 대한 의문을 캐고 들어가는 것이 중요하다. 그 밑바탕에는 지식과 삶이 서로 맞물리지 않는 식민지성에 얽매여 있는 지식인에 대한 의문이 있고 지식과 식민지성의 불행한 관계를 재생산하는 학문풍토에 대한 분노가 있었다. 이른바 식민지·신식민지 사회구조가 만들어낸 '타자성' '주변성'을 어떻게 자각하는가의 문제였다. 즉 식민지적 근대성을 극복하고, 그 대신 근대성(대안적 근대성)을 제시해 가는 것이 자신에게 부과된 과제이고 페미니스트로서 또 포스트콜로니얼리스트(탈식민지주의자)로서의 책무였던 것이다.

한국의 페미니즘 이론은 서구이론의 번역·소개라는 성격을 띠고 있지만, 이런 가운데서도 조혜정뿐 아니라 적지 않은 연구자들이 포스트콜로니얼리즘, 탈식민지주의 문제에 접근해 가는 자세를 보였다. 이는 영문학 등을 제외하면 다른 인문·사회과학의 분야에서는 볼 수 없었던 경향인데, 그만큼 한국의 여성문제가 봉건유교적인 속박에 규정되고 있을 뿐 아니라 식민지·신식민지 문제들과 깊이 관련되어 있음을 나타내는 것이다. 다시 말해 이것은 페미니즘을 통한 탈근대의 문제설정이고 타자성·주변성에 관한 관심에서 시작된 근대성 문제의 탐구이기도 하였다.

90년대의 급진적 민주주의를 고찰할 때 페미니즘과 더불어 환경보호운동, 에콜로지(생태학)의 문제는 중요하다. 환경운동연합이나 녹색연합의 결성에서 볼 수 있듯이, 환경보호에 대한 관심은 80년대부터 계속 높아졌으며, 개인의 신조나 삶의 방식과도 관련되어 사상적으로도 여러 형태로 표명되었다. 이 경우 에콜로지 문제가 민족민주주의운동의 일환으로 논의되는 경우도 있었지만(백낙청 외, 1990), 아무튼 '진보'라는 가치관에 대한 회의, 양적 확대나 효율성보다 생물로서의 인간 본래의 모습을 재검토하는 것을 기점으로 했다.

환경운동이나 에콜로지를 중심적 주제로 삼는 잡지로는, 80년대에 전국의 자연이 잇따라 파괴되어 가는 것에 위기를 느낀 김종철(영남대 영문학, 시인)이 시작한 『녹색평론』이 있다. "우리에게 희망은 있는가"라는 문구로 시작하는, "생명의 문화를 위하여"라는 제목의 창간사

(1991. 11. 김종철 편, 1993)에서 그는 과거 백수십 년 동안 서양문화의 충격 속에서 근대화라는 콤플렉스에 물들고 경제성장과 산업화에 모든 에너지를 쏟아넣은 결과는 자연파괴뿐 아니라 인간으로서의 생활 기반까지 붕괴되는 것이었다며, 현실에 대한 위기감을 그대로 드러내고 있다. 생각해 보면 현대 기술문명의 기저에는 정복욕이란 인간의 오만함이 있고 그것이 인간세계를 지옥으로 바꾸는 비극을 만들어내었다고 하였다. 우리가 살아남고 또 진정으로 인간다운 삶을 누리기 위해서는 협동적인 공동체를 만들고 상부상조의 사회관계를 회복하고 자연의 도리에 맞는 농업을 중심으로 하는 경제생활을 복구하고 생태학적으로 건강한 생활을 조직하는 것 외에는 다른 선택지가 없다는 것이다.

김종철의 이러한 사상은 시간이 가면서 시인적인 감성을 띠고 서양 중심주의적 관념과 사상에 대한 비판이 되고 또 신자유주의나 세계화 논리, 남북의 차별구조에 대한 고발이 되어 표명되었다. 90년대의 한국에서는 이러한 환경보호나 에콜로지와 연관 있는 사상이 여러 가지로 표현되었는데, 윤리학이나 철학 영역과 적지 않게 중첩되면서 인간존재의 근본을 묻는 사상이었다. 김종철의 경우에는 일반적으로 환경근본주의라고 할 만한 사상이며, 김지하의 생명사상과 더불어 심층생태학 및 사회생태학으로 평가받기도 한다.

앞에서 살펴본, 마르크스주의의 연장선에서 자본주의와 제국주의가 환경파괴의 원흉이라고 하여 환경정치학의 중요성을 논하고 있는 황태연의 사상은 생태사회주의라고 평가되고 있다(『조선일보』 1999. 4. 14). 생태사회주의는 포스트마르크스주의의 문제의식과도 연결되는데 실제로는 프랑크푸르트학파의 비판이론과 상당히 유사하며, 마르크스가 말하는 자본의 자기증식이라는 맹목적이고 자기파괴적인 논리에 대한 전면적인 저항이기도 하다(김호기, 1995b).

에콜로지나 환경, 공동체라고 하면 이것들은 자연히 아나키즘과 결합되는 개념이다. 실제로 90년대에 들어서서 한국에서는 에콜로지나 환경, 공동체 그리고 아나키즘 등을 복합적 · 동시적으로 고찰하려는 움직임이 높아지면서 『아나키 · 환경 · 공동체』(구승회 · 김성국 외, 1996) 같은 책이 출판되기도 했다. 게다가 한국에서 아나키즘이라 하면 일본 식민지통치하에서 항일독립운동을 전개한 신채호의 사상을 금방 떠올리듯이, 실제로 아나키즘 사상은 결코 외래적인 것이라고는 할 수 없고 오히려 각종 사회운동으로 이어지는 자생적인 사상이라는 요소를 지니고 있다.

방영준(성신여대 윤리교육)에 따르면, 한때 한국에서도 아나키즘을 '무정부주의' 같은 정치적 요소를 띤 용어로 번역한 적도 있었는데 그것은 일찍이 일제가 아나키스트를 탄압하는 의도를 가졌던 것과 관련이 있다고 한다. 그러나 현재의 아나키즘에 대한 관심은 정치이데올로기에 대한 관심이 아니라 환경운동이나 지역공동체운동, 공동조합적 상부상조운동 그리고 자유교육운동 등 각종 시민운동의 전개와 관련된 것으로서, 본질적으로는 아나키즘적 사유의 틀과 삶의 방식에 대한 것이라고 한다. 즉 아나키즘이 제기하는 문제는 매우 근원적이고 반정치적인 것이며, 사상적 함의의 핵심은 '저항'이라는 것이다(방영준, 1998). 실제로 현재 한국에서 아나키즘은 정치이념이라기보다는 생활양식이나 사회운동 차원에서 큰 의미를 지닌다고 생각되지만, 논자에 따라서는 아나키즘에 자본주의/사회주의를 대신하는 '제3의 길'이라는 의미를 중첩시켜서 파악하려는 견해도 있다(김성국, 1999).

제3장

‘근대’를 묻는다

제3장 '근대'를 묻는다

1. 포스트모더니즘과 '근대성'

90년대 한국의 사상적 특징은 포스트모더니즘을 중심으로 한 각종 포스트주의와 문화이론 등이 폭발적으로 유행한 것이다. 논단에서 논의의 중심은 마르크스주의 사상에서 푸코, 데리다, 리요타르, 보드리야르 등의 프랑스사상으로 옮겨갔고 언급되는 어휘는 자본주의, 계급, 노동, 국가 같은 난해한 것에서 육체, 욕망, 문화, 지식, 권력 등과 같은 포스트모던한 것으로 바뀌어갔다. 자본주의, 계급, 노동, 국가 같은 어휘는 오히려 반민주적이고 억압적인 말로 받아들여지는 사회적 분위기가 만들어졌다고 할 수도 있다. '담론'이라는 용어가 쓰이기 시작한 것도 90년대 들어서부터다.

'담론'이란 말은 서양 현대사상의 중심 개념의 하나인 discourse의 번역어인데 일본어의 '겐세츠(言說)'에 해당하는 어휘이다. 그러나

'겐세츠'와 달리 한국어의 담론은 훨씬 대중적인 색채를 띠며 부드러움·애매함을 함축한 말로 사용되고 있다. 실제로 담론은 어떤 주제에 관해 말하고 토론한다는 정도의 의미이다. '포스트모던 담론'이라든가 '근대화 담론' 같은 형태로 사용되는데, 일본식으로 표현하면 '포스트모던 논의'나 '근대화 논의' 같은 것이다. 그만큼 사상의 대중화가 진전되었다고도 볼 수 있는 바이지만, 어찌 되었든 90년대의 한국에서는 담론이라는 어휘 없이는 인문·사회과학은 물론이거니와 문화현상도 설명할 수 없을 정도가 되었다. 특히 1997년 무렵부터는 신문에 매일 나올 정도가 되었다고 한다(『조선일보』 1998. 10. 25).

포스트모더니즘이라 하면, 1981년에 프랑스의 『르몽드(Le Monde)』지가 "지금 유럽에 유령이 출몰하고 있다. 다름 아닌 포스트모더니즘이다"라고 보도하고 있듯이 7, 80년대에 걸쳐서 구미사회에서 유행했던 사상조류이다. 포스트모더니즘은 근대 합리주의와 그 도구인 이성중심주의적 사고를 비판하고 가부장제나 형이상학적 전통 등의 중심지향에도 반대하며 탈중심주의를 강조하는 것이다.

처음에 포스트모더니즘은 근대건축에 대한 고찰과 반성에서 시작하여 그후 문학, 철학, 사회학 그 밖의 거의 모든 분야로 파급되었다. 예를 들어 건축에서는 실용성과 효율성의 중시에서 형태나 장식적 요소 및 개인취향의 중시로 관심방향이 크게 바뀌었다. 무엇보다 한국의 지식인이 프랑스사상을 배워서 포스트모더니즘을 논한다고 하더라도 예컨대 푸코나 들뢰즈가 그러한 사상가라고 할 수도 없고 따라서 포스트모더니즘의 내용이 과연 무엇을 가리키는지가 반드시 명확하지는 않다.

1999년 3월부터 『중앙일보』는 특별기획 "지식인 지도가 바뀐다"를 연재했는데, 제7회(1999. 4. 13)에서 한국의 포스트모더니즘을 특집으로 다루었다. 이 기사에서는 한국에 포스트모더니즘이 들어오기 시작한 것은 80년대 중반이고 90년대 초에 사회주의의 몰락과 김영삼 '문민정권'의 출범에 따른 문화적 공백을 틈타서 활기를 띠기 시작했다고 쓰고 있다. 실제로 『오늘의 문예비평』이나 『창작과비평』 등과 같은 잡지에 근대나 근대성에 관한 특집이 기획된 것은 1992, 93년의 일이었다. 포스트모더니즘의 이 같은 유입은 머지않아 반대그룹의 맹렬한 반발을 불러일으키지만, 그후 90년대 말에 이르기까지 여러 형태로 한국사회의 구석구석까지 침투한 것으로 알려져 있다.

일본의 경우 생산력 중심의 발전사관의 한계가 의식되고 경제성장 일변도의 근대화 노선에 급브레이크가 걸리면서 에콜로지나 민속학이 붐을 이루고 포스트모던을 소리 높이 외치게 된 것은 1970년 이후라고 할 수 있다. 한국은 이보다 약간 늦지만 '압축근대'의 특징이라고 해야 할까, 한국에서 포스트모던의 논의는 일본과 비교할 때 그리 뒤쳐지지 않는다. 푸코는 근대란 무엇인가, 나는 어떤 존재인가, 오늘의 나를 만들어낸 것은 무엇인가, 그렇게 만들어진 지금의 나에게 왜 고통을 느끼는 것인가 등과 같은 것을 자문자답하며 근대 그 자체와 대결한 사상가인데, 푸코의 『말과 사물』이 한국에 번역된 것은 1987년이고(일본, 1974), 그후 저서에 따라서는 일본보다 빨리 번역된 것도 있다.

이러한 포스트모더니즘은 처음에 권택영(경희대), 김욱동(서강대), 김성곤(서울대), 정정호(중앙대) 등 영문학자에 의해 적극적으로 소개·수용되었는데, 그것은 포스트모더니즘이 20세기 말을 특징짓는 하나의 새로운 지적 경향으로 받아들여졌기 때문이다. 그러나 모더니즘과 리얼리즘의 틈새를 파고 들어온 포스트모더니즘은 일찍이 1990년 가을에 민족문학작가회의로부터 혹독한 비판을 받고 위축되지 않을 수 없었다. 백낙청(서울대)과 강내희(중앙대) 등 리얼리즘 문학을 지지하는 지식인들이 비판의 선두에 섰는데, 포스트모더니즘은 서양 자본주의의 산물이며 주체적인 실천력이 결여되어 있고 사회변혁에 대한 의지도 약하고 한국의 전통적 가치관을 와해시키는 요소가 있다고 비판했다. 즉 포스트모더니즘은 저항정신을 마비시키고 쾌락주의로 내닫는 보수적 이데올로기에 지나지 않는다는 것이었다.

철학과 사회학 분야에서는 사회주의권 붕괴 후 이성주의에 근거한 진보의 가능성에 의문을 던지는 분위기가 확산되었다. 그런 가운데 이제까지의 진보이론에 대한 대항이론으로 포스트모더니즘이 논의되었으나, 여기서는 전통적인 이성주의는 다양성을 억압하는 '폭력'과 다를 바 없다고 인식되었다. 철학에서 포스트모더니즘을 주도한 것은 이진우(계명대), 강영안(서강대), 이정우(전 서강대) 등인데, 다만 이들은 포스트모더니즘을 전통적 진보이론에 대한 대항이론으로 주목하면서도 실제로는 일정한 거리를 두고 스스로 포스트모더니스트라고 불리는 것을 기피하는 자세를 취해 왔다.

사회학에서는 김성기(한일장신대), 박형준(동아대), 이진경(본명 박태호, 성공회대 강사) 등을 들 수 있는데, 마르크스주의에 친화성을 가지면서 포스트모더니즘에 접근해 갔다. 이미 서술했듯이 김성기는 라클라우/무페를 소개한 인물이며, 박형준 등과 함께 한때 '포스트마르크스주의'를 지향하고 정보화사회론과 관련된 비판이론에 관심을 기울였다. 한편 이진경은 80년대 후반에 마르크스주의의 논객으로 학계 및 학생운동권에서 활약했던 인물이다. 사회주의권 붕괴 후에는 푸코, 들뢰즈 등을 공부하고 이론과 현실을 매개하는 비합리적 공간에 주목하여 변혁이론의 경직성을 타개하는 방책으로 포스트모더니즘에 관심을 기울였다고 한다. 그러나 이진경이 포스트모더니즘에 접근하였다고는 하지만 탈근대의 문제설정에 부심하고 과연 포스트모더니즘 주장자인가 하는 논의는 복잡해진다.

포스트모더니즘을 둘러싼 한국 지식인의 대응은 복잡하다. 소비·문화·정보가 사회의 키워드가 되고 또한 사회주의권 붕괴로 마르크스주의뿐 아니라 사상 그 자체에 대한 신뢰성이 실추한 가운데 포스트모더니즘은 일방적으로 비판의 대상이 되는 경향과, 역으로 그러한 사회의 사상적 공백을 메우는 것으로 과대평가되는 경향 두 가지가 있었다. 하나는 정치적으로는 진보적 입장에 서면서도 문화의 측면에서는 보수적 입장을 취하는 지식인이 포스트모더니즘을 다국적 자본주의의 문화이론에 불과하다고 거부반응을 나타내는 태도이다. 또 하나는 포스트모더니즘을 마치 구세주처럼 받아들여 '근대성'이라는 막다른 골목으로부터 빠져나오는 돌파구가 될 수 있다고 보는 태도이다 (김욱동, 1999).

여기에서 '근대성'이라는 말을 사용했는데, 90년대 포스트모더니즘 논의가 한국의 지식인에게 커다란 영향을 끼쳤다면 아마 그것은 근대성 문제를 지식인에게 제기하였다는 점일 것이다. '근대'나 '근대성' 혹은 '모던' '모더니티' '모더니즘' 나아가 '포스트모던'이나 '포스트모더니티' '포스트모더니즘' 같은 단어는 실제로 정확하게 정의할 수 없는 애매한 것이며, 그 의미 또한 쓰는 사람에 따라 미묘한 차이가 있다. 뿐만 아니라 한국과 일본에 한정해서 보더라도, 근대사에서의 양국의 위치가 식민지와 종주국이라는 차이가 있어서 예컨대 '근대'라는 한자어 표현이 동일한 의미를 가진다고 할 수는 없다. 이것은 '근대'에 관련된 용어를 엄밀하게 정의하는 것이 불가능하고 오히려 그러한 용어의 애매함을 인정하면서 논의를 진행해 갈 수밖에 없음을 의미한다.

이러한 전제가 있기는 하나, 오늘에 이르기까지 서구근대의 역사가 세계사의 흐름을 이해하는 하나의 축이라는 점에는 변함이 없다. 서구근대는 19세기에 이성 중심인 계몽주의적 이상을 산업자본주의와 국민국가의 형성, 민주주의, 개인주의 그리고 과학기술 문명의 발달 등의 형태로 현실화해 나가는 속에서 서구라는 하나의 지역에 한정되지 않는 세계사적인 '보편성'을 획득하였다. 게다가 이러한 서구근대는 세계사화 과정에서 안으로는 계급의 형성·대립으로 나타나는 정치적·사회적 모순의 격화를 내포하는 동시에 밖으로는 종주국-식민지라는 제국주의적인 지배-피지배관계, 나아가 중층적인 중심·반주변·주변의 대립과 상호의존 관계를 구조화하였다.

이 점은 서구근대가 예컨대 자유, 평등, 박애 같은 계몽주의적 이상에도 불구하고 실제로는 빈곤이나 폭력의 요소가 되는 부(富) 및 권력의 편재를 극복할 수 없었다는 것을 의미한다. 19세기를 이은 20세기가 사회주의의 실험으로 이 과제를 해결하려 했다가 실패했던 것은 익히 아는 바인데다, 바야흐로 과학기술 문명의 발달도 지구환경의 파괴와 핵전쟁의 위협 등으로 인류를 파멸로 몰아넣고 있다.

서구에서 이러한 근대의 위기는 1968년 프랑스의 '5월혁명(68년혁명)'을 전환점으로 해서 명확하게 인식되었다. 이에 비해 한국에서 근대의 의미가 제기되기 시작한 것은 87년 '민주화선언' 이후, 특히 90년대 들어서서부터라고 할 수 있다. 이런 점에서 90년대 한국의 포스트모더니즘 유입은 80년대의 마르크스주의적 변혁운동을 대신하는 대안의 제기였을 뿐 아니라 좀더 근원적으로는 자본주의 체제와 고도 경제성장과도 관련되는 총체적인 사회구조와 그 내부에서의 인간존 재 자체에 대한 본질적인 물음이기도 했다.

포스트모더니즘을 주로 하는 포스트주의를 이끈 것은 다수의 80년 대 진보진영 출신들이었다. 그 출발은 이제까지 신봉해 왔던 마르크 스주의에 대한 근본적 회의이고 이른바 포스트모더니즘 논의 자체, 사회주의 · 공산주의에 대한 비판을 암묵적으로 전제했다. 실제로 포 스트모더니즘 조류는 국가체제나 경제에 대한 총체적 분석 과제 등을 방기하는 방향으로 나갔으며, 분단모순과 민족 내부의 갈등 등과 같 은 문제도 피상적으로 다루었다. 그 결과, 포스트모더니즘이 제시해 야 할 비판적 대항문화 역시 실상 사회변혁을 위한 에너지를 만들어 낸다는 의미에서는 약할 수밖에 없었다. 이와 같은 관점에 설 때『이 론』의 동인이었던 강내희가 1993년에 지적했듯이, 90년대 한국의 포 스트모더니즘 논의의 이론적 주축은 역시 계급투쟁 문제, 즉 계급투 쟁의 경시 내지 해체였다고 할 수 있다(강내희, 1993).

그러면 근대와 근대성 문제와 관련하여 한국의 포스트모더니즘 논 의에 관해 좀더 상세히 살펴보기로 하겠다. 논자에 따라서는 논의가 복잡하게 뒤얽히고 개념이나 용어도 애매해서 전체적으로 조리정연 하지 않다는 점은 이미 알고 있는 바이다.

어떤 의미에서, 90년대 한국의 포스트모더니즘 논의를 이해하는 데 있어서 김성기의 위치는 중요하다. 그것은 김성기가 가장 빨리 모더니 즘을 소개 · 주장 · 옹호하고 오랫동안 '포스트모던'한 잡지『현대사 상』기획에 관여하면서도 사상적으로는 여전히 포스트모더니즘 비판자를 자인하고 있기 때문이다. 김성기는 앞의 포스트마르크스주의 논의에서 소개한 한상진과 공동집필한 글(한상진·김성기, 1991)이나 특히 1991년의 『포스트모더니즘과 비판사회과학』(김성기, 1991) 등에서, 리요타르나 들뢰즈, 푸코, 보드리야르 등을 원용하면서 탈근대 문제를 논하여 처음에는 한국의 지식인에게 적지 않은 영향을 끼쳤다. 그의 논점은 포스트모더니즘을 비판사회과학의 일환으로 봄으로써 한국사회 현실 분석과 미래에 대한 인식방법을 확보하려는 것이었다.

김성기에 따르면, 모더니티는 18세기 계몽주의 철학에서 그 이념적 내용을 취하게 되었으며 19세기에 와서 산업주의를 근간으로 한 사회적·경제적·문화적 변동과 동일한 의미를 가지게 되면서 그후 전지구적 현상이 되었다는 것이다(김성기 편, 1994). 또 그는 모던 개념에는 두 가지 의미가 중층적으로 내포되어 있다고 한다. 하나는 중세 이후의 시대구분 개념으로 일반적으로 근대라고 일컬어지는 것이며, 또 하나는 새로운 시대의식을 가리키는 철학적 논의라는 의미를 지닌 것으로서 한국에서는 흔히 근대성이라고 표현되는 것이다. 그러나 근대성의 개념은 모더니티라는 사회문화적 현상의 한 가지 요소, 즉 모더니티의 철학적 논의에 한정된다기보다 역사적으로 독특한 사회문화적 현상의 복합체로 보아야 한다는 것이다. 더구나 현재의 세기말은 모더니티에 대한 탈주술화가 고조되고 있는 시대이므로, 서구사회는 더 이상 보편적인 것이나 질서나 모델 혹은 진보의 패러다임 같은 것을 표상할 수 없다고 김성기는 말한다. 그러면서 포스트모던 상황을 바라보는 이 같은 시각은 현실적으로 '반(反)모던' '모던을 넘어서' '모던의 재구성'의 세 가지로 나눌 수 있는데 사실 이 세 가지는 서로 얽혀 있다고 본다. 이런 상황에서 포스트모더니즘 입장에 서 있는 김성기는 한국사회의 현실을 근대성과 탈근대성이 병존하는 '포스트모던한 모더니티'로 이해한다는 것이다.

필자 나름대로 김성기의 주장을 정리해 보면, 현대세계는 반(反)근대, 포스트모더니즘, 근대의 재구성이라는 세 개의 범주로 이해될 수 있으나 한국사회의 현실은 이 모두가 중층적·복합적으로 얽혀 있는 포스트모더니즘 사회이다. 그러나 솔직히 말해, 논자에 따라서 근대나 근대성, 특히 모던이나 포스트모던, 포스트모더니티라는 용어의 사용법과 의미부여에 차이가 있다고 하더라도 김성기의 설명은 쉽게 이해될 수 있는 것이 아니다.

『창작과비평』의 좌담회 "근대성의 재조명과 분단체제 극복의 길"에서, 유재건은 근대성의 태도에는 근대주의적 입장과 포스트모더니즘 그리고 탈근대지향론의 세 가지가 있다면서 각각의 입장을 이렇게 설명한다(백영서 외, 1995). 근대주의적 입장은 60년대의 이른바 근대화론과 비슷하여 근대적 가치를 절대시하고 근대를 한층 더 성취시켜야 한다는 것이다. 포스트모더니즘은 의견이 다양하지만 기본적으로는 바야흐로 세계는 근대에서 벗어나 이미 다른 시대로 접어들고 있다고 보며, 이에 대해 탈근대지향론은 현재의 주어진 근대를 극복해야 한다는 주장이다.

이렇게 보면 포스트모더니즘을 둘러싼 이해가 논자에 따라서 미묘한 차이가 있는 듯한데, 다른 논자에게 귀기울여 보면 백낙청은 모더니티라는 추상명사는 근대성을 의미하는 것으로 근대다운 특성을 가리킨다고 말한다(한상진·김성기, 1991; 백낙청, 1993). 포스트모더니티, 포스트모더니즘은 직역하면 근대 후기, 근대 이후성(以後性)인데 편의상 탈근대, 탈근대성이라고 이해해야 한다는 것이다. 쉽게 이해되지 않는 표현이지만, 요컨대 포스트모더니즘의 독자성이라든가 새로움을 인정하지 않는다는 자세이다. 그런가 하면 또 다른 논자는 모더니즘을 근대를 관통하고 있는 정신으로 이해한다(이성환, 1994). 이 경우, 현대세계의 정신을 관통하고 있는 새롭고 다양한 관념체계를 총칭하여 포스트모더니즘이라고 하겠다고 주장한다. 그리고 근대는 전근대와 탈근대 사이에 위치해 있는 시대이며 그 시대를 지배하는 중요한 정신적 동력이 바로 모더니티라고 말하는 논자도 있다(이효인, 1997).

여하튼 근대, 특히 현대세계를 어떻게 평가할 것인가가 문제의 근간이다. 이 점에 관해서, 포스트모더니즘 논의에 참여한 논자들은 기본적으로 현대사회를 단순히 근대사회라고 볼 수는 없다는 입장을 취한다고 보아도 될 것이다. 김호기는 90년대 세계를 결코 포스트모던사회라고는 할 수 없지만 그렇다고 근대사회라고 보는 것에도 문제가 있다고 말한다(백영서 외, 1995). 이른바 현대사회는 몇몇 수준에서 근대를 넘어서는 포스트모던한 징후를 보이고 있는데, 이는 예컨대 기술이나 정보가 노동 못지않게 중요한 의미를 가지며 환경·여성·평화·복지 등을 쟁점으로 하는 신사회운동이 근대의 부정적 결과에 대한 저항으로 폭발적으로 일어나는 것에서도 볼 수 있다고 논한다.

원래 근대사회의 형성과 이에 당연히 부수되는 근대성을 어떻게 볼 것인가 하는 근본적인 문제에 대해 사회과학과 역사학의 간에 견해가 일치되지 않는다는 사정이 있다. 역사학계에서는 이미 상당히 오래 전부터 한국사에서 근대의 기점과 그 성격을 이해하는 데 있어서 자본주의 맹아 논쟁이 있었던 데 비해, 사회과학에서는 역사학계의 성과를 음미하기 전에 근대를 이미 주어진 것으로 간주하고 전통과 근대성의 연관성 속에서 근대화 문제를 다루어왔다는 것이다(임현진, 1996). 이 같은 경향은 포스트모더니즘보다는 근대성에 비판적으로 접근하는 연구동향으로 나타났으며, 특히 한국사회의 근대성과 근대화의 이면을 적극적으로 부각시키는 데 주력하게 되었다. 그 단적인 예는 임현진의 경우에 볼 수 있듯이, 한국사회의 근대화 프로젝트는 지금까지도 '미완의 과제'라는 주장이다(임현진, 1996; 유팔무·김호기, 1998).

'근대화 프로젝트'라는 말 자체가 사회과학에서 논의의 표적이 되는데, 일반적으로 '경제적 자본주의' '정치적 민주주의' '시민적 개인주의', 이 세 가지로 파악될 수 있는 것이다. 확실히 서구 중심적 개념에서 출발한 용어이지만 한국에서도 근대나 근대화, 근대성이 본질적으로는 긍정적인 것으로 받아들여져 왔다고 할 수 있다. 무엇보다도 앞에서 설명한 60년대의 근대화론 유입에 즈음하여 근대성은 인간성의 고양이라는 긍정적인 측면에서 궁극적으로 성취되어야 할 가치로 받아들여졌다. 그러나 90년대 들어서 근대성을 보는 시각은 서구적 포스트모더니즘과 포스트구조주의의 논의에 힘입어서 변화하기 시작하였다. 지금 한국에서의 근대성 이해를 필자 나름대로 정리하면, 역시 근대주의와 포스트모더니즘, 탈근대론 세 가지로 나눌 수 있지 않을까 생각된다. 여기에서 근대주의를 오히려 근대의 재구성이라고 바꾸어 부르는 편이 좋을지도 모른다.

근대주의 내지 근대의 재구성이란, 근대는 미완성이고 그것에 성찰성을 덧붙여서 내재적으로 극복함으로써 근대를 완성시켜야 한다는 입장이다. 이른바 자본주의 양상을 수정하고 내부비판을 통해 더 나은 사회의 건설을 추구하는 것으로, 모더니티가 목표이자 이상이다.

마르크스주의를 비판적으로 재구성하려 한 하버마스와 기든스의 이론에 크게 의존하고 있으며, 사상적으로는 진보적 내지 개량적 자유주의자라 할 수 있는 임현진과 한상진이 이에 속한다. 또한 대부분의 시민사회론자들도 여기에 포함된다고 볼 수 있다.

포스트모더니즘에서는, 근대는 끝났고 새로운 포스트모더니티가 오늘날 사회의 중심적인 관심사가 되고 있다고 한다. 따라서 탈근대의 주장이나 운동은 불필요해지며, 자본주의의 제반 모순에 대해서 눈을 감고 탈정치주의가 되어 결과적으로 신자유주의와 친화성을 가지게 된다. 어정쩡한 형태이긴 하지만 김성기가 일단 그 주장자였으나 현실적으로 그의 논지는 급속도로 후퇴하였다. 그외에도 포스트모더니즘을 논하는 사람은 많지만 거의가 내용이 애매모호하다.

탈근대론은 자본주의 근대의 현실에 대해 비판적이고 비자본주의 사회를 지향하지만, 새로운 사회가 무엇인가는 명확하지 않다. 탈근대는 반근대 · 반자본주의와 일맥상통한 것이며 모더니티를 목표로 삼지 않는다. 마르크스주의를 긍정도 부정도 하지 않으며, 노동운동의 중요성도 인정하지만 현실적으로는 탈정치적 문화정치, 소수자운동을 중시한다. 80년대 후반에 마르크스주의 진보진영에 속했던 강내희나 이진경 등을 대표적인 논객으로 꼽을 수 있는데, 프랑스사상을 수용했다는 점에서는 포스트모더니즘과 유사성을 가진다.

이러한 이해가 한국의 지식인들 사이에서 수용되었는지 여부와 별개로, 90년대의 근대성 논의에서 중요한 것은 식민지근대의 문제가 제기되었다는 점이다. 근대성과 식민지성은 서로 용납할 수 없는 것이 아니라 불가분의 관계에 있다는 인식이 형성되었던 것이다(김진균 · 정근식, 1997). 백낙청의 말을 빌리면, 한국의 식민지근대는 특수한 것이라기보다 오히려 이른바 서구의 '보편성'을 검증할 수 있는 것으로서 자각되기 시작했다(백낙청, 1993). 다시 말해 근대와 근대성에 대한 이해가 이중적 나아가 다층적 · 복합적으로 이루어졌을 뿐 아니라 식민지근대의 이중적 의미에 대한 이해로 이어졌다는 것이다. 식민지근대가 전적으로 부정되는 것이 아니라, 근대와 식민지근대의 상극을 인정함으로써 식민지근대에 내재해 있던 서구적 의미에서의 '보편성'을 찾아내려는 인식이 퍼져갔다. 나아가 역사나 전통 그리고 근대화의 총체적인 프로젝트에 대한 이해에서 고정적 · 이분법적 사고를 배제해야 한다는 인식 또한 확산되었다.

식민지근대에 대한 이와 같은 인식이 단순히 포스트모더니즘의 유입 · 침투에 의해 획득되었다고 생각하는 것은 위험하다. 포스트모더니즘 논의가 한국의 지식인들 속에 근대와 근대성 문제를 제기한 것은 분명하다 해도, 그 자체가 식민지시대의 문제와 오늘날의 민족분단 문제에 적극적으로 매달렸던 것은 아니다. 따라서 한국에서는 포스트모더니즘 논의에 촉발되어 식민지근대와 근대성 문제가 하나의 중요한 논점으로 부상되었다고 보는 것이 타당할 것 같다.

좀더 확실히 하기 위해 포스트모더니즘에 관한 서구의 논의를 살펴보면, 마르크스주의 비평가이자 포스트모더니즘의 비판으로도 알려진 테리 이글턴은 『포스트모더니즘의 환상』(일본어판, 1998)의 서문에서, 포스트모더니즘은 동시대문화 중 한 가지 형태를, 포스트모던은 역사적 시기를 각각 암시하는 용어라고 쓰고 있다. 포스트모던은 우선 진실, 이성, 아이덴티티, 객관성, 보편적 진보, 해방, 단일적 구조, 역사적 줄기, 논리의 궁극적 기반과 같은 고전적 개념을 철저하게 의심하는 사고법이고 포스트모더니즘은 그러한 시대의 양상을 반영한 문화라고 일단 말한다.

여기서 '일단'이라는 것은 이글턴 스스로 이러한 정의는 유효하다고 하면서도 실제로 책에서는 이런 정의에도 불구하고 포스트모더니즘이란 용어로 모든 의미를 나타내고 있기 때문이다. 그에 따르면, 포스트모던한 사고방법은 어디까지나 세계를 잠정적이고 다양하고 불안정하며 기초가 없는 유동적인 것으로 간주하는 것이다.

여기서 볼 수 있는 이글턴의 사고방식은 포스트모더니즘 논의에 대한 비판을 주안점으로 하고 있으며 더욱이 그것은 현실적으로 포스트모더니즘을 비판하는 하나의 논의에 불과하다. 그렇지만 한국의 포스트모더니즘 논의는 이글턴의 이 같은 이해방식과 적지 않은 차이가 있는 것으로 생각된다. 한국의 포스트모더니즘 논의에서는 포스트모더니즘과 포스트모더니티라는 용어의 정의 및 사용법은 좀 독특하다고 느껴진다. 아마 그것은 식민지경험으로 초래된 근대화 프로젝트의 지연이나 왜곡에 구애받는 데서 비롯되는 것이 아닐까 싶다.

사실 한국에서 포스트모더니즘 논의는, 원하든 그렇지 않든 간에 해방 전의 식민지근대, 해방 후의 신식민지적 성격 문제를 언급하지 않을 수 없다. 한국의 포스트모더니즘 논의에서 근대, 근대성, 모던, 모더니티, 포스트모더니티 등은 아주 자연스러운 형태로 한국사회의 명암을 말해 주는 것이다. 다시 말해 한국에서 포스트모더니즘을 이야기를 할 때 식민지근대의 문제를 결코 무시할 수 없다. 역설적으로 이 점은 서구나 일본의 포스트모더니즘 논의에서는 과거의 침략전쟁이나 식민지지배 문제가 많은 경우에 누락되어 있다는 의미이다.

한국의 포스트모더니즘 논의에서 이 문제를 생각할 때는 앞의 한상진과 김성기의 「포스트모더니즘, 이렇게 보아야 한다」(1991)가 적절한 예가 된다. 이 글은 아주 난해하면서도 정교한 문장표현으로 서구 포스트모더니즘 사조를 소개하고 있는데, 기본적으로는 포스트모더니즘을 긍정적으로 평가한다. 즉 마르크스 이론 안에 모더니즘의 한계를 넘어설 수 있는 요소가 있다는 주장에 관심을 기울이면서도, 정통마르크스주의이든 알튀세르적 마르크스주의이든 현존사회주의 체제든 간에 기존의 입장은 모두 모더니즘의 변종 이상의 것이 될 수 없다는 것이다. 이로부터 프롤레타리아트의 중심성론은 해체되어야 한다고 논하면서 사회주의는 물론이거니와 사회민주주의를 포함한 기존의 변혁이론에 대해 이의를 제기한다. 그리고 포스트모더니즘을 신식민지적 문화침략론이라고 비판하는 백낙청이나 강내희 등의 주장은 잘못된 견해라고 비판한다. 무엇보다도 한국의 식민지근대 문제는 언급하지 않고 추상적으로 포스트모더니즘의 변혁적 의미를 역설하는 데 그치고 있다.

이 글의 공동집필자로 되어 있는 한상진이 그후 포스트모더니즘을 실제로 얼마나 고찰하였는지는 불분명하거니와 식민지근대를 포함한 근대성 문제에 대해 명확한 지론을 전개했다고도 생각할 수 없다. 김성기 역시 그 뒤로 포스트모더니즘을 정면으로 다루는 것을 피하였으며 사상적으로는 계속 후퇴하여 정신문화의 자생력을 강조하는 입장을 취하였다. 더구나 김성기는 이러한 자신의 사상적 전개 내지 후퇴에 대해 책임 있는 태도를 전혀 표명한 적이 없을 뿐 아니라, 마찬가지로 프랑스사상을 수용한 이정우 등이 들뢰즈 이론의 섭취 등 학문적 전문성에 매몰되어 어떤 의미에서는 지적인 막다른 골목에 빠져 있음을 파악하고 포스트모더니즘은 이른바 수사학·훈고학으로 전락해 버렸다며, 포스트모더니즘의 비판자를 자인하고 있는 듯하기도 하다(김성기 외, 1998의 김영민 발언). 이러한 김성기에 대한 비판이 당연히 높아졌으나, 문제는 김성기 한 사람에 그치는 것이 아니라 한국의 포스트모더니즘 논의 전체에 대한 평가와 관련되어 있다는 점이다.

사실 한국에서 근대 혹은 근대성 범주가 문제가 되었던 것은 이 범주들을 자명한 것으로 해주었던 역사철학적인 전제가 무너졌기 때문이다. 80년대의 진보진영에게 근대는 마땅히 극복할 수 있고 극복되어야 할 하나의 역사단계였다. 그래서 당연히 자본주의를 대신하여 사회주의가 다음 시대라고 예견되었다. 그러나 현존사회주의의 파산으로 그 역사철학적 전제가 무너지자, 새삼스럽게 근대와 근대성의 표상이나 어그러짐이 문제시되었다. 더구나 한국에서 근대/근대성 문제는 식민지근대, 식민지적 근대성 문제와 직결되며 또 역으로 서구의 근대/근대성 논의에 대한 반발·비판으로 연동되어 가는 경향을 보였다.

생각해 보면 근대(주의)의 의붓자식이기도 한 제국주의는 식민지주의와 동전의 양면을 이루며, 따라서 식민지지배와 식민지민중의 존재를 시야에 넣지 않은 서구 보편주의는 처음부터 왜곡된 것에 불과하였다. 제1세계에 의해 제3세계가 타자화되고 해석되고 열등한 위치에 놓이게 된 것이 바로 서구 보편주의가 걸어온 길이다. 제3세계 입장에서 보면, 제1세계에 의해 야기된 억압과 비참함 속에서 독자적 근대와 근대성을 획득할 필요성이 절박하게 요구되었다. 다만 현실적으로 제3세계에서 이를 역사학이나 사회과학의 문제로 고찰할 수 있게 된 것은 제2차 세계대전 이후이며, 더욱이 미소냉전으로 남북분단이 강요되었던 한국에서는 90년대에 들어서부터이다.

이처럼 모더니티가 세계사적인 의미에서 보편성을 띤 것이 아님은 오늘날 이미 상식이다. 문제는 모더니티가 '보편성'으로서 강제된 조건·형태·메커니즘을 밝히는 것이며, 그로부터 형성된 피억압성·종속성의 양상을 분석하는 것이다. 백낙청의 말을 빌린다면, 서구의 근대성은 식민지주의를 내포한 것임을 규명하는 것이다(백영서 외, 1995; 백낙청, 1993). 한국에서 모더니티나 포스트모더니티 논의는 바로 이러한 본질적 문제를 포함하고 있는데, 구체적으로 한국의 근대/근대성은 어떻게 왜곡되었는가 하는 것이다.

무엇보다도 왜곡된 근대/근대성은 일본의 식민지지배와 남북분단이라는 정치지배 형태에 의해 규정되었으며, 또 이것은 사람들에게 피식민지 의식이나 반공이데올로기, 나아가 봉건적 잔재인 가족주의나 권위주의 등으로 각인되었다. 특히 오늘날에도 계속되는 분단상황이 한국의 모더니티에 끼친 영향은 결정적이면서도 중층적·복합적이다. 반공주의가 사람들의 뇌리에 박혀서, 경제가 외면적인 성장을 거듭하고 소비·문화가 융성해지고 시민사회가 어느 만큼 형성되었음에도 불구하고 가령 대통령선거 등과 같은 중대한 정치국면에서 거대한 왜곡으로 나타나는 것이 그 예이다.

이런 의미에서 김호기는 90년대의 한국은 왜곡된 모더니티를 축으로 전통적인 요소와 포스트모던 문화가 불균형적으로 접합된 사회라고 진단하고 있다. 이로부터 미완의 모더니티를 획득하는 과제가 제기되는데, 그것은 일본이나 서구의 마이너스 면을 극복하는 새로운 모더니티의 획득이기도 하며 실제로는 이중적 극복의 과제가 된다는 것이다(김호기, 1997). 아마 그것은 식민지지배가 중심과 주변을 분리하고 주변 속에 왜곡된 형태의 모더니티를 이식한 메커니즘을 해명하는 것의 중요성을 포함하는 것일 터이다. 서구의 오리엔탈리즘도 당연히 식민지민중의 입장에서 재검토되어야 할 것이다. 이러한 점을 고려할 때, 페미니즘 이론의 연구자이기도 한 조혜정이 포스트모더니즘에 대한 관심을 심화시켜 나가는 속에서 포스트콜로니얼리즘에 관심을 갖게 된 것은 당연한 흐름이었다.

　다만 한마디 덧붙인다면, '식민지근대'라는 개념은 중요하지만 이를 '서구근대'와 대립시킨 의미로만 사용하면 이분법적 오류를 범하는 것이 된다. 서구의 근대/근대성은 그 자체가 해방과 억압이라는 양면적인 뜻을 지니고 있으며, 그 내부에는 억압당하는 것을 필연적으로 포함하고 있었다. 이를 중심 속의 주변부라고 볼 때, 주변부에는 노동자 계급뿐 아니라 여성, 장애자 등 억압당하는 사람들이 있었다. 또한 타자화된 비서구의 '식민지'에는 식민지민중뿐 아니라 식민지지배의 도구이기도 한 매판자본가와 현지인 관료 등도 있었다. 이와 같이 중심, 반(半)주변, 주변이라는 세계사의 중층적·복합적인 구조 속에서 근대와 근대성을 고찰하는 것은 단순한 이분법적 사고로는 충분하지 않음을 알 수 있다.

　90년대 전반의 한국 포스트모더니즘 논의를 볼 때, 무엇보다도 현실적으로 민족문제와 계급문제, 과거의 식민지경험과 오늘날의 신식민지적 성격 같은 큰 문제를 소홀히 하고 그 틈새에 생긴 공간에서 환경과 여성, 복지 등의 문제 혹은 철학적 내지 사변적인 논의에 관심을 기울이는 경향을 띠고 있었다. 실제로 프랑스에서도 사르트르 이후의 프랑스의 구조주의자/포스트구조주의자라고 일컬어지는 사상가들은, 프랑스 식민지하의 알제리 출신 데리다를 제외하면 식민지 문제에는 거의 관심을 보이지 않았다.

　더구나 한국의 포스트모더니즘 논의는 실질적으로는 1994, 95년경

들어서 끝나고 그후로는 예술론 등의 형태로 일부가 남았을 뿐이다. 한국에서 이처럼 포스트모더니즘 논의가 신통치 않았던 요인으로 도정일(경희대, 영문학)은 다음 세 가지를 든다(도정일, 1992). 첫째 한국 사회가 탈근대를 논의할 수 있을 정도로 성숙하지 않은 점, 둘째 서구 포스트모더니즘의 선행논의인 구조주의·포스트구조주의·탈구조주의·해체론·정신분석논의 등, 60년대 이후 서구의 주요 이론과 분석 방법이 충분히 도입·소개되지 않은 점, 그리고 셋째로 처음에 포스트모더니즘이 주로 영문학자에 의해 미국의 포스트모더니즘 문학과 문학론의 수용·소개로 이루어져서 철학과 사회이론 면에서의 도입이 거의 없었던 점을 들고 있다.

이런 점을 고려할 때 90년대 중반 이후에 한국에서 푸코, 들뢰즈 등의 프랑스사상이 본격적으로 받아들여진 것은 커다란 의미가 있지만, 단 이것은 포스트모더니즘이라기보다 오히려 프랑스철학의 수용으로 이해하는 것이 좋을 듯싶다. 실제로 이 점과 관련하여, 프랑스 구조주의/포스트구조주의를 정력적으로 공부한 이정우가 포스트모더니즘과 프랑스철학을 어떻게 구분하고 있는지 혹은 다른 지식인들이 어떻게 생각했는지는 흥미 깊은 문제이다.

이정우는 푸코, 데리다, 들뢰즈 등 '프랑스철학'의 연구자로 자처하지만, 한국의 지식인들 사이에서는 적잖이 '포스트모더니스트'로 받아들여지고 있다. 이정우가 박사학위논문을 집필하고 있을 때, 주변의 아는 사람이나 친구들에게 "푸코를 쓰고 있다"고 말하면 십중팔구가 "그래, 포스트모더니즘을 공부하고 있는가" 하는 반응을 보였다고 한다. 이정우는 독일이나 이탈리아, 미국 등지에 철학이 있는 것과 마찬가지로 프랑스에도 철학이 있으며 그 일부를 추려내서 포스트모더니즘이라고는 부른 것은 미국의 비평가들이라고 반박한다(김성기·이정우, 1997의 이정우 발언). 그 자신은 프랑스철학을 배움으로써 인간존재의 기본인 관습, 욕망, 의지, 정서, 행동, 권력, 불안, 죽음, 자유, 운명 등에 대해 고찰하고 그 성과를 논문과 저서로 펴냈다.

이정우의 「90년대 한국과 사유의 변환」에 따르면, 20세기 전반기에 한국에 독일철학과 미국철학이 들어왔으나 그것은 모두 '일제(日帝)' 혹은 '미제(美帝)' 철학이었다(이정우, 1999a). 1945년 8월 해방 후 현실에서 그리고 자생적인 문제의식에서 나온 두 가지 사유형태가 있는데, 전통(국학과 동양사상)의 재발견과 변증법/마르크스주의였다. 그러나 사회주의권이 붕괴된 후 한국의 지식인은 오랫동안 속박되어 있던 관념체계에 대한 근본적인 변화를 요구받았고 그것이 90년대 들어와서 세 가지 흐름으로 나타났다는 것이다. 첫째는 마르크스주의 외부에서 사고(사유)하는 능력이 없다기보다 마르크스주의 외부에서 사고하는 것이 도대체 무엇을 의미하는지를 알지 못하는 사람이 마르크스주의 내부에 머물러 있으면서 알튀세르나 그람시로 기울어진 흐름이다. 둘째는 자신을 포함해서 마르크스주의 시대에서부터 이미 마르크스주의 외부에서 사고하기를 갈망한 사람이 현대 마르크스, 즉 푸코로 향할 수밖에 없었던 흐름이다. 셋째는 군부독재뿐 아니라 그에 저항한 진보진영과도 절교한 사람이 포스트모더니즘으로 내달은 흐름이다.

그러면서 이정우는 90년대 한국의 포스트모더니즘은 프랑스적 사유의 경박한 수용이며 본래의 프랑스철학과 혼동한 것이라고 통렬하게 비판한다. 한국의 포스트모더니즘 논의는 철학이 아니라 비평이다. 또한 이론적 기반이 결여된 것으로서 니체, 하이데거, 푸코, 들뢰

즈, 데리다, 리요타르, 보들레르, 라캉, 크리스테바 등의 '짬뽕'에 불과
하다는 것이다.

이런 의미에서는 프랑스철학을 연구하는 이정우는 아주 비타협적
이다. 푸코나 데리다, 들뢰즈의 저작을 원문으로 읽고 그 사상체계를
수사학적·훈고학적인 엄밀함으로 제시하려고 한다. 각종 서평 등을
읽어보면, 그의 저서는 아직 프랑스=제1세계의 지적 체계의 깊은 이
해까지는 이르지 못한 것 같다. 그러나 그가 보기에 원문도 읽지 않고
영어나 일본어로 프랑스철학을 이해하는 것은 '착각'에 불과하고 엉터
리 포스트모더니즘 그 자체인 것이다. 그 정도가 아니라, 이정우는 김
성기나 이진경 등의 연구자에 대해서도 원전의 잘못된 독해 등을 이
유로 비판한다.

이정우의 이 같은 학문적 태도가 일부 독자들에게는 환영받았지만
논단 등에서는 집중적으로 비판의 화살을 받을 수밖에 없었을 것이
다. 그 전형적인 예가 마르크스주의의 입장에 선 최종욱(국민대, 철학)
이 『길』에 실린 「포스트(脫)주의는 무엇을 포스트(脫)하였는가」에서,
포스트주의는 신보수주의 이데올로기에 불과하다는 비판의 화살을
쏜 것이다(최종욱, 1997). 이에 대해 이정우는 같은 잡지의 다음 호에
기고한 「현대 프랑스철학, 그 왜곡의 비극」에서, 최종욱의 주장은 포
스트주의와 구조주의/포스트구조주의 등 개념의 혼동이 있다면서 최
종욱의 학문적인 미숙함을 혹독하게 지적했다(이정우, 1997). 이렇게
모두 네 차례에 걸쳐 논쟁이 거듭되었으나, 결과적으로 그 성과는 반
드시 생산적인 것은 아니었고 일종의 비방중상으로 끝나 버렸다.

90년대 한국의 포스트모더니즘 논의는 원래 경박하고 퇴폐적인 정
서가 붙어다녔다고 할 수 있다. 그러나 이런 점과 푸코 등 구조주의/

포스트구조주의의 프랑스철학 논의는 별개의 것이다. 그것이 포스트
모더니즘의 잘못된 사조를 바로잡아가는 중요한 통로가 된다고 생각
해도 될 것이다. 그렇다고 해도 한국의 사상이 서구 사상과 철학에서
출발하는 것은 아니고 더욱더 한국의 사상과 철학 나아가 삶의 현장
에서 출발해야 하는 것임은 말할 나위도 없다. 그러나 이 점이 프랑스
나 다른 외국의 사상과 철학을 배제해도 된다는 의미는 아니다. 굳이
말하자면 좀더 열린 장에서 알기 쉬운 말로 이야기되어야 하는 것이
아닐까 싶다.

2. '탈근대'와 신좌파

앞에서 한국의 포스트모더니즘에 대해 논할 때, 근대성에 대한 이
해는 근대주의(근대의 재구성)와 포스트모더니즘, 탈근대론의 세 가
지로 나누어볼 수 있다고 서술했다. 포스트모더니즘은 영어표현
post-modernism을 그대로 한글로 표기한 것인데 아마 '탈근대주의
(脫近代主義)' 정도가 되지 않을까 한다. 그러나 여기서 말하는 탈근
대주의 내지 탈근대론은 포스트모더니즘과 본질적으로 구별되는 것
으로, 오히려 근대성 극복이라는 의미에서의 문제설정이다. 즉 포스
트모더니즘 논의의 의의가 전체적으로는 부정적인 것이었지만, 그럼
에도 불구하고 근대성의 문제를 부각시키고 나아가 근대성 논의에 포
함되어 있는 문제점을 밝힌다는 의미에서는 긍정적인 역할을 했다.
그러면 한국에서 말하는 '탈근대의 문제설정'이란 무엇인가? 이는
무엇보다도 포스트주의가 유행하면서 마르크스주의라는 명칭에 구애
되지 않고 포스트모더니즘이나 포스트구조주의 논의를 통해서 마르

크스주의가 근대적인 사유체계 속에 갇혀 있는 사실을 밝히는 데서부터 시작하였다. 이미 설명한 알튀세르나 발리바르의 논의와 달리 마르크스주의 외부로 시야를 넓혀 사고하고자 했으나, 마르크스주의에서 계몽주의나 독일 관념철학 등의 근대적 사유를 극복시키려 했음에도 불구하고 여전히 근대적인 사상체계 속에 한 발을 담근 채로 있지 않았는가 하는 의구심은 그대로 남아 있다.

아무튼 탈근대론은 마르크스주의에 대한 이러한 비판의식에서 출발함으로써 노동을 특권화하지 않고 또 노동자계급을 중심에 놓는 사고 자체를 부정하고 사회의 객관적 구조 분석보다는 주체형성 문제를 전면에 등장시키고 나아가 문화와 이데올로기, 언어, 의식 등에 주된 관심을 기울였다. 전통적인 마르크스주의가 문화개념을 경시해 온 상황에서 상부구조, 특히 문화에 커다란 관심을 가지고 기본적으로는 문화주의에 대한 접근 경향을 강하게 띠었다고 할 수 있다.

물론 탈근대 지향은 다양한 사상적 흐름을 이루고 있다. 김동춘은 "넓은 의미의 탈근대의 지향"은 다음 세 가지로 분류할 수 있다고 쓰고 있다. 첫째로 마르크스주의의 반(反)자본주의적 이상을 받아들이나 노동자계급 주도 혁명론은 부정하는 흐름, 둘째로 마르크스주의를 19세기식의 근대적 사고의 한 유형으로 분류하면서 마르크스주의를 근본적으로 비판하면서 새로운 대안을 추구하는 흐름, 셋째로 자유주의나 마르크스주의를 근대의 한 유형 혹은 오리엔탈리즘으로 보면서 동양의 전통과 문화를 새롭게 건설해야 할 문명의 한 대안으로 상정하는 흐름 등이다(김동춘, 1998).

김동춘의 탈근대 지향에 관한 논의의 정리는 상당히 폭넓은 사상조류를 대상으로 하고 있는데, 두번째 흐름은 앞서의 급진적 민주주의를 가리키며 세번째는 뒤에서 설명할 동아시아론과 아시아적 가치의 중시, 나아가 민족전통을 중시하는 민족주의 내지 복고주의를 포함하는 것 같다. 김동춘의 설명을 상세하게 읽어보면, 세번째 흐름도 에콜로지 등 급진적 민주주의 흐름을 포함하는 것으로 이해하고 있는 듯해 김동춘의 설명을 명확하게 파악하기는 좀 어렵다.

다만 연구자에 따라 인식의 틀이 다른 만큼, 김동춘의 이해가 틀렸다고 말할 수는 없지만 적어도 여기서 말하는 탈근대론은 실제로 좀 더 좁은 의미로 사용하고자 한다. 즉 여기서 서술하고 있는 탈근대론은, 김동춘의 분류에 따르면 '반(反)자본주의적 이상의 수용'과 '혁명론 부정'을 골자로 하고 근대/근대성 극복을 지향하는 첫번째 흐름에 해당한다고 이해해도 무리가 없을 것 같다.

탈근대의 문제설정은 하나의 일관된 논점을 제기하고 있지는 않다. 그러나 이 문제설정을 통해서 이제까지의 문제의식 속에 침전해 있었거나 애당초 제기조차 되지 않았던 논점을 새롭게 제기하게 되었다. 그중에서 가장 중요한 것은 마르크스주의의 최대 결여부분으로 간주되는 주체형성 문제인데, 이는 알튀세르 그리고 특히 푸코 등을 통해서 새롭게 '주체 생산양식'이라는 개념에 의해 밝혀졌다.

한마디로 주체 생산양식은 물질적 생산양식인 자본주의와 같은 시기에 창출된 것인데, 물질적인 생산양식과 더불어서 작동하는 근대적 주체의 생산방식을 의미한다. 쉽게 말하면 마르크스주의의 문제설정과 달리, 우리의 삶은 자본주의의 물질적 생산양식으로만 규정되는 것이 아니라 자본주의와 구별되는 여러 가지 요소에 의해서도 규정된다는 것이다(이용주 · 허재용, 1997a; 1997b). 그런데 김동춘이 지적하고 있듯이, 이러한 논의는 인간 · 주체 · 삶의 재생산은 물질적 재생산과 문화적 재생산의 복합적인 것이 아니라 문화적 재생산에 의한 존재, 즉 문화적 존재라는 측면을 극도로 강조하는 이론으로 이해되는 경향도 보이게 된다(김동춘, 1998).

탈근대의 문제설정에서 중요한 것은 마르크스주의 외부에서 사고한다는 점이다. 마르크스주의의 지적 공백을 메우기 위해 도입·수용된 것이 알튀세르 사상이지만, 그것은 어디까지나 전통적 마르크스주의 내부에서 마르크스주의의 전화＝위기를 돌파하기 위한 것이었다. 그러나 마르크스주의가 지닌 지적 공백인 근대성 개념을 통해 밝혀진 탈근대적 공간은 역시 마르크스주의 외부에서 사고해야만 가능하다는 것이 탈근대론의 기본적인 사고방식이라고 할 수 있다.

한국 현대사상의 흐름에서 이러한 탈근대의 문제설정을 가장 선명한 형태로 제시한 것은 '신좌파적 마르크스주의'라고 불리는 사상집단인데, 서울사회과학연구소에 모인 젊은 연구자들 그리고 『문화과학』을 거점으로 해서 문화사회·문화정치를 논하는 '문화과학'그룹 등이 이끌고 있다. 전통적인 마르크스주의의 전화 내지 재구성을 의도하고 있는 '구좌파적 마르크스주의'와 짝을 이루는 사상집단 내지 사상흐름이라고 할 수 있다.

앞서 말했듯이 서울사회과학연구소는 윤소영이 알튀세르적 마르크스주의를 받아들일 무렵에 거점으로 삼았던 곳인데 공안당국의 개입으로 1992년 말에 해체되어야 했다. 그러나 그후 머지않아 서사연은 김진균의 노력으로 다시 출범하였으며 나중에 탈근대론자의 대표적인 논객이 된 이진경과 윤수종이 가세하면서 신좌파적 마르크스주의의 한 거점이 되었다. 즉 윤소영 시대의 서사연과 이진경 등이 중심이 된 서사연은 이름은 똑같지만 실질적으로는 양자간에 사상적 계승성은 전혀 없다고 할 수 있다.

한편 '문화과학'그룹은 1992년 당시 『이론』동인이었던 강내희가 심광현 등과 '문화과학'동인을 결성하고 『문화과학』을 창간하였다. 이 그룹은 멀티미디어 시대의 문화에 주목하여 1995년에는 서울문화이론연구소(서문연)를 설립하였으며, 마르크스주의에서 출발하면서도 그 한계를 넘어서 문화에 대한 과학적 접근을 시도하고자 한다.

서사연의 관심문제와 연구방법론은 사회주의 실패, 자본주의의 모순심화 속에서 근대성의 명암을 밝히는 것인데, 이때 커다란 학문적 체계보다는 작은 일상성에 관심을 기울인다. 근대성의 변모는 삶과 죽음, 성과 사랑, 결혼과 가족생활, 출산과 교육, 일탈과 범죄, 사교와 축제, 이 모든 미시적인 일상성과의 관련 없이는 파악할 수 없다고 본다. 근대성의 고유한 특질은 오히려 이런 사소한 것에 대한 관심과, 이것들에 대한 감시와 배려를 통해 권력으로 통합되는 양상에 주목함으로써 밝혀진다는 것이다. 즉 근대성은 단지 추상적인 원리가 아니라 일상의 삶에 스며들어 있는 집합적인 무의식, 습속의 체계로 파악할 수 있다는 것이다(서울사회과학연구소, 1997).

이에 비해 '문화과학'그룹의 문제의식은 문화를 정치나 이데올로기와 구별하지 않고 문화과학을 계급투쟁의 중요한 장으로 바라보고자 한다. 종래의 마르크스주의나 좌파적 시각을 버리지 않고 계급문제에 눈을 돌릴 뿐 아니라 성차별 · 인종 · 환경 문제 등에도 관심을 가짐으로써 문화환경의 물질적 조건의 변화에 대응한 전략을 구상해 내고자 하는 것이다. 이른바 유물론적 문화이론의 주장이라 할 수 있는데, 당연히 그 시각은 복합적이고 횡단적이며 문화정치나 문화공학 같은 새로운 개념을 제시한다. 대중의 문화 생산과 소비의 의미를 묻고 정부문화정책에 대한 감시도 게을리 하지 않거니와 노동과 사회 · 문화를 함께 중시하는 문화사회를 지향한다(『조선일보』 1999. 3. 23; 『중앙일보』 1999. 8. 3).

이진경과 강내희 모두 전통적 마르크스주의의 세례를 받았으며 마르크스주의 위기에 직면해서는 처음에 알튀세르에 친화성을 보였으나 곧 푸코, 들뢰즈 등 포스트구조주의에 경도되어 '신좌파'라고 자칭하게 되었다. 이 경우 '신좌파'라는 호칭은 물론 6, 70년대 서구의 사상조류에서 그 어원을 찾을 수 있다.

심광현의 이해에 의하면, 서구의 신좌파는 두 가지 방향으로 새로운 사상적 탐구를 지향하였다(심광현, 1998). 하나는 종래의 사회과학 연구가 여성 · 성 · 인종 · 환경 등과 같은 새로운 쟁점 아래서 전개되었던 신사회운동의 영향을 받아 일상생활의 정치, 차이의 정치, 삶의 정치를 주제로 내걸고 치열하게 투쟁하는 방향으로 나아갔다. 또 하나는 문화연구 · 예술학 · 철학 · 정신분석학 · 인류학 등의 연구가 대중문화와 문화산업, 문화정책의 변동에 대한 관심과 결합되면서 문화연구 또는 문화정치학이라 불리는 통합학문적인 연구방향으로 나아갔다.

한국의 신좌파는 이러한 서구 신좌파의 두 가지 흐름에 그대로 연동되지는 않지만, 마르크스주의에 대한 이해는 80년대 전통적 마르크스주의와 크게 달랐다. 즉 한국의 신좌파는, 구좌파의 계급중심주의는 민중의 참여와 실천을 저해해 왔으며 동시에 포스트모더니즘은 분산된 다원성과 무책임한 개인주의 개념에 매몰되었다고 비판하면서 탈중심적인 주체화 과정, 주체형성 과정의 개념을 추구하려 했다. 신좌파는 문화적으로 탈근대주의에 서지만, 구좌파인 전통적 마르크스주의는 문화적으로 근대주의의 입장에 서 있다. 즉 신좌파 이외의 모든 입장은 문화적으로 보수적 경향이 강한 데 비해, 신좌파는 상부구조로서의 문화중심주의 경향을 강하게 띤다고 할 수 있다. 다만 신좌파를 비판적으로 바라보는 입장의 사람에게, 신좌파는 프랑스사상을 수용함으로써 '포스트모더니즘'적 색채를 띠고 있으며 신식국독자론/PD론 혹은 알튀세르와 연관성을 가진 사상적 입장 역시 그 폐기든 단절이든 명확하지 않다고 할 수 있겠다.

이진경에 관해 잠시 살펴보면, 그는 80년대 말부터 90년대의 한국 사상사 발자취를 가장 전형적으로 보여주는 지식인 가운데 한 사람이다. 1986년에 『사회구성체론과 사회과학방법론』으로 등장한 젊은 이진경은 원전으로 돌아가서 마르크스주의 철학을 이해해야 한다고 주장하면서(이진경, 1986), 오쓰카사학(大塚史學)에 의거한 베버류 마르크스 이해 혹은 속류적인 마르크스 이해를 비판하고 당시의 사회구성체 논쟁에서 결정적인 역할을 하였다. 이후 『주체사상 비판 1·2』(이진경 엮음, 1989) 등을 통해서 학생운동권에 큰 영향을 끼쳤으나 소련과 동유럽권 붕괴 후인 90년대 들어와서는 마르크스 이론의 원전 중심에서 알튀세르로 관심을 바꾸고 이어서 푸코, 들뢰즈로 옮겨가는 등 프랑스사상의 섭취 쪽으로 급속하게 기울어졌다.

이진경은 노동자계급의 해방을 꿈꾸고 직업혁명가의 길을 가고자 했으나, 사회주의권이 붕괴한 2년 동안 감옥에 있으면서 사회주의는 왜 붕괴하였고 자본주의는 왜 살아남아 있는가에 대한 근본적인 회의에 빠졌다. 그 해답을 찾기 위해 그는 근현대철학의 각 영역에 관심을 가진 지 얼마 되지 않아 사회주의 붕괴의 근저에는 근대성의 문제가 있는 것이 아닌가 하는 사색을 심화시켰다. 근대성이란 무엇인가, 근대성의 형성과정은 어떤 것이었는가를 묻는 과정에서, 그는 특히 시간과 공간의 역사, 건축사, 미술사, 수학사 등에도 관심을 기울이게 되었다. 이는 이른바 마르크스주의의 한계를 근대성을 통해 해명하려 하는 작업이었으며, 그 성과는 곧 『맑스주의와 근대성』(이진경, 1997)의 간행 등으로 구체화되었다. 이진경의 문제의식은 이른바 근대적 마르크스주의를 넘어서 마르크스가 개척해 놓은 탈근대적 사유의 공간을 열어가는 것이었는데, 이러한 마르크스주의 이해는 그의 노동관에도 잘 나타나 있다.

이진경뿐 아니라 신좌파는 일반적으로 '노동'이라는 개념을 거부한다. 노동이 모든 가치의 원천이고 노동자가 세계의 주인공이고 역사와 문명을 만들어낸다는 생각, 또한 인간의 본질은 노동이고 그 의미에서 노동자는 특권적인 존재라고 하는 이른바 마르크스가 말하는 '노동의 인간학'에 대한 비판이다. 노동을 중심에 놓는 사고는 현실적으로 자본주의 사회에서는 자본이 노동자에게 일을 시키는 논리가 되어 이윤을 창출하는 노동만이 가치가 있다는 자본의 주장을 정당화하는 역할을 담당하고 있다는 것이다. 그래서 이진경은 이윤창출의 도구로 기능하는 노동관을 거부하고 노동은 생활의 제1욕구가 되는 완전히 자발적이고 창의적인 것이 되어야 한다고 생각한다. 서구에서는 안토니오 네그리(A. Negri) 등이 주장하는 사상인데, 이로부터 이진경은 노동을 모든 이론적 사유의 근거로 삼고 노동개념이 사유의 진보성이나 혁명성을 보증해 준다는 생각에서 벗어날 필요가 있으며 그렇게 할 때 비로소 마르크스주의의 다양한 개념이 하나의 폐쇄회로에서 개방되어 새로운 이론적 사유로 향할 수 있다고 보았다(이진경, 1999).

이러한 사고방식은 노동운동의 평가방식과도 연결되는데, 일반적으로 구좌파가 전국적인 것을 포함하는 노동운동을 중시하는 데 비해 신좌파는 노동운동을 부정하지 않지만 그것으로 충분하다고는 생각지 않는다. 당연히 신좌파는 전위당의 존재 또한 인정하지 않는다. 바로 이 점에서 이진경의 사상은 한국의 신좌파사상을 대표한다고 볼 수 있으나, 이러한 이진경은 그 사상적 행보 속에서 마침내 국가와 민족·계급 문제를 점차 배경으로 쫓아내게 된다.

　더구나 근대성 문제에 집중하던 이진경의 문제의식은 곧 그것을 넘어서서 새로운 사회적 관계의 창조라는 방향으로 나아가기 시작했으며, 이제 이것은 '코뮌주의'라는 형태로 주장되기까지 한다. 새로운 사회적 관계인 코뮌주의는 소유관계를 나타내는 경제주의적 관념인 이른바 '공산주의'와 근본적으로 다르다고 그는 주장한다. 뿐만 아니라 그는 자본주의도, 사회주의도 모두 근대이고 근대는 악이라는 사상을 더 한층 내세우면서 중앙집권제나 대의제에서 탈피하여 특권화된 중심이 없는 조직, 즉 코뮌을 만들 필요가 있다고 역설한다.

　포스트구조주의와 관련해서 살펴보면, 이진경은 차이와 타자성의 의미에 주목하면서 내부의 균열, 외부의 타자를 통해서 이성을 비롯한 동일성의 경계를 가변화하고 차이의 관계성 속에서 생겨나는 변혁의 힘을 신봉한다. 이는 단순히 사유의 문제라기보다 삶의 문제이고 실천의 문제이기도 하다(『한겨레21』 2000. 5. 11). 이리하여 이진경은 이제 『탈주선 위의 단상들』(이진경, 1998) 등을 통해서 근대 자본주의와 국민국가의 전형 내지 정형에서 탈피하기 위해서는 끝없는 '탈주'가 필요하다고 주장하기에 이르렀다. 탈주란 이른바 코뮌주의적 실천이다.

여기에서 '국민국가'라는 것은 80년대 들어와서 사회과학 분야에서 사용되기 시작한 새로운 개념이다. 앤더슨 등이 제창한 개념인데, 국민국가는 균질적인 '국민'의 창출을 통해서 '환상의 공동성(共同性)'을 만들어내는 것이라고 본다. 또한 '탈주선'은 한국어에서 전형이나 정형을 벗어나서 문제점을 포착하는 시각을 가지는 것을 의미하지만, '탈주'라는 개념 자체는 들뢰즈와 가타리에서 유래했다. 따라서 이진경에게 탈주는 어디까지나 국민국가를 포함한 기존의 가치를 극복한 이단적인 사고의 요소를 지니고 있으며, 더욱이 억압과 지배가 종식된 이상적인 정착지에 도달하는 것이 존재할 수 없는 이상 이 탈주는 하나의 목표를 설정할 수 없으며 어떤 의미에서 영원한 저항운동이고 또 내면화된 근대성=주체 생산양식의 변혁이라는 의미를 함축하고 있다. 이진경 자신은 마르크스주의자임을 자인하지만, 그의 주장은 현실적으로 무정부주의에서 정치성을 배제한 문화정치론의 주장이라는 의미를 띠게 된다.

프랑스사상을 공부한 이진경의 사상은 일본에서 보면 한국에도 번역된『근대성의 구조』(이마무라 히토시, 1999)의 저자 이마무라 히토시(今村仁司)와『구조주의와 포스트구조주의』(아사다 아키라, 1995)·『도주론』(아사다 아키라, 1999)의 아사다 아키라(淺田彰) 등의 사고방식과 유사하다. '탈주'와 '도주' 모두 들뢰즈/가타리에 유래하는 개념이지만, 이진경이 이마무라나 아사다와 구별되는 점은 이마무라와 아사다가 일본의 변혁운동과 단절된 존재인 데 비해 이진경은 지금도 여전히 학생운동권과 밀접한 관계를 맺고서 사회변혁에 뜻을 둔 신좌파진영에 속해 있다는 것이다. 아마 이 점은 이진경 개인의 성실성의 표출이기도 하겠지만, 또한 압축근대를 체현한 한국의 역사적 위

치에 의해 규정된 것이라고 생각된다. 이런 의미에서 여전히 신식국
독자론/PD론자임을 부정하지 않는 이진경은 한국의 변혁노선 모색
과 변혁주체 설정이라는 이론적 과제에서 앞으로 중요한 역할을 담
당하는 책무를 안고 있다고 하겠다.

여하튼 이진경의 코뮌주의는 들뢰즈나 가타리가 말하는 다수성과
소수성, 다수파와 소수파 문제와 연결된다. 이 경우 다수와 소수는 결
코 수적인 문제가 아니라 질의 문제이다. 따라서 탈(脫)이라고 할 때,
그것은 다수파에서 빠져나온 소수파를 의미하며 권력과 결합한 다수
적 가치나 체제에 포섭되지 않은 존재를 가리킨다(박영은 외, 1997).
지배가 없는 공동체를 꿈꾸는 이 같은 발상은 현실적으로 새로운 삶
의 방식, 새로운 노동방식을 창출하고자 하는 소수자운동의 중시로
나타났다.

윤수종(전남대 사회학)은 이런 소수자운동을 철학적·논리적으로
고찰한 신좌파(서사연)의 대표적 인물이다(윤수종, 1999). 윤수종에게
탈근대의 문제설정은 소수자의 관점에서 사회를 재구성하는 것이었
다. 그로부터 무엇보다도 탈근대사상의 비판적 흐름을 홉스-루소-헤
겔-(하버마스)라는 다수(majeur)노선과 마키아벨리-스피노자-마르
크스-니체-(들뢰즈)라는 소수적(mineur) 사유를 강조하는 두 가지
로 나눈다. 이 중 소수노선의 관점에서는 공산당선언(1848)과 68년혁
명(1968)을 역사의 구분기점으로 하고 68년혁명 이후는 전위당모델
을 비판하면서 '분자적 운동'(노동거부에 근거한 자기가치증식 운동,
여성운동, 소수자운동 등)을 통해서 사회를 변화시키려는 흐름이 지
배적이 되었다는 것이다. 게다가 사회주의권 붕괴는 전위당모델에 입
각한 대중운동의 종결을 의미하고 분자적 운동의 족쇄가 풀린 것으로

이해한다.

즉 윤수종에 따르면, 탈근대사상은 새로운 사회의 주체 문제를 제기하게 되었으나 프랑스의 철학 및 사회과학계에서는 소쉬르를 축으로 한 구조주의의 영향 아래서 기존의 데카르트적인 주체철학을 극복하고자 했다. 그러나 실제로 구조주의의 노력은 근대철학의 가장 중요한 문제인 주체문제를 상대적으로 제기할 수 없었다. 이러한 국면에서 푸코, 들뢰즈, 가타리, 네그리 등이 데카르트적 주체로 돌아오는 것이 아니라 구조주의적인 '주체가 없는 과정'을 극복하기 위해서 새로운 탈근대적인 주체성 탐구에 집중했다는 것이다.

네그리의 관점을 중요하게 받아들인 윤수종의 사상에서, 소수자운동과 대안운동은 커다란 역할을 담당하게 된다. 구체적인 예로서 한국의 경우 노동운동(외국인노동자운동), 여성운동(주부운동), 어린이운동, 청년운동, 동성애자운동, 매춘부(성노동자)운동에서부터 공동육아운동, 학교운동, 전교조운동, 농촌공동체운동, 생활협동조합운동 등에 이르기까지 운동영역이 매우 넓다는 것이다.

그러나 소수자운동을 중시하는 윤수종은 이른바 신사회운동에 대해 비판적일 뿐 아니라 시민운동에 대해서도 단호한 입장을 취하는데, 시민운동은 정치적 지배에 대해 시민적 자율성 영역을 확장시키고 민주사회를 만드는 데 집착한다는 것이다. 각자의 독자성을 무시한 개인으로서의 시민을 근거로 하여 다수의 공통성을 찾아서 그것을 운동으로 만들어나가는 데 반해, 소수자운동과 대안운동은 어디까지나 각 개인의 독자성을 공통화하려고 하지 않고 서로의 차이를 인정하면서도 오히려 소통의 폭을 넓힐 수 있는 방식을 추구한다고 그는 말한다(스피노자적 코뮤니즘).

윤수종의 이 주장은 신좌파의 기본적 입장이기도 하다. 그러나 필자 나름대로 정리한다면 소수자운동을 중시하는 이 사상이 중요한 의미를 가진다 할지라도 현실적으로 한국에서 어떤 유효성을 지니는가 하는 점은 그리 명확치 않다. 원래 '소수자(minority)' 개념이 서구에서 두드러지게 된 것은 1968년 무렵부터이며, 미국에서는 그보다 조금 전부터 흑인들의 공민권운동 속에서도 주목받기 시작하였다. 확실히 이것은 마르크스주의에서 말하는 노동자계급이나 노동운동에 대한 안티테제로서의 의미를 지니고 있었지만, 과연 노동자계급이나 노동운동에 대해 전면적이고 비판적인 대응을 하고 차이를 서로 인정하는 개인에게만 중점을 둔 것이었는지는 의문의 여지가 있다. 게다가 소수자 중시 사상은 서구 독자적인 것이라기보다 라틴아메리카 등 제3세계의 해방운동과도 관련되어 형성된 것이며, 그런 의미에서는 어디까지나 사회 전체의 변혁운동과도 연관성을 가지고 구상된 것이라고 생각해야 할 것이다.

이 점에서 윤수종은 마르크스주의를 잘라내지는 않는다고 하지만 자본주의의 모순이나 문제점에 대해 실천적인 해결책을 제시하지 않고 또 마르크스의 전체성 개념을 버림으로 해서 세계자본주의의 모순을 총괄할 수도 없거니와 현실적으로는 연대하는 것조차 불가능하게 하는 것은 아닐까 하는 의문이 생긴다. 전체성에 대한 회의는 실질적으로 자본주의의 분석을 방기하는 것이고 또한 탈중심화는 결과적으로 사회 전체에 대한 고찰을 약화시킨다. 이런 속에서 각자의 독자성을 서로 인정한다고 할지라도 그것은 제각각 뿔뿔이 흩어져 존재할 것을 강요하는 일종의 무정부주의로 빠질 수도 있으며, 노동거부라고 해도 그것은 서구와 경제상황이 다른 한국에서 과연 적용될 수 있을까 하는 의문으로도 이어진다.

'전체성'이라 하면 최근의 사회과학에서는 '교조적'으로 받아들여질 우려가 있는 뉘앙스를 풍기는 것도 같은데, 만약 필요하다면 이를 '전체'로 향한 시선이라고 달리 표현해도 무방하다. 더군다나 윤수종이 말하는 분자적 운동이라는 말 자체는, 한국 현실에서 적용 가능한지가 의심스러운 서구적 개념이다.

1999년에는 일본에서도 네그리의 주요 저서 세 권, 『구성적 권력(構成的權力)』 『미래로의 귀환(未來への歸還)』 『전복의 정치학(轉覆の政治學)』이 잇따라 번역되어 래디컬리즘의 새로운 형태로 주목받았다. 그전에도 『현대사상(現代思想)』(1998年 3月號)의 특집 "유로·래디컬리즘"에서 네그리 사상에 커다란 관심을 기울이기도 하였다. 원래 네그리 사상은 국가권력과 구별되는 구성적 권력을 이론화하여 그 주체이어야 하는 민중의 혁명 가능성, 즉 폭력을 내재한 자본주의 사회의 억압성을 전복하는 전망에 대해 고찰하고 있다.

그러나 윤수종이 말하는 분자적 운동의 주장이 과연 네그리가 말하는 '분자적인 다수성'을 위한 전략과 예측을 담은 것인지는 분명치 않다. 즉 윤수종의 주장은 대중화된 노동자에게도 시민운동의 주체인 시민에게도 부정적인 것이며, 한국의 현실에서 과연 진보진영의 사상적·운동론적 과제에 적합한 것인지도 의문스럽다. 또 '분자=소수자'의 자각을 어떻게 획득해 갈 수 있는가 하는 문제도 있다.

이진경·윤수종이 코뮌주의와 소수자운동에 큰 관심을 보인 데 비해, 강내희·심광현은 같은 신좌파적 마르크스주의에 속하면서도 문화사회·문화정치 개념을 제시하는 데 힘을 기울였다. 민중민주주의/PD론 계열의 계간지 『문화과학』은 현대 한국에서 대학생 등에게 인기 있는 잡지 가운데 하나이다. 그만큼 탈정치화된 젊은이의 지적 욕구를 충족시키고 있다는 뜻인데, 그 핵심 개념은 '문화'이다.

강내희는 지식체계나 지식생산의 변동, 지식인의 양태와 대학개혁에 대해 적극적으로 발언하고 있는데, 그가 의도하는 바는 문화사회의 건설이다(강내희, 1996; 1999). 강내희의 문제의식은, 90년대 시대상황에서 변혁운동의 쇠퇴가 그대로 문화운동권의 위축으로 이어지고 있어서 바야흐로 진보적 문화세력은 새로운 전략과 전술을 고안해 낼 필요성에 직면해 있다는 것이다. 세계 각국과 마찬가지로 한국에서도 문화의 과잉생산 현상이 생겨나고, 게다가 그것은 독점자본주의가 생산하는 문화라는 성격을 띠고 있다. 자본의 집중이 문화분야로 파급되어 자본이 문화를 장악하기에 이르렀다는 것인데, 이는 자본이 또 하나의 지배형식을 개발했음을 의미한다. 이러한 문화의 현단계에서 문화운동권은 자본주의 문화에 대한 과학적 인식을 갖출 필요가 있으며 그것이 새로운 전략과 전술의 제시로 이어진다는 것이다.

이를 위해서는 무엇보다도 한국사회가 독점자본주의 시스템이고 그로 인해 왜곡된 문화현상이 일어나고 있음을 정확하게 인식할 필요가 있다. 이로부터 문화운동은 바야흐로 변혁운동과 통일적 관계를 맺기 때문에 그 자체가 생산양식의 변혁운동이 되어야 한다는 것이다. 이때 문화운동이 변화시킨 생산양식이란 문화를 배제한 생산양식도 아니고 문화에 한정된 생산양식도 아닐 것이다. 즉 문화운동은 문화양식의 변화를 주요 사업으로 하고, 이 사업을 통해서 사회변혁 전반과 연대하는 길을 모색해 가는 것이 요구된다는 것이다.

이와 같은 전제 아래 강내희는 노동사회와 다른 문화사회 개념을 제시한다. 문화사회를 구성하는 핵심적 조건은 무엇보다도 각 개인이

임금노동을 위해 사용하는 시간을 최대한으로 단축시키는 것, 즉 충분한 자유시간 확보에 있다. 또 문화사회는 욕망의 약속이 아니라 욕망의 자율적 조직으로 구성되며 상품논리에 지배되지 않는 욕망의 충족이 가능한 사회이다. 그러나 한국의 현실은 이러한 문화사회 건설로 나아가기에 불충분한 단계이므로, 먼저 노동운동의 활성화가 문화사회 건설의 핵심적 조건이 되어야 한다. 원래 노동운동뿐 아니라 다른 사회운동과의 연계 및 연대가 필요하지만 노동운동이 무엇보다도 중요하다는 것이다.

강내희의 이 주장은 지극히 당연한 논리라 할 수 있는데, 굳이 말하자면 문화운동에서 노동운동이 차지하는 중요성을 재확인하는 것에 중점이 있는지도 모르겠다. 그렇기 때문에 전통적인 마르크스주의 그리고 그것을 기반으로 하는 변혁운동이 문화를 경시해 온 데 대한 반성이 있을 것이다. 다만 그렇다 할지라도 그 내용은 역시 관념적이고 구체성이 결여되어 있다는 인상을 지울 수 없다.

이에 비해 심광현은 80년대 중반 이후 문화와 정치의 관계를 어떻게 파악할 것인가 하는 문제의식을 가지고서 포스트모더니즘의 탈정치적 분위기에 맞서왔으며 역사와 진보, 사회구성체, 계급, 민중 등 기존의 각종 개념에 의문을 품으면서 '문화정치'라는 새로운 개념의 창출을 향해 나아간다. 『탈근대 문화정치와 문화연구』에 따르면, 『문화과학』의 창간에 관여하면서 처음에 알튀세르 이론에 의거한 것은 전통적 마르크스주의의 경제결정론과 환원주의의 편협함에서 탈피하는 동시에 문화주의라는 소박한 태도로 후퇴하지 않는 길을 모색하기 위한 것이었다(심광현, 1998).

심광현에게 알튀세르의 과잉결정론(중층결정론)은 토대에 의한 상부구조의 결정이라는 단순한 인과론에 근거한 마르크스주의 이론 전반에 대한 새로운 '내재적 비판'의 중요성을 인식케 해주었으며 나아가서는 '과학' 개념 전반에 대한 재검토를 도출해 내는 것이었다. 이로부터 심광현은 언어나 육체 같은 주제에 관심을 가지게 되며 나아가 푸코, 프로이트, 메를리 퐁티, 들뢰즈, 가타리 등을 공부하면서 표상적이고 개념적인 의식작용과 육체적인 무의식이나 욕망이라는 문제설정의 상관관계에 대해 차례차례 의문을 갖게 되었다.

알튀세르는 마르크스주의의 전화를 주장하였지만, 심광현은 곧 마르크스주의 이론의 내재적 어려움은 그 이론적인 무의식적 지평을 구성한 '근대과학 패러다임'의 한계에서 비롯되는 것이며 따라서 20세기 후반의 '과학혁명'의 성과에 입각한 '과학적 논의'의 틀과 개념 전반의 철저한 재구성이 필요함을 이해하게 되었다고 한다. 이러한 이론적 탐구과정의 어려움은 예를 들어 알튀세르와 들뢰즈를 연결하는 것이 과연 가능한가 하는 문제로 응축되기도 하지만 아무튼 언어나 욕망, 육체의 재개념화에 머물지 않고 여러 학문영역에 접근함으로써 문화와 정치가 맞부딪치는 새로운 접점을 모색할 필요가 생겼다.

이러한 과정을 거쳐서 심광현은 문화연구(cultural studies)의 주된 전통을 만들어온 영국의 미디어연구나 대중문화 연구에 의거하여 문화현실을 분석하기보다 '문화정치'를 통해서 지식, 권력, 성, 육체, 욕망, 공간 등의 주제와 관련된 개념적 연관성을 이해하기 위해 '문화지형학(cultural topology)'적 탐구라는 새로운 방법론을 개념화하게 된다. 즉 심광현은 문화정치를 처음에는 마르크스주의의 전화의 필요성과 관련해서 논했으나 지금은 포괄적인 의미에서 근대성의 극복, 다시 말해 탈근대의 문제설정으로 집약되는 것이라고 말한다. 여기서의 탈근대는 근대성과 애매한 관계를 유지하고 있는 포스트모더니즘이라는 용어와 다르며, '탈(脫)'은 어디까지나 해체하고 가로지르고 넘어선다는 적극적인 의미를 지닌 것이다. 이를테면 심광현에게 탈근대의 문제설정은 자연에 대한 인간의 기술적 지배를 반대하고 계급지배를 포함한 인간에 대한 인간의 지배를 인정하지 않고 사회시스템 전체의 재편에 필요한 새로운 합리적 방법을 찾는 것이며 또한 그러한 합리적 방법이 반드시 있어야 한다는 강한 문제의식을 가리키는 것이다.

이렇게 해서 심광현은 진보적인 탈근대적 문화정치의 과제를 제시하고 사회변혁에서 문화의 위상을 재검토하는 작업의 중요성을 호소한다. 하지만 현실에서 그의 주장은 각종 서구이론의 구사라는 색채를 띨 뿐 아니라 구체적인 문화운동의 방법 역시 애매하고 관념적인 경향을 보였다. 다만 심광현 자신은 지구화·정보사회화가 더욱더 심화되어 가는 사회상황에서 문화정치라는 문제설정이 더욱 복잡해지고 있음을 인정하며, 또한 신자유주의의 격랑에 대항해야 할 현실의 운동방법에서 구좌파와 공동투쟁을 모색하는 데 유의하고자 한다.

이상과 같이 신좌파의 입장은 전통적인 마르크스주의를 비판하고 극복하고자 하면서도 주관적으로는 마르크스주의 그 자체를 폐기하지는 않는다. 입장에 따라서는 과거 마르크스주의 운동에서 비주류였던 급진좌파의 전통을 계승함으로써 좌파적 문제의식의 지평을 넓히고 구좌파의 이론적·운동론적 편협성을 보완하는 역할을 하고 있는 것으로도 볼 수 있다. 그럼에도 유감스러운 것은 그 이론적 모색이 여전히 서양 중심주의에 기울어져 있을 뿐더러 한국의 역사적 맥락이나 정치경제적 조건을 경시하고 현실에 뿌리내리지 못한 관념성을 띠었

다는 점이다. 윤수종이나 강내희의 논에서도 드러나듯이(강내희, 1996; 윤수종, 1998; マイケル ハート, 1996), 사회운동에서 노동운동의 역할도 부정하지 않지만 실질적인 운동에너지는 계급의식이 아니라 들뢰즈 나 가타리가 말하는 미시적인 차원의 욕망('생산하는 욕망') 그리고 그 욕망으로 발동된 신체들 사이의 원소적(元素的)인 상호작용에 초 점을 맞추고 있다.

신좌파의 이론적 애매함은 탈근대의 문제설정에서도 드러난다. modern을 한국어로 표기할 때 크게 '근대'와 '현대' 두 가지로 나뉘는 데, 당연히 서구와 한국의 경우는 상당한 차이가 있다. 서구의 근대는 300~400년의 역사를 가지고 있으며, 한국의 근대는 기껏 백수십 년 인데다 그 대부분이 식민지 내지 신식민지의 근대이다. 뿐만 아니라 하버마스류로 표현한다면 '근대'는 일본이나 한국에서 말하는 근현대 전체를 포괄하는 의미를 지닌 개념인 데 비해, 한국어(일본어)의 '근 대'는 이를테면 '현대'와 구별 혹은 대립되는 뉘앙스를 가진 말로 이해 되는 경향이 있다. 서구와 한국의 역사적 단계나 조건이 어긋나는 것 은 당연하며 바로 그렇기 때문에 68년혁명을 전환점으로 하는 서구의 논의가 한국에 그대로 적용될 리 만무하고 또 그것을 무시하고 논한 들 한국의 현실에 맞지 않는 것은 명약관화하다. '시민'이라고 해도 서 구에서 말하는 시민과 한국의 시민은 그 개념과 내용이 크게 다르다. 더구나 한국의 근현대사는 대부분이 밖에서부터, 즉 제국주의에 의해 강요되었다는 성격을 가지고 있다.

이것을 다른 측면에서 고찰해 보면, 일반적으로 신좌파는 서구사상 을 배움으로써 탈근대의 문제설정을 단순히 이성의 비판이나 해체로 이해할 뿐 아니라 그것을 넘어서서 소수자와 문화의 시각에서 사회의 재구성을 의도하는 것으로 볼 수 있다. 그러나 예를 들어 윤수종 등이 열중한 네그리의 사상은 어디까지나 선진국, 즉 제1세계의 변혁을 의도한 것으로 제3세계에 그대로 들어맞지 않는다. 네그리는 제3세계에 대해서 아무것도 모르거니와 식민지의 실태 또한 아는 바가 없다. 페미니즘에 관심을 갖고 있지 않을 뿐 아니라 이민노동자에 대한 관심이라고 해도 그것은 어디까지나 제1세계인 이탈리아 내부에 있는 제3세계적 존재일 따름이다. 또 네그리가 전위당과 노동운동에 비판적이었다고 해도, 그것은 어디까지나 당시 이탈리아공산당의 노선과 그 헤게모니 아래 있는 노동운동에 대한 비판이 주를 이루었다. 오히려 네그리의 본래 의도는 일정한 역사적 조건에서 모든 형태의 변혁운동을 고무하는 데 있었다고 보아야 할 것이다.

이렇게 볼 때, 제3세계적이면서 동시에 제1세계의 요소도 지닌 한국의 지식인이 네그리의 사상을 공부할 경우에는 좀더 한국 현실에 적합한 형태로 받아들여야 하지 않을까 싶다. 단적으로 말해 한국에서 아직도 체제내화되었다고 할 수 없는 노동운동이나 시민운동의 현실과 역할을 경시하고 소수자운동의 의의를 강조해도 여기에는 커다란 한계가 있게 마련이라는 것이다.

이 점과 관련해서 본다면, 하버마스에게서 사사받았고 저서를 통해서 한국의 청년 · 학생 들에게 큰 영향력을 가지고 있는, 독일에 사는 철학자 송두율(뮌스터대학 사회학)이 서구와 한국의 근대/현대의 차이에 주의해야 함을 거듭 강조하고 있는 데 주의를 기울여야 할 것이다. 『현대사상』에 실린 「우리에게 근(현)대는 무엇을 의미하는가」)에서 송두율은 서구와 한국에서 근대와 현대가 지니는 의미의 차이점을 밝히면서(송두율, 1997), 오히려 서구의 개념이 잘 들어맞지 않는 한국에서는 '근대'나 '탈근대'가 아니라 '현대' '탈현대'라는 말을 사용해야 한다고 시사한 것으로 이해해야 할 듯싶다.

여하튼 90년대 한국에서 프랑스사상이 포스트모던 사상으로 소개된 것은 근대/근대성 문제를 제시했다는 점에서 큰 의미를 가진다. 푸코, 알튀세르, 데리다, 라캉, 들뢰즈, 가타리 등의 이름과 더불어 권력과 언어, 차이, 해체 등의 어휘가 유행하였으며 내부/외부, 자기/타자, 정신/물질, 지성/감성, 자연/기술(문화·문명), 남/여, 서양/동양 등의 이항대립적인 사고에 비판의 화살을 돌렸다. 냉정하게 판단해 볼 때, 이는 사회의 다면적 이해라는 의미에서 결코 부정해야 할 것은 아닐 터이다. 데리다의 '해체주의' 개념으로 말하면, 그것은 단순한 부정·해체의 작용도 아니거니와 헤겔적인 변증법도 아니다. 데리다의 사고는 어디까지나 기성의 가치관이나 체계에 대해 다시 근원적인 물음을 던지는 것이다. 그럼에도 불구하고 한국에서 이 같은 사상의 수용이 결과적으로 사회상황의 추이와도 얽혀서 국가나 자본주의, 노동, 계급 등과 같은 용어에 대한 혐오감을 강화시키고 민족분단이나 통일문제의 과제를 소홀히 하게 되었다면, 거기에 부정적 평가가 뒤따르는 것은 당연하다.

그나마 다행인 것은 신좌파의 경우 이러한 부정적 측면이 있으면서도 탈근대라는 문제설정을 제기함으로써 그와 동시에 이론적 탐구의 일부에 '탈식민지주의'의 문제설정을 의식하게 되었다는 점이다. 한국에서 탈근대는 실제로도 탈식민지주의 문제가 될 것인데 구체적으로 논의되기 시작한 것은 1997년 무렵부터라고 생각된다. 이는 페미니즘 이론영역 등에서 포스트콜로니얼리즘에 대한 문제의식이 확산된 시기와 바로 일치한다. 이 절의 앞부분에서 '포스트모더니즘'과 '탈근대'

를 구별하여 논의하였으나, '포스트콜로니얼리즘'과 '탈식민지주의'가
어떻게 다른가는 압축근대의 한국에서 사상적으로 또 하나의 커다란
문제이다.

3. 구좌파와 마르크스주의의 재구성

이제까지 본 바와 같이 한국 현대사상은 사회의 변혁운동과 밀접한
관계를 가지고 언제나 변혁노선의 모색, 변혁주체의 설정에 고심해
왔다. 남북분단의 지속은 민족문제의 미해결을 의미하며 민중이나 시
민이라는 주체설정을 둘러싼 갈등은 계급문제가 뿌리깊음을 나타낸
다. 서구에서는 민족독립과 계급투쟁이란 거대담론의 시대가 이미 지
나갔다고 하지만, 한국의 현실은 아직도 그러한 과제에 직면해 있다.

한편으로 국가와 자본주의, 노동, 계급이란 개념은 여전히 한국에
서는 유효할 뿐만 아니라 그것들에 관한 고찰 없이 한국의 현실을 말
할 수 없다. 그러나 또 한편으로 한국사회가 이만큼 경제성장을 이룩
하고 지구화(globalization)와 정보화 사회의 소용돌이 속에 휘말려
있는 현재, 환경과 여성·인권·복지 같은 개별문제(미시적 이론) 또
한 불가피해지고 있다. 현실적으로 민중인가 시민인가 하는 양자택일
을 요구받을지라도 민중은 계급개념과 관련되고 시민은 탈계급·탈
중심의 성격을 띤다는 설명은 납득할 만한 선택의 이유로 불충분하
다. 그만큼 압축근대의 한국은 어려운 문제를 짊어지고 있으며 세계
사가 안고 온 여러 모순을 동시에 고찰해야 할 입장에 놓여 있다는 것
을 의미한다.

이 같은 관점에서 볼 때, 90년대 한국의 사상흐름에서 전통적 마르

크스주의, 즉 구좌파적 마르크스주의가 어떠한 이론을 전개하였는가는 흥미 깊은 일이다. 사회주의권의 붕괴 후에 마르크스주의의 재조명이 논의되고 그 가운데서 마르크스주의의 전화와 재구성이 화제가 되었던 90년대 초에 한국에서 가장 많이 읽혔던 마르크스주의에 관련된 문헌은 로자 룩셈부르크와 그람시, 알튀세르였다(『시사저널』1992. 1. 30). 그러나 어찌 되었든 80년대에 그만큼 권위가 있었던 전통적 마르크스주의가 90년대 들어서 급속도로 그 위세를 잃은 것은 확실하다. 그만큼 마르크스주의가 한국에 뿌리내리지 못했다는 것이기도 하지만, 일단 마르크스주의를 공부한 한국의 지식인은 마르크스주의가 지니는 의미 내지 가치를 한꺼번에 전면 부정한 것은 아니다. 적어도 자본주의라는 체제에 의문을 가지고 있으며, 또 역대 정권의 군사파쇼적 성격에 비판적인 좌파지식인에게는 과학으로서의 마르크스주의는 붕괴되었을지라도 비판적 무기로서의 마르크스주의는 아직 유효하며 그것은 삶에 대한 태도이자 근본적인 진리에 대한 신뢰이기도 했다(김성기 외, 1998).

지금까지 몇 차례 인용한 김동춘에 따르면, 한국에서 마르크스주의 진영이 동요 혹은 무너지기 시작한 것은 1991년 무렵부터인데(김성기 외, 1998) 그후의 마르크스주의적 주장은 크게 '완고파'와 '개량파'로 나뉜다고 한다(김동춘, 1998). 완고파는 원칙론에 서면서 주로『이론』『사회경제평론』같은 지면을 통해서 활동하고, 이보다 온건한 개량파는 구체적인 사회현실 내지 이론지형 내에서의 변화를 읽어내면서『경제와사회』『동향과전망』『창작과비평』『역사비평』등의 잡지를 통해 활동하였다. 양자는 자본주의의 노사간 갈등이 한국사회의 기본적 갈등의 기축을 이루고 노동운동이 사회변혁의 중심적 운동이라고 보는 점에서는 공통적이라고 한다.

완고파는 80년대 말에는 한국사회를 신식민지국가독점자본주의라고 보았으나 자본주의의 '성공'신화 속에서 90년대에 들어서 분화하기 시작하여 경제학자들 사이에서는 신식민지라는 규정성을 삭제하고 전통적인 국가독점자본주의의 틀을 고수하려는 움직임도 나왔다. 이에 대해 한국 자본주의를 처음부터 세계자본주의론의 틀에서 고찰하고 오늘날의 지구화 상황에서 한국 자본주의는 세계 자본주의의 동향에 더욱더 크게 규정되고 있다고 보는 사람도 있다. 또 정치학에서는 90년대에 들어서 그때까지의 국가본질론 혹은 계급환원주의에 대한 비판에 부딪히면서 점차 국가의 본질과 형태를 분리하여 본질은 불변이지만 형태는 변화한다는 것을 인정하는 다양한 연구가 나오기 시작하였다. 그런 가운데 개량파는 한국 자본주의의 종속적 성격은 이제 근본적으로 변화했다는 등 다양한 견해를 피력하고 한국사회의 변화를 적극적으로 평가하면서 현실사회의 변화에 대응하는 문제의식의 중요성을 강조하는 경향을 띠기도 한다.

이렇게 보면 사실 구좌파적 마르크스주의는 주로 김동춘이 말하는 완고파를 가리키는 것인데, 그 대부분이 계보적으로는 『이론』동인으로 활동해 오던 연구자들이다. 현실적으로도 90년대의 마르크스주의 연구는 역시 『이론』지를 거점으로 이루어졌다고 할 수 있는데, 이런 점에서는 1997년 여름에 폐간되기까지 『이론』은 한국 마르크스주의의 '정통'적 명맥을 가까스로 지키는 역할을 하였다.

연구자별로 살펴보면, 김성구는 독일에서 국가독점자본주의론 및 공황론 등을 공부하였고 최근에는 신식국독자론/PD론을 새롭게 해석하는 경향을 보인다. 즉 신식국독자는 신식민지에서도 자본의 축적 경향이 독점자본주의, 나아가 국가독점자본의로 발전하여 제국주의 중심자본의 지배-종속의 조건으로부터 벗어나지 못한다는 것이다. 그리고 이러한 이행에서는 중간항으로서 특히 구조개혁이 중요하다고 본다. 이는 현실적으로 일본과 미국의 강한 지배를 계속 받아온 한국사회는 지금도 여전히 '독점과 예속'을 핵심 명제로 하는 신식국독자론의 이론틀로 분석·인식될 수 있다는 것이다(김성구, 1998).

이에 대해 정성진은 종속이론에서 출발하면서도 자본주의 일반론을 중시하며 또 사회구성체 논쟁 과정에서 트로츠키주의를 수용하여 최근에는 사회적 축적구조론 등, 각종 개량주의적 조류에 대한 비판적 고찰작업을 하고 있다. 정성진의 입장은 '국제사회주의'라고도 할 수 있는데, 트로츠키에 기원을 두고 있는 데서 알 수 있듯이 구소련 사회주의는 사회주의가 아니라 국가가 자본주의의 역할을 담당한 국가자본주의였다고 그는 주장한다. 당연히 각종 개량주의는 일시적인 '추억'일 수밖에 없는 운명에 있으며, 세계는 이제부터 진정한 사회주의 혁명의 시대로 접어든다는 것이다. 이런 점에서 한국 자본주의는 세계체제의 주변부적 위치에서 벗어나는 데 성공한 것은 확실할지라도 그 미래는 불투명하다고 말한다(정성진, 1997b).

이 두 사람 외에 김수행은 영국에서 일본의 정통파 마르크스주의 공황론을 공부한 연구자이며, 최갑수는 마르크스주의 연구라기보다는 프랑스혁명사를 전공하였으며 특히 프랑스 사회주의 운동의 사상적 조류에 관해 열심히 연구하고 있다. 이에 비해 김세균과 손호철은 전통적 마르크스주의에 가장 원칙적으로 대응하고 있다고 할 수 있는데, 마르크스주의 이론의 자립화·재구성에도 힘을 기울이고 있다.

90년대의 한국 마르크스주의는 한국 내의 정세변화에 대응하는 것뿐 아니라 지구화·정보화 사회의 조건 속에서 세계 자본주의의 변화에도 대응하기를 요구 받아왔다. 마르크스가 분석하고 비판하고 변혁을 꿈꾸었던 자본주의 사회는 세계 자본주의 형태로 여전히 존재하고 있으며 더구나 한국사회에서는 훨씬 더 복잡하고 첨예한 모순을 내재하고 있다. 자본주의가 존속하는 한, 마르크스주의의 과제는 남겨져 있는 것이고 그 과제는 환경이나 여성 같은 새로운 문제를 포함하는 것으로 나타났다. 한국의 마르크스주의자도 이제는 계급투쟁 일변도로 머물러 있을 수 없게 되어서, 국가권력의 억압성이나 고용위기 같은 계급문제뿐 아니라 환경과 여성, 그 밖의 여러 문제에 대한 대응이 절박하게 요구되기에 이르렀다. 실제로 한국의 마르크스주의는 종래의 계급적 착취와 정치적 억압 등의 문제에 덧붙여 가부장제를 비판하는 페미니즘의 영향을 받고 또한 인간과 자연의 관계를 재검토하는 에콜로지에도 강한 영향을 받고 나아가서는 각종 시민운동의 도전도 받게 되었다.

윤소영이 주장하는 알튀세르적 마르크스주의가 한국에서의 마르크스주의의 전화를 시도했던 것이고 그로부터 사회변혁의 주체로서 새롭게 '시민으로서의 노동자와 여성'을 설정한 것은 이미 서술하였다. 이에 대해 구좌파의 연구자는 같은 『이론』동인으로서 알튀세르의 영향을 받으면서도 전통적인 마르크스주의를 발전시키는 형태로 마르크스주의의 재구성을 시도해 왔다. 새로운 이론전개를 정리하여 발표한 연구자는 아주 적지만, 여기서는 대표적 인물로 김세균의 주장을 살펴보기로 하겠다.

마르크스주의 운동은 현재 '제3순환'을 마쳤으나 마르크스주의 운동의 새로운 순환을 위한 비전은 아직도 제시되지 않거나 혹은 비전을 제시하는 시도는 그야말로 시도에 머물러 있는 상태의 단계라고 김세균은 말한다. 마르크스주의 운동의 '제1순환'은 마르크스주의의 성립과 발전이고 '제2순환'은 제2인터내셔널의 성립과 발전 및 파탄이고 '제3순환'은 제3인터내셔널과 그 전통을 계승한 마르크스주의, 즉 레닌 이론과 레닌 이론의 스탈린주의화를 통해서 성립된 이른바 마르크스·레닌주의의 성립과 발전 및 파탄이다. 그런 가운데서 그람시 이론, 모택동 이론, 유로코뮤니즘 등은 제3순환기 마르크스주의 운동의 결함을 수정하려 했던 중요한 시도들이었으나 모두 충분한 성과를 거두지 못한 채 끝나버리고 말았다는 것이다. 모택동 사상은 대중의 혁명적 실천을 당 내부의 권력정치에 종속시켜 버림으로써 파산하였고 그람시 사상을 이념적 기반으로 한 유로코뮤니즘은 운동노선의 부르주아화를 거쳐서 최종적으로는 서구좌파적인 개혁운동으로 전환해 버렸다고 본다(김세균, 1993b).

이와 같이 마르크스주의 역사를 총괄한 김세균은 『이론』에 「오늘의 마르크스주의—재구성을 위한 하나의 시도」를 발표하면서 자신의 이론을 제시하였다(김세균, 1997a). 즉 오늘날 마르크스주의는 이미 시대의 진리를 밝힐 수 없는 고루한 과거의 사상으로 전락해 버렸지만 자본주의 모순은 더욱더 확대되어 자본주의의 위기, 노동자·민중에 가해지는 압박은 더욱 강해지고 세계 각지에서 마르크스주의의 의의가 재인식되기 시작한다. 이른바 마르크스주의의 부활인데, 이를 위해서는 무엇보다도 기존의 마르크스주의 이론의 해체와 재구성이 불가결하다고 쓰고 있다. 게다가 김세균의 마르크스주의 재구성 시도는, 당연하다고 해야 할지 혹은 의외라고 해야 할지 아무튼 현실적으로 알튀세르와의 격투로 시작하였다.

김세균에 따르면 마르크스주의와 비마르크스주의의 경계선은 노동자계급의 사회적 해방과 이에 기반한 인류해방을 목적으로 하고 있는가 여부이며, 그 의미에서 마르크스주의의 기본적인 입지점은 어디까지나 노동자계급의 입장에 선 계급투쟁의 이론 및 사상이다. 여기에서 마르크스주의를 어떻게 재구성할 것인가 하는 문제인데, 무엇보다도 계급적 관계의 문제와 성, 지식, 인종, 민족, 환경, 복지 등을 포함한 비계급적인 문제를 둘러싼 관계를 어떻게 재설정할 것인가가 중요하다. 이제까지 마르크스주의가 생산관계에 내재하는 계급대립을 중심으로 제반 사회적 관계의 총체를 고려하여 '토대-상부구조론'이라는 본질주의, 환원주의, 기술결정론, 경제결정론의 입장에 서온 것은 주지의 사실이다. 그런 가운데 초기 알튀세르는 사회적 제반 관계에 대한 이 같은 파악에 이의를 주장하고 "환원 불가능한 모순들의 복잡한 중층결정"과 "경제에 의한 최종심급에서의 결정" 그리고 "제(諸)심급들간의 관계에서 무엇이 지배적인가를 궁극적으로 결정하는 것은 경제다"라는 테제 및 "지배적인 것을 지닌 구조"라는 테제를 제시하였다.

　알튀세르를 이렇게 이해한 김세균은 마르크스주의의 발전에서 알튀세르의 지대한 공헌을 인정하면서도 그의 주장에서는 비록 경제적 모순의 운동과 정치적 · 이데올로기적 모순의 운동은 항상 서로 중층결정을 할지라도 각각 독자적 운동공간과 운동논리를 가지는 것으로 보고 있다고 비판한다. 즉 경제, 정치, 이데올로기 3자는 처음부터 분리된 것으로 제시되고 있으며, 그 점에서 김세균은 3자의 자율성은 어디까지나 상대적이라고 반박한다. 알튀세르가 말하는 환원 불가능한 복잡한 모순들은 자연과 사회의 관계 및 계급적 문제와 비계급적 문제의 관계에는 적용되지만 계급적 관계의 경제·정치·이데올로기라는 세 가지 수준들간의 관계에는 기본적으로 적용되지 않는다고 보는 것이다.

이로부터 김세균은 경제적 관계를 토대, 그리고 정치적·이데올로기적 관계를 상부구조로 파악한 '토대-상부구조론'을 대신하여 사회구성체의 계급적 관계의 총체를, 경제적·정치적·이데올로기적 규정을 모두 포함하는 "심층적인(또는 보다 심층적인) 것"과 "표층적인(또는 보다 표층적인) 것"으로 나누어볼 것과 이 양자는 상호작용의 관계에 있으면서도 동시에 서로에 상대적 자율성을 지니고 운동하는 것으로 볼 것을 제안한다. 실제로 김세균의 '심층-표층구조론'은 이해하기 쉬운 표현은 아니지만, 어쩌면 한편으로는 모든 현상을 본질로 환원해 버리는 환원주의적 실체론에 반대하고 또 한편으로는 현상 이외에는 아무것도 인정하려고 하지 않는 포스트모더니즘적 유명론(唯名論)—극단적인 형태가 데리다의 해체주의?—과 대결하는 이중전선의 구조주의적 개념을 의도했던 게 아닌가 생각된다.

그리고 김세균은 이러한 '심층-표층구조론'을 계급투쟁의 고찰에도 적용하여 각 수준의 계급투쟁의 중요성과 계급투쟁의 다층성·다양성을 인정하는 한편 계급운동의 중심성과 통일성을 어떻게 확보할 것인가가 문제라고 하면서 노동자권력의 정당성을 주장한다. 이 경우 김세균의 노동자권력론은 앞에서 서술한 국가권력의 사회적 성격을 가리키는 '국가유형' 차원에서 이해될 수 있는데, 현실에서는 노동자권력의 민주적 형태, 즉 사회주의적 민주주의 체제를 지향하는 것이라고 보아도 될 것이다.

김세균에게 사회적 제반 관계의 변혁은 결국 경제·정치·이데올로기 관계의 총체를 변혁하는 것이지 단순히 경제투쟁과 정치투쟁을 의미하는 것은 아니다. 그렇기 때문에 그는 계급적 관계의 문제와 성, 지식, 인종, 민족, 환경, 복지 등 비계급적 문제를 둘러싼 관계에 대해서도 종래의 "본질주의적—환원주의적 총체성론" 대 "탈중심화된 총체성론"에서 "중심성을 인정하는 비본질주의적—비환원주의적 총체성론"으로 전환할 것을 요구한다. 이것도 앞에서 살펴본 '심층—표층 구조론'과 마찬가지로 알튀세르의 주장을 일부 받아들이면서도 그 한계를 지적하고 그것을 극복하고자 하는 발상이 바탕을 이루고 있다. 이를 현실세계에 적용한다면 지식 · 성 · 인종 · 민족 · 환경 · 복지 문제 등은 간접적으로는 항상 계급적 문제이고 동시에 계급적 문제는 간접적으로는 늘 지식 · 성 · 인종 · 민족 · 환경 · 복지의 문제이기도 하다는 것이다. 요컨대 순수한 계급적 문제는 존재하지 않고 또 순수한 비계급적 문제도 존재하지 않지만, 그것들은 결코 동일한 문제가 아니라고 본다.

이러한 사고방식은 지금까지의 속류적 마르크스주의가 비계급적 문제를 모두 계급적 문제로 환원하고 비계급적 문제의 해결을 추구하는 개별적 문제제기나 운동의 독자성을 인정하지 않고 오히려 그러한 운동을 모두 계급운동에 종속시키려고 하여 결과적으로 비계급적 문제의 해결을 지향하는 각종 형태의 해방운동을 억압했을 뿐 아니라 계급적 문제의 해결도 저해하는 것이 되었다는 데 대한 반성에 입각한 것이기도 하다. 이것은 당연히 90년대의 한국 시민운동과 그 밖의 운동의 활발한 전개를 근거로 한 사고방식인 동시에 서구세계의 마르크스주의 재구성의 움직임을 반영한 것이다.

김세균의 경우 마르크스주의 재구성의 근거를 보면, 하나는 60년대 말과 70년대 초에 독일의 네오마르크스주의에서 제기한 국가도출론이고 또 하나는 미국의 앰허스트학파(the Amherst School)의 탈근대적 마르크스주의(postmodern marxism) 조류라고 할 수 있다. 이 가운데 앰허스트학파의 주장은 계급적 문제의 중심성은 물론이거니와 본질–현상의 구분 및 심층–표상의 구분도 인정하지 않는 탈중심화된 총체성을 옹호하면서도 잉여노동의 실행, 점유 및 분배로 이해되는 '과정으로서의 계급(class as process)'을 사회적 총체의 분석을 위한 입구(entry point)로 선택하고 있다. 이는 모든 구성요소간에 어떤 서열도, 우선순위도 인정하지 않는 '탈중심화된 총체성'이라는 면에서는 이미 설명한 라클라우/무페의 포스트마르크스주의 등의 입장과 같다. 그러나 분석의 출발점 및 초점으로서 '계급과정'을 설정하고 있다는 점에서 포스트마르크스주의 입장과는 구별된다고 본다.

일반적으로 볼 때, 노동자계급과 계급투쟁의 중심성을 부정하는 한에서 앰허스트파의 주장은 이미 전통적인 마르크스주의를 벗어난 것이라고 이해되어야 할 것이다. 앰허스트학파에 관해서는 김세균의 글에 앞서 정성진의 「포스트모던 마르크스경제학 비판」이 『이론』에 실렸다(정성진, 1997a). 이 글에서 정성진은 다름아니라 앰허스트학파의 주장, 특히 계급투쟁의 중심성 부정을 비판한다. 정성진에 따르면, 미국의 마르크스주의 경제학계에서는 '포스트모던 마르크스정치경제학'이나 '중층결정 마르크스경제학' '반본질주의적 마르크스주의'가 융성하고 있는데 그것은 포스트모더니즘과 마르크스주의를 결합시킨 것이라고 한다. 그 대표적인 존재가 앰허스트학파인데, 이 학파는 알튀세르의 중층결정의 테제와 마르크스의 계급개념을 포스트모더니즘적으로 재해석함으로써, 즉 중층결정의 테제를 마르크스의 변증법과 동일시함으로써 전통적 마르크스주의의 환원주의와 경제결정론을 거부한다는 것이다.

그 결과, 정성진의 이해에 의하면 포스트마르크스주의 경제학은 부르주아지와 프롤레타리아트 간의 계급투쟁을 자본주의 발전과 변혁의 원동력으로 보지 않고 노사간의 계급투쟁은 여성이나 소수인종, 동성애자 등의 운동과 같은 것으로 그 이상도 그 이하도 아니다. 다만 정성진도 포스트마르크스주의 경제학은 전통적 마르크스주의를 왜곡하고 실질적으로는 개량주의에 빠져 있다고 보면서도 포스트마르크스주의와 달리 마르크스주의를 송두리째 포기하는 것은 아니고, 이런 의미에서는 아직 마르크스주의 진영에 머물러 있다고 인정한다. 이 점에서는 김세균도 앰허스트학파의 이론구성은 언뜻 마르크스주의로부터의 일탈인 것같이 보여도 그 이면에서는 계급문제의 중심성을 오히려 더 암암리에 혹은 수줍어하면서 인정하고 있다고 이해하고 있는 듯한데, 결국 마르크스주의의 지평을 버리지 않고 최후의 경계선에 있다고 생각하고 있는 것으로 보인다. 이른바 앰허스트학파는 여전히 한쪽 발을 마르크스주의의 지반에 디디고 있다는 것일 터이다.

한편 김세균의 이러한 사고방식은 필연적으로 알튀세르가 말하는 중층결정의 테제의 변경을 요구하게 된다. 따라서 김세균은 "중층결정 속에서 어느 하나에 의한 최종적 결정"을 "중층결정 속에서 어느 하나에 의한 중심적 결정"으로 바꾸어야 한다고 쓰고 있다. 여기서 김세균은 계급적 관계와 비계급적 관계들과의 관계에서 서로간의 환원 불가능성을 인정하면서도 중층결정과 동시에 중심적인 것의 존재를 인정하는 이러한 관점을, 헤겔의 '표출적 총체성론(the expressive totality)'을 특징짓는 '본질주의적–환원주의적 총체성론'과 탈근대주의의 관점을 특징짓는 '탈중심화된 총체성론'과 구별하여 "중심성을 인정하는 비본질주의적-비환원주의적 총체성론"이라고 부를 수 있을 것이라고 주장한다.

솔직히 말해 김세균의 이 주장은 다름 아닌 '줄타기'라고 여겨진다. 그러나 김세균으로서는 마르크스주의가 본질적으로 한계가 있는 사상·이론이라 해도 역사와 사회의 총체성에서 그 중심적 내용에 접근하고자 할 때는 마르크스주의적 관점이 결코 없어서는 안 된다는 의미에서는 일관성을 가진다. 그렇기 때문에 변혁운동의 양태에 관해서도 자본의 경제적·정치적·이데올로기적 지배에 대한 저항을 투쟁의 중심으로 설정하면서 계급, 성, 지식, 인종, 민족적 적대, 그 밖의 모든 차별을 극복하기 위한 연대적인 투쟁이 필요하다고 본다. 즉 반(反)자본운동이 어디까지나 중심이고 그것을 인정하지 않는 노동운동이나 신사회운동과 연대하는 것은 본질적으로 문제가 있다는 것이다. 따라서 당연히 전위적 정치조직은 필요하며 "당(활동, 정치)에 대한 대중(투쟁, 정치)의 우위" 및 "국가로 전화하는 대중"을 주장한다.

이렇게 보면 김세균의 이론전개가 알튀세르의 주장을 일부 받아들이면서도 그것을 넘어서고자 한다는 점은 일목요연하다. 실제로 김세균은 중층결정의 테제를 수용하면서도 경제에 의한 최종심급적인 결정을 부정하고 전위적 정치조직의 필요성을 인정한다. 이는 알튀세르와 그를 계승한 발리바르의 주장과 상당히 거리가 있으며, 특히 전위당의 존재를 불필요하게 하는 알튀세르적 마르크스주의와 기본적으로 다른 사고방식이다. 김세균의 입장에서 본다면 발리바르의 '인권의 정치'는 수용하기 어려운 테제이고, 역으로 윤소영의 입장에서 본다면 김세균은 프롤레타리아의 헤게모니를 선험적으로 인정한 상태가 된다(윤소영, 1993; 1994a).

　현실적으로 김세균은 시민운동의 양상이나 전국민주노동조합총연맹(민주노총) 및 '국민승리21'이 말하는 "국민과 함께하는 노동운동"의 노선에 비판적이다. 그 이유는 역시 '국민'이라는 개념이 계급적으로 애매하고 노동자·민중운동의 대의를 왜곡하고 한국 진보운동의 성장을 방해한다고 보기 때문일 것이다(김세균, 1997b; 1999a).

　이 문제는 일단 접어두고, 지금까지 살펴보았듯이 계급적 모순과 비계급적 모순의 관계, 계급적 문제와 비계급적 문제의 관계가 마르크스주의 재구성과 연관된 중요한 문제영역의 하나임은 말할 나위도 없다. 김세균이 고뇌한 것도 바로 이 문제이다. 신좌파가 비계급적 문제와 일상생활에 침투해 있는 권력이나 자본의 폭로 혹은 노동운동 이외의 다른 사회운동에 더 큰 관심을 기울인다면, 김세균의 관심은 구좌파의 입장에서 그러한 신좌파의 문제의식을 어떻게 최대한 포섭할 수 있을 것인가 하는 것이다.

　그러나 현실에서 김세균의 시도가 반드시 성공했다고는 말할 수 없다. 같은 구좌파에 속하는 최갑수는, 김세균의 이론전개는 속류 마르크스주의, 알튀세르 그리고 최근의 탈근대적 마르크스주의와 포스트 마르크스주의에 의거했던 것이고 원점이라고도 할 만한 마르크스로 거슬러 올라가서 고찰하지 않고 있다고 비판적이다. 동시에 "중심성을 인정하는 비본질주의적─비환원주의적 총체성론"이라는 것은 결국 '본질주의적 총체성론'과 근본적으로 같은 것이 아닌가 하며, 불만을 나타내고 있다(최갑수, 1997).

　또한 신좌파의 강내희는, 김세균은 비계급적 관계가 계급적 관계로 환원되지 않음을 인정하고 있으나 계급이 '최종결정'을 하지는 않더라도 '중심적 결정'을 한다고 보는 데 이의를 제기하고 있다. 즉 김세균의 마르크스주의 재구성 시도는 '유연전략'인 것처럼 보이지만 그 유연화가 실제로 어떤 변화를 가져오는지는 불분명하다. 김세균의 이론은 지금까지의 전통적 마르크스주의와 어떻게 다르고 특히 종래의 계급중심주의와 어떻게 다른지, 의문이다. 결국 김세균의 논리에서는 제반 모순을 극복하는 에너지는 노동자계급에 의존하는 것인바, 이는 전통적 마르크스주의로 회귀하는 것이라고 신랄하게 비판하고 있다 (강내희, 1997).

마찬가지로 신좌파에 속하는 심광현도 「마르크스주의의 전화와 탈근대적인 급진적 문화정치의 전망」에서, 최갑수와 강내희의 이러한 지적을 근거로 김세균의 지론을 날카롭게 비판하고 있다(심광현, 1998). 김세균의 주장은 알튀세르 이후의 각종 이론적 성과를 흡수하면서도 전통적 마르크스주의의 핵심인 계급투쟁의 문제설정을 유지함으로써, 일견 오늘의 상황에 걸맞은 마르크스주의의 재구성에 성공한 것처럼 보이지만 실제로는 일종의 형용모순에 빠져 있다고 심광현은 진단한다. 중요한 것은 계급적 관계와 비계급적 관계에서 무엇이 중심적이고 주변적인 것인가를 묻는 것이 아니라, 그 관계가 본래부터 내재적인 교착관계를 이루고 있음을 발본적으로 인식하는 것이라고 강조한다. 게다가 김세균의 주장에서는 특히 지구적 차원이 된 환경위기, 자연과 사회의 근본적인 변화가 갖는 심각성이 파악되지 않고 있다고 주의를 환기시킨다. 결국 김세균의 주장은 논쟁을 촉발시키는 계기가 되었다는 의미에서는 긍정적으로 평가할 수 있지만, 결과적으로는 마르크스주의의 재구성이라기보다 전통적 마르크스주의의 '보수'에 급급한 것으로 끝나고 있다고 논하고 있다.

김세균은 이른바 수세에 몰려 방어적인 입장에 머물러 있다는 것인데, 구좌파인 최갑수뿐 아니라 신좌파의 강내희와 심광현까지가 김세균의 주장을 실질적으로 전면 부정하고 있는 것은 한국의 마르크스주의 재구성의 과제가 얼마나 어려운지를 보여주고 있다. 특히 김세균이 신좌파와 문제의식을 공유하고 구체적인 운동에서 공동전선 구축을 변혁운동 재생의 기본노선으로 하고 있음을 고려한다면, 신좌파의 전면적 비판은 신/구 마르크스주의의 결합이라는 전략 자체를 좌우하는 요소가 될 수도 있다. 다만 여기에서 말하는 신좌파란 문화사회·문화정치를 전면에 내세우는 강내희·심광현이고, 코뮌주의와 소수자운동을 내걸고 마르크스주의 정치경제학에 더 큰 관심을 갖는 이진경과 윤수종 등이 아니라는 데 주의를 기울일 필요가 있을 것 같다.

마르크스주의의 재구성을 둘러싼 논의는 1997, 98년에 집중되었는데, 어쨌든 이미 살펴본 대로 김세균으로 대표되는 구좌파적 마르크스주의뿐 아니라 신좌파적 마르크스주의, 알튀세르적 마르크스주의 그 어느 것도 한국사회의 총체적 파악과 사회변혁 전망 및 이를 위한 변혁주체 설정에 성공하고 있다고 말하기는 어렵다. 이러한 상황은 한국뿐 아니라 전세계의 일반적인 현상이기는 하나, 그래도 남북으로 분단되어 있고 여전히 신식국독자론의 이론틀로 분석·인식될 수 있다고도 볼 수 있는 한국에서는 사상적·이론적으로 훨씬 더 중대한 문제를 안고 있다고 생각된다.

하지만 이러한 사상적·이론적 탐구의 혼미에도 불구하고 한국의 노동운동은 그 동안 성장을 거듭해 왔다. 좌파정당의 존재가 계속 허용되지 않았던 한국에서 노동운동이 담당하는 역할은 상상 이상으로 크다. 게다가 국내외의 정세변화 속에서 다소의 우여곡절을 겪기는 했지만, 노동운동 그리고 민중운동의 활발한 전개는 그 동안 급속도로 부상했던 각종 시민운동의 보수화에 어느 정도 브레이크를 거는 역할도 하였다.

원래 한국의 노동운동은 세계적인 신자유주의의 파도를 정면으로 맞아서 고용위기의 증대와 노동조건 악화라는 어려운 문제를 안고 있다. 김영삼정권이 추진한 경제협력개발기구(OECD) 가입과 세계무역기구(WTO) 체제의 참가도 결과적으로는 한국의 취약한 경제구조에 대한 세계시장의 경쟁압력을 더욱 크게 하는 계기가 되었으며, 과거 30년 동안 계속되어 온 성장신화를 근본부터 뒤흔드는 것으로 이어졌다.

1991, 92년 이후 한국의 노동운동을 둘러싼 학계의 논쟁은 계급투쟁의 관철인가 계급타협의 실현인가라는 첨예한 문제를 둘러싸고 전개되었다. 앞에서 서술한 협조주의적인 노동운동, 민주적인 조합주의론을 둘러싼 논쟁이 그 전형적인 예라고 할 수 있다. 일반적으로 한국 노동운동은 학계와 밀접한 관계를 맺고 있는데, 구체적으로 노조와 학계가 일체가 된 연구소의 설립 같은 형태로 나타난다. 계급적인 노동운동을 옹호하는 한국노동이론정책연구소(소장 김세균)가 가장 원칙적인 입장을 견지하고 있다면, 한국노동사회연구소(소장 이원보)는 근로조건의 개선에 역점을 둔 기존의 노동조합주의를 넘어서서 사회개혁과 제도개선을 지향하는 사회적 조합주의론을 제창하고 있다. 이 두 연구소는 현장활동가를 기반으로 하고 있는데, 한국의 진보적 노조인 민주노총은 이 두 가지 계통 가운데 어느 쪽이 집행부를 장악하느냐에 따라 노선이 적지 않게 변하게 된다. 이러한 두 가지 흐름과 일정한 거리를 두고 있는 것이 국책연구기관인 한국노동연구원(원장

이원덕)인데, 사회협약을 통한 노동자의 지위 개선을 주장하고 사회적 합의주의를 공식적 입장으로 하고 있으며 또 관료적 성격을 띠고 있는 한국노총과 깊은 관계를 맺고 있다.

그렇지만 한국의 노동운동을 지탱해 주고 있는 것은 역시 현장노동자라는 사실을 잊어서는 안 될 것이다. 한국의 역사와 사회는 어려운 고용조건 속에서 가혹한 노동을 강요받는 노동자에 의해 뒷받침되어 왔다. 뿐만 아니라 여기에는 1970년 11월 13일, 서울 평화시장 앞 도로에서 분신자살한 22세의 청년노동자 전태일의 정신이 면면히 계승되고 있다. 빈곤과 질병, 무학으로 고통받던 재단사 전태일은 햇빛도 들어오지 않는 좁고 어두운 방에서 하루에 16시간씩 가혹한 저임금 노동을 강요받았으며 마침내 노동자를 대변하여 '인간으로서의 최소한의 요구'를 죽음으로 나타냈다. 1983년에 나온 『전태일평전』(조영래, 1983)은 군사정권의 거듭되는 압력에도 불구하고 그후에도 많은 사람들에게 읽혔으며, 오늘에 이르기까지 한국 노동운동의 정신적 지주가 되고 있다. 전태일의 사상은 다름 아닌 모욕과 굴욕을 당하면서도 인간다운 생활을 누구보다도 갈망했던 청년의 사상이었다. 80년대에 많은 대학졸업생이 노동현장에 들어간 것은 전태일의 이 꿈을 실현시키기 위해서였다.

4. 갈등하는 역사인식

여기에서 시선을 약간 돌려서, 한국의 역사연구와 관련해서 역사인식의 문제를 살펴보고자 한다. 즉 지금까지 한국의 현대사상을 주로 사회과학의 시각에서 파악해 왔으나, 여기서는 역사학이라는 다른 경로를 통해 고찰해 보려는 것이다. 원래 한국의 역사연구가 반공독재의 정치풍토 속에서 진행되었고 또한 체제가 강요한 역사교육에 의해 역사인식이 키워져 왔다고 하더라도 거기에는 여러 가지 변형이 있을 수 있다. 무엇보다도 역사연구 방법론 자체가 시기에 따라 또 근거로 하는 연구시각에 따라 몇 가지의 특징을 보인다.

이홍락(한일장신대 경제학)은 「내재적 발전론 비판에 대한 반(反)비판」에서, 한국사연구의 발전과 더불어 연구방법론도 크게 변화되어 왔다면서 이제까지의 연구시각을 다섯 가지로 정리하고 있다(이홍락, 1997). 첫째 일본 제국주의(일제)하의 이른바 '식민지사관'에 의한 조선사회 정체론 · 타율성론, 둘째 해방 후 그 극복을 위해 식민지지배의 수탈성과 죄악성을 밝히려고 한 연구, 셋째 조선왕조 후기의 사회에서 자본주의 맹아를 찾으려고 하는 움직임, 넷째 일국사적(一國史的) 관점에서 역사발전의 기본 동인을 내적 계기에서 찾는 내재적 발전론, 다섯째 식민지시대와 해방 후의 경제발전을 연속적으로 파악하는 근년의 이른바 '식민지근대화론' 등이다.

이상을 간단하게 식민지사관, 일제탄핵사관, 자본주의 맹아론, 내재적 발전론, 식민지근대화론으로 정리할 수 있다. 식민지사관이 과거 일본의 조선지배를 합리화하는 사관임은 말할 나위도 없으며 이를 옹호하고 주장할 여지가 해방 후의 한국에서는 물론 허용될 수 없었다. 오히려 한국의 역사연구에서는 이 침략사관을 타파하고 청산하는 것이 기본 임무로 간주되었으며, 그런 의미에서 일제탄핵사관이 그 출발점이 되었다고 할 수 있다. 그러나 학문연구의 자유가 극도로 억압 · 제약되었던 50년대에 '근대사'라 하면 실질적으로는 조선왕조시대를 가리킬 정도로 식민지시대의 연구는 매우 부진하였다. 새로운 민족국가 건설을 뒷받침하는 민족적 에너지의 결집과 민족적 아이덴티티 확보라는 과제를 역사연구가 담당해야 했으나, 실제로는 식민지시대의 무자비한 폭력과 수탈을 묘사하고 역사의 주인공이어야 할 민중의 모습은 보이지 않는 역사가 되어 이른바 일본사의 이면사, 즉 일본 제국주의 역사라는 성격을 띠게 되었다.

이러한 반성에서 일본의 침략사상을 배후에서 지탱한 정체사관, 타율성사관을 그 뿌리에서부터 비판하기 위해서는 전통사회의 태내에서 자본주의의 맹아를 찾아내야 한다는 움직임이 일어났다. 이 연구방법론은 50년대 후반에 먼저 조선민주주의인민공화국(북한)의 역사학계에서 제기되어 일본을 거쳐서 한국의 역사학계에도 전해졌다. 개항 이전에 조선사회에는 이미 상품화폐경제의 발전을 동력으로 한 사회경제적인 변화가 격렬한 기세로 일어났으며, 일본이나 구미 나라들의 조선진출이 이러한 자생적인 자본주의로의 길을 억압·왜곡했다고 본다. 이 방법론으로 조선왕조 후기의 사회경제 면에서의 대변동이 움직일 수 없는 사실로 승인됨과 동시에 사상사 및 정치사에서의 실학사상의 연구 진전과 더불어 역사연구에서 커다란 성과를 올리게 되었다.

그러나 민족해방운동의 사회경제적 기반을 밝히고 또 역사변혁 주체의 생활기반을 밝히기 위해서는, 조선사회의 이러한 내적 계기가 일본 식민지체제로의 전환·재편성 과정에서 어떻게 변화하였는지를 규명하는 것이 중요한 과제가 되었다. 이른바 내재적 발전론인데, 이것은 외압에 의해 내적 계기의 법칙적 전개가 어떻게 왜곡되며 또 나아가 왜곡되면서도 어떻게 관철되었는지를 밝히려고 하는 것이다. 내재적 발전론은 '내재적'이라는 말에서 드러나는 일국사적 파악과 '발전론'이라는 말에서 볼 수 있는 진보·발전에 대한 지향으로, 이른바 일국사적 관점에서 역사발전의 기본동인을 내적 계기에서 찾고 동시에 보편적인 역사발전의 법칙에 근거한 방법론이다. 당연히 국제적 계기를 중시하면서도 일국사의 틀 내에서 아래로부터의 계기를 역사발전의 기본 동인으로 보고 변혁주체는 직접생산자인 기층민중을 중심으로 한 방향으로 향하게 된다.

물론 내재적 발전론의 이해에는 여러 가지 흐름이 있는데,[3] 크게 나누면 구미를 모델로 하는 근대지향을 주장하는 입장(근대주의)과 식민지 민중을 담당자로 하는 비서구적 발전으로의 지향을 찾는 입장(반근대주의 내지 아시아적 근대) 두 가지로 대표된다. 논쟁의 흐름에서 볼 때, 현시점에서는 내재적 발전론이 한국의 경제성장기와 거의 같은 시기에 주장된 점도 있어서 내재적 발전론이 '근대지향'의 현 상태 긍정론으로 기능할 위험성을 지니고 있다는 데 비판이 모여지고 있는 것 같다. 이 같은 논쟁이 있다고 하더라도, 내재적 발전론은 적어도 개별적 역사의 다양성을 부정하거나 혹은 서구의 근대를 찬미하는 것이 아닐 뿐더러 또 근대 그 자체가 최종적 도달점도 아니고 오히려 근대는 언젠가는 극복되어야 할 것으로 위치짓는다고 할 수 있다.

여기에서 말하는 자본주의 맹아론과 내재적 발전론은 모두 식민지사관의 정체론과 타율성론을 극복하는 데 주안점이 있으며, 이로써 전근대와 근대 그리고 현대를 일관적으로 파악할 수 있는 역사연구 방법론을 확보하려고 했다. 이런 의미에서는 식민지시대의 저항운동을 디딤돌로 해서 통일과 민주주의로 이어지는 변혁주체를 모색한 80년대의 '민중사관' '민중사학'과도 공명하는 역사연구 방법론이었다고 할 수 있다(강만길 외, 1989).

그러나 얼마 전부터 한국에서는 중진자본주의론을 제창한 안병직을 중심으로 이와 별도로 '식민지근대화론'이라는 새로운 역사연구 방법론이 대두하여 논쟁의 표적이 되고 있다. 식민지근대화론은 식민지시대를 침략과 수탈의 역사로만 보는 것이 아니라 침략과 개발의 양면을 지닌 것으로 파악해야 한다는 주장이라고 할 수 있다. 요점은 조선사회는 정체된 사회가 아니라 왜곡된 형태이긴 하지만 자본주의가 발전하고 있던 동태적인 사회이며 그때 형성된 물적 · 인적 자산이 오늘날의 한국의 발전으로 이어지고 있다고 파악하는 것이다. 좀더 구체적으로 사회경제사적 관점에서 보면 30년대의 공업화 성과는 60년대 이후 한국의 경제발전으로 이어졌다고 보는 것으로, 그 동기는 식민지공업화와 NIEs화의 연속성을 논증하려는 데서 찾을 수 있다. 그러나 이것은 뒤집어 말하면 60년대 이후의 한국 경제발전은 결과적으로 일본의 식민지지배에 기반을 둔 것이라는 논의도 될 수 있다.

90년대 들어서 한국의 학문연구 분위기는 사회과학에서 인문과학으로 향하는 경향이 보이며, 역사연구의 방향도 정치사나 사건사(事件史)보다는 사회사와 문화사, 생활사 나아가서는 극히 일부에서 사상사 · 정신사 분야로 넓어지고 있다. 여기에는 프랑스 아날학파의 영향도 있거니와 경제성장으로 자신의 생활과 정신을 다시금 들여다볼 사회적 여유가 생기기 시작했다는 요인도 있다. 그렇지만 한국의 학문 전체가 그러하듯이 한국의 역사연구도 여전히 큰 어려움을 안고 있다는 점에는 변함이 없다.

원래 근현대사 연구는 무엇보다도 '근대'란 무엇인가, '현대'란 무엇인가를 탐구하는 것이고 조선 근현대사의 경우에도 개항에서부터 식민지시기 그리고 현재에 이르기까지의 근현대사의 전체상을 밝히는

데 있다. 그러나 비(非)구미세계의 연구 대부분이 그렇지만, 사실 남북한 특히 여기서 논하고 있는 한국의 근현대사 연구도 혼미에 혼미를 거듭하였으며 방법론 모색 또한 격렬한 진폭의 동요로 가득 찼다. 이렇게 된 데는 근현대사의 연구가 개항 전후, 식민지시기, 해방 후로 토막토막 끊어져서 근현대사 전체를 포괄적으로 파악하는 시각과 방법론이 아직도 확립되지 않고 있다는 점을 이유로 들 수 있다.

그런데 조선근대사는 원래 일본 근대사와 동전의 양면을 이루고 있어서 조선 근현대사와 일본 근현대사를 완전히 분리해서 논하는 것은 불가능하다. 더구나 개항 전후, 식민지시기, 해방 후의 근현대사 전체를 포괄적으로 파악하는 역사연구 시각과 방법론을 모색하고자 할 때는 아무래도 식민지시대의 역사와 해방 후의 역사의 연속성을 중시하는 방향으로 나아갈 수밖에 없다. 현실적으로 한국의 역사연구는, 역사학 고유영역은 물론이거니와 경제사, 정치사, 사회사, 교육사, 그 밖의 분야에서 식민지시기와 해방 후 역사의 단절=비연속을 재검토하는 작업이 진행되고 있으며, 이 작업들은 정도의 차이는 있지만 필연적으로 식민지시대의 사회변화를 긍정적으로 평가하는 역사인식의 확산으로 이어진다. 그렇게 되면 조선 근현대사의 재검토작업이 자칫하면 일본의 '역사 재검토'='역사수정주의'와 친화성을 가지고 그 주장을 보강하는 역할을 할 수도 있다. 이런 점에 비추어볼 때, 요즈음의 식민지근대화론 주장에 대해서는 신중한 검토와 비판이 필요하다고 하겠다.

『창작과비평』(통권98호, 1997년 겨울호)은 그 무렵 학계를 떠들썩하게 했던 식민지근대화론을 "쟁점·식민지와 근대"라는 제하의 특집으로 다루었다. 거기에서 식민지근대화론의 제창자라고도 할 만한 안병직은, 현재 한국 근현대사는 연구 패러다임 면에서 획기적인 전환을 요구받고 있다고 전제하고 그 근거를 한국 자본주의의 발전이라는 현실과 세계사의 동향에서 찾는다. 80년대 말의 사회주의권 붕괴, 동아시아경제권의 급속한 경제성장, 특히 한국경제의 눈부신 발전을 보면 바야흐로 한국사회의 발전방향은 남북한을 한데 묶는 의미에서의 중진국화에서 선진국으로 가는 길밖에 없으며 그것은 결국 경제발전이라는 시각에서 조선왕조 후기, 식민지시대, 해방 후의 역사를 일관되게 고찰할 필요가 있다면서 이렇게 말한다. 물론 식민지시대 역사에는 정체도 있고 수탈도 있고 착취도 있었다. 식민지사에는 수탈과 개발이라는 두 개의 축이 있는데, 내재적 발전론의 시각에서 보면 역사연구는 수탈 일변도로 치우쳐서 역사를 왜곡하고 민족주의를 고취하고 민족독립운동사의 측면만 강조하는 경향이 있었다. 그렇지만 오늘날 중요한 것은 한국사회 발전의 방향성과 관련하여 역사의 어느 측면을 중시할 것인가인데, 그 점에서 이제는 식민지시대를 경제발전론의 시각에서 연구하는 것이 절실하게 요구된다는 것이다(안병직, 1997).

안병직의 이 같은 논의는 조선근대사의 전개과정에서 자본주의 발전 측면을 과대평가하는 경향이 있는데, 이는 신용하(서울대 사회사) 등 보수적 민족주의자의 입장에서 보면 한국경제의 고도성장의 기원을 일본 식민지통치에서 찾는 것으로서 '민족주의'를 극복하고 일본 식민지지배에 감사하라고 말하는 것과 진배없다. 게다가 현실적으로 과거 일본의 조선침략을 옹호하는 데 불과한 이러한 주장은 곧 일본의 보수적 언론에 이용되어, 한국에서는 '내재적 발전론'이나 '일제수탈론' 같은 지금까지의 민족주의사관을 혹독하게 비판하는 움직임이

고조되고 있으며 역사연구에서 민족주의적인 편향이 배제되어야 한다는 소리가 커지고 있다는 식으로 보도되어 버린다(『産經新聞』 1997. 8. 14).

한국에서는 식민지시기와 해방 후의 역사인식이 단절된·형태로 있는 것이 분명하며, 근대화의 입장에서 이를 재검토하려 하는 조류가 나타나도 특별히 이상할 것은 없다. 오히려 그것은 역사연구의 확산 내지 심화이고 한국사회의 발전에 의한 사회적 여유의 증대를 나타내는 것이기도 하다. 그런 의미에서는 안병직의 주장도 일정한 평가를 받아 마땅할지도 모르겠으나, 현실적으로는 그와 같이 조잡한 논의전개는 거꾸로 일본형 '역사수정주의'의 주장에 이용될 측면도 갖고 있다. 즉 경제발전을 축으로 하는 근대화의 연속성이라는 주장은 실제로는 식민지지배는 반드시 나쁜 것만은 아니었다는 역사수정주의자의 주장에 수렴되어 버릴 위험성을 안고 있다.

결국 지금까지 '반일'과 '반공'이 정치적으로 이용되어 왔다고 주장하는 사람이 왜 식민지근대화론이 일본형 '역사수정주의'에 이용될 위험성을 자각치 못하는가 하는 문제가 내재해 있다고 볼 수 있다. 다시 말해, 안이한 식민지근대화론이 일본 내셔널리즘에 가담해 버릴 위험성을 자각하면서 남북한의 국가주의적 발상(=정사正史)에도 비판적인 동시에 어떻게 전근대·근대·현대를 포괄적으로 파악하는 사관 내지 방법론을 체득할 수 있는가 하는 과제에 대한 자각이기도 하다(愼蒼健, 1997).

식민지근대화론에 대해서는 여러 가지 비판이 있다. 자본주의 발전이 원래부터 그렇게 선(善)인가, '근대'나 '근대화'는 어디까지나 서구 중심의 발상 아닌가, '일본모델'을 추종하는 '발전사관'=일종의 '보편

주의'는 아닌가, 침략당하고 억압당한 쪽의 '근대'(='아시아적 근대')
도 있을 수 있는 것 아닌가 등등 근대의 파악방식 그 자체와 관련된
문제제기가 있다. 그런가 하면 식민지근대화론에는 국가권력과 식민
지지배의 본질에 관한 논의가 빠져 있다, 인식대상에서 식민지 자체
가 소멸되어 있다, 역사주체인 민족 내지 민중이 존재하지 않는다, 사
회경제사 연구에 치우쳐서 통계수치에 지나치게 의존하고 있다는 반
론도 들린다.

　남북한의 경제발전이 해방 전과 해방 후에 연속성을 가지는 것은
당연하다. 문제는 근대화의 연속성을 어떻게 평가할 것인가이다. 안
병직은 명백하게 식민지시대의 자본주의적 성장이 현대 한국의 경제
성장으로 이어졌다고 본다. 그러나 윤소영은 서사연의 공동작업을 통
해서 이와는 다른 주장을 하고 있다. 일제 식민지하에서 조선의 자본
주의가 발달했던 것은 틀림없는데, 이를 식민지자본주의라고 부른다
면 적어도 30년대에는 일단락되었다고 본다. 즉 30년대 이후의 식민
지조선은 자본주의적 생산양식이 지배적인 자본주의적 사회구성이
되었고, 식민지공업화가 조선의 근대화의 출발이었다는 것도 사실이
라는 것이다. 그러나 그것은 어디까지나 왜곡된 것이었고 더욱이 해
방을 계기로 이 식민지자본주의는 미군정의 압살 아래서 신식민지 자
본주의로 재편되어 갔고 또 50년대 이후 6, 7, 80년대에 신식민지 국
가독점자본주의로 재편·강화되어 오늘까지 이어진다고 말한다. 한
마디로 신식국독자론/PD론의 주장인데, 식민지시대의 일정한 '근대
화'와 해방 후의 연속성을 인정하면서도 안병직과는 전혀 다른 평가
를 내리고 있다(서울사회과학연구소 경제분과, 1991).

　윤소영의 이 입장은 근대화의 내실을 경제성장, 특히 통계수치상에

나타나는 증대로만 보는 것은 부당하다는 관점에 서 있음을 의미한다. 실제로 예를 들어 한반도의 철도는 30년대에 비약적으로 발달하였으나, 이것이 부분적으로는 운송량의 증대, 기술발전, 주민의 이동, 문화전파에 긍정적인 역할을 했는지도 모르나 현실적으로는 조선경제를 지역적·산업별로 분할해서 일본 제국주의에 종속시켰으며 또 근대의식의 주입과 민족결집이라는 조선민족의 주체형성이라는 점에서는 부정적 역할을 한 것에 지나지 않는다.

이와 관련해서는 조선사회경제사를 연구한 가지무라 히데키(梶村秀樹)가 일찍이 썼던 다음 구절의 의의가 새삼 상기된다. "식민지화라는 상황에서 조선인민의 내재적 발전에서 가장 의미 있는 정수는 사회경제적 발전의 추진보다는 민족해방투쟁 속에 나타나고 있는 것인 만큼, 그 의미에서의 정치사·사상사적 관점이 일반적인 사례 이상으로 더한층 중요할 것이다."(梶村秀樹, 1977) 당연히 이로부터 식민지근대화론은 결과론적인 역사해석이라든지 정체성론의 부활에 불과하다는 비판을 넘어서서 원래 역사연구의 하나의 사관 내지 방법론일 수 있는 것일까 하는 보다 근본적인 물음에 직면하게 된다.

그러면 앞으로의 역사연구 과제와 관련하여, 식민지근대화론의 주장이 이제까지의 한국 역사연구의 문제점과 결점을 있는 그대로 드러냈다는 점과 이를 어떻게 향후의 과제해결과 연결시킬 것인가 하는 점에 대해 생각해 보기로 하겠다. 이에 관해 고찰하는 데는 권태억(서울대 한국근대사)의 글(권태억, 1997)이 가장 적절한 참고자료가 될 것이다. 권태억은 무엇보다도 한국의 역사연구가 이제까지 일본 식민지 통치를 받았다는 사실 자체에 지배되어 피해자의식에서 벗어날 수 없었을 뿐 아니라 상처받은 자존심의 회복에 집착한 나머지 현실을 올바로 볼 수가 없었다는 점에 주의를 기울일 필요가 있다고 논한다.

사실 지금까지의 역사서술은 왜곡되고 수탈당했다는 관점에서 구성되는 경향이 있었으며, 또 암묵적으로 자민족의 도덕적 '우위성'을 자부함으로써 시대의 객관적 변화에 대한 인식도 흐려지게 되었다고 볼 수 있다. 역대 '친일파'정부들의 역사연구에 대한 압력이 약했던 점도 민족과 사회가 안고 있는 모순을 과대평가하는 것으로 이어지고 또한 사회 전반의 변화에 대한 감성을 약화시키는 것으로 이어졌다고도 할 수 있다. 나아가 '민족주의'가 '반일'과 '반공'의 도구로 전락함으로써 일본에 대한 인식이 바로잡히기 어려웠던 것도 사실이다. 식민지시대의 실상은 물론이거니와 현실의 일본도 알지 못한 채 반일감정에 젖은 채로 역사연구를 해왔다는 것에 대한 반성도 필요하다. 요컨대 식민지근대화론의 등장은 이제까지 역사연구의 여러 가지 약점과 문제점을 보다 선명하게 의식케 하고, 역사연구 분야에서도 지금까지 경시되어 온 문화사나 생활사, 사상사, 정신사 같은 분야의 필요성을 그 이상으로 인식하게 하는 것이 되었다.

조선 근현대의 사상적 흐름을 보면, '민족' '국가' '근대'는 항상 사고의 주축이었으며 그 지점에서 국제관계를 규정한 '일본' 그리고 '미국' 등이 선택의 여지 없이 편입되어 들어왔다. '친일파' 문제와 관련하여 살펴보면, 처음에는 '민족주의'에서 출발하여 '근대지상주의'로 나아가 결과적으로 '친일화' 길을 걸었던 계보도 있고, '근대'라는 보편을 표방하면서 마침내 '일본'을 보편적 존재로 설정함으로써 '친일화'의 길을 걸었던 계보도 있다. 이런 의미에서 식민지시대는 바로 민족주의와 근대주의의 갈등의 시대였으며, 이것이 친일파를 어떻게 이해해야 할 것인가 하는 문제를 어렵게 만들기도 했다. 당연히 조선의 지식인에게 일본 그리고 미국은 언제나 고통 내지는 희망의 불씨로 인식될 수밖에 없었다. 한국의 역사연구의 애로사항도 바로 이 점에 있으며, 여기에는 한국의 역대 정부가 정권의 존재 자체를 걸고 '근대화'=경제발전을 표방하면서 통치수단으로는 반공색이 강한 민족의식의 강화를 도모하고 그것이 대일·대미의 대외적 관계와 밀접하게 얽혀 있다는 사정이 있다.

이 문제와 관련해서는, 역사연구에서 하나의 시각은 아니지만 그렇다고 역사연구와 역사인식·역사교육과 분리될 수 없는 사회현상인 '박정희 신드롬'을 살펴보는 것도 좋을 것이다. 요즘 들어 한국에서는 '개발독재'를 주도했던 박정희 전 대통령을 '영웅' 내지 '탁월한 지도자'로 숭배하는 분위기가 강해지고 있다. 시기적으로는 김영삼정권 말기인 1997년 3월 중순에 『고대(高大)신문』의 인물 앙케트 조사가 각 신문에 실린 것을 시작으로 해서 사람들의 주목을 끌면서 같은 해 말 IMF 관리체제로 전락한 것과 때를 같이하여 순식간에 사회적 관심을 모은 현상이 되었다고 할 수 있다(한국정치연구회 편, 1998). 각종 사회적 징후를 들여다볼 때, 이것은 단순히 회고주의라고 하기에는 너무나 중증이고 이제는 사회에 만연한 심리적·정신적 공간을 메우는 영웅대망론, 경제제일주의를 상징하는 것이 되고 있다.

역사를 돌이켜보면, 60년대 이후의 박정희체제는 '반공병영(反共兵營)사회'라고 해야 할 정도로 독특한 조건 아래서 국가주의를 동원하고 권위주의적 통합을 본질로 하는 것이었다(학술단체협의회 '97학술토론회, 1997). 1965년의 한일국교정상화 이후에 일본자본을 도입한 경제발전은 이러한 체제 아래였기에 가능했다. 박정희 신드롬은 이런 박정희시대에 대한 향수이고, 기득권 세력이 지금도 여전히 얼마나 강력한 힘을 가지고 있는가를 보여주는 것이다. 이와 동시에 파시즘 체제를 용인하는 것이 될 수도 있는 과거로의 회귀현상은 무엇보다도 민주적이고 미래지향적인 새로운 패러다임의 부재에 그 원인이 있으며 기득권층의 취약성을 드러내는 것이라고도 볼 수 있다. '한강의 기적'이라고 미화되는 재벌 중심의 경제성장은 반공 패러다임과 군사독재의 강권정치 아래서 가능했을 뿐, 그것이 무너진 지금의 박정희 신드롬은 구사회의 해체와 새로운 사회로의 전환에 따르는 고통으로부터의 도피이기도 하다.

해방 후의 남북한의 역사를 보면, 남북 양 정권은 민족주의의 담론을 늘어놓으면서 실제로는 국가주의 원칙에 서서 민족주의를 억제하는 정책을 취해 왔다고 할 수 있다. 여기에서 '민족주의'란 어디까지나 최종적으로는 남북 통일국가 실현의 기반이 되는 사상인데, 한국에서 처음으로 민족주의를 제창한 정권은 박정희정권이었다. 군사쿠데타로 성립한 박정희정권은 정권의 정통성을 보완하기 위해서도 경제발전을 추진하는 동시에 여기에 국민의 참여를 끌어내기 위해서 민족주의를 동원하고자 했다. 이에 따라 민족적 주체성 확립이 무엇보다도 중요하고 이를 위해서는 민족적 자부심이 필요하다고 판단하여 식민지사관을 극복한 주체적 한국사관의 정립, 유형·무형 문화재의 발굴 및 복원·재건축, 역사상의 위인의 신격화, 태권도의 세계보급운동 등이 제창되었다(한국정치연구회 편, 1998). 그런 한편 박정희정권은 실제로는 남한의 국가질서에 반하는 민족주의, 즉 통일과 민족의 자주성을 주장하는 민족주의는 부정하였으며 가혹하게 억압하였다.

한반도에서 민족국가의 형성은 남북한이 짊어진 역사적 과제이지만, 이것은 동시대의 세계사적 변화 속에서 달성되어야 하는 것이다. 한국의 입장에서 말한다면, 통일민족국가의 형성이 달성되지 않은 상태에서 한국 자본주의는 발전수준과 자본력 면에서 세계의 주목을 받게 된 것이다. 이른바 한국의 역사발전의 시간과 세계사 흐름의 불일치라고도 할 수 있는데, 그런 가운데 90년대 이후 한국은 탈냉전시대에 국가의 논리가 아니라 민족의 논리로 민족국가 형성의 과제를 자기 손으로 이룩해 내는 책무를 감당하게 되었다. 즉 민족통일이 바로 한민족 자신의 문제로 제기된 상황에서 한국에서는 자신의 민족문제를 해결할 수 있는 주체적·민주적 그리고 통일로 향한 열린 사상과 이념이 요구되었다. 그 점에서 박정희 신드롬은 사회에 만연한 정신적 불안을 메워주고 분단체제하에서 남한만의 경제발전을 염두에 둔 것으로, 이른바 시대의 과제에 역행하는 사회현상이라고 할 수 있다.

20세기 말의 한국사회를 볼 때, 민족주의는 상당히 애매모호해졌으며 소리 높여서 '민족'을 외치면 외칠수록 주변국으로부터는 오해받기 쉽게 되어 있다(김동춘, 1996). 원래 민족주의는 하나의 실체라기보다 이데올로기이고 게다가 표현방식은 실제로 민족감정의 표출이 되므로 배타적·관념적으로 되기 십상이다. 뿐만 아니라 식민지시대의 민족주의가, 계급구조로 말한다면 '근대'를 표방하는 방향으로 나아가는 경향을 지닌 부르주아지나 지식인이 아니라 주로 민중에 의해 인도되어 왔다는 점도 있어서 적지 않게 전근대성을 안고 있었다는 것도 사실일 것이다. 그럼에도 불구하고 한국의 민족주의는 식민지지배를 반대한 저항운동의 전통을 잇고 있으며 그런 의미에서는 역사적으로 건강한 역할을 수행해 왔다. 그러나 해방 후, 모스크바3상회의에서의 '신탁통치' 결의에 대해 남북분단의 위험성을 냉철하게 가늠해 보지도 않고 무턱대고 민족주의적 담론만 늘어놓아서 반대를 하는 등 민족 본래의 이익에 반하는 방향으로 내달은 적도 있다. 그뿐 아니라 민족주의는 박정희정권으로 대표되고 있듯이 '국가민족주의'라고도 불릴 정도로 반공질서의 구축에 이용되는 측면도 지녀왔다. 따라서 민족주의가 자신에 대한 비판의식을 상실할 때, 그것은 종종 자민족중심주의, 배타주의, 배외주의, 일종의 나르시시즘에 빠진다는 것은 분명하다.

역사의 흐름을 보면 한국 민족주의는 하나의 이데올로기로서 기본적으로는 반외세=반제국주의라는 저항자세를 견지하면서 동시에 민중에 뿌리내린 민주주의의 실현을 지향하는 것이기도 했다. 실제로 70년대 이후의 민주화운동 시대에 그 시대를 이끈 사상을 '민족주의'라고 표현한다면 그것은 반외세, 반종속, 민족적 주체성의 주장이라는 측면도 있지만 그와 더불어 국내의 계급간·계층간의 알력과 대립을 해소시키려는 민주주의를 지향하는 것이었다. 다만 당시의 민족주의는 대외의존적인 정치경제구조에 대한 비판이기는 했으나 아직도 통일민족국가로 가는 길에 대해 언급하는 것은 아니었다.

이것이 크게 변하는 것은 1980년 5월의 광주민중항쟁을 전환점으로 해서 당시까지 '우방' 또는 '동맹국'으로 받아들여졌던 미국에 대한 인식이 변화하면서부터이다. 즉 80년대 초 이후에 한국의 민족주의는 그때까지 입에 올리지 않았던 반미 슬로건을 내걸었으며 반미 슬로건은 그후 얼마 안 가서 한국사회에서 하나의 상식이 되었다. 이로써 한국에서 미국의 존재가 문제시되고 민족해방·민주주의 노선이 지식인 및 학생 속에 스며들면서 북한에 대한 반공적인 인식도 크게 바뀌었다.

이와 같은 흐름 속에서 한국에서는 백낙청처럼 근대 그 자체에 대한 비판의식에서 근대 서구문명의 원리를 지양하고 새로운 보편원리를 추구하려는 움직임도 어느 정도 확산되었다. 원래 70년대에서 80년대에 걸쳐서 활약한 백낙청과 박현채, 리영희, 강만길, 김진균 등은 한국사회에서 계급모순이 격화되기 전의 농촌사회를 알고 있고 분단의 고통도 실제로 경험하여 민족적 정서를 지니고 있는 사람들이었다. 이에 비해 80년대 이후에 등장한 세대는 산업화에 따른 계급모순의 격화를 경험했지만 기성사실화된 분단상황 속에서 민족주의적 정서는 희박해진 경향이 있었다. 한국에서는 '386세대'라는 말이 자주 사용되는데, 이는 PC의 '386형'에서 나온 것으로 "현재 30대이고 80년대에 대학생으로 민주화운동 등을 경험한, 60년대에 태어난 세대"를 총칭하는 말이다. 이들의 계급의식이나 민족의식은 그 이전 세대와는 적잖이 다르다. 윤소영은 한국의 마르크스주의자들은 민족문제를 정당하게 다루고 있지 않다고 비판하였는데, 여기서는 세대간의 문제가 하나의 이유가 되고 있는 것 아닌가 생각된다.

아무튼 전체적으로 보면, 한국에서는 1990년을 전후하여 이데올로기로서의 민족주의의 양상은 또 한 번 크게 변하였다. 경제성장에 따른 한국사회의 발전 그리고 사회주의권의 붕괴 등으로 민족주의는 더 이상 지식인과 학생을 끌어들이는 진보적 사상이 아니며, 포스트모더니즘이나 '세계화' 등이 그 지위를 이어받았다. 민족주의는 변화하는 객관적 정세 속에서 그 자체가 재해석·재구성되어야 하고 혹은 폐기되어 마땅한 것이라고까지 생각되었다. 사실 민족주의는 이제 사상으로서 진보성을 갖기는커녕, 90년대를 통한 한국경제의 대외적 팽창 혹은 1997년 12월 이후의 IMF사태하에서 국수주의로 전락할 위험성을 띠기까지 한다. 그만큼 민족주의라는 말 자체가 오늘날의 한국사회에서는 부정적으로 받아들여지기도 하고 또 역사인식을 둘러싼 갈등의 한 요소가 되기도 한다.

마크 피티는 『식민지―제국 50년의 흥망』에서, 일본의 조선 식민지 지배는 남북한 사람에게 '일본의 악랄한 착취'와 '조선인의 저항운동'이라는 상호 보완적인 두 개의 '신화'(=역사인식)를 유산으로 남겼다고 한다(マーク ピーティー, 1996). 이른바 선과 악이라는 이항대립적인 사고방식인데, 이런 의미에서는 오늘날의 한국에서 민족주의 담론의 양상을 고찰하는 것은 중요하다고 생각된다. 실제로 식민지근대화론에 대한 이른바 '민족주의자'의 반론 방식을 보더라도, 식민지근대화론자의 주장에 대한 자의적 해석뿐 아니라 역사적 사실에 대한 일방적 파악, 자기 주장을 관철시키려는 편협하고 독선적이며 배타적인 논법이 엿보인다.

원래 '민족주의'는 물론이거니와 '민족의식'이나 '민족사관' 같은 어휘는 명확한 이론적ㆍ개념적 실체를 가진 것이라기보다 오히려 선험적이고 감정적인 측면을 강하게 띠고 있다. 그 때문에 지금까지의 민족주의 연구는 단순히 조용하게 연구하는 학문적 행위가 아니라 강한 신념을 기반으로 한 사회적 실천을 동반하는 것이었다. 게다가 사회적 실천이 격동하는 국내외의 정치상황과 밀접하게 얽혀 있는 만큼 민족주의 연구는 현실사회 속에서 격렬함을 동반하였으며 또한 역으로 상처받기 쉽고 또 그런 만큼 적대적인 태도를 취하는 경향이 있었다. 실제로 한국에서 민족주의 연구는 때로는 '반일'과 '반미' '반공'의 사회적 운동과 결합하고 또 때로는 정치권력이나 언론에 이용됨으로써 학문으로서의 냉정함을 잃어갔다.

민족주의는 결코 하나의 확고한 이론도, 개념도 아니다. 민족이 그러하듯이, 민족주의도 '현실'의 추이와 함께 변해 가는 것이다. 그것은 의식적이든 무의식적이든 사회적 관계들 속에서 만들어지고 이용되고 서로 영향을 주고받는 이데올로기이다. 당연히 민족주의가 사회진보에 건전한 역할을 수행하지 못하는 관념주의로 빠질 때, 그것은 곧 보수반동, 국수주의로 후퇴할 위험성이 있다. 현실적으로 격동하는 역사를 살아온 한국에서 민족주의는 민중이 정서적으로 가장 받아들이기 쉬운 이데올로기로서, 역대 정부가 강요한 체제논리로서, 나아가 일종의 상업주의의 도구로서 끊임없이 이용되어 왔고 지금도 이용되고 있다.

민족주의에는 다양한 변형이 있다. 서중석(성균관대 한국근대사) 등 민족사학자라고 할까 암묵적으로 마르크스주의를 기초로 한 역사연구자의 경우, 그 입장의 기반은 '진보적 민족주의'에 있다고 할 수 있다. 여기서 진보적 민족주의란 근대의 프로젝트인 통일민족국가 수립을 지향하는 것이고 그 의미에서 근대주의의 범주에 속한다고 보면 된다. 이런 가운데 임지현(한양대 역사학)은 요즈음 체제나 혈통에 결부되는 것이 아니라 인간다운 삶을 보장하는 새로운 사회의 토대가 되는 민족주의, 진보적이고 유연성을 가진 시민네트워크 형태의 민족주의를 주장하고 있는데, 이것은 '시민공동체적 민족주의'라는 새로운 범주로 파악될 수 있을 것이다(임지현, 1999). 그러나 그의 주장은 실제로 분단구조의 의미와 민주화운동의 의의를 과소평가함으로써 성립된 것이 아닌가 하는 생각이 든다.

여기에서 부연설명한다면, 한국에서는 nationalism이 일반적으로 '민족주의'로 번역되며 일본어에서 말하는 '내셔널리즘'이라는 단어는 거의 사용되지 않는다. 일본에서 nationalism은 '민족주의' '국가주의' '국민주의' 등과 구별되어 번역되지만, 식민지지배를 경험한 한국에서는 '민족주의'라고 번역되는 경우가 가장 많다. 더구나 일본에서 nationalism을 '국가주의'로 번역하는 것은 '오역'이라고 주장될 정도이다. 여기서는 서구와 아시아 혹은 독일·일본과 한국에서의 국가·국민형성에 대한 인식의 차이가 확연히 드러난다.[4]

그렇다고 하더라도 민족주의는 본질적으로 보수적인 경향을 함께 지니고 있으며, 그런 의미에서 민족을 말하는 사람은 적지 않게 민족주의의 마이너스 측면을 체현하는 것이 된다. 실제로 한국의 보수적 민족주의자 가운데는 민족정신을 부르짖고 민족의 정수를 강조하면서 타민족뿐 아니라 자신의 주장에 반대하는 동족을 배척하기도 한다. '반일'을 주창하면서 실상 내면적으로는 '친일'적이고 민족모순이나 계급모순 그리고 독재권력에 대해서는 비판을 하지 않는 경향도 있다. 이른바 타자의 책임은 추궁하면서도 자신의 책임에 대해서는 언급하지 않고 대중선동처럼 주로 정서에 호소하는 수법이다. 게다가 '반일'=반외세라 해도 '반미'에 대해서는 말하지 않고 혹은 '민족'을 주장하면서 남북통일의 과제를 등한시하는 경우도 있다. 내부문제를 올바르게 분석할 수 없는 이러한 민족주의가 외부, 특히 일본의 내셔널리즘을 정확하게 파악할 수 없음은 당연하다.

앞에서 식민지근대화론을 둘러싼 『창작과비평』(통권98호, 1997년 겨울호)의 특집 "쟁점·식민지와 근대"를 소개했는데, 거기에서 식민지근대화론을 비판하고 있는 '민족주의자' 신용하의 논조도 지금 여기에서 살펴본 경향을 적지 않게 띠고 있다. 이 글에서 신용하는 식민지근대화론은 '근대화정책' '개발정책'의 재정립과 다름없고 식민지시대의 조선총독부와 식민지관료가 반복해서 주장했던 것과 동일한 내용에 지나지 않는다면서, 이른바 단칼로 잘라내는 전면 거부의 고자세이다 (신용하, 1997).

그러나 이러한 논조는 결코 오늘날의 객관적 조건에 긍정적으로 대응하는 것이라고는 생각되지 않으며 오히려 사람들의 역사인식을 흐리게 하여 정치·경제 상황의 변화에 따라 사회 전체를 독선적·배타적인 방향으로 이끌어가는 역할을 할 수도 있다는 의구심이 든다. 역사학자 정연태(가톨릭대 한국근대사)가 식민지근대화론을 비판하면서 특히 '열린 민족주의'(정연태, 1999)의 필요성을 설명한 것도 이런 이유에서이다.

원래 신용하와 안병직 두 사람을 내세운 『창작과비평』의 특집 자체가 한국의 지적 풍토를 상징하는 것으로, 조잡한 논의를 한층 담론화하는 역할을 했는지도 모른다. 신용하와 안병직은 서로 반발하면서도 실제로는 민족주의를 공통의 근거점으로 하고 있다. 게다가 두 사람은 경제성장 '지상'의 근대주의, 선진국 지향이라는 의미에서는 같은 무대에 서서 상호 보완적인 관계를 맺고 있다. 거기에는 한국사회의 총체적 파악이나 변혁에 대한 전망, 변혁주체의 설정 같은 주제에 대한 관심은 전혀 보이지 않는다. 이 점에서 사회학자 김진균이 일찍이 "새로운 사회과학의 방향을 모색하기 위해서는 민족·국가·계급·민중의 문제가 명확히 규명되어야 한다"면서 특히 "민족주의의 내부에서도 일정한 계급관계를 설정하지 않으면 나치와 같은 전체주의적인 방향으로 갈 위험성이 있다"고 쓴 것은 시사하는 바가 많다(김진균, 1997).

제4장

혼미를 거듭하는 사상: 새 시대를 향한 모색

제4장 혼미를 거듭하는 사상
: 새 시대를 향한 모색

1. 김대중정권의 탄생과 신자유주의

1997년 11월 원화 폭락을 계기로 한국은 국제통화기금(IMF)의 관리하에 들어갔고 이어서 이듬해 2월에 김대중정권의 출발로 경제재생의 길을 걷기 시작했다. 익히 알고 있듯이 김대중(DJ)은 70년대 이후 일관되게 박정희, 전두환, 노태우 등 역대 군사정권과 싸우고 '독재반대' '민주주의 실현'을 주장해 온 재야정치가이다. 김대중은 대통령 취임연설에서 선거를 통해 최초로 여야당 정권교체에 의해 탄생한 '국민의 정부'의 의의를 강조하고 민주주의와 경제발전의 동시추진으로 IMF 관리하에 있는 경제위기를 극복해야 한다고 말했다.

대통령에 취임한 김대중에게 IMF체제로의 전락은 예상도 할 수 없었던 사태였다. 이것은 동시에 '한강의 기적'이라는 경제성장의 신화에 기대어 OECD에 가입함으로써 '선진국'과 어깨를 나란히 하게 되었다고 생각한 한국국민에게도 과거 일본 식민지지배에 버금가는 '제2의 국치'이고 또한 한국전쟁 이후 최대의 '국난'으로 비쳤다. 국민적 프라이드를 동요시킨 이 사태는 한국이 경제의 좌절과 위기에 직면한 것뿐만 아니라 총체적인 사회개혁이 이제는 불가피함을 나타내는 것이었다.

그런 가운데 김대중은 대통령 취임연설에서 재벌개혁, 노사관계의 개선을 강조하면서 이와 더불어 안보문제 및 남북간의 화해와 협력에 역점을 두고 나아가 한국 국민의 정신혁명의 필요성까지 호소하였다. 한국사회의 구조 그 자체의 개혁을 제기했는데, 이는 해방 그리고 남북분단 후 4반세기를 지난 한국사회 전체의 기본 문제와 관련되는 것이었다. 김대중 대통령의 이 같은 자세는, 처음에는 위기의식에 사로잡혀 있던 한국국민들에게 호의적으로 받아들여졌고 새 정부가 내건 '개혁'이 시대의 표어가 되었다.

김대중은 재야정치가였다고는 하나, 본질적으로는 자유주의적 기질을 가진 전형적인 보수주의자이다(전영기, 1997). 김대중정권 자체도 (중도)자유주의적 야당의 진보세력의 주도 아래 김종필(JP)로 대표되는 (우익)보수적 성격을 지닌 구지배세력의 주변그룹과의 연합정권이라는 성격을 띠고 있었다(조희연, 1998). 그러나 한국역사상 정통성을 가진 정권은 김대중정권이 처음이고 그 근거는 김대중의 민주화운동 전개와 민주적 선거에 의한 여야당의 정권교체에서 찾을 수 있었다. 김대중정권이 '제2의 건국'을 내걸었던 것도 그런 의미였고, 이는 또 IMF 관리하에서의 거국적 노력을 강조하는 것으로도 이어졌다. 그러나 달리 말하면, 정통성의 강조는 이전 정권의 정통성을 부인하는 의미를 부각시켰고 재계나 『조선일보』로 대표되는 언론계 등 기득권층의 위기감을 부채질하게 되었다.

김영삼(YS)정권의 정치적·경제적 실정(失政)은 한국사회의 전반적 위기를 가져왔을 뿐 아니라 국내 보수주의자의 이념적 기반을 강화하고 이른바 사상 전체의 보수화를 부채질하였다. 또 한편으로 이념과 이데올로기의 절대성을 무너뜨리는 것이 되어 누가 진보이고 누가 보수인지 가려내기가 어렵고 특정한 사상이나 이념에 대한 명확한 규정을 곤란하게 만들기도 했다. 특히 국내 전통사상의 지속 내지 재강조와 프랑스사상의 유입에다 변혁사상으로서의 마르크스주의의 퇴조, 남북분단의 고착화와 지역주의·지역감정의 분출 등은 그렇지 않아도 복잡한 요소에 의해 좌우되는 한국의 지식인을 더욱 혼란스러운 상황으로 몰아넣게 되었다.

개중에서도 IMF 한파는 90년대를 통해서 한국의 지적 사회를 장식한 문화이론·문화비평에 통렬한 일격을 가하는 것이 되었다. 항간에 넘쳐나는 실업자들, 계속된 가장(家長)들의 자살, 박정희 신드롬이라는 이름의 개발독재시대에 대한 향수 등이 사회 전체에 어두운 그늘을 드리우는 속에서 문화와 일상, 욕망과 개인이 키워드가 되었던 90년대의 지적 상황에 비판의 시선이 집중되었으며 포스트모더니즘의 융성과 사회과학의 침체가 사회의 혼란을 불러왔다고 평하였다(『문화일보』 1998. 5. 4). 이리하여 포스트모더니즘은 침묵을 지키거나 포스트모더니즘의 지지자였음을 스스로 부정하는 한편, 질식 직전상태로 몰렸던 마르크스주의자 등 진보진영이 복권하는 징조도 나타나기 시작하였다. "영면(永眠)한 것으로 보였던 마르크스의 유령이 다시 한반도에 출몰하고 있다"(『시사저널』 1998. 6. 4) 하여, 곳곳에서 학술심포지엄이 개최되고 관련 사회과학 서적이나 강좌가 인기를 얻게 되었다.

이런 가운데 김대중정권이 내건 '개혁' 슬로건은 기묘한 형태로 한국사회에 회자되었으며 감히 여기에 이의를 제기하는 것을 주저하게 하는 분위기를 만들어내었다. 그러나 이것도 한 순간, 사회적 긴장이 점점 더 고조되는 속에서 어느 정도 시간이 흐르자 김대중정권의 정책에 대한 찬반이 논단의 화제로 떠오르면서 김대중정권이 내건 '민주적 시민경제론'을 축으로 한 신자유주의의 시비를 둘러싸고 논의가 집약되는 경향을 띠었다.

한마디로 노동자의 대량해고를 동반하는 IMF＝미국 중심의 세계금융시장에 예속된 시장원리를 철저하게 받아들일 것인가 아니면 그러한 신식민지적 예속을 거부하고 시민·노동자가 참여하는 경제개혁·재벌개혁을 실천해 갈 것인가의 문제였다. 신식국독자론/PD론 입장을 취하는 경제학자 김성구의 말을 빌리면, 그것은 신자유주의적 구조조정인가, 민주적 구조개혁인가 하는 경제극복을 둘러싼 두 가지 노선의 대립이었다(김성구, 1999). 또한 현실적으로 김대중정권의 재벌개혁＝노동자의 대량해고라는 반노조정책에 대해 재벌그룹의 계열사인 각종 언론기관은 말할 것도 없고 상당수의 시민단체들도 노동조합의 파업에 반감을 나타내고 결과적으로 정부지지의 태도를 보였다.

원래 김대중정권의 경제정책은 공식적으로 '민주적 시장경제'라고 일컬어지는 것이다. 이것은 친DJ파의 학자를 중심으로 '제3의 길'이라고 주장되는 노선이지만, 이 같은 사고방식의 밑바탕에는 영국의 블레어 총리나 독일 슈뢰더 총리가 취하고 있는 신중도노선＝'제3의 길' 노선, 즉 다국적 금융자본 중심의 신자유주의를 기본적으로 받아들이면서도 사회민주주의의 관점에서 신자유주의가 지닌 문제점을 어느 정도 수정하려고 하는 시도에 대한 공감이었다.

잠깐 신자유주의에 대해서 살펴보면, 이 물결은 한국에서도 이미 80년대에 그 편린이 간혹 보였으나 더 구체적으로는 90년대 들어와서, 특히 IMF 이후의 김대중정권이 들어서면서부터 전면적으로 현실화되었다. 종래의 자유주의 개념과 구별되는 의미에서 사용되기 시작했던 신자유주의(neo-liberalism)는 무엇보다도 경제개념을 중심으로 하여 인간을 파악하는 경향을 가지며 시장법칙과 이윤을 주요한 변수로 간주한다. 역사적으로는 처음에 미국의 레이건과 영국 대처의 시장지상주의적 정책, 즉 개인의 자유로운 선택을 중시하는 자유주의적 경제정책의 실시, 이와 표리관계에 있는 복지정책의 축소를 동반하는 사상체계를 신자유주의라고 불렀다.

지금까지 몇 차례 인용한 김세균에 따르면, 한국의 경우 친DJ파 학자들이 '제3의 길'을 말할 때 그것은 크게 보면 기존의 군부정권이 추구했던 국가주의적/신중상주의적 개발국가론이나 시장지상주의적 신자유주의론과는 구별되는 새로운 발전의 길을 나타내는 개념으로 사용되고 있으나 그것이 현실적으로 의미하는 내용은 민주적 코포라티즘, 케인즈주의적 사회민주주의, 심지어는 클린턴의 경제정책 지지 등으로 다양하며 명확한 의미로 사용되지 않고 있다(김세균, 1999b). 뿐만 아니라 김대중정권의 민주적 시장경제론에 대해서도 지금까지 크게 두 가지 상반된 해석이 나타나고 있다고 한다.

그 하나는 소극적/보수적 해석으로 민주주의와 시장경제의 병행발전 내지 정치적 민주주의와 자본주의적 시장경제의 동시적 발전을 옹호하는 정책노선인데, 이 경우 민주주의는 절차적 민주주의로, 시장경제 원리는 민주주의 원리와 동일한 것으로 간주되어 버린다. 또 하나는 개혁지향이 강한 친DJ파 학자들의 적극적/진보적 해석인데, 자본주의 시장경제의 비민주성에 주목하면서 시장의 실패와 불평등을 제거하고 시장을 보다 민주적으로 만들기 위해서 정부의 개입을 적극적으로 옹호한다. 이러한 적극적/진보적인 해석을 하는 사람 가운데는 사회민주주의적 계급타협의 모델이나 민주적 코포라티즘 체제를 '민주적 시장경제'의 모델로 제시하는 학자도 있는데 이는 민주적 시장경제에 대한 사회민주주의적 해석이라고 말할 수 있다. 이 후자의 입장을 대표하는 학자가 최장집이다. 그리고 김대중정권의 경제정책이 처음에는 신자유주의적 이론을 채택하면서도 실제로는 국가개입을 배제하지 않는, 즉 국가정책으로서의 신자유주의라는 성격이 강하다고 일컬어진다.

여기서 최장집 이름이 나왔는데, 최장집은 김대중정권이 탄생하고 3개월 후에 발족한 대통령자문정책기획위원회의 위원장으로 친DJ학자 그룹 내에서 핵심적 위치에 있던 인물이다. 한국에서는 학자들이 상아탑에 머물지 않고 각종 시민단체나 사회조직의 활동에 참가할 뿐 아니라 종종 정계나 정부기관에 뛰어드는 경향도 있는데, 김대중정권의 탄생은 학자그룹에 절호의 활약무대를 제공하는 것이기도 했다. 그 거점 하나가 대통령자문정책기획위원회라 할 수 있는데, 언론 · 교육 · 경제 · 금융 등 각계에서 친DJ파 학자들이 상당수 참가했다. 발족 초기부터 참가한 대표적 학자는 최장집 · 한상진 · 황태연 · 임혁백 · 도정일 등 다수에 이르고 그중에서도 최장집 · 한상진 · 황태연은 김대중의 비장의 무기 혹은 삼인방이라고 불릴 정도였다.

이미 설명했듯이 황태연은 지식프롤레타리아론, 생태사회주의론을 내세우고 등장한 소장학자였는데 김대중의 대통령선거 출마를 즈음

해서 남다른 '정치적 재능'을 발휘하였다. 김대중과 같은 전라도 출신인 황태연은 대통령선거 전인 1996년 초 DJ진영에서 처음으로 '지역연합론'을 들고 나와서 'DJP(김대중/김종필) 후보단일화론'의 이론적 '근거'를 제기하는 한편 매스컴을 상대로 맹렬한 활약을 했다. 즉 37년 동안이나 대통령자리를 경상북도 출신(박정희/노태우)과 경상남도 출신(전두환/김영삼)이 차지한 결과, 한국의 정치·경제·언론계의 고위직은 거의 이 지역 출신자들에 의해 독점되고 전라도 등의 소외 지역민은 "내부식민주의의 '문화적 수직분업'에 의해 음양으로 규제된다"는 것이다. 이러한 차별에 대항하는 데는 '저항적 지역주의'가 필요하고 충청도 출신의 김종필과 연합하는 것은 당연한 방책이라고 주장하였다(『한겨레신문』 1997. 5. 20). 마치 한국의 '전통'인 양 선전되는 지역감정, 지역차별이 박정희 정책의 정치적 산물임은 말할 것도 없으나, 황태연의 언설에는 그것을 역이용해서 민주화운동가인 김대중과 군부지배층 출신인 김종필의 연합을 정당화하는 의도가 들어 있었다.

김대중정권이 지역감정·지역차별의 문제를 어떻게 다루는가는 실로 중요한 정책과제의 하나이지만, 김대중정권을 지원하는 이데올로그의 한 사람이 된 한상진 역시 김대중과 같은 전라도 출신이다. 한상진은 중민론의 제창자인 동시에 스스로 『한국, 제3의 길을 찾아서』(한상진, 1992)를 출간하고 기든스의 『제3의 길』(앤서니 기든스, 1998)을 공동번역한 '제3의 길' 논자이기도 하다. 폐쇄적인 민족주의를 극복해야 한다는 한상진은 「한국사회 변동의 양면성: 89~99」라는 글에서도, 한국 정치개혁의 중요 과제는 한국의 현실에 맞는 개혁을 일관되게 추진해 나가는 것이며 사회통합적인 가치관을 가진 주체세력의 네트워크 형성이 불가결하다고 주장한다(한상진, 1999). 이를 위해서는 타자에게 열려 있는 눈, 상대의 입장에 서서 생각하는 가치관 그리고 좌우를 넘어서는 중용의 정신이 필요하다고 한다.

한상진이 말하는 '제3의 길'은 실제로는 중산층 중시의 이데올로기이다. 사실 한상진은 IMF 관리하에서 위기에 빠져 있는 중산층 중에서도 서민과 친화성이 높은 중민집단이 앞으로는 사회개혁의 중심이 되어야 한다고 주장하고 있다. 언뜻 지당한 논의인 것처럼 보이지만, 그 주장은 추상적이고 구체적인 과정이 없으며 개념 내지 결론만이 앞서는 감이 있다. 현실의 한국사회는 이러한 논의를 하기에는 합법적인 진보정당 하나 없는 취약한 상황이 오래 지속되어 왔다. 그 때문이기도 한지, 요즈음의 한상진은 한국사회가 양극대립·흑백논리·명분론의 정신구조에 함몰되어 있다면서 전통적인 중용사상의 재조명과 복원이 필요하다고 강조한다(『한겨레신문』 1999. 5. 27). 정신주의를 전면에 내세우는 한상진이 김대중정권하에서 국책연구기관인 한국정신문화연구원의 원장에 취임한 것도 결코 우연은 아니라고 할 수 있을 것이다.

대통령자문정책기획위원회의 위원장을 맡은 최장집에 대해서 말한다면, 본래 주장은 민주적 시장경제에 대한 사회민주주의적 해석일 것이다. 그러나 IMF 관리라는 현실에서 민주적 시장경제 노선의 국가정책은 신식민지주의적인 신자유주의의 파도를 고스란히 뒤집어쓰게 되었다. 그에 따르면, 한국사회가 직면하고 있는 위기상황은 김영삼정권의 실정(失政)과 박정희정권의 발전모델이 만들어낸 구조적 문제 중 어느 하나에서 비롯되는 것이 아니고 양자가 결합되어 나타난 총체적인 체제결함 문제이다. 해방 후의 한국은 세 가지 차원의 근대화 프로젝트 즉 근대국가 건설, 산업화와 경제발전, 민주화의 길을 한 결같이 달려왔는데 이러한 압축적인 근대화 프로젝트가 외면적 내지 양적인 의미에서 빠른 성장을 이룩한 것은 분명하다. 그러나 내면적 내지 질적인 의미에서는 그러한 성장은 사회의 전반적 발전을 저해하는 보다 큰 부작용을 낳았으며 권위주의와 각종 혼란·분열·불안정을 가져왔다는 것이다.

최장집의 입장에서 볼 때, 그렇기 때문에 한국사회는 이제 압축적 근대화의 성과에 기반을 두면서도 새로운 국민형성이라는 과제를 안고 있는 시점에 서게 되는 것이다. 남북간의 화해와 평화공존, 민주주의와 시장경제의 조화, 지역갈등을 축으로 하는 비합리적인 정치상황의 극복 등은 이를 위한 중요한 과제이다. 여기에서 시민사회의 중요성이 다시 강조되는데, 시민사회는 국가와 시장경제의 문제와 밀접하게 관련된 것으로 제기된다. 한마디로 민주국가와 시민사회가 두 개의 기둥을 이루는 민주적 시장경제를 통해서만 한국사회는 지구 규모의 시장화가 가져다주는 긍정적인 측면을 받아들이는 동시에 그 부정적 측면에 대해 적절하게 대처할 수 있다는 것이다. 따라서 최장집은 오늘날 한국에서 '민주적 시장경제'는 마치 다듬어지기를 기다리는 보석과 같은 것이라고 말한다(최장집, 1998a; 1998b).

정치학자 최장집은 신자유주의적 경향을 띠고 있다고는 하나, 정치적 야심이나 권력에 대한 추종이라는 점에서는 양심적인 입장의 인물인 것 같다. 또한 한국의 학계에 종종 볼 수 있는 해바라기형 인물도 아니다. 그렇지만 복잡하게 얽혀 있는 정치적 현실에서는 개인의 이같은 양심적 태도가 그리 수월하게 통할 리가 없다. 국내외에 걸친 정책결정이나 정치흥정 속에서 애매모호한 이론이나 사상 그리고 서투른 정치적 대응은 언제라도 역이용 혹은 공격의 대상이 된다. 그것이 1998년 10월 말에 느닷없이 발생한 『월간조선』의 최장집에 대한 사상공격 사건이다(우종창, 1998). 보수반동의 아성이라고도 할 만한 조선일보사가 월간지에서 김대중정권의 핵심 이데올로그인 최장집에게 비판의 칼날을 들이댄 것이다.

'최장집사상논쟁'으로 일컬어지는 이 사건의 발단은 '제2건국', 즉 과거 정권의 정통성을 부정하는 것 같은 김대중정권의 이념을 이끌고 있는 사람은 바로 "6 · 25는 김일성의 역사적 결단"이라고 한 최장집이라는 것이었다. 최장집의 『한국민주주의의 조건과 전망』이나 그 밖의 책에는 "개전 초기는 민족해방전쟁" "6 · 25의 최대 희생자는 북한 민중" "좌파는 혁명적, 우파는 반혁명적" "냉전, 반공이데올로기 비판"이라는 문구가 나열되고 한국 현대사가 왜곡되어 한국에 불리한 해석이 서술되어 있다는 것이다. 요컨대 대통령자문정책기획위원회 위원장이라는 사람이 '빨갱이'라는 공격이다.

조선일보사는 식민지시대의 친일파 계보를 들먹이며 그 뒤로도 일관되게 재계나 군부, 즉 기득권층의 이익을 옹호해 왔던 가장 반동적인 언론기관인데, 이들이 최장집비판에 나섰다는 것은 그만큼 자신들의 위기감을 노골적으로 드러낸 것이라 할 수 있다. 이에 대해 최장집은 조선일보사에 사죄와 손해배상을 요구하였으며, 또 『한겨레신문』을 비롯한 일부 매체와 각종 잡지 그리고 각지의 대학이나 진보적 학술단체 등에서 『조선일보』에 대한 비판적 의견을 표명하고 활발한 토론이 전개되었다.

생각하기에 따라서는 이런 '논쟁'이 일어난 것은 탈냉전 · 민주화의 성과로 볼 수도 있다. 그러나 『조선일보』는 김영삼정권 당시 통일원장관이었던 한완상에 대해서도 똑같은 수법으로 공격을 가하여 한완상의 축출에 성공하는 등 반공이념을 내세워 사상공격을 해대는 것이 상투수단이었다. 문제는 이러한 사상의 위기, 언론의 자유에 대한 공격에 한국의 언론이나 진보진영이 대항하는 힘을 갖출 수 있는가 하는 것이었다. 이 경우에는 『한겨레신문』과 월간잡지 『말』 그리고 예리한 지식인비판으로 알려져 있는 강준만의 단행본 시리즈 및 월간지 『인물과사상』 등에 조선일보 비판, 언론자유의 옹호론자들이 나섬으로 해서 일단은 그 나름의 성과를 거둘 수 있었다. 그러나 결과적으로 최장집은 그 이듬해 1월에 조선일보사와 화해하는 길을 선택하여 소송을 취하하고 선거에서 보수 쪽 표의 이탈에 위기감을 가진 청와대의 뜻을 헤아려 4월에 위원장직 사표를 제출하고 말았다.

권력에 모여드는 지식인이 보수적 경향을 띠고 자신의 사상·신조를 굽히고 입신출세에 눈이 어두워지는 것은 다반사이다. 진정한 의미에서 자유주의가 뿌리내리지 못한 한국에서 '자유주의자'란 흔히 이런 사람들을 가리키는 경우가 많았다. 압축근대, 게다가 정치·경제를 비롯하여 그 밖의 부문에서 여전히 취약함을 면치 못한 한국에서는 일반적으로 지식인은 자기 사상을 확립하고 그것을 외부에 제시하려 하면 터무니없는 고통을 맛보게 된다. 식민지시대에서부터 '주의자'라고 하면 민족운동의 전개 등 사상과 행동을 수반하는 지식인으로서 상당히 존경받는 사람들이었지만, 그 '주의자'는 이와 동시에 권력의 가혹한 탄압을 각오해야 하는 존재였다.

한국의 지식인은 그 생성 자체가 적지 않은 얽매임에 의해 규정된다. 가문을 표시하는 본관, 혈연, 지연, 학연, 학력, 직업의 귀천, 빈부의 차, 선후배, 남녀의 구별, 기타 여러 가지 구속이 있다. 경제성장,

핵가족화, 지구화, 정보화 같은 사회변화가 누적됨으로 해서 상황이 조금씩 변하고 있는 것은 틀림없지만, 그럼에도 불구하고 사회를 비판적으로 고찰하고 그것을 자신의 삶의 방식, 즉 신조로 확립하는 데는 여전히 많은 어려움이 가로막고 있다. 이런 점에서도 한국에 비판적 자유주의 사상이 확고하게 성립되어 있는가는 지금도 의심스럽다고 하지 않을 수 없다.

근년에는 앞에서 언급한 『인물과사상』의 강준만이 한국사회의 성역과 금기에 도전하고 특히 지식인 비판을 과감하게 전개하는 것이 눈에 띈다. 다만 강준만의 행위는 현시점에서 이론과 사상의 제시라기보다 비판적 자유주의 입장에서의 지식인 비판이라고 생각된다. 그 점에서 김영민(한일장신대, 철학)이 논문 중심주의의 인문학 양상을 비판하면서 '(미군)기지촌' 지식인의 탈식민지화(탈식민지주의)의 중요성을 호소하고(김영민, 1996), 또 기자 및 소설가 출신의 고종석이 갇혀 있는 말은 죽은 말이라면서 현실에 안주하고 권위주의에 빠진 사회풍조를 경계하고 텍스트를 절대화하는 학문풍토에 경종을 울린 것(고종석, 1999) 역시 동일한 비판적 자유주의의 시각이라고 볼 수 있다.

사실 한국의 '자유주의자'는 현실적으로는 사회민주주의 사상과 적지 않은 친화성을 가지면서도 그 대부분이 신자유주의의 영향을 받고 있다. 긍정 및 부정 여부는 별개로 하고 그것이 신식국독자론/PD론자가 말하는 '신식민지' 국가, 한국의 지식인 모습이라고 한다면 지나친 말일까. 한국에서 '자유주의'를 진보적 자유주의, 개량적 자유주의, 보수적 자유주의로 나눈다 해도 실제로 그 분류경계가 애매해서 구분하기가 어렵다. 게다가 현실적으로 정권이나 재계와 가까운 인물일수록 미국 중심의 금융질서에 대해 거부감이 희박해지는 것도 사실이다. 군이 말하자면 같은 자유주의라도 보수적 자유주의가 되면, 재벌 단체인 전국경제인연합회(전경련) 부설 자유기업센터 소장이었던 공병호에게서 볼 수 있듯이 재벌의 이익을 대변하고 신자유주의보다 더 철저한 보수주의의 찬미자가 되어버린다.

덧붙이자면 한국의 사회민주주의 사상은 지금 현재 확고하게 성립되어 있는 것은 아니다. 사회민주주의라고 하면 이제까지 몇 번인가 언급한 '제3의 길'을 떠올릴 수 있으나, 원래 서구에서 말하는 '제3의 길'은 유연한 사회민주주의 노선에서 독창적인 각종 개혁안을 제시하는 등 상당히 폭넓은 사고방식이다. 그런 가운데 기든스 등이 말하는 좌파와 우파를 넘어서는 '제3의 길'은 실제로 체제 내 좌파정당의 존재를 전제로 한 기존의 서구 사회민주주의 노선의 '수정'을 의도한 것일 뿐 아니라, 어디까지나 복지국가의 위기와 좌파 정치세력의 위기를 배경으로 하고 있다.

그렇기 때문에 한국에서 '제3의 길'이 출판계나 매스컴에서 인기가 높았다 할지라도 역사적 단계가 다른 한국에 그대로 적용될 수 있는 것은 아니거니와 실제로도 복지의 부재, 합법적 진보정당의 결여 등 서구국가들과는 논의의 전제가 이미 어긋나 있다. 당연히 한국에서 사회민주주의 사상에 대해 왈가왈부한다면 현시점에서는 무엇보다도 노동운동 중시의 시각이 들어 있어야 하나 실제로 이러한 사상이 제시되기까지는 여전히 시간이 더 필요하다고 할 수 있다.

이런 점에서 사회민주주의에 관심을 가지면서 노동운동을 중시하는 신광영(중앙대 사회학. 신광영, 1994)이나 김수진(이화여대 정치학. 김수진, 1995)의 이론정립 역시 성숙한 사회민주주의론의 관점에서는 앞으로 더 기대해 볼 만할 것 같다. 또 기든스의 '성찰적(반성적·재귀적) 근대화'(앤소니 기든스 외, 1998)에 관심을 가진 임현진 등의 사고방식도 현실적으로는 한국의 실태에 적합하지 않은 개념의 도입에 머물고 있는 것 아닌가 싶다.

여하튼 민주화운동의 연장선상에 있는 김대중정권의 등장은 한국역사에서 새로운 시대의 도래를 의미하였다. 진보진영의 지식인에게는 본래 환영해야 할 정치적 국면이었을지도 모른다. 그러나 IMF 한파 속에서 출범한 새 정권은 현실적으로 진보진영에 신자유주의와의 투쟁이라는 새로운 '도전'을 강요하게 되었다.

실제로 김대중정권의 구조조정은 먼저 노사정위원회를 통한 노동자의 대량해고 및 외자도입 정책으로 구체화되었고 이에 반대하는 민주노총의 파업에 국민의 다수가 반감을 표시하는 구도를 만들어내었다. 구조조정이란 명목 아래 위기의 진정한 원인인 재벌의 횡포와 보수정치의 실태가 은폐되고 그 여파가 노동자의 정리해고라는 형태로 나타나기 시작했던 것이다. 더구나 이러한 사태진행은 역으로 진보진영의 새로운 이론적·사상적 모색과 노동자를 중심으로 하는 진보세력의 재편성을 서두르게 했다.

신자유주의가 맹위를 떨치는 가운데 이에 저항하는 진보적 지식인의 움직임은 1998년 봄부터 본격화하였다. 김대중정권에 대해 진보진영이 취해야 할 대응이 다양하게 논의되었는데, 처음에는 정부를 지지하면서도 견제하고 동시에 연합정권의 일익을 담당하는 김종필 등 보수세력에 대해서는 강한 경계심을 나타내는 방향으로 나아갔다(정대화, 1998). 한국사회는 원래 보수세력의 힘이 강한데다 또 세계적으로도 신자유주의의 강력한 압력을 받음으로써, 김대중정권의 정책결정의 폭은 처음부터 제한되어 있었다.

사실 정부는 초기에 무엇보다도 IMF와의 약속을 우선시하고 노동자의 정리해고를 추진하는 등 '국민의 정부'라는 이름에 반하는 방향으로 나아갔다. 1999년에 들어서부터 정부는 은행의 재편과 재벌개혁에 주력하기 시작하여 대우그룹의 사실상 해체 등을 추진하였지만, 정책기조는 어디까지나 재벌과 기득권층의 옹호에 있다고 할 수 있으며 노동자 등 기층민중의 희생을 동반하는 것이었다. 실제로 김대중 대통령은 99년 8 : 15 경축사에서 '개혁적 보수세력과 건전한 혁신세력'으로 이루어진 '개혁적 국민신당'의 창설을 선언하고 중산층·서민 중심의 정책수행을 명확히 하고 있다.

진보진영에서 보면 이러한 김대중정권에 대한 평가가 점차 부정적인 방향으로 기우는 것은 당연한 일이었다. 김대중정권이 등장하면서 한국사회의 민주화가 더욱 진전되고 언론의 자유도 상당히 개선된 듯이 보였다. 그러나 악법의 상징이라고 해야 할 국가보안법은 여전히 개폐되지 않고 정부의 시책은 때때로 'DJ(김대중)가 YS(김영삼)로 보인다'라고 할 정도로 혹평을 받는 형편이다. 1999년 들어서 경제가 회복기조에 들어서 외자보유고가 개선되고 실업률도 낮아지기 시작했다고들 한다. 그러나 정부가 정한 최저생활비(1인당 23만 4천 원)를 밑도는 '빈민'이 1030만여 명으로 96년 당시의 763만 명을 상회하며 게다가 '중산층'은 여전히 몰락상태이다(『한겨레신문』 1999. 11. 15). 문화정책과 교육정책의 경우에도, 정부가 국정목표로 내건 '지식기반국가론'도 학술단체협의회 심포지엄 등에서는 '지식산업화' '독점자본의 지식지배'를 의도하는 것이라고 비판받는 형편이었다(『한겨레신문』 1999. 10. 14).

정치와 경제의 위기는 지식인의 위기이기도 하다. 그러나 지식인의 위기는 결코 불행한 일은 아니다. 위기에 처하게 되어, 지식인이 만들어내는 이론과 사상은 검증되고 새로운 지적 작업의 길이 개척되기도 한다. 사실 IMF 위기는 한국의 지식인에게 자신과 사회에 대한 성찰을 촉구하고 이론과 사상, 이데올로기의 재구축을 모색하는 계기를 가져다주기도 했다. 이런 점에서 1999년 봄은 한국 지성계의 재출발을 의미했다. 도시의 서점과 대학가에서는 학술적 성격을 띤 지성적인 잡지가 붐을 이루어 마치 학술잡지의 전성기 같은 분위기를 조성하였다. 『창작과비평』이나 『문학과사회』 『당대비평』 『실천문학』 『문화과학』, 그 밖의 계간지에 공통되는 문제의식은 위기에 직면한 한국에서의 '세기말 성찰'이었다.

2. 탈냉전하의 분단 패러다임

20세기의 한반도는 식민지지배와 남북분단이라는 치욕의 역사를 걸어왔다. 100년에 걸친 압축근대의 역사는 남북 쌍방의 정치, 경제, 문화, 교육 등 사회의 모든 분야에 심각한 왜곡을 가져왔을 뿐 아니라 인권과 민주주의 측면에서도 한반도에 사는 사람들의 정신과 의식에 적지 않은 왜곡을 초래했다. 특히 남북분단은 여전히 남북한 현대사의 기초를 이루는 최대의 정치적 요소가 되고 있다. 냉전이 종결된 지 10년이 지난 지금도 한반도 정세는 긴장의 연속이고 민족분단은 사람들의 생활뿐 아니라 정신 및 사상에도 결정적인 영향을 미치고 있다.

따라서 한국의 현대사상사를 이해하기 위해서는 남북한의 분단 패러다임과 통일문제를 시야에 넣는 것이 불가결하다. 게다가 2000년 6

월의 최초의 남북정상회담 개최로 상징되고 있듯이, 실제로 김대중정권의 등장은 남북한 관계에 커다란 전환기를 가져왔으며 동시에 남북한을 둘러싼 국제관계, 특히 미국 및 일본과의 관계에 큰 영향을 미치게 되었다. 즉 분단역사 측면에서 보면 김대중정권의 탄생은 벽에 부딪힌 남북관계의 타개, 나아가 통일문제의 진전에 큰 의미를 지닌다.

한편 한국은 1998년 8월 15일에 건국 50주년을 맞이하였는데 이는 동시에 분단국가 50주년이기도 했다. 민주화운동 출신인 김대중 대통령은 건국 50주년 기념식전에서 국난극복을 위한 새로운 결의를 표하고 민족의 재도약을 이룩하는 '제2의 건국'을 강조하였다. 이와 더불어 조선민주주의인민공화국(북한)에 대해 1992년에 발효한 '남북간의 화해와 불가침 및 교류·협력에 관한 합의서'(남북기본합의서)의 정신에 입각하여 북한의 안정과 발전을 지원할 용의가 있음을 밝혔다. 북한과의 '공존'을 전제로 하는 이른바 '햇볕정책'이다.

그리고 역시 건국 50주년을 맞이한 북한에서는 9월 5일부터 시작된 최고인민회의에서 김정일 조선노동당 총비서를 '국가 최고직책'의 지위에 추대하고 당과 국가의 새로운 포진을 갖추었다. 남한의 김대중정권에 대해서는 얼핏 소극적인 자세를 취하는 듯 보였으나 신형 로켓 발사실험 등으로 국제사회에 커다란 파문을 일으키기도 하였다. 이 신형 로켓의 발사 목적은 무엇보다도 미국의 관심을 끌기 위한 것이었다고 보이지만, 사실 냉전 종료 후의 한·미·일 포위체제 속에서 식량위기와 경제부진을 안고 있는 김정일정권에게 외교의 최우선 과제는 대미관계 개선이었다. 핵개발 동결과 한반도에너지개발기구(KEDO)의 경수로 건설이라는 1994년 북·미 제네바합의의 유지 그리고 식량지원 성사, 경제제재 완화 등이 김정일정권의 가장 중요한 과제라고 할 수 있다.

오늘날 한반도를 둘러싼 정치정세는 크게 동요하고 있다. 그러나 한반도 정세의 전체상과 문제의 핵심이 무엇인가에 대해서는 반드시 명확하다고 볼 수 없다. 이런 점에서 최근 들어 한국에서 진보적 지식인을 중심으로 분단현실이나 분단구조의 파악, 분단에 의해 누적된 제반 모순의 극복, 통일의 방향성 모색 등에 대한 논의가 한창인 것에 주목할 필요가 있다. 이는 탈냉전하의 분단 패러다임을 둘러싼 논의의 중심에 분단과 통일 문제에 어떻게 대처할 것인가 하는 한국 지식인의 지적 고뇌를 반영하는 것이기도 하다.

건국 50주년을 맞이한 한국정부는 '정부수립 50주년'을 축하하는 각종 행사를 거행하였다. 그러나 민주화운동을 이끌어온 지식인은 건국 50주년을 역으로 '분단국가 50주년'으로 파악하고 분단을 극복해내지 못한 민족사를 진지하게 재검토하는 노력을 기울였다. 실제로 한국이 IMF 관리하에 들어가고 또 북한이 심각한 식량위기와 경제적 어려움에 빠짐으로 해서 남북이 모두 미국 중심의 세계질서 아래 놓이게 되는 사태가 명확해진 후, 한국의 지식인들은 해방 후 현대사의 의미를 돌이켜보고 분단을 극복하고 통일로 가는 길을 모색하는 것이야말로 민족 전체의 운명이 걸린 중대한 문제임을 강하게 인식되게 되었다. 당연히 이것은 남북의 분단사뿐 아니라 남북한을 둘러싼 국제관계사를 어떻게 인식할 것인가의 문제이기도 했다.

민주화운동의 일익을 담당했던 학술운동 가운데 역사연구자의 발언매체로서 큰 역할을 해온 계간지 『역사비평』(1998년 가을호)은 '분단정부 50년'을 맞이하여 냉전기의 통일론을 극복하고 탈냉전시대의 새로운 패러다임을 모색하는 기획을 실었다. '분단정부'라는 표현 자체는 과거 50년의 현대사 모습을 회한하며 통일을 갈망하는 자세를 나타내는 것인데, 학술운동의 총결집체인 학술단체협의회(학단협)와 한겨레신문사가 8월에 공동주최한 학술토론회 "분단국가 50년, 그 배반의 역사와 극복의 길"에서도 "분단체제는 민족사에 대한 배반"이고 "지도력을 발휘할 주도적 주체는 남한의 통일운동세력일 수밖에 없다"고 강조되었다(『한겨레신문』 1998. 8. 10).

여기서 문제의 핵심은 남북분단을 어떻게 인식할 것인가이며, 특히 냉전시대와 90년대 탈냉전시대의 분단 패러다임의 차이를 어떻게 이해하고 통일의 주체세력인 민주세력의 역할은 무엇인가를 명확하게 하는 것이었다. 이때 분단극복에는 무엇보다도 당사자의 자주적인 노력이 중요하지만, 분단의 역사와 현실을 올바로 이해하기 위해서는 민족 내부의 문제와 함께 외국세력과 한반도의 관계에 대해 냉철하게 고찰할 필요가 있음은 말할 것도 없다.

냉전시기의 분단 패러다임과 탈냉전시기의 분단 패러다임은 어떻게 다른가. 남북분단이 제2차 세계대전 후 미소 양군의 분할점령으로 시작되었던 사실을 상기하면, 분단은 일차적으로 동북아시아의 냉전 구조에 그 원인이 있다고 해도 무방할 것이다. 그러나 분단은 냉전의 산물이라기보다는 오히려 처음에는 민족 내부의 갈등과 대립이 적지 않은 영향을 미쳤다고 볼 수 있다. 실제로 해방에서 1948년의 분단국가 성립까지의 이른바 '해방 3년사'는 남한에서 미군정에 대한 환상, 좌우합작 실패, 특히 좌파의 전술적 과오, 이승만의 친일파 등용과 반공이데올로기의 강요 등은 바로 좌절의 역사였다.

그후 얼마 지나지 않아 1950년 6월부터 3년에 걸친 한국전쟁을 계기로 남쪽에서는 반공주의, 북에서는 반미주의가 더 한층 침투하였고 이는 남북 쌍방의 사회 내부에 분단을 내재화하는 강력한 이데올로기적 요소가 되었다. 이러한 분단의 고착화는 동북아시아의 냉전구조를 더욱 강고하게 했으며 또 역으로 한·미·일의 자유주의진영과 북한·중·소의 사회주의 진영의 삼각관계가 남북대립을 규정하게 되었다. 물론 한국과 과거의 종주국 일본 사이에는 깊은 골이 있고 1965년에 겨우 국교정상화가 실현되었으며 중국과 소련 사이에는 60년대 초에 공공연한 중·소대립이 있었다고 해도 미국과 소련을 각각 중심으로 하는 두 개의 삼각관계가 냉전시기 분단 패러다임의 기본이었던 것은 틀림없다.

70년대에 들어서 미국과 중국의 화해라는 국제정세하에서 남북한은 1972년 7월의 남북공동성명 발표로 상징되듯이 일단은 화해와 교류의 길을 걷기 시작하는 것으로 보였으나, 그후 얼마 안 되어 남쪽에서는 '유신체제' 북쪽에서는 '유일(수령)체제'라는 적대적인 정치체제가 만들어졌다. 이 두 체제는 외부의 국제관계와 관계없이 독자적으로 형성된 것으로 남북한 내부적인 분단 메커니즘을 여실히 보여주는 것이었다. 이 내부적 요인이 각인된 남북 대립구도는 남한에서는 7, 80년대를 통해서 민주화운동의 전개에 의해 계속 수정요구를 받았고 87년 '민주화선언'으로 대전환점을 맞이하게 되었다.

그후 1989년부터 냉전체제의 붕괴, 즉 탈냉전기가 도래하면서 분단 패러다임 역시 크게 변화하였다. 북·중·소 삼각관계는 완전히 해체되고 남북한과 미국의 삼각관계가 분단 패러다임의 기본이 되었다. 이러한 남북한과 미국의 구도에서 남한은 한미동맹과 남북관계, 북한은 북미관계와 남북관계를 축으로 해서 국면에 따라 제각각 이 두 가지 관계에서 전략적 우선순위를 설정하면서 대치해 왔다. 1991년의 남북기본합의서 조인은 미국의 양해 아래 남북한 당사자 관계에 의해 성립되었던 것이고, 1993년 북한의 핵확산금지조약(NPT) 탈퇴선언 후의 핵문제 해결과정에서는 남북한이 미국을 통로로 해서 우회적인 방법으로 대화를 했다(김연철, 1998). 앞에서 말한 학술토론회 "분단국가 50년, 그 배반의 역사와 극복의 길"에서도 한국 현대사 연구자 도진순(창원대 한국현대사)은 "분단은 현대 한반도와 세계와의 관계 문제이며, 구체적으로는 남·북한과 미국의 삼각관계를 핵심으로 하고 있다"(도진순, 1998)고 주장하였다.

남한과 북한, 미국의 삼각관계가 탈냉전시대 분단 패러다임의 기본이라고 할지라도 남북한 관계가 남북 쌍방의 힘겨루기에 의해서도 크게 규정된다는 것은 말할 나위도 없다. 한국전쟁 후 남북한의 힘관계는, 60년대 중반 무렵까지는 북한이 우위였으나 1965년 한일국교정상화를 거쳐 70년대 중반 이후는 남한이 우위에 섰다고 볼 수 있다. 통일정책을 보더라도 북한은 계속 강경한 통일정책을 주장해 온 것처럼 보이지만 사실은 남조선혁명론에서 연방제로, 연방제의 완만한 변질 그리고 UN동시가입의 수용 등, 점차 현상유지를 지향하는 방향으로 수비자세를 취해 왔다. 게다가 90년대 중반 이후는 극도의 식량위기와 경제부진을 안고서 이제는 체제수호에 전력을 기울이고 있는 듯하다.

남북분단을 어떻게 인식할 것인가는 한국의 인문사회과학에서 중요한 과제이다. 정치학자 손호철은, '분단 인식사'라고 할 만한 것을 다소 도식화해 보면 분단에 대한 인식은 70년대 말의 '분단시대', 80년대 말의 '분단모순', 90년대 초의 '분단체제'로 변모해 왔다고 말한다(손호철, 1995).

여기서 먼저 '분단시대'라는 것은 분단문제의 논의가 금기시되었던 1978년에 역사학자 강만길이 『분단시대의 역사인식』을 펴내어, 현대사를 분단시대로 설정하면서 분단극복의 과제를 제시한 것이 중요한 의미를 갖는다. 이 분단시대론은 민족사학의 확립에 선구적인 기여를 했으나 분단의 내실이나 위상에 대한 과학적 이해 같은 문제의식은 상대적으로 결여되어 있다. 이 문제의식에 접근한 것은 80년대 말의 사회구성체 논쟁에서 제기된 '분단모순론'이었다.

이미 서술했듯이, 당시 민족해방운동론/NL론과 민중민주주의론/PD론은 이론과 실천 양면에서 서로 경쟁하면서 한국사회 인식에 새로운 국면을 열었는데, 그 과정에서 NL진영은 한국사회의 주요모순은 민족모순(제국주의 대 한국민중)이고 분단모순은 민족모순의 하나의 발현형태라고 주장하였다. 이에 대해 PD진영은 제국주의와 그 하위동맹자인 종속적 국내 독점자본 대 한국민중을 주요모순으로 보는 '두 가지(민족모순과 계급모순) 주요모순론'을 제시하고 분단모순의 핵심은 민족모순과 계급모순의 결합의 개별성이라는 입장을 취하였다.

이러한 대세에 반기를 든 것이 문학자 백낙청의 '주요모순으로서의 분단모순론'이다. 이 주장은 민주화운동세력이나 학계에서 그다지 관심을 끌지 못했지만, 백낙청은 소련과 동유럽권이 붕괴한 다음에 분단모순론을 더욱 발전시켜서 '분단체제론'을 주창하였다(백낙청, 1992). 손호철의 이해에 따르면, 백낙청이 '분단체제론'을 논하기에 이르렀던 문제의식에는 80년대 말의 사회구성체 논쟁의 혼미 및 베트남의 무력통일, 독일의 흡수통일과는 다른 한반도의 특수성에 주목한 제3의 모델을 모색하려는 의도가 있었다. 즉 그것은 민족모순=주요모순론에 뿌리를 둔 '선통일·후민주변혁론'과 두 가지 주요모순에 근거를 둔 '선민주변혁·후통일론' 사이의 논쟁과 대립을 극복하고 민주변혁과 통일을 일체화시키려 한 실천적 의지의 표현이고 베트남이나 독일과는 다른 남북한의 평화적 통일을 모색했다는 것이다.

백낙청의 분단체제론은 대부분이 초기에 민주화운동의 일익을 담당해 온 『창작과비평』에 실려서 사회 각층에 분단문제의 인식을 확산시키는 데 적지 않은 역할을 하였다. 70년대 초부터 '민족문학'을 제창해 왔던 백낙청에게 분단극복은 단순히 지역적인 문제가 아니라, 자본주의 세계체제 속에서 서구근대 및 이를 수용할 수밖에 없었던 한국근대에 대해 비판함으로써 아시아의 입장에 선 근대의 '극복'과 근대의 '완성'이라는 보다 큰 세계사적 맥락에서 파악하는 것이었다. 이를 위해서는 서로 다른 남북한의 두 사회를 동시에 파악할 수 있고 또 '체제'로서의 성격을 지니고 독자적인 지구력을 갖게 된 총체적인 분단현실을 파악하는 것이 무엇보다도 급선무라고 보았다(白樂晴, 1991).

손호철에게 이 분단체제론은 사회과학의 시각에서 보면 체계적이지 않고 무엇보다도 분단체제에서 말하는 '체제'의 의미가 애매하고 또한 분단모순의 내용설명과 통일운동의 구체적 방법도 불명확했다. 필자의 생각에도 NL과 PD의 '분단모순론'이 오늘날의 시각에서는 일종의 관념적 성격을 띠었던 것과 마찬가지로 NL과 PD의 주장을 극복하려 한 백낙청의 '분단모순론' 나아가 '분단체제론'으로의 이행과정도 그다지 쉽게 이해될 수 있는 것은 아니다.

그러나 어떻든 90년대 후반 이후 한국에서는 '분단체제'라는 말이 상당히 쓰이고 있다. 이 말이 의미하는 내용은 사람에 따라 다르고 반드시 일정한 개념으로 통용되는 것은 아니다. 오히려 학계에서는 '분단인식사'라는 의미에서는 70년대 말의 '분단시대', 80년대 말의 '분단모순', 90년대 초의 '분단체제'로 변하여 90년대 후반에는 남한과 북한, 미국의 삼각관계론이 크게 대두했다고 할 수 있다. 여기에는 탈냉전시대에 새로운 분단 패러다임의 확보가 불가결하다는 기본적 전제가 있었는데, 격동하는 한반도정세에 주체적 · 능동적으로 대처할 수 있는 역사인식과 정치적 의견의 확보가 현실적으로 필요하게 된 조건이 있고 나아가 애매함을 띤 '분단체제론'을 지양한다는 의미도 포함되어 있다고 생각된다.

한국의 민족문제는, 분단에 의한 민족모순이 계급모순보다 더 큰 의미를 가지며 이로부터 형성된 민족국가도 분단모순을 내포하면서 존립해 왔다는 것이다. 우선 해방 직후의 민족문제는 남북한 모두 일본 식민지지배의 잔재를 청산하는 문제, 남북한의 긴장관계, 미 · 소 양국의 군정실시였지만, 남쪽의 경우 우익정치가들이 사회주의에 대항하는 의미에서 스스로 민족주의자를 자처하고 사회주의자들이 프롤레타리아 국제주의의 관점에서 민족주의를 경시함으로 해서 함께 민족적 단결을 획득하는 사상적 에너지를 확보하는 데 실패하는 가운데 미군정은 각종 정치세력을 분단으로 유도해 갔다.

미군정의 의지가 가장 커다란 규정력을 가졌는데, 이런 상황에서 남쪽의 지배집단은 반민족 · 반민주 그리고 친일 · 친미가 교묘하게 결합된 반공주의를 기반으로 해서 형성되었으며 '반공' '멸공' 슬로건은 사람들을 위압하는 만능약으로 기능하였다. 21세기를 맞이하는 시대에서조차 반미는 곧 '용공'이라고 간주되는 정치풍토가 여전히 지속될 정도로 반공이데올로기는 사실상 분단의 내부적 요인을 은폐함으로써 민족문제에 대한 사람들의 사고를 정지시키고 또 국가권력에 의해 편향된 계급지배를 가능하게 해왔다.

앞의 학술토론회에서 도진순은 남북한과 미국 삼각관계를 강조하면서 "분단은 체제가 아니다"며 이렇게 주장한다. "분단체제를 남·북한 수구세력의 적대적 공생관계 또는 상호의존에 의해 상당 수준의 자기재생산 능력을 갖추었기 때문에 함부로 무너지지도 않고 무너져도 곤란한 것, 요컨대 한반도 내부에서 자체생명력을 갖춘 일종의 체제라고 보는 것은 전혀 사실과 맞지 않다." 분단이 반세기 이상 지속된 것은 "적나라한 힘의 대치" 때문이며 여기에서 미국의 규정력이 남북 쌍방의 국가양상에 중요한 의미를 가져온 것은 역사적 사실이라는 것이다. 러시아 또는 중국을 제외한 북한은 이해할 수 있지만 미국을 제외한 북한은 이해하기 어렵고 더구나 북한에서 미국의 존재가 외재적 압력을 가하는 적대적 규정성이라 한다면 남한에서 미국(미군)의 존재는 상당 정도 내재적이라고 그는 말한다(도진순, 1998).

그런데 백낙청은 자신의 '분단체제론'을 서술할 때 월러스틴의 자본주의 세계체제론을 원용하여 분단체제론은 "남북한 국가-분단체제-자본주의 세계체제"라는 억압적 사슬과 "남북한 민중의 연대-분단체제 극복-자본주의 근대의 극복"이라는 저항적 사슬이 맞물린 이중사슬 체계라고 한다(백낙청, 1998). 필자의 관점에서 보면, 이러한 설명은 남북한과 미국의 관계성을 특수한 것으로 인정하지 않고 일반적인 자본주의 세계체제의 문제로 해소하는 것이며 더욱이 남북한과 미국의 삼각관계 같은 점을 전혀 고려하지 않거니와 남북한 민중의 연대 가능성과 분단체제 극복운동에 대해서도 명확하게 서술한 것은 아니라고 생각된다. 그렇다고 하더라도 도진순이 말하는 것처럼 북한은 자본주의 세계체제의 하위체제에 포섭되어 있는 것이 아니라 정면으로 대치하고 있다는 이해에는 약간의 유보가 필요하다. 북한은 역시 자본주의 세계체제에 포섭되어 있고 그 속에서 미국과의 관계가 더 큰 규정력을 갖고 있다고 보아야 할 것이다.

남한과 북한, 미국의 삼각관계를 강조하는 논자에게 한반도 남북분단의 민족문제는 단순히 지역문제가 아니라 어디까지나 약소국과 미국 중심의 국제문제이다. 여기서 한미관계의 본질은 종속적인 군사관계이고 재벌, 보수정치가, 고급관료, 군부지배층 등 한국의 기득권층은 이런 군사동맹의 관점에서 북한을 보아왔다. 역으로 군사동맹에 이의를 주장하고 타개의 길을 모색해 온 것은 남한의 민중세력이고 진보진영이었다. 정치외교학자 이삼성(가톨릭대 정치학)도 삼각관계가 지닌 이런 총체적인 의미를 숙고해 나가면서, 은근하면서도 날카롭게 한미관계의 본질은 종속적 군사동맹이라고 말해 왔다. 특히 한국정부(김영삼정권)는 '세계화'를 내걸고 실제로는 흡수통일론으로 기울어서 민족공생의 논리를 갖지 못했다고 지적하고 그런 가운데 삼각관계의 주도권을 장악해 온 것은 미국과 북한이라고 쓰고 있다(이삼성, 1995).

하지만 남북한, 미국의 삼각관계가 탈냉전 후의 기본적인 분단 패러다임이었다고 하더라도 그것은 어디까지나 가변적인 요소를 포함하고 있었다. 국제관계와 남북한의 관계에 의해 분단 패러다임은 언제나 미묘하게 때로는 전혀 예상 밖으로 크게 변하는 경우도 있다. 게다가 한반도의 정세추이를 볼 때, 여기에서는 또 다른 측면을 볼 필요가 있다. 냉전시대의 분단구조가 남한의 유신체제와 북한의 유일체제에 의해 크게 규정되었다면, 남한에서 정도의 민주화가 진행된 오늘날의 분단구조는 북한에 유일체제의 존속·강화로 커다란 불안정요소를 내포하고 있다. 즉 북한은 건국 50년을 맞이하여 군사국가의 색채를 더욱 강화시키는 동시에 기사회생의 방책을 무엇보다도 경제제재의 해제와 북·미평화협정 체결 등 미국과의 관계개선에서 찾으려고 하였다.

남한의 유신체제는 1980년 5월의 광주항쟁과 87년 6월항쟁 등, 노동자·학생·지식인 들의 민주화운동에 힘입어 붕괴되었으며, 이는 한국사회의 민주화와 통일운동을 한걸음 더 진전시키는 길로 이어졌다. 이에 비해 북한의 유일체제는 사회 전체를 위축시키고 사람들의 창조력을 고갈시키고 정치와 경제를 비롯한 그 밖의 전반적 위기를 증대시켜 왔다. 북한연구 전문가인 이종석(세종연구소)이 강조하듯이, 북한체제는 '개인숭배체제'이고 대중은 수령에게 충성을 바치고 그 반대급부로 수령은 대중에게 최저한의 생활보장을 해준다는 것이 핵심이다(『朝日新聞』1998. 9. 7). 그러나 이것이 파탄지경에 이른 오늘날 북한은 결국 개혁·개방의 길을 걷지 않을 수 없다고 보여진다.

남북한의 공존, 분단해소에 이르는 과정은 여러 가지로 생각할 수 있다. 이제까지는 말하자면 북한의 대미관계 개선 및 정상화가 주변 국가들간의 협의의 진전, 남북관계의 긴장완화, 북일관계 촉진 그리고 북한의 군사적 체질 개선, 경제성장, 인권상황의 개선으로 이어지고, 그것들이 전체적으로 남한의 민주화를 한층 더 전진시키는 것과 더불어 분단구조의 해체과정을 촉진시켜 가지 않을까 하고 생각해 왔다. 이 경우에는 물론 북미관계의 추이, 특히 미국의 북한에 대한 대응—즉 미국의 제네바합의 준수—이 남북한과 미국이라는 삼각관계의 귀추를 결정해 가게 될 것이다.

현실적으로 한반도를 둘러싼 정세는 유동적인데, 1999년 중반을 전환기로 해서 북미관계는 호전되어 갔으며 이에 따라 남북관계 그리고 북한과 일본의 관계도 개선되는 듯한 분위기도 있었다. 미국의 페리 한반도정책조정관(전 국방장관)의 보고서가 한·미·일의 조정을 거쳐서 나오고 북한과의 '공존'을 지향하는 국제간 정책조정이 진전되는 가운데, 북한도 대립구조에서 탈피하여 대화노선에 오르기 시작했다고도 보인다.

한마디로 한국전쟁의 휴전에 즈음하여 북한과 'UN군'(실체는 미군) 간에 체결된 '휴전협정'을 어떻게 북미간의 '평화협정'으로 바꿀 수 있을 것인가 하는 데 향후 한반도 정세의 열쇠가 있다. 다만 불행하게도 미국은 본토의 미사일방위(NMD)시스템 개발을 향한 예산의 확보를 정당화하기 위해 근년에 새삼 북한의 위협을 강조하고 지나칠 정도로 적대적인 분위기를 조성해 온 것으로 알려져 있다.

경제적 어려움을 겪고 있는 북한에게 미국의 대북정책이 너무나도 지지부진하고 성의 없는 것으로 비쳤다고 해도 이상할 게 없다. 그런 의미에서 2000년 6월에 실현된 남북한정상회담은 이제까지 대미관계의 타개를 최대 과제로 삼아온 북한이 그 순위를 뒤집어서 먼저 남북관계의 타개를 단행한 것으로 이해할 수 있다. 그 최대의 목적은 한국으로부터 자본과 기술을 도입하여 경제적 곤경을 극복하는 데 있으며, 이런 점에서는 남북분단의 정치적 화해보다는 경제협력의 추진에 중점이 있다고 생각된다.

북한은 한국의 '햇볕정책'을 북한정권의 붕괴를 의도하는 것이 아니라고 이해했고 국제사회에 문호개방의 신호를 보낸 것이다. 이른바 한국을 중심축으로 하여 외부의 경제지원을 받아들임으로써 체제위기를 극복한다는 전략이다. 사실 한반도의 정세구도는 이미 북·미 주도형에서 한국, 중국, 일본, 러시아, 유럽을 끌어들이는 다원적인 구도로 이행하고 북한의 외교도 '다극화'해 나가고 있다.

북한의 이 같은 전략이 순조롭게 진행될지 여부는 예측을 불허한다. 그러나 여하튼 정상회담에서 합의된 '남북공동선언'에 들어 있는 바와 같이 통일문제는 남북한의 자주적 해결에 맡겨져야 하는 것이고, 또 앞으로의 남북한 관계의 기본적 형식과 정신이 될 뿐 아니라 대미관계를 포함한 국제관계를 규정해 가는 것이 될 것이다.

남북통일은 기본적으로 민족 내부의 문제이고 무엇보다도 남북한 민중의 힘으로 이루어져야 한다. 그러나 남북한 및 국제관계의 현실에서 볼 때, 남북한의 정부가 중요한 역할을 하게 되는 것은 사실이다. 다만 역으로 민중을 무시한 정부간의 통일논의는 아무런 결실도 얻지 못할 것이라는 점은 현대사가 증명하고 있고, 그런 의미에서는 남한의 민주세력과 진보진영의 분투가 한층 더 기대된다. 실제로 남북정상회담의 합의와 개최는 80년대의 학생을 중심으로 한 통일운동이 시민단체, 학계, 종교계 등을 망라한 시민사회단체 중심의 통일운동으로 전환하는 본격적인 계기가 되었다(『한겨레신문』 2000. 5. 25).

남북분단을 해소하는 데 가장 중요한 것은 변화한 세계 속에서 남북한이 공존할 수 있는 가능성을 찾아서 반세기 이상이나 계속된 적의에 종지부를 찍는 것이다. 한국민중 차원에서 말한다면, 이는 북한에 대한 적의를 해소하는 것일 뿐 아니라 미국에 대한 잘못된 인식을 바로잡고 미국과 대등한 관계를 구축하는 것이다. 정치·외교 문제뿐 아니라 일상생활 자체까지 왜곡시킨 대미관계가 한국사회에 편입되어 있는 것이 현실인데 그 사실조차 충분히 인식하지 못하는 실정이다. 강정구(동국대 사회학)가 일관되게 "민족 중심적 이해(인식)" "자주적이고 평화적이며 민족공동체적인 통일"(강정구, 1996)을 주장해온 것도 이런 이유에서이다.

덧붙인다면 한국방송공사(KBS)의 여론조사에 따르면, 한국 성인남녀 1500명 중 73%가 통일은 "반드시 이루어져야 한다"고 답하였으며 바람직한 통일방식으로는 "남북합의하의 단일체제"가 64%로 가장 많았고 '흡수통일'은 25%였다고 한다(『朝日新聞』2000. 1. 4). 이처럼 남한민중의 통일에 대한 의욕은 여전히 강하고 북한에 대해서도 호의적인 자세이다. 다만 현실문제를 보면 앞으로 북한의 개혁과 개방이 한 · 미 · 일 자본의 북한진출을 의미하고 남북한이 분단된 상태로 세계시장에 편입되면 남북한 모두에서 계급모순의 복잡화나 '마찰' 같은 사태가 생길지도 모른다는 점에 주의를 기울일 필요가 있다.

민족문제와 계급문제의 관계에서 보면, 남한의 민주적 노동운동이 민족문제, 즉 통일운동에 대해 이해하기 시작한 것은 90년대 중반이며, 노동운동의 추진이 통일운동에 기여하고 통일운동의 추진이 노동운동의 발전으로 이어진다는 것도 깨달았다. 이런 점에서는 앞으로 한층 더 노동운동과 통일운동의 동시추진이 요구되는데, 당연히 북한의 개혁 · 개방의 진행에 따라서 북한도 시야에 넣은 진보적 민족주의, 민중적 민족주의를 어떻게 확보할 것인가가 커다란 과제가 된다. 여기에서 진보적 민족주의, 민중적 민족주의란 세계 정치경제 질서에서 약한 입장에 있는 민족공동체가 진보적인 연대를 통해서 전인류적 가치를 강화하는 방향으로 나아가기 위해 가능한 변화를 추구하는 것이며(이삼성, 1995), 남북한에서는 민중세력 · 진보진영이 주체가 된 통일의 실현이 될 것이다.

3. 모더니티와 '탈식민지주의'

남북분단과 통일문제에서 다시 한국의 사상조류 문제로 돌아와서 오늘날의 사상에 대해 생각해 보기로 한다. 90년대의 한국 사상계가 포스트모더니즘의 세례를 격렬하게 받았다는 것은 이미 서술했다. 또한 포스트모더니즘의 조류가 90년대 중반 이후에 급속하게 쇠퇴해 간 것도 설명했다. 하지만 그럼에도 20세기 말을 맞이한 한국의 지식인들 사이에 포스트모던적인 사고가 상당 정도 침투해 있는 것은 분명하다. 모던(modern)과 모더니티(modernity)가 세계사적인 의미에서 보편성을 갖는 것은 아니라는 사실은 이제 자명하다. 그러나 또 한국에서 이러한 모던과 모더니티가 보편성으로 강제되었던 조건과 형태, 메커니즘 같은 것이 지식인들 사이에서 깊이 논의되고 명확하게 자각되었는가 하면 반드시 그렇지는 않다. 현실적으로 이러한 지적인 활동은 소홀한 채, 모던이나 모더니티의 추구에 더욱더 관심을 기울이고 이것은 또 포스트모던(post-modern)이나 포스트모더니티(post-modernity)의 담론에 대한 유혹으로 이어지고 있다고 생각된다.

90년대 말 현재 한국에서는 일본 식민지시대와 한국전쟁을 알지 못하는 세대가 다수를 차지하고 경제불황으로 생활기반이 크게 흔들리는 가운데 사람들을 열광시키는 사상이나 이데올로기는 존재하지 않는다. 1945년 해방 직후와 80년대의 민주화운동을 지탱해 주었던 열기는 보이지 않고 어떻게 살아야 하는가를 고뇌하는 지식인이나 젊은이에게 새로운 지침을 보여주는 사상이나 이데올로기는 여전히 불투명한 상태이다. 보기에 따라서는 이것이 어느 정도 성숙한 사회에서 일반적으로 볼 수 있는 경향일 수도 있다.

다만 한국의 경우는 그래도 IMF의 위기 속에서 새로운 지침이 되는 사상과 이데올로기를 탐구하려는 시도가 진보적인 학술단체나 학계, 논단 등에서 활발하게 전개되었다고 할 수 있다. 게다가 시기적으로 '세기말의 성찰'이라는 성격을 띤 만큼 이런 논의는 필연적으로 20세기의 한국을 총괄하는 방향으로 나아가는 추세이다. 모더니티나 포스트모더니티 등의 논의의 경우에는 필연적으로 식민지 내지 신식민지 문제와 연동하게 되는데, 이는 한국의 지식인에게 식민지근대의 문제가 얼마나 피할 수 없는 것인지를 여실히 보여주는 것이다.

IMF 관리 이후에 한국의 근대와 근대화에 대한 논의는 적지 않다. 견해에 따라서는 역사학을 중심으로 상당히 활발히 논의되었다고도 볼 수 있다. 그러나 모던이나 모더니티 그리고 포스트모던/포스트모더니티 문제를 설정하는 방식에 대한 논의는 그다지 많지 않다. 다소 보수적인 성격의 잡지인 『문학사상』(1999년 10월호)에 "포스트모더니즘의 재평가"라는 특집이 기획되었는데, 이는 드문 일이라고 할 수 있다. 그러나 그 내용은 애매모호하고 '탈이념, 해체' 등을 특징으로 한 90년대 포스트모더니즘의 총괄이라는 의미에서는 제대로 된 것이라고 보기는 어렵다.

포스트모더니즘의 '전도사' 김성기조차도 포스트모더니즘은 현대 한국의 위기국면을 조명하고 재해석하고 새로운 이론과 지식을 산출하는 데 유효한 방법론이라고 하면서도 지난 10년 동안의 성과는 불충분했다고 쓰고 있다. 더구나 김성기는 포스트모더니즘을 통해서 시대의 위기를 타개하는 한국의 독자적 이론과 사상을 만들어냈어야 했음에도 불구하고 오히려 그러한 대안을 제시할 수 없는 자신들의 한계를 포스트모더니즘 자체의 탓으로 돌린 것은 다름 아닌 적반하장

격인 태도라고 하면서, 어디까지나 포스트모더니즘이라는 굴레를 고수하는 자세를 보이고 있다(김성기, 1999).

여기에서 김성기는 명백하게 자신을 한국에서 서양적 포스트모더니즘의 '보편적' 가치를 대표(대변)하는 입장에 놓고 있다. 이는 일종의 초월적인 사유공간을 만들어내어 자신의 대표(대변)능력은 그 초월적 능력에 근거한다는 것이다. 사상활동의 차원에서 보면, 이 자체를 모두 부정해서는 안 될지도 모른다. 인간은 그와 같은 초월능력으로 우선 현실을 주관적으로 파악하고 그 다음에 실천적으로 뛰어넘으려는 존재이기도 하다. 다만 그러한 초월적인 이론과 사상을 투입했다고 해서 그것이 현실적 정치상황과 사상적 갈등을 타개하는 데 반드시 유효하다고 볼 수는 없다. 그래서 무엇보다도 문제가 되는 것은 역시 책임 있는 주체로서의 자각이 있는가 하는 점이다. 막연한 형태로 초월능력에 의지하여 실제 사건이나 사태의 사상적 문제에 대해 자기폐쇄적인 태도를 취하는 것은 때때로 책임을 방기하는 것이 되게 마련이다.

이와 같은 의미에서 볼 때, 김성기가 주간을 맡고 있었던 『현대사상』이 좌담회 "다시, 모더니티를 묻는다"(도정일 외, 1999)를 통해 한국의 근대 및 근대성 문제를 다각적으로 다룬 것은 큰 의의를 지닌다고 하겠다. 사회자 김성기를 포함해서 도정일 등 8명이 참석한 좌담회에서는 20세기의 한국역사를 되돌아보고 21세기를 내다봄으로써 모더니티의 논의에서 얻어진 지적 과제가 무엇이었는가를 밝히고자 했다.

장시간에 걸쳐 이루어진 좌담회에서 먼저 90년대의 근대성 논의가 다분히 추상적이고 철학적이며 거시적 차원에 머물러서 폐쇄회로 속에 갇혀 있다는 것이 지적되었다. 한국의 근대성 논의는 아직도 성숙하지 않았다는 뜻인데, 그러한 이해의 밑바탕에는 서구와 한국의 차이, 즉 서구의 경우 근대라는 시대가 상당히 진행된 시점에서 20세기를 맞이하였기 때문에 따라서 '포스트근대'라고 불려야 했던 데 비해 한국의 20세기는 근대 그 자체를 처음 경험한 시대인데다 그것도 식민지근대였다는 각 논자의 인식이 있었다.

그러나 여기에서 논의된 '식민지근대'의 개념이 일본 식민지지배의 시대를 한정해서 지칭하는지 혹은 해방 후의 미군정으로 시작하는 신식민지시대를 포함하는지에 대해서는 논자에 따라 적지 않은 차이가 있었다고 볼 수 있다. 그럼에도 한국의 근대성, 근대적인 것의 기원이 다양하다는 점에 대해서는 논자들 사이에 이견이 없는 듯했다. 다시 말해 서구에서는 시기적으로 완전히 동시적이지는 않다 해도 거의 일정한 기간 내에 상호 유기적인 관련 속에서 근대의 각 프로젝트가 진행되었다면, 한국에서는 정치적 근대, 경제적 근대, 사회적 근대, 문화적 및 사상적 근대 등이 진행된 시기와 영역이 각각 다르고 공간적으로도 다층적으로 각 영역에 걸쳐 있었다는 것이다.

하지만 원래 근대와 근대성, 모더니티와 포스트모더니티의 개념정의가 일치하지 않는 상황에서 1890년대 후반 청일전쟁 후의 갑오경장을 정치적 근대의 시작점인 동시에 좌절이라고 보는 입장이 있는가 하면, 한국의 근대는 1945년 해방 후부터라고 보는 의견도 있다. 또 문화적 영역을 주로 해서 근대성/모더니티의 획득은 1920~30년대에 시작했다는 논의도 있고, 고도 경제성장을 이룬 70년대 말, 80년대 이후의 일에 불과하다는 논의도 있다. 그렇기 때문에 근대/근대성뿐 아니라 현대/현대성이라는 사고방식을 도입하여 양자를 구분해야 한다는 주장도 나오거니와, 한국에서 시민사회는 기껏해야 90년대 후반 들어 형성되기 시작했을 따름이라고 보는 논의도 있다. 그야말로 백가쟁명(百家爭鳴)이라 할 수 있으나, 그럼에도 한국의 근대화 프로젝트가 시기와 영역 그리고 내용 면에서 제각각이고 서로 단절되어 있었다는 점에는 의견의 일치가 있는 것으로 보인다. 바로 여기에 한국 근대의 '비밀'이 있다고 문학평론가 김명인은 단언한다.

필자 나름대로 이해한다면, 논의가 이처럼 복잡하게 뒤얽히는 것은 무엇보다도 식민지근대를 어떻게 평가할 것인가 혹은 그에 앞서 식민지근대라는 '근대'개념을 인정할 것인가에 주요한 원인이 있다고 할 수 있다. 이제까지의 역사학과 사회과학의 성과를 통해 보면, 한국의 자본주의적 성장이 식민지공업화 형태로 진전되었던 것은 1930년대이며 따라서 비록 왜곡된 형태이긴 하지만 근대성/모더니티가 30년대 혹은 그 이전부터 획득되었다는 것은 부정할 수 없다. 현실적으로 '근대학교'나 '근대문학'이 1890년 이후의 개화기에는 현실화되어 있었다. 반봉건·반침략을 내건 민중종교인 동학의 창시(1860) 자체가 근대를 향한 태동이며, 김옥균 일파의 갑신정변(1884) 그리고 기독교를 등에 업은 서재필을 중심으로 한 교육계몽운동과 독립협회운동 역시 비록 여러 가지 약점을 지니고 있었다 할지라도 근대성/모더니티의 획득을 목적으로 했던 것이다. 하물며 반일과 독립을 내건 일본 식민지하의 여러 저항운동과 독립투쟁이 근대성과 근대적인 것의 획득에 최대의 목적을 두었다는 것은 굳이 말할 필요도 없다.

이런 점에서 보면, 좌담회에서 도정일이 특히 한국에 있어서 20세기 전반은 '잃어버린 시간'이라면서 서구근대의 '보편성'만을 긍정하고, 서구근대에 의해 만들어지고 이에 저항한 식민지근대의 '근대성/

모더니티'를 기본적으로 부정하는 태도는 도저히 납득할 수가 없다. 1920년 이후의 식민지통치 아래서 물론 많은 약점과 우여곡절이 있었지만 조선사람들이 신문을 발행하고 마르크스주의를 공부하고 반일운동과 식민지해방투쟁을 전개했던 것은 역사적 사실이며, 오늘날 그러한 역사적 사실들을 바라볼 때 '근대' 또는 '근대성/모더니티'라고 일컬어지는 것과 무관한 것이었다고는 결코 말할 수 없다. 원래 서구근대 자체도 국내외에 걸친 지배와 억압·침략·식민지지배와 떼려야 뗄 수 없는 관계인바, 서구근대를 올바른 것, 선(善)으로만 이해하려는 사고방식 자체에 문제가 있다.

공정을 기하기 위하여 첨언한다면, 도정일도 식민지지배를 받았던 한국의 역사성을 무시하는 것은 아니다. 그러나 그의 논리정립은, 근대/근대성/근대적 프로젝트는 서구에서 시작되었으므로 서양의 모델과 준거기준을 방기해서는 안 된다고 본다. 현실적으로 세계는 이제 서양적 근대에 편입되어 있어서 그로부터 이탈할 수가 없다는 것이다. 당연히 좌담회에서는 도정일의 이러한 서구적 근대주의의 주장에 대한 이론(異論)이 속출하였으며, 식민지근대를 어떻게 자리매김하고 또 어떻게 이해해야 할 것인가가 커다란 논점이 되었다. 이에 대해 미술평론가 김진송은 서구적 모델과 기준에 따라 식민지근대를 평가할 것이 아니라 오늘날의 상황, 현대의 조건에서 과거 식민지근대를 이해해야 할 것이라는 의견을 내놓았다. 즉 현재 우리의 삶의 현실로부터 과거를 거슬러 올라감으로써 오늘날의 식민지적 자본주의, 식민지적 현대, 식민지적 상황을 파악하려는 것이다.

이런 사고방식은 당연히 식민지체험의 중요성에 대한 인식으로 이어진다. 김명인이 특히 강조했듯이, 식민지체험을 마이너스 요인으로만 받아들일 것이 아니라 오히려 근대성/모더니티를 실제의 경험을 통해서 재구성하는 데 유용한 것이라고 보는 것이다. 다시 말해 식민지체험을 아직도 극복할 수 없는 어떤 것으로 생각할 것이 아니라 고통에 찬 경험 속에서 독자적인 창조력, 한계를 무너뜨릴 수 있는 어떤 것을 지닌 것으로 이해하려는 것이다.

여기에는 근대성과 식민지성을 이율배반적인 것 혹은 식민지성을 정치경제적인 의미에 한정하여 바라보는 사고를 거부하는 자세가 있다. 식민지성은 근대성의 본질인 주체의 해방, 자아에 관련된 문제라고 인식함으로써 식민지상황을 극복하려 하는 노력 자체에 이미 근대성/모더니티가 내재해 있다고 보는 것이다. 물론 이러한 이해방식에는 근대성을 해방 지향적인 가치로 받아들일 위험성이 뒤따르기도 하지만, 이로부터 식민지성이라는 것은 근대성의 이중적 성격, 즉 근대성의 한 가지 발현형태라고 보아야 한다는 논리도 성립된다.

지금 여기에 서술한 것은 좌담회의 논의를 필자 나름대로 정리한 것이지, 좌담회에 참석한 각 논자의 발언을 그대로 요약한 것은 아니다. 어디까지나 좌담회 전체의 흐름에 근거해서 필자 나름대로 그 내용과 성과를 하나의 주장으로 정리한 것이다. 이 점을 전제로 해서 살펴보면, 좌담회에서는 근대성과 식민지성의 상호관계가 명료해지고 또 식민지성이 가지는 적극적인 의의가 밝혀지고 있다. 실제로도 식민지 해방투쟁 속에서 살았던 과거의 투사와 오늘날의 '식민지적 상황'에 살고 있는 재일동포에게서 볼 수 있는 삶의 현실 그리고 그로부터 획득한 혹은 획득하고 있는 '식민지성=근대성/모더니티'의 모습은 결코 부정적인 것이 아니며 오히려 그것이 역경에서 획득한 것이기에 인간으로서의 해방, 자아의 확립, 즉 삶의 확고한 에너지 기반이 되고 있다고 할 수 있다.

그렇다고 해서 좌담회에서 전개된 논의의 폭과 내용을 전면적으로 찬성하는 것은 아니다. 무엇보다도 이 좌담회에는 지배/피지배, 침략/피침략 그리고 민족과 국가라는 틀, 오늘날의 분단상황 같은 기본적이고 중요한 문제가 완전히 빠져 있다. 실제로 김성기는 좌담회 끝부분에서 모더니티는 단적으로 말해 문화적 모더니티로 생각해야 하고 문화적 모더니티를 모더니티의 합리적 핵심으로 보아야 한다고 논하고 있다. 오늘날 구미사회에서 지적 논쟁의 주류를 이루고 있는 문화연구 역시 문화적 모더니티를 주된 쟁점으로 하고 있다는 것이다. 게다가 김성기 자신은 물론, 그의 말을 그대로 옮기면 페미니즘을 논의하는 조혜정도 이러한 사고방식에 기본적으로 동의하고 있다고 한다.

앞에서 거론한, '민족문학논쟁' 등 80년대 운동권의 핵심적 이론가이자 문학평론가이기도 한 김명인도 이 좌담회에 참석했다. 마르크스 · 레닌주의자였던 김명인은 10년 동안의 침묵의 시간을 거쳐 다시 이러한 공개석상에서 발언하기 시작했는데, 그러나 김명인은 지금도 '사회주의자'라고는 하면서도 사회를 보는 눈은 역시 크게 바뀌고 있다. 문학은 세계와 개인의 갈등을 문제로 삼는 것임에도 불구하고 90년대의 문학가는 세계에 대한 고찰을 등한시하고 개인의 문제에만 관련된 '반지성주의'에 빠져 있었다고 비판한다(『문화일보』 2000. 4. 20). 이것은 한국에는 '천박한 지식인'이 너무 많다는 비판이기도 하지만, 이런 김명인이 참가한 좌담회조차도 한국의 역사와 사회 '전체'를 시야에 넣었다고는 할 수 없다.

그런데 이렇게 되면 80년대 후반 한국의 지식인사회를 장식한 사회구성체 논쟁은 도대체 어떤 의미를 가지고 있었는지, 과연 그것은 오늘날 계승되고 있는가 하는 한국 근대사/현대사에 관한 전체적인 파악과 관련해서 근대성/모더니티 문제를 살펴보고자 한다. 한마디로 한국의 모던(근대)은 식민지 피지배, 분단체제에 의해 규정되었으며 여기서의 모던의 문제는 아직도 미해결 상태에 있다. 당연히 근대성/모더니티 문제는 민족모순·계급모순 문제와 관련하여 논의되어야 하고, 최근 세계의 지적 논쟁에서 말하면 이것은 필연적으로 포스트콜로니얼리즘/탈식민지주의 문제와 관련시켜서 논의되어야 하는 것이다. 따라서 이미 소개한 바와 같이 신식국독자론/PD론을 계승하면서 탈근대를 논하는 신좌파적 마르크스주의자들의 논의가 문제가 될 것이며, 또 페미니즘을 논하고 포스트콜로니얼리즘에 관해 논의한 조혜정의 논리가 검증대상이 될 것이다. 나아가 근대비판, 근대의 완성, 분단체제, 민족문학, 민족주의 등을 계속 논하고 있는 백낙청의 발언에도 주목하게 된다.

먼저 백낙청에 대해서 보면, 백낙청은 「한반도에서의 식민성 문제와 근대 한국의 이중과제」에서, 근년의 식민지성 논의에 대해 비판적 태도를 표명하고 있다(백낙청, 1999). 그는 한국에서 "식민성 문제를 진지하게 살피는 일은 매우 긴요하고 무엇보다 세계적으로 소통됨직한 담론을 개발할 필요가 절실하다"고 쓰고 있다. 한국에서 해방 후 일제의 잔재와 미국의 신식민지적 지배 등에 대한 논의가 계속되어 왔다고는 하지만 그것은 이른바 근대성과 표리관계에 있는 광의의 식민지성을 기준으로 삼기보다 식민지경험(협의의 식민지성)을 기준으로 식민지 이후(post-colonial) 현실을 규정하는 작업이 대부분이었다는 것이다. 여기에서는 분단시대의 식민지성이 '미제(美帝)의 식민지'라는 식으로 과장되거나 혹은 자본주의적 또는 사회주의적인 근대화의 달성으로 이미 청산한 듯이 과소평가되는 경향이 있었지만, 과대평가든 과소평가든 이 같은 작업들은 근대와 근대성에 대한 올바른 인식을 저해하며 그렇기 때문에 자신을 포함한 오늘날의 현실이 정확히 어떤 의미로 얼마만큼 식민지성에 젖어 있는가에 대한 성찰이 중요하다고 말한다.

이와 더불어 "이러한 문제의식으로 한반도의 근대성/식민성 문제를 분단체제와 연관지어 거론"할 필요성을 강조하고 있다. 여기에서 백낙청은 식민지성이라는 것은 실제 식민지상태에서 가장 잘 드러나지만, 그것에 한정되지 않는 권력관계 내지 사회관계를 폭넓게 가리키는 것으로 사용하고 싶다고 한다. 그 경우 식민지성의 특징은 식민지 지배상황에서의 법률적인 불평등 같은 것뿐 아니라 인종/종족 차별주의나 관권주의, 성차별주의 그리고 서양중심주의적인 지식구조와 그 밖의 여러 형태의 지배와 배제 행위 모두를 포함하는 것이다. 즉 식민지성은 근대 자본주의 세계체제의 일부로 확고하게 위치지어지는 것으로서, 이 의미에서는 종종 탈식민지성으로 번역되는 단어 post-coloniality는 실제의 식민지지배 내지 식민지 이후와 관련되는 의미가 아니라 이미 언급한 광범한 형태의 식민지성을 극복하는 혹은 극복하고자 하는 가치판단적 의미에서 사용되어야 한다고 주장한다.

필자가 볼 때, 백낙청의 이 주장은 탈식민지성이라는 말이 지니는 본질을 애매하게 만들고 문제를 한없이 일반적인 범주로 확산시킬 위험성을 가지고 있지 않나 싶다. 사실 그는 가능하면 탈식민지성이라는 말을 쓰고 싶지 않다고 한다. 선의로 해석한다면, 이런 그의 말에는 분단현실에서 근대라는 것을 비판해 나가면서 서양은 물론 한국 나아가 제3세계를 포함한 모든 세계에서 통용되는 새로운 보편성을 탐구해야 한다는 발상이 있다고 보여진다. 백낙청에게 근대비판은 근대의 극복이며, 그것은 근대사 전체를 설명할 수 있는 '보편성'의 발견을 의도하는 것일 터이다. 이런 의미에서 한국의 식민지근대는 결코 특수한 것이 아니라 서구근대를 검증하면서 극복되어야 하는 것이라고 할 수 있다.

그러나 문제는 현실적으로 이 같은 이해가 설득력을 갖는가 하는 점이다. 근대사 전체를 설명할 수 있는 '보편성'이 발견되고, 지배/피지배, 침략/피침략, 차별/피차별을 경험한 세계의 모든 사람들 사이에서 공유되는 역사인식이 생긴다면, 그것은 바로 인류의 진보 그 자체일 것이다. 그러나 현실적으로 그 길은 불투명하며, 피지배와 피침략과 피차별을 경험하고 지금도 그것을 가슴 아파하는 사람들은 탈식민지성 문제와 격투하지 않을 수 없다.

이미 언급한 바이지만, 백낙청은 월러스틴의 영향을 많이 받아서 자본주의 세계체제와 그 체제하의 분단체제론을 강조하고 있다. 그러나 월러스틴이 역사적 체제로서의 자본주의의 종말에 대해 비교적 명료하게 발언하고 있는 데 비해, 백낙청은 자본주의의 종언, 즉 반자본주의에 대해서는 상당히 애매한 입장을 취하고 있다. 이런 맥락에서 백낙청은 한국이 한미관계에 의해 크게 규정된 자본주의 국가라는 점에 대해서도 과소평가하는 태도를 보이면서 주한미군 문제를 세계적인 문제로 지나치게 일반화하고 있다.

백낙청의 약점은 역시 남북분단을 현실적으로 '관리'하고 있는 것은 미국이라는 사실을 경시하고 또한 미국의 압도적인 영향하의 식민지성 문제를 이해하지 못하는 것이 아닌가 하는 점이다. 그것은 과거 일본의 조선 식민지지배를 어떻게 인식할 것인가 하는 문제와도 관련이 있는데, 백낙청의 이해방식으로 보는 한 일본 근대화의 발자취를 긍정적으로 평가하고 일본의 식민지지배를 받은 한국의 지식인으로서 이 같은 일본관은 굴절된 것일 수밖에 없다. 이 점은 백낙청이 주창한 민족문학론이 8, 90년대를 통해서 민중적 민족문학론 쪽으로부터 지식인 중심의 시민문학론이라고 비판받고, 특히 소시민적 자유주의 자세에 대하여 적지 않은 비판이 가해진 것과 결코 무관하지 않다.

그런데 식민지성과 격투하는 것은, 사상 및 운동 영역으로 말하면 포스트콜로니얼리즘 내지는 탈식민지주의 문제가 된다. 포스트콜로니얼리즘에 관해서는 이미 페미니즘 이론 연구자인 조혜정이 이 방향으로 논의를 전개하고 있음을 언급했다. 구미의 경우, 포스트콜로니얼리즘은 오리엔탈리즘 비판과 마찬가지로 차이와 타자성과 관련된 포스트구조주의의 문제의식과 밀접하게 이어지는 사상이다. 그리고 한국의 경우, 90년대의 사상흐름을 보면 포스트콜로니얼리즘 내지 탈식민지주의는 아마 크게 세 가지 영역 내지 그룹에서 문제로 삼았던 것으로 볼 수 있을 것이다.

하나는 영문학 영역, 그리고 페미니즘 이론의 영역, 마지막으로 신좌파적 마르크스주의 입장이다. 여기서 탈식민지주의는 post-colonialism 내지 postcolonialism의 번역어로서, 한국에서는 일반적으로 '탈식민(지)주의(脫植民(地)主義)'로 표기한다. 이 책의 앞부분에서 외국어 '포스트모더니즘'과 '탈근대주의/탈근대론(脫近代主義/脫近代論)'을 구별하여 사용하였는데, 여기에도 '포스트콜로니얼리즘'과 '탈식민지주의'는 각각 다른 의미를 가진 것으로 구별해서 사용하고자 한다.

한국에서 이 두 개념이 처음부터 명확하게 구별되어 쓰여진 것은 아니다. 견해에 따라서는 오늘날도 여전히 많은 논자들이 양자를 구별하지 않고 혼용하고 있는 것으로 보인다. 그러나 뒤에서 설명하겠지만, 이 책에서는 탈식민지주의를 포스트콜로니얼리즘과 다른 의미로 파악하고 굳이 '탈식민지주의의 문제설정'이라는 형태로 그 사상적 의의를 강조하고자 한다.

한국에서 포스트콜로니얼리즘/탈식민지주의 개념이 언제부터 사용되기 시작했는지는 분명하지 않다. 1992년 6월에 『외국문학』(제31호, 1992년 여름호)이 "탈식민주의 시대의 글쓰기와 책읽기"를 특집으로 다루었는데, 아마 포스트콜로니얼리즘 내지 탈식민지주의가 한국에 최초로 소개된 것이 아닌가 싶다. '서언'에 이어 권두의 글 「탈식민주의 시대의 문학」에서 영문학자 김성곤(서울대)은 에드워드 사이드를 주로 참고하고 거의 대부분 영어권 책을 인용문헌으로 해서 탈식민지주의의 본질과 배경·전개·전략 및 그 가능성에 대해 논하고 있다(김성곤, 1992). 또 영문학자 이경순(전남대)의 「탈식민주의 페미니즘」에서도 인용문헌은 모두 스피박(G. C. Spivak) 등 영어권 문헌이다(이경순, 1992). 그리고 특집에서는 스피박 등 몇몇 영어권 연구자 글의 번역도 소개하고 있는데, '외국문학'을 다루는 잡지라고는 하지만 특집 전체의 내용은 거의 모두 영어권의 '수입물'이다.

한국의 지식인이 문제시하기 시작했던 포스트콜로니얼리즘/탈식민지주의란 도대체 어떤 것이었을까? '서언'을 읽으면 특집의 의도와 내용을 대개 이해할 수 있다. 출발점은 지구상 전체 인구의 약 3/4이 일찍이 식민지사람으로서 제국주의의 지배를 받았고, 그 식민지경험은 독립 후 오랜 세월이 흐른 오늘날까지도 사라지지 않고 직접 또는 간접적으로 사람들의 사고와 의식 형성에 지대한 영향을 미치고 있다

는 것이다. 과거 식민지국가들은 지금도 세계의 문화사와 지성사 주
변으로 내쫓겨서 소외된 채 침묵을 강요당하고 자신들의 다양한 문화
와 역사는 철저하게 무시당한 채 강대국의 문화와 언어를 '보편화'라
는 미명 아래 표준화된 규범과 전형으로 받아들이고 있다. 탈식민지
주의는 바로 이러한 인식을 기반으로 식민지지배의 잔재를 청산하고
부당하게 빼앗긴 것을 되찾고 억압당해 오던 고유의 문화를 해방시키
기 위해 일어난 가장 새로운 문예사조라고 한다.

　여기서는 탈식민지화의 과제를, 문학·예술 그리고 이경순의 글에
서 볼 수 있듯이 페미니즘 관점에서 파악하여 독립 후에도 남아 있는
식민지문화의 후유증을 극복하는 문제로 설정하고 있다. 그리고 '식
민지 이후' 시대에 있어서 탈식민지주의 관심은 더 교묘해지고 더 드
러나 보이지 않는 오늘날의 문화적·경제적 제국주의를 추적하는 것
으로까지 확대되어야 한다면서, 결국 탈식민지주의는 이런 '정신적
식민지시대'에 배어 있는 제국주의적인 억압구조를 도려내고 해체할
수 있는 '반담론(反談論, counter-discourse)'의 창출을 주창하는 것이
라고 말한다. 다시 말해 탈식민지주의는 '포스트모던 리얼리즘'의 바
람직한 하나의 전형을 나타내며, 사실 탈식민지주의와 포스트모더니
즘은 상호 유사한 시각과 인식과 전략을 공유하면서도 탈식민지주의
는 더 포괄적인 포스트모더니즘적 현상의 일부라는 것이다.

　이 잡지에서 포스트콜로니얼리즘/탈식민지주의를 특집으로 다루
었던 1992년은 한국에서 포스트모더니즘의 융성기였다. '서언'에서
쓰고 있듯이, 그때 논의되었던 포스트콜로니얼리즘/탈식민지주의는
실제로 포스트모더니즘의 일종으로 논해지고 있었다. '서언'을 가지고
판단해 보는 한, 당시 탈식민지화 과제는 정치나 경제를 제외시켜 버

리고 문화의 문제로 다루어졌으며 근대성과 식민지성의 상호관계나 근대사 전체의 파악으로 이어지는 역사인식 문제는 관심에 들어 있지도 않고 '탈식민주의' 등의 담론조작에 중점이 두어져 있었다. 한마디로 이러한 논의의 연장선상에서 한국 고유의 식민지성이라고 해야 할 친일·친미 문제나 분단과 통일의 민족문제가 제기되었을 리 만무하고 기껏해야 한국판 문화연구의 한 형태 내지 진보형이라고 해야 하지 않았을까 여겨진다.

잠깐 곁가지를 쳐본다면, 한국 현대사상의 흐름을 살펴볼 때 외국 그중에서도 영어권의 사조나 문화를 접하기 쉬운 영문학자가 상당히 큰 역할을 하고 있음을 알게 된다. '압축근대'의 격변하는 사회정세 속에서 정치학자와 경제학자가 정치·경제의 현실분석에 노력을 기울이고 특히 진보진영의 학자가 변혁노선의 모색과 현실운동에 많은 에너지를 쏟는 상황에서, 자연히 문화영역은 구미유학 경험자 특히 포스트모더니즘을 좋아하는 영문학자의 활약무대였던 것 같은 느낌마저 든다. 물론 시간이 흐르면서 문제의 관심이나 영역이 넓어져서 1996년에는 스튜어트 홀을 중심으로 한 영국 개방대학(Open University)의 모더니티론(스튜어트 홀 외, 1996)이 번역된 것을 비롯하여 그후 포스트콜로니얼리즘에 관한 번역서들이 잇따라 출판되었다. 그리고 제3세계의 탈식민지주의 문제와 관련해서도 1999년에는 『탈식민지주의와 아프리카문학』(응구기·씨옹오, 1999), 『제3세계 문화와 식민지주의 비평』(치누아 아체베, 1999) 같은 번역서가 나오게 된다.

아무튼 한국의 경우 페미니즘 연구자 가운데 페미니즘을 논하는 과정에서 포스트콜로니얼리즘 내지 탈식민지주의 문제에 접근한 연구자는 몇 명 있다.

원래 한국에서 페미니즘 이론의 연구라고 하면, 크게 나누어 사회학 입장에서 접근하는 것과 영문학에서 접근하는 두 계통이 있다고 볼 수 있다. 앞에서 언급한 이효재는 이화여대에서 영문학을 공부하고 미국에 유학가서 그곳에서 사회학을 공부하여 가족사회학 연구와 여성운동에 뛰어들었다. 조혜정, 조은 그리고 조순경(이화여대 여성학) 등은 사회학의 입장에서 여성문제와 페미니즘 연구에 접근하였다. 한편 고갑희(한신대 영문학)와 태혜숙(대구효성가톨릭대 영문학) 등은 영문학에서 출발하여 구미학문을 섭취하는 가운데 여성문제나 페미니즘 이론에 관심을 갖게 되었다. 물론 사회학이나 영문학 이외의 분야에서 여성문제와 페미니즘 이론에 접근한 연구자도 적지 않다. 인류학에서 접근한 김은실(이화여대) 등이 그 예이다. 이와 같은 페미니즘 이론의 연구가 사회학을 비롯하여(조순경, 1992), 한국 학문연구의 폭과 내용을 크게 발전시켰음은 말할 나위도 없다.

당연한 것이겠지만, 여성문제나 여성운동과 관계 맺고 있는 연구자의 입장은 다양하다. 이효재는 가족연구에 힘을 기울이는 또 한편으로 여성운동과 민족운동/노동운동 등의 관계에 관해서 관심을 가지며 분단시대의 여성운동과 페미니즘 연구에 대해서도 논하고 있다(이효재, 1996). 조순경은 노동과 생산이라는 좀더 원리적인 측면에서 문제를 고찰하고자 하는데, 실제로 미군정기의 노동정책이나 생산의 사회적 구조, 노동운동의 조건과 성격 등을 논하는 속에서 여성노동과 성차별 문제를 다루고 있다(조순경 · 이숙진, 1995). 또한 정진성(서울대 사회학)은 페미니즘 이론의 연구라기보다는 여성억압의 사회적 기제와 여성운동의 사회통합적 성격을 논하면서 재외동포 문제와 일본군 '위안부' 문제 등에도 큰 관심을 기울이고 있다.

그러나 일반론으로 말한다면, 한국의 페미니즘 연구자는 전체적으로 포스트모던 페미니즘의 입장에 있다고는 하지만 내걸고 있는 깃발은 '여성주의(feminism)'이다. 고갑희와 태혜숙 모두 서구 페미니즘의 수용에 힘을 기울였지만, 이론전개의 기반은 전통적인 이분법(이성/감정, 주체/타자, 남/여 등)을 비판하는 포스트모더니즘과 포스트구조주의이다. 고갑희를 소장으로 해서 태혜숙 등이 참여하고 있는 여성문화이론연구소가 1999년 4월에 창간한 『여/성이론』은 '새로운 성의 정치'의 필요성을 역설하면서 본격적인 페미니즘 이론 연구를 표방하고 있다(고갑희, 1999). 여기에서의 '여성주의'는 무엇보다도 여성문제를 계급이나 민족 등의 하위범주로 보는 것에 반대한다. 정치학이나 경제학, 사회학과 같은 학문은 모두 '남성 중심'이라는 사실을 은폐하고 있으며 모든 학문에 '여성의 눈'이 필요하다고 강조한다.

아카데미즘으로 말하자면, 이런 '여성주의'는 이화여대 여성학과로 대표되는데, 그런 의미에서는 여성학과의 설립에 기여한 이효재의 의지와는 약간 동떨어진 성격을 띠고 있다. 이효재의 입장은 어디까지나 민족운동과 노동운동, 분단문제 등과 관련하여 여성문제를 다루려는 것이다. 이에 대해 다소 뉘앙스는 다르지만 김은실은 민족주의적인 담론에 비판적인 입장을 취하면서, '한국적 페미니즘'의 논의방식은 '여성주의'에 관한 문제설정 자체를 '민족'이나 '전통' 혹은 '가부장제' 같은 강력한 문화적 이데올로기로 구속하려고 한다고 본다(김은실, 1994).

민족이나 민족주의 문제는 그 자체가 다양하고 복합적인 내용을 갖는 것이고, 그만큼 민족주의와 페미니즘의 관계도 복잡하고 다양해질 수밖에 없다. 예를 들어 정진성은 90년대에 들어서 한국의 주요 여성단체가 모여서 일본군'위안부'의 보상문제에 도전했음에도 불구하고 한국의 페미니즘 연구는 이에 대해 너무나 냉담한 태도를 보였다고 비판하고 있다. 그러면서 이것은 한국의 연구자들이 서구에서 발표된 인도 민족주의 이론에 그대로 의거하거나 혹은 민족을 실체가 없는 '상상의 공동체'라고 한 서구의 논의에 의존한 결과이기도 하다고 말한다(정진성, 1999).

여기에서 인도 민족주의의 논의는 인도 출신의 해체주의자이며 마르크스주의 페미니스트인 스피박의 이론을 가리키고 '상상의 공동체'는 앤더슨의 주장을 지칭하는 게 분명하다. 확실히 한국에서는, 예를 들어 스피박에 관해서 제3세계 여성과 연대하려는 자세에 공감하는 동시에 그런 강한 관심이 역으로 제3세계의 현실을 잘못 이해하거나 제1세계의 진보적 지식인의 역할을 과소평가하는 것으로 이어지는 것이 아닌가 하는 비판도 있다(고부응, 1997). 다만 스피박이나 앤더슨 이론에 대한 이 같은 비판이 그대로 한국 페미니즘 연구에 대한 비판에 직결되는가 하는 문제에 이르러서는, 좀 다른 시각이 필요한 것 같다. 페미니즘 시각에서 볼 때 일본군'위안부'운동이 큰 문제를 안고 있다고 하더라도, 그것이 곧 '민족주의'와 관련된 문제인가 하는 것은 논란의 여지가 있다.

어쨌든 한국에서 서구 페미니즘의 수용방식에 대해 여러 가지 비판이 있는 것은 확실하다. 그리고 그러한 비판은 사실 페미니즘 연구과정에서 정립된 포스트콜로니얼리즘 내지 탈식민지주의에 대한 비판을 포함한다고 보아도 무방하다. 거듭 말하지만 그것은 한국의 페미니즘 연구자가 내건 '여성주의'의 인식론 자체에 대한 비판으로 이어진다.

이 점에 관해서 김혜숙(이화여대 철학)은 「여성주의 인식론과 한국 여성철학의 전망」에서, 페미니즘(여성주의) 연구의 실상 자체에 의문을 던지고 있다(김혜숙, 1998). 그에 따르면, 서구 페미니즘의 발전은 서구문화 전반에 걸친 여성의 억압상황을 분석하고 이를 개선하기 위한 노력의 과정에서 생겨난 데 비해 한국 페미니즘의 발전은 주로 서구 페미니즘 이론을 수용하는 과정에서 이루어진 것이어서 인간억압과 여성억압이 발생한 한국의 문화적 상황을 충분히 고려해 오지 않았다는 것이다. 그러나 한국여성의 경험은 제1세계보다는 오히려 제3세계 여성의 경험과 유사하며 또 정치적 · 경제적 · 문화적 강대국과의 관계에서 생겨나는 주변화 경험과 성적 억압에서 비롯되는 경험 등 다층적으로 구성되어 있기 때문에, 당연히 한국여성의 다층적인 경험에 대한 정확한 인식과 분석이 필요하며 결코 서구 페미니즘 이론의 직수입으로는 해결되지 않는 문제라고 말한다. 즉 '한국인'으로서 또한 '여성'으로서 이중적으로 주변화된 구체적인 모습을 분석하고 그로부터 처방전을 모색해야 한다는 것이다.

실제로 요즈음 들어와서 페미니즘 이론 연구자들 대부분은, 이제까지의 페미니즘 연구에서는 학문적 인식이 구체적인 체험이나 실천을 앞지르고 현실과 이론의 괴리를 확실하게 해명하지 못했음을 자각하기 시작하는 것 같다. '여성이라는 주체를 결여한 페미니즘'에 대한 반성이라고 할 수 있는데, 근대와 근대성/모더니티를 충분히 획득하지 못한 채 서구산 포스트모던에 의존하는 것의 위험성에 대한 자각의 싹이기도 하다. 물론 필자도 한국 페미니즘의 이론과 운동이 탈근대적 요소를 띠고는 있지만 그것은 여전히 근대라는 틀 안에 있다고 본다. 따라서 가부장제 등의 억압적 가족제도나 복합적인 사회적 성차별에 대한 해명도 국가, 자본, 계급, 민족 그리고 식민지지배나 분단구조, 군사독재 등의 문제와 관련하여 고찰되어야 한다고 생각한다.

아무튼 한국의 페미니즘 연구가 전체적으로 진전되어 가는 가운데 그것이 포스트콜로니얼리즘 · 탈식민지주의에 대한 관심으로 이어지고 있는 것은 분명하다. 앞에서 언급한 조혜정은 페미니즘의 관점에서 출발하면서 포스트콜로니얼리즘의 이론적 모색에 관심을 나타냈는데, 한국여성의 '이중적 주변화'라는 사실에서 볼 때 이것은 이론적 모색의 당연한 길이었다고도 생각된다.

실제로 조혜정뿐 아니라 태혜숙 등 페미니즘 연구자들 중에는 포스트콜로니얼리즘/탈식민지주의에 대한 이론적 모색을 하고 있는 연구자가 몇몇 있다. 이 경우에 이론적 모색은 페미니즘 연구인 동시에 신좌파적 마르크스주의의 관심영역과 적잖이 중첩된다고 이해해도 된다. 태혜숙으로 말하자면 1993년에 이미 「포스트모던 여성해방론의 현황과 과제」(태혜숙, 1993)를 발표했으며 또 사실상 신좌파의 거점 중의 하나인 『문화과학』의 편집위원도 맡고 있다.

태혜숙의 이론전개는 구체적으로 스피박이 지향하는 '탈식민주의 페미니즘'을 중심에 두고 있으나(태혜숙, 1997; 1998), 이 경우 탈식민지주의와 페미니즘을 병렬관계로 보거나 이들의 유사성을 지적하는 것만으로는 불충분하다면서 탈식민지 논의는 어디까지나 페미니즘 입장에서 규명할 수밖에 없고 그 근거를 더 체계적으로 제시할 때 탈식민지주의 페미니즘의 이론적 가능성이 밝혀진다고 쓰고 있다. 달리 표현하면, 한국여성의 이중적 주변화는 페미니즘 쪽에서 이론정립을 할 때 비로소 해명 가능하다는 것이다. 하지만 현실적으로 이와 같은 이론적 모색은 이제 갓 출발했을 따름이어서 그 전망은 아직 불투명한 상태이다.

조혜정의 경우에는 물론 신좌파가 아니고 굳이 말하자면 역시 계몽주의 · 근대주의의 입장이라고 볼 수 있다. 1998년에 펴낸 『성찰적 근대성과 페미니즘』에서, 페미니스트 시각에서 '근대성'이나 '주변성'을 새삼 문제삼고 있다(조혜정, 1998). 조혜정은 과거 10년 동안 젊은이와 문화운동을 결합시키기 위한 실천활동을 열심히 해왔는데, 이는 한국사회의 두껍게 응고되어 있는 지배구조와의 싸움이었다. 하지만 이 시도는 실패로 끝나고, 전지구적 규모의 자본과 가부장적 국가, 봉건적 가장이 여러 가지 형태로 출몰하는 속에서 인간다운 사회의 실현은 폐쇄되어 버린 상태라고 그는 말한다.

이 책을 읽어보면 조혜정의 의도는 원래 식민지주의적 · 절충주의적 · 무성찰적인 폐쇄회로를 풀어서 사람들이 연대할 수 있는 공간을 새로 여는 것이었다고 생각된다. 그러나 실제로 이 사고방식에는 근대주의와 탈근대주의, 탈식민지주의의 패러다임이 혼재해 있을 뿐 아니라 서구근대에 대한 동경과 그 부정적인 면에 대한 비판이 뒤섞여 있다고 볼 수 있다.

조혜정의 사고방식에서 보면, 서구근대의 장점은 취하고 한국근대의 악폐는 제거해야 한다는 것이다. 사상적으로 보면, 취해야 할 장점은 근대주의 내지 근대의 재구성이란 관점에서 파악되어지고, 제거되어야 할 것은 탈식민지주의적인 문제의식에서 비판되어야 한다는 것이다. 고도 경제성장이 무참하게 무너지고 IMF의 충격을 실감할 때, 그것은 반자본주의의 탈근대주의/탈근대론 양상도 띠고 있다. 게다가 조혜정은 한국의 페미니즘 연구나 페미니스트가 계몽주의적 경향을 지닐 뿐 아니라 대중문화 시대에 학문적 엄밀주의에 빠지기 쉽다는 점에 대해서도 비판적이다. 한국의 근대/근대성의 왜곡을 어떻게 해독하고 어떻게 구체적으로 돌파해 나갈 것인가, 이 점이 페미니스트 조혜정의 과제이다.

『창작과비평』(통권106호, 1999년 겨울호)의 서평에는, 조혜정의 이와 같은 사고는 한국사회가 압축근대의 결과 근대화가 왜곡될 수밖에 없었다고 '근대주의적 진단'을 내리면서도 사실상 하버마스나 기든스 등에서 볼 수 있는, 서구사회를 내적으로 반성하는 이론을 그대로 내면화하여 그것을 자신의 분석의 "보이지 않는 출발점"으로 하고 있다고 평하고 있다(김수진, 1999). 그 결과 탈식민지주의적 방법론을 표방하지만 실제로는 근대주의를 뛰어넘지 못하고 있는데, 이는 한국의 지식인이 자유롭게 도망칠 수 없는 시대적 제약이기도 하다고 논한다. 서평의 이와 같은 평가는 확실히 조혜정의 특질을 간파하고 있지만, 필자의 견해를 말한다면 조혜정의 사상적 갈등의 근저에는 역시 근대주의, 탈근대주의/탈근대론, 탈식민지주의의 혼돈이 있는데다 이들의 관계설정이 모순에 가득 차 있기 때문에 왜곡된 근대/근대성의 내용도, 탈근대·탈식민지화의 내용도 여전히 애매모호한 채로 있는 것 아닌가 생각된다.

그러면 페미니즘의 입장과는 달리, 신좌파적 마르크스주의 입장에서 논의된 포스트콜로니얼리즘 내지 탈식민지주의를 살펴보기로 하겠다. 이미 서술하였듯이, 신좌파는 주관적으로 마르크스주의를 견지하고 있으면서도 실제로는 탈마르크스주의적 성격을 띠고 또한 프랑스사상의 수용이란 의미에서는 포스트모더니즘과 유사성을 지니고 있다.

신좌파의 입장에서 탈식민지주의 문제를 정리된 형태로 처음 논한 사람은 『문화과학』의 편집위원인 고길섶이다. 그는 「탈식민주의 담론과 세계지도 다시 그리기」에서, 구미에서는 사이드(E. W. Said)나 푸코에서 볼 수 있는 바와 같이 탈식민지주의 이론은 포스트모더니즘의 영향을 크게 받으면서 형성되었으나 한국에서 포스트모더니즘의 수용은 오히려 탈식민지화 과제를 희박하게 만들었다고 말한다(고길섶, 1999). 탈식민지주의와 마찬가지로 포스트모더니즘은 본래 서구 중심의 근대화와 보편화에 이론(異論)을 제기하는 것에서 출발하지만, 한국에서의 포스트모더니즘 수용은 지적 소비의 하나로 유입되었기 때문에 다른 의미를 가지게 되었다는 것이다. 어쨌든 한국에서 식민지주의는 과거의 문제가 아니라 오늘의 문제이며, 지리적·영토적·공간적으로 한국은 식민지성의 지속과 식민지화의 위기에 끊임없이 노출되어 있었다고 단언한다.

탈식민지화 과제를 달성하기 위해서 외국의 이론을 배우는 것은 불가피하다면서 고길섶은 이렇게 말한다. 제3세계 출신인 파농, 사이드, 스피박 들이 제각각 서구이론에서 배운 것과 마찬가지로 한국의 지식인이 서구의 탈식민지주의 이론을 배우는 것은 당연하다. 그러나 탈식민지 문제는 인식론적인 단절이나 정치적인 독립선언으로 해결되는 것이 아니라 내적인 역사성의 문제이다. 그 점에서 한국에서의 탈식민지주의 논의는 같은 지식인을 가장 큰 비판대상으로 함으로써 식민지성을 탈피할 수 없는 글읽기나 글쓰기 등 언어문제에 집중하는 경향을 보이고 있다는 것이다. 따라서 조혜정이 말하는 '성찰적 근대성'이란 문제설정도 근대주의적인 의미에서 근대성/모더니티의 탐구,

자기성찰의 중시에 치우쳤다고 비판적이다.

즉 고길섶은, 원리적으로 보면 근대성이 지배하는 시간과 공간은 식민지화의 기호체계로써 전지구화되었으며 그런 의미에서 서구와 비서구는 모두 식민지화되었다고 보아야 한다는 것이다. 그렇기 때문에 식민지성의 해체는 결국 근대성을 해체하는 것을 통해서만 가능하며 여기에는 탈근대주의/탈근대의 문제설정이 들어가야 한다고 본다. 논지만을 가지고 살펴볼 때, 탈식민지주의 논의에서는 언어 · 담론 · 권력의 문제가 핵심을 이루며 이것은 들뢰즈나 가타리가 시사하듯이 욕망의 식민지성으로부터 자유로워지고 욕망을 어떻게 재배치할 것인가 하는 문제로 확대되어 간다는 것이다.

고길섶의 이런 식의 논의는 신좌파 특유의 논법이라고 할 수 있다. 하지만 이 역시 관념적으로 들릴 수밖에 없는데, 예를 들어 한국사회에 뿌리박고 있는 친일파 잔재라든가 오늘날의 분단상황에 대한 문제파악과 과제제시와 관련해서는 여전히 불투명하다. 즉 식민지성을 탈피할 수 없는 글읽기나 글쓰기 등에 대한 비판을 보더라도, 이것이 외국이론 도입의 영역을 넘어서고 있다고는 말하기 어렵다. 식민지시대의 일본어 · 조선어라는 이중언어 구조(체제), 그리고 해방 후의 영어 · 한국어라는 이중언어 구조 혹은 식민지지배의 잔재로서의 일본어를 포함한 일본어 · 영어 · 한국어라는 삼중언어 구조의 구체적인 모습을 그 내부에서부터 실증적으로 파헤친다는 의미에서 볼 때는 이에 유효한 이론이 여전히 제시되지 않고 있다고 할 수 있다. 뿐더러 식민지성 해체는 근대성의 해체를 통해서만 가능하다고 할지라도 그것이 구체적으로는 무엇을 의미하는지가 반드시 명확한 것은 아니다.

한국에서는 친일파의 제거로 대표되는 탈식민지화 과제가 소홀히 다루어져 온 결과, 탈식민지주의의 문제의식조차 적절하게 인식되고 있지 못한 것이 현실이며 이런 문제의식이 지식인의 사상·이론 전개에서도 애매한 형태로 나타나고 있는데 고길섶도 이로부터 자유로울 수는 없다. 즉 고길섶을 포함하여 한국에서는 포스트콜로니얼리즘/탈식민지주의 문제가 사실이나 의미에 대한 인식론적 패러다임의 전환이라는, 이른바 '언어론적 전회(轉回)'의 문제로 변환되어 글이나 담론으로 환원되지 않는 고통으로 가득 찬 경험, 즉 피지배의 '사실'을 망각하고 있는 것은 아닌가 하는 의구심이 든다. 다만 고길섶이 오늘날 탈식민지주의의 최대 적 중 하나는 신자유주의의 자본권력이라고 말한 점에는 필자 역시 전혀 이론(異論)이 없다.

고길섶이 편집위원을 맡고 있는 『문화과학』에서 "근대·탈근대의 쟁점들"을 특집으로 다룬 적이 있다(『문화과학』 제22호, 2000년 여름호). 이 특집에는 강내희의 「한국 근대성의 문제와 탈근대화」, 심광현의 「근대화/탈근대화의 이중과제와 사회운동의 새로운 전망」, 박성수(한국해양대 철학)의 「근대와 탈근대 또는 새로움에 관하여」가 실렸으며, 역시 근대·근대성·탈근대성을 중심적인 논점으로 다루고 있다.

강내희가 탈식민지주의에 대해 아주 간략하게 언급하고는 있지만, 대부분의 글은 구미 이론과 사상에 의거하고 있으며 포스트콜로니얼리즘 내지 탈식민지주의에 대한 관심은 거의 찾아볼 수 없다고 해도 과언이 아니다. 다시 말해 신좌파 내에서 중요한 위치를 차지하는 '문화과학' 그룹의 문제의식에도 탈식민지주의의 과제가 아직 명확하게 들어 있지는 않다. 식민지·신식민지의 틀 안에 있는 한국에서 주관적으로 마르크스주의의 연장선상에서 사고한다는 신좌파가 한국의 현실을 거론하지 않고 탈식민지주의 과제를 자신의 것으로 하지 못하는 것은 그 자체가 사상의 공전(空轉), 사상의 빈곤을 증거해 주는 것이라고 할 수 있지 않을까.

여기에서 탈식민지주의에 대한 필자의 생각을 조금 피력한다면, 포스트콜로니얼리즘을 주장하는 구미 지식인은 사이드나 스피박처럼 대부분이 제3세계 출신이면서 지금은 세계체제의 중심에서 활약하고 있는 인물이다. 그들은 무엇보다도 제1세계 내부에 있는 식민지주의나 소수자, 이민, 구식민지 출신자, 피억압자 등에 대한 차별성을 문제삼고 있어서 출신지인 모국에서 투쟁하고 있는 사람들과는 안고 있는 과제가 다르다. 그들의 노력은 이른바 제국(帝國)의 중심을 탈식민지화하는 데 집중되어 있다.

즉 구미 사회의 문화연구나 포스트모던의 틀에서 한국 사회와 역사를 이해하려는 것 자체에 무리가 있다. 현실적으로 한국은 문화의 헤게모니보다는 무엇보다도 식민지 및 제3세계적 조건, 분단구조 등의 역사적 맥락과 이에 유래되는 독특한 정치경제적 조건 등에 규정되어 있다. 구미에서 논의되고 있는 포스트콜로니얼리즘의 시각이 물론 중요하지만, 역시 한국은 구미나 일본에서의 논의와 또 다른 틀이 필요할 터이다. 이를 포스트콜로니얼리즘과 구별되는 의미를 담아서 여기에서는 '탈식민지주의'라고 명확하게 정의하고자 한다.

'탈식민지주의의 문제설정'은 무엇보다도 오늘날의 한국을 '식민지 이후=포스트콜로니얼'이 아니라, '신식민지'로 본다. 한국은 과거에 일본의 식민지였을 뿐 아니라 해방 후에도 오늘날에 이르기까지 미국의 지배 아래 있는 신식민지이다. 일반적으로 포스트콜로니얼리즘의 과제가 독립 후의 식민지적 잔재의 청산이라고 하면, 탈식민지주의의 과제는 과거의 식민지지배 및 오늘날의 피지배에서 탈식민지화의 동시수행이다. 여기에는 친일·친미 문제뿐 아니라 식민지지배에서 비롯하는 분단과 통일의 민족문제가 들어간다. 다시 말해 한국의 탈식민지주의는 신식국독자론/PD론의 계급모순/민족모순 문제와 관련해서 추구되어야 할 과제이다. 그리고 탈식민지주의는 지배/피지배, 침략/피침략의 모순을 본질적으로 안고 있는 근대=자본주의에 반대한다는 의미에서 기본적으로는 '탈근대'를 지향한다.

여기에서 탈식민지주의는 민족주의 문제와 중첩을 이루지만, 현실적으로는 민족주의를 별 의미 없이 고취하는 것은 역으로 반공주의에 이용되고 혹은 주변국가의 반발을 불러일으키게 된다. 탈식민지의 민족적 과제를 앞세워서 민족주의를 소리 높여 말하는 것은 오히려 탈식민지화의 장애가 된다. 뿐만 아니라 한국은 신식민지적 성격을 지닌 채로 고도의 경제성장으로 개발도상국에서 중진국, 나아가 '선진국'을 뒤쫓아가는 중이다. 즉 한국은 제3세계이면서도 제1세계의 속성도 가지고 있다. 이런 의미에서 한국의 탈식민지주의는 단순히 문화영역뿐 아니라 정치와 경제 전반에 걸친 매우 다양하고 복잡한 과제를 안고 있다. 실제로 언어나 문화, 인식과 사고방식, 그 밖의 것에서 보더라도 한국사람들의 정신, 내면 깊숙한 곳에는 식민지근대에서 발생한 근대성과 식민지성이 복잡하게 얽혀 있는 상태에 있다고 말할 수 있겠다.

4. 다시 세우는 사상

탈식민지주의의 시각에서 볼 때, 한국의 진보진영은 협소한 민족주의를 경계하면서 분단극복, 남북통일을·시야에 넣은 과제를 실현해

나가는 것이 요구된다. 사실 한국의 민족주의는 국민주권과 서로 중첩되지만 역사적으로는 국가주의 나아가서는 반공주의와 공명해 왔다. 그리고 본래 식민지주의는 다른 민족성을 인정하지 않는 '국민'주의라고 말해지지만, 실제로 '대일본제국(大日本帝國)'의 경우에서 보듯이 다민족주의를 통해서 제국주의 지배를 관철시키는 것이기도 하다. 이로부터 한국에서 탈식민지주의의 과제는 국민주의 비판이라는 질적 수준이 요구되는 동시에 민족주의 옷을 입은 국가주의나 반공주의에 대해서도 비판적일 것이 요구된다. 그만큼 한국의 민족주의나 국민주의는 복잡한 의미를 띠고 있으며, 그 점에서 한국의 지식인은 통일민족국가 실현이라는 '근대'의 프로젝트를 달성하는 과정에서 탈근대주의 및 탈민족주의라는 과제도 병행하여 추진하는 역사적 입장에 서 있다고도 할 수 있다.

이렇게 볼 때, 과연 한국이라는 국가의 성립, 특히 국가로서의 지배적 질서를 현실적으로 유지하고 있는 요소는 무엇인가 하는 것이 문제가 된다. 이 점에 관해 김동춘은 한국국가로서의 질서를 유지하는 요소는 남북한의 긴장관계, 국제적 경제관계의 변화, 남한 사회운동의 역량, 세 가지라고 쓰면서 이 가운데 남한의 지배적 질서에 큰 변화를 가져올 수 있는 최대 변수는 역시 북한의 변화 가능성, 남북한의 긴장해소, 통일에 대한 전망이라고 말한다. 따라서 한국은 기본적으로 '안보국가'이면서 향후 방향은 현실적으로 한국 자본주의의 역량과 한국사회의 성숙도에 크게 좌우된다는 것이다.

여기에서 한국 자본주의의 현단계와 오늘날 한국사회의 모습을 어떻게 평가할 것인가 하는 문제가 우선 제기될 수 있는데, 김동춘은 90년대 후반 이후 한국사회는 미숙한 자본주의도 아니고 탈자본주의도 아닌, 노골적인 자본 중심적 사회라고 진단한다. 물론 이것은 미국 중심의 국제금융시장에 편입된 예속적 성격을 띠고 있는 것이다. 게다가 경제성장에 의한 일정한 포스트산업화, 탈근대의 징후에도 불구하고 이것이 사회관계를 질적으로 변화시키지는 않고 있다고 말한다. 즉 한국은 자본주의화의 진전에 따른 사회구조와 계급구조의 커다란 변화에도 불구하고 정치와 사회 면에서는 여전히 남북한의 긴장관계에 규정당한 '안보국가' 상태라는 것이다(김동춘, 1997a).

논자에 따라서 한국사회의 진단이 각각 다른 것은 말할 것도 없다. 이미 서술한 바와 같이, 한국사회의 포스트모던성을 강조하는 논의가 있는가 하면 세계화·정보화의 진전을 새삼 긍정적으로 평가하여 바야흐로 '전자사회' 영역에 도달하고 있다고 보는 논의도 있다. 인터넷 보급은 나이나 성별, 계층 나아가 국경조차도 뛰어넘는 '전자민주주의 사회'의 도래를 암시한다고도 한다. 이런 속에서 진보진영이 여전히 한국사회 현실에 대해 비판적인 것은 이미 서술한 바와 같다.

다만 현대 한국의 사상을 개괄한다는 의미에서는 같은 진보진영에서도 『창작과비평』그룹의 또 다른 주장에도 눈을 돌리고, 나아가서는 보수진영, 그중에서도 우파적 입장의 발언에 대해서도 언급해 둘 필요가 있을 것이다. 실제로 90년대 후반의 인문·사회과학이나 논단에 대해 말하고자 할 때는, 창비그룹뿐 아니라 우파적 입장의 아시아적 근대나 동아시아론의 주장에도 주의를 기울이는 것이 중요하다. 왜냐하면 IMF사태로 일시 침체했다고는 하지만 사회주의권의 붕괴 후 한국의 경제발전을 어떻게 평가할 것인가 하는 문제에서, 아시아적 가치와 유교적 가치를 칭찬하는 경향이 두드러졌기 때문이다.

사회주의권의 붕괴는 마르크스주의의 쇠퇴만 가져온 것이 아니라 자본주의 승리의 찬가를 전세계에 울려퍼지게 했으며 또 이것은 시장경제와 자유민주주의의 최종적 승리를 주장하는 소리를 높이는 역할을 어쩔 수 없이 했다. 그러나 아시아의 한구석에 위치해 있는 한국의 일부 지식인에게 자본주의 승리의 찬가는 서구적 근대를 시인하고 아시아의 독자성을 부정하는 것이 될 수밖에 없으며, 더욱이 한국의 현실은 일정한 경제성장에도 불구하고 여전히 불안과 혼란으로 가득 차 있다. 이와 같은 상황에서 서구적 근대가 아닌 아시아적 근대, 아시아적 문화를 중시하자는 주장이 전개되고 그 일부는 유교문화 등을 기반으로 한 아시아적 탈근대의 주장으로 이어지고 있다.

한국 현대사상의 흐름에서 볼 때, 아시아적 근대라 하면 이미 여러 차례 논한 백낙청이 발행하는 『창작과비평』(편집주간 최원식)이 강조해 오던 것인데 최근 들어서는 최원식(인하대 국문학), 백영서(연세대 역사학) 등 창비그룹을 중심으로 이른바 '동아시아론'으로 전개되고 있다(최원식·백영서 엮음, 1997; 백원담, 1999). 동아시아론의 중심은, 이미 서술하였듯이 서구적 근대는 식민지주의를 내포하고 있다고 봄으로써 서구 근대문명의 비판을 통해서 아시아적 근대를 포함한 새로운 세계의 보편성을 찾아내는 것인데 사상적으로는 진보적 민족주의의 성격을 띠고 있다.

1998년 이후에는 창비그룹의 동아시아론이 최원식의 「세계체제의 바깥은 없다―소국주의와 대국주의의 내적 긴장」(1998)이나 백영서의 「20세기형 동아시아문명과 국민국가를 넘어서―한민족공동체의 선택」(1999) 등 일련의 글을 통해서 주장되고 있다.

최원식은 무엇보다도 IMF사태에서 밝혀졌듯이 이제는 주변부의 위기가 반(半)주변부나 중심부를 뒤흔드는 시대이고 자본주의 세계체제로부터 자유로운 국가는 하나도 없다고 말한다. 따라서 통일한국의 미래상은 종래의 국민국가의 틀을 넘어선 유연한 형태로 구상될 필요가 있지만, 역으로 새로운 동아시아 연대의 열쇠는 한반도 통일에 있다는 것이다. 최원식의 동아시아론에서는 새로운 동아시아 질서의 구축, 연대확보의 가능성을 한반도를 중심으로 고찰하고 통일한국의 실현은 동아시아의 공존에 크나큰 역할을 한다고 본다. 한편 원래 중국근대사를 전공한 백영서는 중국근대의 대국적 중화주의를 비판하면서, 이제는 동아시아를 하나의 문명을 공유하는 공동체로 보는 것은 부자연스럽다며 다양한 주체가 공존하는 21세기형 문명의 가능성을 모색해야 한다고 주장한다. 그러면서 대국도 아니고 소국도 아닌 중간 규모의 한반도야말로 새로운 동아시아 공동체 건설을 구체화하는 조건을 갖추고 있다는 것이다.

지당한 주장이지만, 필자가 보기에는 창비그룹의 이 같은 동아시아론은 한반도를 중심으로 한 동아시아 현실 인식에 대한 애매함과 실천 측면에서의 추상성이라는 약점을 안고 있을 뿐 아니라, 신자유주의적인 자본의 공세가 노골화되는 가운데 대항이론으로서도 취약한 것 같다. 이 논의에서는 국내 통일운동에 대한 연대의 시각이 약하며 또 주한미군이나 그와 밀접하게 관련되어 있는 오키나와 미군기지 등과 같은 문제가 경시되고 있다. 전체적으로 동아시아론은 해설적이고 평론적인 문명사적 접근으로, 동아시아 민중과 연대하는 명확한 의지가 감지되지 않는 관념성을 띠고 있다. 더구나 동아시아에서의 한반도 위상을 중시하는 데 그치지 않고 동아시아의 경험을 특권화하고 서구의 블록화(EU)를 모방한 아시아의 블록화, 서구중심주의를 대신하는 새로운 중심주의의 모색이라는 위험성 또한 내포하고 있다. 하물며 이러한 동아시아론이 서구적 근대를 지양한 새로운 보편원리를 확보한다는 의미에서 유익한 것일지는 의문이다.

다만 여기서는 진보진영에 속하는 창비그룹과 달리, 90년대 이후 우파적 입장에 선 일군의 사상집단이 학계와 논단의 일부에서 상당한 위치를 차지해 왔다는 데 주목하고자 한다. 이들은 1997년에 창간된 『전통과현대』(편집주간 함재봉)를 거점으로 하고 있으나, 그 주장은 한국경제가 크게 약진한 80년대 후반에부터 이미 전개되고 있었다. 주요 멤버는 함재봉(연세대 정치학), 유석춘(연세대 사회학), 김병국(고려대 정치학), 이승환(고려대 철학), 김석근(연세대 정치외교학) 등이며 전통적 가치의 현대적인 재발견을 통해서 서구적 근대화의 한계를 극복해야 한다는 것이 이들의 주장이다. 『전통과현대』의 동인은 역대 군사정권의 전직 고관 자제가 적지 않고 또 대부분이 구미유학을 했다. 여기에서 그들이 말하는 전통적 가치란 주로 아시아적 가치, 유교적 가치를 가리키며 한국 나아가서 아시아의 경제발전을 '유교자본주의'라고 높이 평가한다(『조선일보』 1999. 3. 16).

유교자본주의라 하면 80년대에 대만, 한국, 싱가포르, 홍콩의 이른바 '아시아의 네 마리 용'의 경제성장의 요인을 설명한 '이론'으로 등장했던 것으로서, 유교를 기반으로 한 아시아적 가치를 둘러싸고 논쟁을 불러일으켰다. 그 논점은 당시까지 경제발전의 소외요인으로 인식되었던 아시아적 제도 내지 전통이 아시아의 눈부신 경제발전 요인이라는 것이다. 한국에서는 유교자본주의가 『전통과현대』를 중심으로 화제가 되었으나, 대중매체나 일반국민들의 관심에도 불구하고 실제로는 유교와 자본주의에 대한 명확한 이해로 이어지지 않았거니와 이론적으로도 큰 난점을 안고 있다.

원래 '아시아'라는 지리적 개념은 그 내부로부터 발생했다기보다 서구근대의 형성과 더불어 주어졌던 것이다. 이와 같은 지리적 개념은 항상 권력관계나 지배문제와 결합되어 아시아는 서구에 의해 차별화될 뿐 아니라 열등한 위치에 놓인 타자로서 지배의 대상이 되었다. 서구 사회과학에서도 예를 들어 마르크스의 '아시아적 생산양식'이나 베버의 '전통사회' 등은, 유럽 고유의 문명을 옹호하면서 아시아의 빈곤과 정체(停滯), 전제(專制) 등의 성격을 강조했던 것은 아니라 할지라도 그들의 '보편주의'적인 사고에는 암묵적으로 '발전'한 유럽/'정체'된 아시아라는 지정학적인 인식틀이 내포되어 있었다.

요즘 들어 자주 화제가 되고 있는 오리엔탈리즘은 그와 같은 사상의 행보와의 관련성 속에서 형성된 문화 본질주의적인 서구의 아시아상인데, 이는 무의식적이라기보다 의식적으로 유도된 것이고 한편으로는 서구문명의 우위성/보편성을 표방하고 또 한편으로는 비서구세계의 저발전과 후진성을 분석·설명하는 것이다. 따라서 아시아적 가치의 강조는 서구문명의 보편원리와 오리엔탈리즘에 대한 반발이고 아시아의 경제발전을 정당화하는 논리라 할 수 있다. 그렇지만 실제로 이것은 하나의 논리라고 하기에는 너무나도 조잡한 논리이다.

요즈음 한국학계에서는 유교자본주의나 아시아적 가치에 대한 관심이 높아지고 있는 한편으로 이에 대한 비판이 사회과학적 문제로 본격적으로 논의되고 있다. 여기에는 IMF 사태로 일시적으로 침체해 있던 유교자본주의나 아시아적 가치에 대한 주장이, 반미와 반신자유주의 깃발 아래서 새로운 돌파구를 찾는 가운데 더욱이 진보진영의 재결집에 대항하는 보수진영의 움직임과 연결되고 있는 것에 대한 위기감이 있다. 예를 들어 1999년 11월에 열린 한국정치연구회의 연차

학술대회는 신자유주의 문제와 관련하여 '제3의 길'과 '유교자본주의/
아시아적 가치'를 주제로 채택하여 정치학의 입장에서 반박논의가 이
루어졌다(김동택, 1999; 정상호, 1999).

이 학술대회에서는 유교자본주의나 아시아적 가치가 이론적 차원
에서 성립하지 않는다는 점을 명확히 밝혔다. 즉 아시아적 가치는 학
술용어로서 최소한도의 내용과 형식도 갖추지 않았으며 실제로는 아
시아의 경제발전을 강조하는 정치적 선전 술어에 지나지 않는다는 것
이다. 결국 아시아적 가치는 유교적 가치로 환원되며, 그 유교적 가치
도 구체적으로는 높은 교육열, 권위와 규율, 가족공동체, 국가의 주도
적 역할 등을 가리키는 것에 불과하다. '아시아'도 현실적으로는 '동아
시아'에 한정된 것이고 여기에는 자국의 경제발전을 정당화하는 이데
올로기적 의도가 숨어 있다. 사실 유교자본주의와 아시아적 가치의
주장에서 특징적인 것은, 권위주의적인 정치권력의 성격을 무시하고
또 '한국'과 '한국사회'라는 말을 초역사적인 것으로 취급함으로써 정
권과 보수지배층의 사회적 책임을 일체 묻지 않는 것이다. 오히려 유
교적인 것을 강조함으로써 권위의 존중, 혈연 · 지연 · 학연 등의 연고
관계가 급속한 경제성장의 요인이었다고 주장되고 있다는 것이다.

이러한 비판을 기다릴 것도 없이, 유교자본주의나 아시아적 가치의
주장이 정치적으로는 기득권층 옹호를 목적으로 하고 있음은 명백하
다. 아시아사회라는 것이 실제로 모자이크 상태이고 아시아적 가치라
해도 유교나 이슬람교, 불교 등 여러 가지가 있다. 게다가 한국의 경
우에 역사적으로 봉건적 주종관계와 남녀차별 등의 비민주적 인간관
계가 유교에 의해 규정되어 왔다. 그러나 현실적으로 우파적 입장의
논의에는 이와 같은 문제는 들어 있지 않거니와 노동자나 민중 · 시민

같은 사회과학 개념도 찾아볼 수 없다.

어디 그뿐인가, 최근에는 이런 우파적 입장에서의 논의에서는 거꾸로 '유교민주주의'나 '탈근대주의'까지도 논해지고 있을 정도이다. 탈근대주의와 관련해서, 유교자본주의의 대표적 주창자인 함재봉은 냉전종결에 따른 근대 이성주의/합리주의의 후퇴와 탈근대주의의 등장은 유교 등 전근대적 · 비이성적 · 비합리적인 것을 재조명 · 재평가하는 계기가 되었다고 말한다. 탈냉전과 포스트산업사회의 도래라는 시대상황 속에서 탈근대론과 유교론이 한국현실을 이해하고 설명하는 이론축이 되고 있다면서, 그 핵심은 경제성장의 요인이 내재적인 문화요인에 있다고 보는 것이다. 또 유교론은 탈근대론과 마찬가지로 반중심, 반서구, 반근대, 반제국주의인 동시에 (서구적) 민주주의를 지향하는 것이라고 정리한다(함재봉, 1999).

이와 같은 '이론'전개는 실로 모순투성이인데, 이 사상집단이 현실적으로 보여주는 정치적 태도는 역시 기득권층 옹호의 우파적 자세로 일관하고 있다. 예를 들어『전통과현대』의 편집위원이자 유력한 이데올로그인 유석춘은 개인의 자유와 권리에 가치를 둔 자유민주주의에 비판적이며, 한국 고유의 문화적 · 제도적 특수성 및 그 기반인 유교적 전통을 중시한다. 더욱이 유석춘은 앞에서 서술한『월간조선』의 최장집에 대한 사상공격 당시에 일단 '언론의 자유'를 옹호하는 척하면서 사실은 최장집을 공격했는가 하면 보수반동의 아성이라고도 할 만한 조선일보사에 가담하고 있다(『문화일보』1998. 11. 16; 1999. 2. 19). 이것은 아시아적 가치를 중시하는 일군의 사상그룹이『조선일보』에 자리잡고 있는 조갑제(『월간조선』편집장) 등 극우세력과 친화성을 가지고 있음을 여실히 말해 주는 것이었다.

실제로 강준만이 『인물과사상』 시리즈에서 계속 고발하고 있듯이, 조선일보사는 일본 식민지시대는 차치하고라도 해방 후에도 보수주의를 일관하면서 반공이데올로기를 가장 고취시켜 온 우익적 색채가 강한 언론기관이다. 이런 의미에서도 한국에서 유교자본주의나 아시아적 가치를 주창하는 것은 현실적으로 진보진영에 대한 공격, 보수진영 옹호라는 정치적 기능을 하는 것임을 이해할 수 있다. 북한과의 공존, 평화적 통일에 대한 전망 같은 발상이 들어 있지 않는 것은 당연하다.

그러나 이 같은 점은 별도로 하고, 지금 '동아시아론'이라는 담론을 생각할 때 여기서는 과거로부터 출발한 것이 아니라 현재로부터 출발하는 것이 중요하지 않을까 하는 점을 통감한다. 현재의 시점에서 과거의 가치나 전통의 위치를 설정하는 것이 매우 중요하며, 그 역으로 과거의 가치나 전통으로부터 현재를 고찰하는 것은 잘못된 보수주의나 복고주의에 빠질 위험성이 있다는 것이다. 이런 점에서 70년대에 유신독재에 과감하게 저항하고 민주화운동의 상징적 존재였던 김지하를 다시금 언급하는 것 또한 중요할 터이다. 이 경우 김지하는 탈근대라는 말을 사용하고 있지는 않는 것 같으나, 그의 사상전개는 기본적으로 서구 근대문명을 극복하는 것이며 또한 복고적 색채를 띤 민족주의를 강조하면서 주관적으로는 동아시아의 '민중연대'로 눈을 돌리고 있다.

김지하의 사상을 어떻게 평가할 것인가는 상당히 어려운 문제이다. 김지하는 거듭되는 감옥생활 후에 '생명사상'을 제창하였고 그 뒤로 유기농업운동, 소비자공동체운동, 환경운동 등에 관여하다가 요즈음 들어서는 생명운동을 넘어서 신인간주의운동을 주창하기에 이르렀다. 좌파진영에서 보면 배신자, 변절자, 전선이탈자, 신흥종교 교조가 될 수도 있겠으나, 그 사상의 근간은 인간 내부에는 전우주가 살아 있다는 것이다. 인간동포를 사랑할 뿐 아니라 우주만물 속에 영적인 마음이 살아 있음을 인정하고 그것들을 자신과 똑같이 사랑할 때 비로소 사회가 바뀌고 지구를 사랑할 수 있다고 한다. 바로 이것이 '신인간주의' 즉 새로운 인간관이고 '율려(律呂)'라고 김지하는 말한다. 이 신인간주의는 인간이 근본적으로 바뀌는 것을 의도하며 또 율려운동은 천지우주 질서와의 조화를 지향하는 것을 의미한다. 여기에는 서양 휴머니즘이 해방의 사상이지만 자연과 인간을 대립시키고 정복자로서의 인간중심주의에 빠져 있다는 비판이 있다.

이러한 김지하 사상은 한국 근본주의라고도 할 만한 성격을 띠고 있는데, 동학의 '후천개벽(後天開闢)' 사상, 나아가서는 고대 단군신화의 '홍익인간' 사상으로 이어지고 있다. 게다가 단군사상의 복원은 정신적 유심론에 치우쳐 있는 북한과 맞물리는 지점이므로 남북통일을 촉진하는 데 커다란 사상적 에너지가 된다고 김지하는 말한다. 즉 일본 식민지시대에 탄압받았던 단군사상을 연구하고 보급하는 것은 식민지사관으로 왜곡된 상고사 교육을 바로잡고 민족정신을 회복하고 해외동포를 포함한 민족공동체를 건설하는 데 필수불가결한 조건이라는 것이다. 이때 상고사의 탐색은 결코 국수주의가 아니라 전지구적인 위기를 구하는 것으로 이어지는 보편적이고 열린 민족주의라고 강조한다(김지하, 1999). 실제로 김지하는 율려운동의 궁극적 목표는 동아시아사상에서 전지구적 구원의 길을 찾는 것이라면서 구체적으로 '동아시아 생명공동체' 운동을 제안하며 동아시아를 중시하는 자세를 나타내고 있다(『조선일보』 1998. 9. 25). 김지하에게, 현대의 위기를 극복하기 위한 기든스 등의 '제3의 길'은 어디까지나 서구사상이고 신인간주의/율려의 문화운동이야말로 한국 그리고 동아시아의 사상인 것이다(『한겨레신문』 1999. 1. 4).

이러한 김지하의 사상은 신비적·관념적·미학적 요소를 띠고 있는데, 특히 단군신화의 강조는 1997년부터 협력관계를 맺고 있는 심신수련단체인 단학선원이 상고사·단군신화를 강조하는 노선에 이끌리는 측면이 있다고 생각된다. 그 때문에 김지하는 논단에서 수많은 논쟁을 불러일으킨 동시에 '근거 없는 주장' '샤머니즘' 등 냉엄한 비판을 받게 되었다. 뿐만 아니라 김지하는 그전부터 이미 '지식인 스타'에 불과하며 '(언론을 통한) 책임 없는 권력'을 행사하고 '지적 선정주의'를 남용하고 있다는 등 격렬한 비판을 받아왔다(강준만, 1991). 그런가 하면 김지하의 사상은 엘리트 지식인을 위한 것으로 민중은 추상적인 개념으로 정화되어 있으며 또한 그의 민족논의는 특정 민족의 지배를 정당화할지도 모르는 정신적 파시즘으로 이어진다는 비판도 있다(홍윤기, 1999).

국문학자인 김철(연세대) 역시 김지하는 파시즘의 해독에 물들어 있다는 비판을 논하고 있다. 김철에 따르면, 김지하의 단군론은 일본의 덴손코린(天孫降臨), 아마테라스오미카미(天照大神)로 시작하는 천황신화와 유사하며 고대신화에 대한 집착을 하나의 특질로 하는 민족 재생신화, 파시즘 재생신화이다. '새로운 인간'(=신인간주의)이라는 개념 자체가 세계 파시즘운동의 중요한 요소였다는 것이다(김철, 1999). 하지만 현실적으로 김지하의 이 같은 사상은 그 사상의 폐쇄성과 '민족정신회복시민운동연합'(대표 김지하) 같은 운동방식 때문에 대학생을 비롯한 젊은이는 물론이고 일반시민들로부터도 호감을 가지고 받아들여지고 있다고는 볼 수 없다. 게다가 김지하는 1999년 9월에 단학선원과 결별을 선언하지만(『한겨레신문』 1999. 9. 2), 그의 책을 가지고 판단해 보는 한에서는(김지하, 1999) 기본적인 사고방식이 그 후에도 바뀌지 않은 것으로 보인다.

김지하의 사상에 관해서는 사실 좀더 상세하게 논할 필요가 있을 것이다. 하지만 여기서는 오히려 김지하와 관련해서, 남한사회주의노동자동맹(사노맹)의 상징적 존재였던 '얼굴 없는 시인' 박노해의 사상 변화를 잠시 언급하는 것이 좋을 듯싶다. 80년대 후반의 민주화운동을 이끌어나갔던 대부분의 사상가는 사회주의권 붕괴를 계기로 마르크스·레닌주의/사회주의에 대한 정치신념을 적지 않게 변화시켰지만, 약 6년 동안 감옥생활을 해야 했던 박노해도 이 과정에서 자신의 사상을 상당히 전환시켜 갔다. 박노해는 아직 옥중에 있던 1997년에 펴낸 『사람만이 희망이다』(박노해, 1997)에서, 자신의 사상적 고뇌에 대해 고백하고 있다. 그의 사상적 변화를 어떻게 보는가는 사람에 따라 다르겠지만, 그것은 '비사회주의' '탈자본주의' '친생태주의(에콜로지)' '친페미니즘'이라고도 평가된다.

1998년 8월 15일 석방된 뒤로도 박노해는 이러한 사상을 심화시켜 갔는데, 이것은 한편으로 포스트모더니즘적·생태주의적·탈중심적 사상의 수용이면서도 조직중심주의적·권위주의적·절대주의적 사고방식에 대한 혐오감의 표명이기도 했다. 더욱이 이것은 동시에 현실의 진보운동, 특히 진보정당결성운동에 대한 불만을 드러낸 것이기도 했다(박노해·고동우, 1998; 박노해·김성기, 2000). 당연히 진보진영으로부터 '변절'이라고 지탄받고 '제2의 김지하'가 될 위험성이 지적되고 있지만, 현시점에서는 박노해의 사상적 지평이 명확해지는 데는 좀더 시간이 필요할 것 같다.

 그건 그렇고 다시 김지하에 돌아와서 살펴본다면, 서양 근대문명을 극복하기 위해 한국과 아시아의 고대사상을 재평가·재발견해야 한다는 사고방식은 가령 포스트모더니즘을 다룬 부분에서 거론했던 이정우의 경우에서도 찾아볼 수 있다. 이정우는 들뢰즈사상을 논하면서 이를 기반으로 해서 서구의 스토아철학과 동양의 선불교 그리고 현대문학을 하나로 엮고 특히 들뢰즈와 선불교를 접합시키려고 한다(『한겨레신문』1999. 9. 21; 이정우, 1999b). 이정우의 이 논리에서, 서구 합리주의의 한계를 극복하기 위해 동양의 불교나 힌두교, 노장(老莊)사상 등에 주목하는 사고방식은 그 나름으로 이해될 수 없는 바는 아니다. 그러나 탈근대 지향의 프랑스사상 연구가 왜 한국의 식민지근대를 지나쳐서 고대까지 질주해 버렸을까 하는 점은 이해하기가 힘든 대목이다.

 물론 서양문명의 한계를 느낀 한국의 지식인이 물질만능주의, 효율숭배, 성장제일주의를 극복하기 위해 그 보완적 논리를 동양사상에서 구하는 경향이 있는 것은 확실하다. 한국철학연구회 등 학계에서도 그러한 움직임을 볼 수 있거니와 매스컴에서는 앞에서 언급한 동양사상가 김용옥(전 고려대)이 그 같은 한국사회의 정신적 욕구를 충족시키는 역할을 하고 있는 듯하다. 실제로 김용옥은 교육방송(EBS)의 TV프로에 출현하여 시청자들로부터 큰 인기를 모았는가 하면 그의 책 『노자와 21세기』 1~3(김용옥, 1999~2000)은 베스트셀러 대열에 올라 있다.

 하지만 여기서는 이 문제를 깊이 파고들 여유는 없고 다만 동아시아나 아시아적 근대, 탈근대주의, 민족주의 문제 등과 관련해서 창비그룹, 『전통과현대』그룹, 김지하를 살펴보는 데 그치고자 한다. 구태여 한마디 덧붙이자면 이와 같은 논조가 서양에 대한 도덕적 · 사상적 우위를 주장하는 알맹이 없는 아시아주의로 이어질지도 모른다는 점을 지적해 두고 싶다. 이와 같은 논의와 비교할 때 오히려 여기서는 그보다는 한국의 진보진영이 일반적으로 동아시아라는 발상을 결여하고 또한 신좌파를 제외하고는 탈근대의 문제설정에도 소극적이라는 점에 주의를 기울여야 할 것 같다.

또 한 가지 '탈근대'의 용어와 관련해서, 90년대의 한국사상계를 장식한 포스트모더니즘이 사상의 다양화 측면에서는 일정한 공헌을 했다고 할 수 있겠으나 전체적으로는 역시 '관념의 유희'라는 성격을 띠었다는 점을 확인해 둘 필요가 있다. 푸코나 데리다, 들뢰즈 등 프랑스사상이 한국에서 확고한 사상의 담론으로 정착했다고도 생각할 수 없거니와 오히려 포스트모더니즘이 당초 의도했던, 마르크스주의로 대표되는 낡은 담론, 특히 이항대립적 사고의 해체라는 의미에서도 적지 않게 공전의 상태에 빠져 있는 게 아닌가 싶다.

자유기고가를 자칭하며 『아웃사이더』(2000년 4월 창간)의 편집위원인 진중권의 말을 빌린다면, 이른바 한국에서 포스트모더니즘은 '근대'가 무너진 자리에 그 '공백'을 메우려고 등장한 '공백의 사상'이었을지도 모른다. 그에 따르면, 한국에서 포스트모더니즘은 다음 네 가지 방향에서 수용되었다. 첫째는, 포스트모던의 근대비판을 민주주의의 폭력적 전복으로 해석하는 극우적 수용인데 이는 구체적으로 박정희 신드롬을 인정하는 논리로서 나타나고 있다. 둘째는, 근대를 '탈'하여 전근대로 되돌아가는 복고주의적 해석인데 함재봉처럼 유교적 전통의 복고를 주장하는 논리가 이에 속한다. 셋째는, 포스트모던의 근대

비판에서 그대로 선불교와 노자를 칭찬하는 데로 날아가는 동양주의적 해석이다. 그리고 넷째는, 모든 사회악의 책임을 '근대'에 돌리며 아무런 대안도 없이 급진적 비판론을 가하는 니체주의자들의 극좌적 수용이다. 그리고 진중권 쪽에서 볼 때 이 가운데 극우적·보수적·동양주의적 해석은 별로 언급할 가치가 없지만 무정부주의나 문화라는 미시영역으로 도피하려는 탈정치 및 탈문화의 극좌적 해석—필자가 보기에 이는 신좌파의 논리를 의미하는 것 같다—에는 충분한 주의가 필요하다는 매우 냉엄한 평가이다(진중권, 2000).

생각해 보면 일본에서도 포스트모더니즘은 80년대에 유행하고 소비되어 잊혀진 사상이다. 구미의 경우에는 이 논의는 곧 마르크스주의의 문화분석과 결합되어 새로운 문화와 권력을 둘러싼 문화연구나 포스트콜로니얼리즘의 주장으로 연결되었다. 일본에서도 이 '옷'을 걸치고 요즈음 '지(知)'의 구조를 여러 가지로 '해체'하는 담론이 그럴 듯하게 논해지고 있지만, 실제로는 부정형정(不定形的)이고 종잡을 수 없는 일본의 사상풍경을 한층 더 드러나지 않게 만들어버리는 듯하다. 그런 점에서 한국의 경우 포스트모더니즘이나 문화연구 그리고 포스트콜로니얼리즘 같은 사상이 존립할 수 있는 기반이 일본보다 훨씬 취약하다고 할 수 있다.

한편 건국 50주년을 맞이하여 한반도에서의 탈냉전을 지향하는 김대중정권은 주관적으로 남한에서의 좌우대립을 해소하고 국민화합의 정치를 목표로 하고 있는 것으로 보인다. 실제로 정권 2년째인 1999년 들어서 7월에 민주적 교원단체인 전교조를 결성 10년 만에 마침내 합법화했을 뿐 아니라 12월에는 민주적 노조인 민주노총(조합원 약 60만 명)도 합법화하고 또 3, 40년이라는 오랜 세월 동안 감옥에 갇혀 있던 비전향장기수를 석방하는 등, 역대 정권에서는 찾아볼 수 없었던 유연한 정책을 펼쳤다. 또한 역시 같은 해에 시민단체 등의 요구를 배경으로 '광주민주화운동관련자 보상 등에 관한 법률'과 '제주도 4·3 진상규명 및 희생자 명예회복에 관한 특별법' '의문사진상규명특별법' 등의 법안이 연이어 성립되었다. 이는 억압되어 있던 역사의 기억을 환기시켰을 뿐만 아니라 충분하지는 않지만 마침내 역사의 왜곡이 현실의 시책으로 바로잡아지기 시작했음을 의미한다.

또 이에 대응해서 진보진영은 일시 침체해 있던 운동의 재건을 도모하고 각종 조직정비와 합법적 좌익정당 설립준비, 진보적인 잡지 발간과 '진보네트워크(http://www.jinbo.net)'로 대표되는 홈페이지 만들기 등, 진보진영의 재구축에 큰 힘을 기울였다. 여기서는 진보적 지식인이 IMF 사태의 쇼크를 떨치고 일어나 다시 한 번 한국의 현실에 정면으로 대응하고자 하는 진지한 자세가 엿보인다.

1999년은 여러 잡지의 창간이 잇따른 해이기도 하다. 특히 8월에 창간된 좌파의 이론잡지 『진보평론』(편집위원장 김세균)은 진보적 지식인에게 거점확보라는 의미에서 큰 성과라 할 수 있었다. 이 잡지는 김진균, 손호철, 최갑수를 공동대표로 해서 구좌파적 마르크스주의자와 신좌파적 마르크스주의자의 결합, 그리고 이론과 실천의 결합을 목표로 하고 있다. 신문에서는 "좌파의 좌파 결집"이라고 평하였지만, 실제로는 구좌파가 핵심을 이루면서 1999년 여름에 서사연을 탈퇴하고 연구공간 '너머'를 결성한 이진경을 포함하여 신좌파와 협력해서 간행되었다. 이는 좌파의 역량이 지금까지의 불협화음을 일소하고 '진보'라는 이름을 내걸고 과학과 현장의 만남의 장을 만들어냈음을 의미한다. 게다가 전체적인 논단의 위상에서 볼 때, 『진보평론』 창간은 어떤 의미에서 우파적 경향의 동아시아론이나 아시아적 가치를 지향하는 그룹이 그 동안 신자유주의의 공격을 받아서 새로운 사상적 지평을 구축하고자 한다는 데 대응하는 것이었다고 생각된다.

『진보평론』의 창간은 사회주의권 붕괴 후 구좌파와 신좌파의 이론연구 및 시민운동 등의 비약적 발전을 배경으로 하고 있다. 발간대회의 '결성선언문'에서, "자본주의의 착취적 본성이 적나라하게 드러나고 있는 가운데 이에 저항하는 노동자 · 민중의 투쟁이 전세계적으로 분출되고 있다. …이와 같은 역사적 정세하에서 진보적 이론진영의 근본적인 과제는 계급적대를 유일한 보편적 적대로 간주하는 경향이 있는 종래의 변혁이론의 한계와 모순을 냉철히 인식하고 그것을 비판적으로 개조 · 발전시키는 것이다"면서, 새로운 해방의 지평을 제시한다. 즉 계급적 · 지적(知的) · 성별적 · 인종주의적 억압으로부터의 해방을 지향하는 사회운동들은 신체, 욕망, 성(性) 등을 작용지점으로 하는 억압으로부터의 해방들을 지향해 나가야 한다는 것이다("『진보평론』발간모임' 결성선언문」, 『진보평론』 창간호, 1999년 가을호). 이는 다름 아닌 구좌파와 신좌파의 사상적 탐구, 특히 신좌파에 의한 푸코, 알튀세르, 데리다, 라캉, 들뢰즈, 가타리, 네그리 등의 수용과 이를 바탕으로 한 내부/외부, 자기/타자, 남/여와 같은 이분법적 사고의 극복이라는 이론연구의 성과를 바탕으로 하고 있었다.

『진보평론』의 발간에 즈음해서는 처음에 약 200명의 회원이 있었는데, 이론부문에는 『현실과과학』 및 『이론』지에 소속되어 있던 연구자를 중심으로 120명 가량이 참여하였으며 실천부문에서는 노동운동가를 비롯하여 출판이나 법률 · 의료, 정보네트워크 등을 포함한 다양한 활동가 약 80명이 참여하였다. 특히 시민운동 활동가가 참여한 것은, 원래 시민운동이 그 성과와 더불어 점차 자본과 정부의 '하위파트너'로 전락하고 '시민 없는 시민운동'으로 타락하는 경향을 지닌다는 점에서 볼 때 중요한 의의를 가진다고 하겠다. 하지만 이 경우에도 구좌파적 의미에서의 노동운동이 중요한 역할을 담당해야 한다는 점에 대해서는 대체로 의견이 일치하고 있었다고 할 수 있다(『중앙일보』 1999. 5. 25).

그러나 『진보평론』이 창간호에서부터 이와 같은 목표에 부합하는 성과를 거두었는가 하는 점은 또 다른 문제이다. 필자 나름대로 평가를 한다면, 창간호의 특집 "마르크스주의의 오늘과 내일" 및 제2호의 특집 "신자유주의"를 보더라도 여전히 구좌파와 신좌파의 결합 내지 융합이 제대로 잘 진전되지 않고 단지 구좌파와 신좌파의 주장이 혼재되어 있을 따름이 아닌가 하는 인상을 받는다. 더구나 창간호에 실린 실천부문의 글은 「99년 상반기 민주노조운동의 총력투쟁을 평가한다」뿐이었다. 요컨대 한국사회의 정세분석은 차치하고도 이에 대응하는 변혁노선의 모색과 변혁주체 설정 면에서도 여전히 불충분한 상태에 있다고 하지 않을 수 없다.

이 점은 『진보평론』의 창간기념 심포지엄에서 조희연이 시민운동을 기초로 한 '진지전'을 강조한 반면, 윤수종은 소수자운동을 통한 '전복의 공간 확보'를 주장하고 또 서관모는 계급투쟁을 중심으로 한 '진영(陣營)의 체계'를 역설한 데서 드러나듯이(『교수신문』 1999. 4. 26), 진보운동의 진행방식을 둘러싸고 여전히 커다란 인식차이가 부각되었다는 것에서도 확인된다. 다시 말해 『진보평론』에서 구좌파의 노동운동 중심성의 주장은 상대적으로 낮아졌어도 이를 대신할 노동운동과 시민운동의 결합 내지 융합이라는 문제설정은 더 불투명한 상태이다.

하긴『진보평론』은 이제 갓 출발했을 뿐이며, 그 성과는 앞으로 기대되는 바이다. 그럼에도『진보평론』에 기고하고 있는 신좌파가 실제로는 이진경과 윤수종 등 서사연 계열의 연구자이고 문화사회·문화정치를 주창한 강내희·심광현이 아닌 점이 신경 쓰인다. 강내희는『진보평론』편집위원으로 이름을 올려놓고는 있으나, 원래『문화과학』이라는 매체를 가지고 있는 '문화과학'그룹이『진보평론』에 부정적이지는 않다 해도 역시 뭔가 사상적인 골이 있어서 그런 것이 아닐까 하는 짐작이 든다. 즉 구좌파의 입장에서 볼 때, 구좌파가 제휴하는 신좌파란 어디까지나 이진경, 윤수종 등이고 강내희, 심광현 등은 아니라는 것이기도 하다.

이런 사정과 직접적인 관계가 있는지는 별도로 하고 강내희, 심광현 하면 1999년 들어서 한때 신문지상에서 김지하와 제휴하여 문화운동을 추진한다는 것이 몇 차례 화제가 되었던 적이 있다. 특히 김지하와 서울대 미학과 선후배 사이인 심광현은 '문화과학'그룹과 율려운동의 김지하 사이에 다리를 놓아주는 역할을 하였는데, 여기서는 문화운동 제1세대인 김지하의 명성에 대한 기대와 고대사에 대한 그의 관심에서 볼 수 있는 민족전통에 대한 공감이 있었다고 할 수 있다 (『중앙일보』1999. 8. 3). 김지하의 입장에서 보면 '문화과학'그룹의 들뢰즈 연구에 관심을 가졌다는 것이 되겠는데, 여하튼 '문화'를 매개로 어떤 의미에서 니체 사상의 미학적 측면에서 양자는 연결되었다고 보아도 될 것이다. 원래 이 같은 관계가 순조롭게 지속될지 여부는 불분명하지만, 굳이 말하자면 주관적으로는 마르크스주의의 고수를 주장하는 신좌파가 단군신화의 복고적 민족주의를 내세우는 김지하와 손을 잡을 수 있다고는 도저히 생각할 수 없다.

그런데 누구를 적으로 하고 누구를 동지로 할 것인가는 사회변혁운동이 항상 안고 있는 어려운 문제이다. 이것은 단순히 사람을 좋아하고 싫어하는 문제가 아니라 역사와 사회에 대한 깊은 통찰이 필요한 문제이다. 과거 10년 동안 운동권을 주도했던, 주체사상을 신봉하는 NL파가 급속도로 몰락하는 가운데 근년에는 서울대를 비롯한 각 대학의 학생조직에 과거의 운동권 출신자 대신에 비운동권 출신자가 진출하고 학생운동의 비정치화가 더 한층 진행되고 있다. 이 역시 역사와 사회에 대한 인식변화를 반영하는 것이라고 할 수 있다.

2000년 1월 30일, 합법적인 진보정당인 '민주노동당'(대표 권영길)이 탄생하였다. 민주노총과 '국민승리21'이 중심이 되어 준비해 온 민주노동당은 이날 중앙당 결성대회를 열고 이어서 전국 각지에 지부를 결성하였다. 생각해 보면, 한국역사에서 진보정당이나 좌파정당의 결성은 실패와 좌절, 고난의 연속이었다. 한국전쟁을 거쳐서 1956년에 진보당이 창설된 이래 사회대중당, 한국사회당, 사회혁신당, 통일사회당, 민주사회당, 민중의당, 민중당 등등 반공체제 아래서 시도되었던 진보정당의 결성은 실로 많다. 이들 모두가 진정한 진보정당의 내실을 갖추고 대중들로부터 지지를 받았는가 하는 점은 문제가 된다. 그러나 어찌 되었든 이 모두가 패배의 길을 걷고 지도자 가운데는 옥에 갇히고 생명을 잃은 이도 있다. 남북의 냉엄한 군사적 대결, 그리고 한국에서의 가혹한 반공정책 속에서 남한의 진보정당='좌익'은 휴전선 넘어 북한에 있다고 생각되기까지 하였다. 그런 의미에서 민주노동당의 탄생은 바로 한국의 새벽을 알리는 것일지도 모른다.

진보정당의 설립은 오랫동안 갈망해 오던 것이다. 게다가 주도세력이 누구인가에 따라 정당의 성격과 지지자가 크게 바뀌는 것은 말할 나위도 없다. 서울대학교의 학생신문인『대학신문』(1999. 4. 26)의 앙케트조사에 따르면, 진보정당의 주도세력에 대한 설문에서 68.6%가 일반시민이 참가한 시민단체가 주도해야 한다고 했으며, 노동조합을 주된 기반으로 하는 노동계가 주도해야 한다는 답변은 11.8%에 불과하였다. 조사대상자의 대부분이 학생이었다는 점도 있겠지만, 그만큼 시민운동적 성격을 띤 진보정당이 인기가 있다고 생각해도 될 것이다. 그러나 진보진영의 중심에 위치해 있다고도 할 수 있는『진보평론』그룹의 일부 입장에게는, 민주노동당의 강령이 '민중의 정치세력화' 노선을 내걸고 자본과 대결하는 노동자계급의 정치세력화를 저해하는 왜곡된 것으로 비춰지는 것 같다(채만수, 2000). 시각에 따라서는 편협한 평가라고 받아들여질 수 있겠지만, 요컨대 민주노동당은 진보운동의 목표를 평가절하하고 있으며 좌파정당으로서는 역량부족이라는 것이고, 그 대신 노동자의 진정한 정치조직인 '노동자의 힘(가칭)'이 결성될 필요가 있다는 주장이다(「새로운 노동자정치조직 발족식자료집(초안)」1999. 8. 2).

아마 진보진영 내부의 구도는 이와 같이 생각해도 될 것이다. 민주노동당은 무엇보다도 민주노총의 조직적 지원에 힘입어 결성된 것이고 민주노총은 현실적으로 진보진영의 우파에 의해 장악되어 있다. 따라서 민주노동당은 계급연합적인 성격을 띠고 의회정치, 선거를 통한 정치참여에 큰 비중을 두고 있다. 그러나 조희연과 김동춘 등의 시민사회론자는 민주노총이나 민주노동당에는 적극적으로 참가하지 않고 어디까지나 활동의 중심은 시민운동의 전개에 두고 있다. 그 속에서 민주노총이나 민주노동당에 적극적으로 참여하고 있는 학자는 재벌개혁을 중시하는 장상환과 통일운동의 강정구, 진보적 민족사학의 안병욱(카톨릭대 한국근대사) 등의 진보진영 우파이며 그외 노동운동을 중시하는 임영일 등도 관여하고 있는 것으로 보인다.

이에 비해 '노동자의 힘'은 어디까지나 노동자계급의 정치조직이라는 점을 지향하고 노동운동의 활성화에 역점을 두고 있다. 즉 진보진영의 좌파가 중심이며, 전위적인 정치조직은 아니라 하더라도 자각한 노동자층을 주축으로 한 대중투쟁·사회변혁을 목적의식적으로 수행하고자 하는 것이다. 물론 『진보평론』그룹 가운데도 김진균처럼 민주노동당 창립추진위원회에 참가하고 노동자를 포함한 민중의 진보적 정치세력화와 조직의 민주화에 적극적으로 기여하려 했던 입장도 있고 혹은 역으로 이진경이나 윤수종처럼 시민운동에 비판적일 뿐 아니라 노동자의 정치조직 결성 자체에 비판적인 입장도 있다. 원래 이진경과 윤수종의 경우에는 이론상의 입장과 별개로 한국 정치운동의 과도기적 단계로서 현실에서는 민주노동당에 대해 '비판적 지지'의 태도를 취하고 있는 것이 아닐까 싶다.

아무튼 진보진영 내부에도 여러 가지 갈등이 있고 또한 시민운동이나 민중운동, 노동운동은 단순히 이론이나 이치만으로 움직이는 것이 아니라는 것도 알 수 있다. 90년대의 혼미를 거쳐서 진보진영은 시각에 따라서는 민주노동당의 결성으로 명확하게 두 가지 흐름으로 분화하기 시작하였다고도 해석할 수 있다. 즉 구좌파의 『진보평론』그룹의 목표가 어디까지나 자본주의의 근본적인 변혁인 데 비해 민주노동당의 노선은 국가사회주의의 오류와 사회민주주의의 한계를 동시에 극복하고자 하는 현실주의적 개혁이다. 이 두 가지 흐름은 이른바 90년대를 통한 진보진영에 있어서 변혁노선의 모색과 변혁주체 설정의 중간결산이라고 할 수 있다.

하지만 또 다른 측면에서 보면, 강준만이 말하는 것처럼 진보진영의 핵심이 기득권 세력화한 '강단좌파(좌파대학교수)'=엘리트집단에 의해 점유되어 있는 데 주의를 기울일 필요가 있을지도 모른다(강준만, 2000). 이는 직접적으로 『진보평론』그룹을 염두에 두고 한 발언이지만 그 의도하는 바는 진보진영 전체에 해당하는 것인데, 결국 지식인 중심의 배타주의를 경계하고 자기중심주의에 빠지기 쉬운 것을 경계해야 한다는 것일 터이다. 그런 의미에서 인맥 면에서 볼 때 김진균은 진보진영 내부에서 사람들을 서로 이어주고 "우파에서도 존경받는 좌파인텔리"라는 중요한 입장에 있는 것이 아닐까 생각된다. 실제로 김진균은 구좌파뿐 아니라 신좌파, 시민운동, 민족운동, 그 밖의 각종 운동에 적극적으로 관여하는 등 이제 진보진영의 중심에 위치한 인물이라고 해도 될 것이다.

한편 한국통계청에 따르면, 1999년 1월 말 현재 실업률이 8.5%(176만 명)까지 상승했다가 99년 말에는 4%대로 호전되었다고 한다. 경제의 회복기조가 두드러진다는 뜻인데, 하지만 현재 한국은 고도경제성장 후 IMF 관리로 전락한 것을 계기로 심각한 가치관 혼란을 겪고 있음은 말할 나위도 없다. 정치, 경제 등의 제도적 개혁과 더불어 가치관의 재정립을 통한 국민통합이 불가결한 과제가 되고 있으며, 이는 사상의 재구축이라는 과제로 이어진다.

처음에 국민의 기대 속에서 출발했던 김대중정권도 이윽고 각계각층으로부터 비판을 받고 시각에 따라서는 진보진영으로부터 '배신자'라고 불리기조차 한다. 1999년 가을 서울에서 개최된 '99민중대회'에는 전국에서 약 3만 명의 노동자와 시민이 모여 생존권 사수, 경제주권 옹호, 국가보안법 철폐, 노동시간 단축 등 정부를 비판하는 슬로건을 외치며 김대중정권과의 전면대결을 내세우기에 이르렀다. 또한 2000년 4월의 총선거를 앞두고 약 500개의 시민단체가 '2000년 총선시민연대'에 결집해서 공시 후에 현직 거물 국회의원을 포함하여 후보자 86명을 '부적격'이라 발표하고 맹렬한 '낙선운동'을 전개하였다. 이러한 노동운동이나 시민운동의 고양은 당연히 진보진영의 역할이 한층 더 커지고 있음을 나타내는데, 그런 의미에서 진보진영이 앞으로 어떻게 사상의 재구축을 도모하여 사회변혁을 추진해 나갈 것인가는 한국의 미래를 좌우하는 중요한 문제이다.

이를 위해서는 진보와 보수의 재정립, 틀의 재구축이 시대의 중요한 테마가 될 것이다. 이미 살펴보았듯이, 90년대의 한국에서는 사상적으로 당시까지의 '계급'개념 중심에서 성(性), 지식, 환경, 복지 같은 탈근대의 문제로 논점이 이행하고 근대의 이분법적 사고가 유효성을 잃어가고 있다. 환경운동의 경우, 앞에서 서술한 김종철의 격월간지 『녹색평론』은 2000년 1·2월호로 통권 50호를 맞이하였으며 정기구독자 5천 명 가운데 대부분이 동시에 전국 각지의 환경운동 실천자가 되어 있다(『한겨레21』 2000. 2. 3). 그만큼 환경문제가 계급이나 진보 개념과 반드시 관련되지 않음에도 불구하고 사상의 틀에서 적지않은 위치를 차지하고 있다는 것을 나타낸다.

그런 한편, 한국에서는 예를 들어 노동자 중심의 진보정당이 그나마 등장했다고는 하지만 공안기관이나 『조선일보』 같은 우익적 언론기관이 아직도 은밀하게 사상통제나 의도적인 사실왜곡 등 '파시즘적 권력'을 행사하는 상황이 계속되고 있다. 이는 해방 후 5, 60년대와 7, 80년대에 계속되어 온 독재/반독재, 체제/반체제, 즉 반민주/민주라는 틀의 연장임을 상기시키는 것이다. 즉 오늘날 한국에서는 여전히 계급이나 진보와 관련된 사상의 정립이 강하게 요구되고 있으며, 이는 역으로 보수사상을 다시 한 번 음미할 필요성을 통감하게 하는 것이다. 비유해서 말한다면 독재·체제·반민주의 대표적 정치가였던 김종필은 민주화운동 출신의 김대중과 연합정권을 형성함으로써 어느 틈엔가 보수파로 변신하였지만, 그러나 국가보안법의 개정에조차 부정적인 그의 정치적 자세는 결코 보수 본래의 모습을 보여주는 것은 아니었다.

원래 보수주의는 정치·경제·사회 전반의 민주화를 부정하는 것이 아니라, 기득권층의 이익을 옹호하면서도 민주주의의 점진적 발전을 지향하는 것이다. 게다가 한국에서는 지금도 식민지적 유제라고 해야 할 각종 형태의 권력관계가 사회 구석구석에 만연해 있다. 이런 의미에서 진보와 보수의 재정립, 사상의 재구축 과제는 무엇보다도 독재/반독재, 체제/반체제, 즉 반민주/민주의 적대적 틀을 어떻게 진보/보수라는 건강하고 민주적인 틀로 재편할 수 있을 것인가를 전제로 하는 것이 된다.

더욱이 일본군장교였던 박정희의 통치스타일이 군부독재 통치스타일의 전형이었음을 상기한다면, 진보/보수의 새로운 틀의 구축은 탈식민지화를 향한 과제의 수행이기도 하다. 아무튼 이렇게 해서 권력 내지 의사(擬似)권력에 의한 사상의 억압이나 강제가 배제될 때 비로소 지식인이나 시민의 언론자유가 진정으로 확보되게 되며, 그로부터 지식인도 다시금 자신의 주체성을 확립하고 자유롭고 민주적인 사고도 가능해질 것이다. 그리고 이를 실현하는 것 또한 일상의 노력을 통한 진보진영의 책무이다.

한국의 동시대 사상에서 무엇을 배울 것인가

맺음말
한국의 동시대 사상에서 무엇을 배울 것인가

'머리말'에서 쓰고 있듯이, 이 책에서 현대 한국의 사상을 서술한 것은 무엇보다도 한국 현대사상에 대한 필자의 이해를 심화하기 위한 것이다. 재일동포 2세인 필자에게 한국의 사상흐름을 알고 그 속에서의 지식인의 고뇌라든가 갈등의 궤적을 안다는 것은 그 자체가 자신의 아이덴티티를 재구성하는 데 귀중한 소재가 된다고 생각했기 때문이다.

물론 그렇다고 해서 이 책을 '재일동포'의 시각에서만 서술하고 다룬 것은 아니다. 원래 재일동포는 한국의 외부에 존재하고 있으므로 한국의 역사나 사상을 두루 생각한다고 해도, 처음부터 이미 어느 정도 거리를 가지고 있으며 때로는 완전히 떨어져 있는 것이 되기도 한다. 그래서 필자가 이 책을 쓴 과정을 돌이켜보면, 서술할 때는 '공정'을 기하기 위해서 의식적으로 재일동포의 시각을 차단하려고 노력하였으며 결과적으로 자료를 꼼꼼하게 탐색하고 저서나 논문을 정확하게 읽는 데 힘을 기울였다고 말할 수 있다.

따라서 이 책의 서술에 임해서 필자는 나름대로 사상의 흐름을 '전체'적으로 또 가능한 한 '객관적'으로 '여러 각도'에서 논했다고 생각하지만, 이것은 어디까지나 모두 필자의 '주관'을 기점으로 했다고 볼 수 있다. '전체'라고 하더라도 필자의 주관에 따라 사상의 주제나 논점을 취사선택했으며, '객관적'이라 해도 원래 사상을 논하는 것 자체가 주관에 뿌리를 두고 있는 것이다. 또 '여러 각도'에서 논했다는 것 역시 결국은 필자의 가치판단에 근거를 두고 있는 데 지나지 않는다. 사상을 파악하고 해석하고 평가하는 데 있어서 '공정'이라는 것은 원래 무의미한 것일지도 모른다.

하지만 이와 같은 전제를 바탕으로 하면서도, 현대 한국의 사상을 개괄적으로 이해하는 것조차도 매우 어려운 조건 속에서 이 책은 나름대로의 역할을 해내리라고 생각하고 싶다. 비록 몇 가지 제약이나 약점이 있을지라도 이 책은 한국 현대사상의 기본적인 흐름을 파악하는 데 일정한 의미를 가진다고 본다. 다시 말해 80년대의 민주화운동과 한국자본주의 논쟁, 사회구성체 논쟁에 관한 서술에서 시작하여 사회주의권 붕괴 후 90년대 말까지의 지식인의 사상적 갈등이나 각종 사회운동의 전개를 추적함으로써 한국 현대사상의 흐름에 대해 최소한도의 이해가 가능해졌다고 평가하고 싶다. 물론 이러한 이해에는 필자의 주관적인 사고가 섞여 있음은 말할 나위가 없거니와, 이런 필자의 생각이 그대로 독자들에게 통할지는 또한 별개의 문제이다.

이 책을 쓰면서, 필자는 압축근대의 한국에서 지식인은 무섭기조차 한 고뇌를 켜켜이 쌓아왔으며 더욱이 거듭되는 좌절을 극복하고 어려움에 정면으로 맞서고자 하는 진지한 자세를 지녔다는 사실을 무엇보다도 먼저 통감했다. 감히 말한다면 이 책은 비판적인 시각을 견지하고자 하였으나, 분단국가라는 엄혹한 조건 속에서 세계의 사상흐름과 연동하는 형태로 새로운 사상적 지평을 확보하려는 이들의 노력에는 압도될 뿐이었다. 현실과 사상이 교차하는 장에서 선명하게 드러나는 지식인의 고통 그리고 쌓여온 고통의 무게를 실감할 뿐이라는 것이 솔직한 심정이다.

그럼에도 불구하고 이미 서술한 바와 같이, 이 같은 피나는 노력이 실제로 사상의 풍요를 낳았는가 하면 현실은 반드시 그렇지만은 않다. 물론 사상에는 완성이 없고 완성된 사상 또한 없기에, 한데 뭉뚱그려서 오늘날 한국의 사상상황을 부정적 측면에서만 평가할 필요는 없을 것이다. 다만 사상은 현실과의 긴장관계 속에서 커다란 의미를 가진다고 한다면, 현대 한국사상이 사회현실에 어느 정도 조응하는가 하는 점은 역시 큰 문제가 된다.

이 점은 2000년 4월 13일에 실시된 총선거의 결과를 보더라도 분명하지 않을까 싶다. 총선거는 김대중정권 2년의 중간결산이라는 의미를 지녔는데, 앞에서 설명했듯이 이 총선거에 합법적 진보정당인 민주노동당이 처음으로 후보자를 내세웠고 또한 90년대를 장식했던 시민운동이 '낙선운동'을 전개하는 방식으로 화려하게 참여하였다. 투표 사흘 전에 남북정상회담의 개최가 전격적으로 발표되었지만 선거결과를 볼 때 이것이 반드시 집권여당에게 도움이 되는 강한 순풍이 되지는 않았거니와 여당인 민주당은 단독으로 의석의 과반수를 획득하는 데 실패했다. 또한 김종필계의 자민련 의석이 크게 줄어드는 가운데 김영삼 전 대통령 계열을 포함한 야당 한나라당이 제1당을 확보하였으나, 전체적으로 의회는 보수세력이 차지하게 되었다. 반면 시민단체의 '낙선운동' 대상이 되었던 후보자의 70%에 가까운 59명이 낙선하였고 또한 여야당을 불문하고 '386세대'가 약진하여 정계의 세대교체를 진전시키기도 했다.

이번 총선거의 결과에서 주목해야 할 것은 투표율이 약 57%에 머물러 과거 최저투표율을 갱신하였다는 점, 야당과 여당이 각각 자신들의 지역기반인 경상도 및 전라도에서 압도적 강세를 발휘함으로써 뿌리깊은 지역주의와 지역감정이 재현되었다는 점, 그리고 처음 총선거에 도전한 민주노동당이 참패하고 의석을 한 석도 확보하지 못했다는 점 등이다. 특히 이제까지 논해 온 현대 한국의 사상흐름과 관련해서 살펴본다면 이번 총선거에서는 낙선운동 외에도 선거법 개정으로 납세실적과 병역 유무, 전과기록 같은 후보자의 정보가 공개되어 유권자의 선택기준이 넓어졌음에도 불구하고 해방 후 처음으로 합법성을 확보한 진보정당이 참패한 점을 가장 큰 특징으로 들 수 있다.

소선거구제나 언론기관의 적의에 찬 보도 등 여러 이유를 들 수 있겠으나, 아무튼 민주노동당의 득표는 전체 투표수의 불과 1.18%에 머물러서 90년대 노동운동이나 시민운동의 성과를 의회에 반영시킬 수 없었다. 이는 지역감정과 더불어 노동자를 '적대시'하는 사회의식의 반영이라고 볼 수 있으며 또 시민운동이 일천함을 실감케 하는 것이기도 하다. 『한겨레신문』(2000. 4. 15)이 논평하고 있듯이, 확실히 시민운동은 부정부패를 폭로하는 등 네거티브한 운동에는 유효성을 발휘하였으나 의회에 젊은층이나 시민·노동자 대표를 보낸다는 사회참여의 확대에는 영향력을 미칠 수 없었다.

오늘날 한국이 정치와 경제는 물론이거니와 사상적 그리고 개인의 아이덴티티 면에서도 심각한 위기에 직면해 있는 것은 분명하다. 게다가 총선거 결과를 보건대, 한국에서는 운동권이나 학계, 언론매체 등에서 논하고 있는 진보적인 사상과 사회현실 사이에는 상당히 큰 균열, 낙차가 있음을 부정할 수도 없다. 무엇보다 한국사회의 전환기를 이끌어나갈 주체형성의 전망이 불투명한 상태이고, 이는 노동운동을 주축으로 하는 민중운동과 각종 시민운동의 상호협력이 불충분했다는 데서도 드러난다. 강고한 지역주의와 지역감정의 해소 역시 궁극적으로는 오직 진보정당의 진출을 통해서만 가능하며, 민중운동의 더 한층 유연화와 시민운동의 탈중앙집권화와 탈전문집단화라는 과제의 추구와 깊이 관련되어 있다.

실제로 한국의 시민운동은 한국사회에서 가장 큰 영향력을 가진 운동세력이지만, 서구나 일본의 경우와 달리 여전히 '시민 없는 시민운동', 즉 전문가나 상근활동가 중심의 중앙집권형 조직의 성격을 강하게 띠고 있다. 그리고 풀뿌리 자치운동의 취약성 등과 겹쳐서 시민운동 본래의 조직체계나 운동방법론을 충분히 갖추지 못하고 있다고 할 수 있다.

역설적이지만 원래 한국의 진보진영은 60년대 이후 군사정권 중심의 개발독재체제에 의해 그 내부에서 성장했으며, 이들의 체제비판 및 체제파괴의 힘은 80년대 후반 들어서 가장 강력해졌다. 그러나 90년대 이후에는 일종의 답보상태에 빠졌으며 2000년에 접어들어서도 여전히 시대의 새로운 전개에 대응할 수 없는 심각한 혼미기에 있다고 하겠다.

사실 현재 한국은 IMF 관리의 통화위기는 극복해 나가고 있다고 할지라도 거대한 신자유주의적 국제금융자본이 사회 전체에 압도적인 영향을 미치고, 자본주의의 상품문화가 공동체 해체뿐 아니라 지금까지의 가치관이나 정신적 자세를 근본부터 뒤흔드는 전혀 새로운 시대를 맞이하고 있다. 게다가 남북분단을 해소하는 전망이 아직도 서 있지 못한 채 한국이 안고 있는 모순은 세계사적인 의미를 지닌 것으로서 존재한다. 당연히 위기극복의 과제는 결코 한국만의 것은 아니지만 그렇다고 해도 위기를 극복하기 위한 새로운 사상과 이론, 가치관에 대한 전망은 역시 불투명한 상태라고 할 수 있을 것이다.

하지만 생각해 보면, 역사는 항상 '위기의 시대'의 연결고리들에 의해서 이루어진다. 실제로도 한국은 식민지지배, 남북분단, 전쟁, 군사파쇼정권의 지속 등 위기의 연속 그 자체였다. 이와 같은 의미에서 볼 때 오늘날 한국도 여전히 위기의 시대이지만 이제까지의 역사흐름을 돌이켜보건대 그리 비관적이지만도 아닐 터이다. 문제는 새로운 시대를 이끌 사상을 어떻게 열어갈 것인가 하는 것이다.

지금까지 필자는 각 시기의 사상이나 이론의 흐름을 소개하면서 한 발 더 나아가 각 논자의 주장을 적잖이 비평하고 또 때로는 비판했다. 이에 대해 당연히 필자의 견해를 서술할 책임이 생겨나는 바이나, 원래 필자에게는 그렇게 다방면에 걸친 입장을 서술할 실력이 없다. 기껏해야 이제까지 서술해 온 것을 바탕으로 해서 한국의 현대사상이 안고 있는 문제점에 대해 필자 나름의 견해를 피력하고 그것이 또한 이 책을 집필한 필자에게 어떤 의미를 가지는가를 간결하게 서술하는 것이 필자의 책임이 아닐까 생각한다.

먼저 지금까지의 논술의 연장선상에서 한국 현대사상이 안고 있는 문제점을 서술해 보고자 한다. 이것은 한국의 사상적 과제는 무엇인가 하는 점이기도 한데, 사실 그 논점은 헤아릴 수 없이 많다. 그러나 여기에서는 일단 논점을 네 가지로 정리하고자 한다. 첫째는, 식민지

경험을 어떻게 총괄할 수 있을 것인가 그리고 근대성이나 식민지성을 어떻게 사고하고 '근대'를 어떻게 극복해 나갈 것인가 하는 점이다. 둘째는, 구체적인 역사적 현실에서 주체설정의 문제, 특히 다양화된 사회에서 노동자나 시민, 기타 사람들의 위치설정과 주변자와 소수자 등의 의미는 무엇인가 하는 점이다. 셋째는, 이제까지 그리 논하지 않았던 '국민'개념의 모색 및 재구축 그리고 남북의 민중과 해외동포를 포함한 '민족'적 공동체의 창출과 관련된 문제이다. 넷째는, 새로운 시대를 살아가는 아이덴티티 문제, 여기에서의 남북통일의 의의와 동아시아민중의 공존 간의 관련성에 관한 문제이다.

이상의 네 가지의 논점은 당연히 한국사람들의 사상적 과제가 될 터이지만, 재일동포인 필자의 아이덴티티 탐구의 문제와도 연결되는 것이다. 동시에 일본에 살고 있는 사람들에게도 어떤 의미를 갖는 것이 될 것이다.

첫째는, 식민지경험을 어떻게 총괄할 수 있을 것인가 하는 문제로서 역사인식 문제와 크게 중첩되며 사상적으로도 매우 중요한 과제이다. 하지만 여기서는 식민지경험을 어떻게 총괄할 것인가에 대해 어떤 결론을 내리려는 것이 아니다. 사상이나 운동 차원에서 앞으로 사회변혁의 길을 모색해 가기 위해서는 사람들의 정신 저 깊은 곳에 내재되어 있는 '과거'를 돌이켜보는 것이 반드시 필요하다는 것을 지적하고자 한다. 당연히 이것은 과거를 객관화하면서 근대성이나 식민지성이 무엇인지를 밝혀내는 것이며, 또 서구근대에 대치되는 아시아적 근대의 의미를 추구하는 문제이기도 하다. 그리고 해방 후의 신식민지 문제와 관련해서 탈식민지화/탈식민지주의 과제하고도 연결된다.

사실 한국에서 근대나 근대성, 식민지성 문제가 논의되는 것은 다름아니라 그만큼 역사의 혼돈이 지금도 이어지고 있기 때문이다. 식민지경험이란 무엇인가, 분단체험이란 무엇인가 그리고 탈식민지주의 과제란 무엇인가. 그리고 근대성과 식민지성은 어떻게 다르며 어떻게 교차하는가. 이런 경우 식민지성이란 예를 들어 친일의식인가, 반일의식인가 혹은 둘 다인가.

역사적 맥락에서 볼 때, 식민지체험에서 비롯되는 여러 가지 식민지성의 극복은 분명히 중요한 과제이다. 그러나 이미 획득한 근대성의 내용을 검증하는 것 또한 중요한 작업이다. 더구나 탈식민지라는 의미에서는 현실적으로 분단의 극복, 통일민족국가 건설이 가장 큰 과제이다. 분단을 극복하지 않는 한, 한반도의 탈식민지화가 이루어질 수 없음은 굳이 말할 필요도 없다. 선진국에서 아무리 탈국가나 탈국경 논의가 무성하다고 해도 한국에는 통일된 국민국가조차 확립되어 있지 않다. 개중에는 분단현실을 방관 혹은 유지해야 한다고 생각하는 사람도 있겠지만, 한국의 역사와 현실에서 볼 때 이는 반동적인 것일 수밖에 없다.

식민지경험이나 근대성/식민지성 논의를 해나가다 보면 식민지근대의 이해나 탈식민지주의 과제가 훨씬 더 선명해질 것이다. 이로부터 '식민지근대화론' 같은 결실 없는 담론은 필요 없어질 것이며 반일·친일, 반미·친미 의식은 물론이거니와 정치권력에 이용되어 온 반공이데올로기의 본질도 노골적으로 드러나게 될 것이 틀림없다. 이와 같은 의미에서 한국 역사학은 더욱 사회과학을 공부할 필요가 있으며 역으로 사회과학은 역사에 대해 더욱더 겸허해질 필요가 있다고 본다. 그리고 이 같은 상호이해, 융합이 진전되면 예를 들어 민족문제연구소(소장 김봉우)가 오랫동안 추진해 오고 있는 『친일파인명사전』의 편찬 등 고립 분산된 형태로 이루어지고 있는 친일파 추적작업도 좀더 학문적 문제와 접합되어 자리매김될 것이다.

한국의 식민지경험이나 근대성/식민지성 문제를 규명하기 위해서는 일본의 역사와 사상을 공부하는 것이 반드시 필요하다. 다행히 요즈음 한국에서 마루야마 마사오(丸山眞男)나 가토 슈이치(加藤周一), 후지타 쇼조(藤田省三) 등의 현대 일본사상사 연구성과가 본격적으로 번역·수용되기 시작한 것은 고무적이다. 또 한국에서 탈식민지주의 과제를 추구해 나가는 데도 이 같은 현상은 유익하다고 생각된다(윤건차, 1999).

남북한의 근현대사에서 일본관이 어떻게 바뀌어갔는지를 이해하는 것은 바로 그곳에 살고 있는 사람들의 아이덴티티가 어떻게 변화해 갔는지를 아는 거울이기도 하다. 다만 이러한 작업이 곧바로 서구 근대의 비판 그리고 아시아를 원리로 한 '보편성' 탐구로 이어진다고는 생각지 않는 편이 좋다. 서구와 다른 아시아의 가치나 위치설정은 필요하겠지만, 어차피 인간의 삶은 모순으로 가득 차 있게 마련이다. 굳이 아시아적 가치나 아시아에 뿌리를 둔 보편성의 탐구를 논의하는 것을 무의미하다고는 할 수 없겠으나 오히려 세계의 다양성 및 다원성에 대한 이해라는 의미에서 독선적이 될 수도 있다는 것이 우려된다.

둘째는, 주체설정의 문제이다. 8, 90년대 한국의 사상흐름에서 가장 문제가 되었던 것은 역시 변혁노선의 모색이자, 변혁주체의 설정이었다. 노동자, 민중, 시민, 소수자 같은 개념은 이런 의미에서 사용되었으며 지식인의 고뇌를 표현하는 말이었다. 그람시나 푸코, 알튀세르, 데리다, 라캉, 들뢰즈, 가타리, 네그리 등 프랑스 중심의 서구사상을 받아들이는 것이 지니는 의의 역시 이를 고찰하는 데 있었다 할 수 있을 것이다. 구좌파의 마르크스주의의 전화 내지 재구성에 대한 노력도 궁극적으로는 노동자계급 중심의 변혁주체를 다시 구축하는 데 있었다. 페미니즘 운동을 비롯한 각종 시민운동이 활발하게 전개된 것 또한 이러한 역사주체나 변혁주체의 의미 전환에 의해서만 가능하였다.

한국에서 사회변혁으로 이어지는 역사주체의 형성은 기본적으로 80년대에 이루어졌다고 할 수 있다. 노동운동을 이끈 노동자를 비롯하여 학생운동을 이끈 학생, 페미니즘 운동의 여성을 비롯한 그 밖의 다양한 주체들은 80년대에 스스로 의식화하고 자각함으로써 사회를 선도하는 주체로 성장해 갔다. 다만 군사독재체제의 혹독한 억압 속에서 학생 그리고 노동자가 변혁운동의 주된 담당자로 사회의 전면에 부상한 결과, 여성이나 소수자와 그 밖의 주체는 그 속에 매몰되어 버렸으며 이들이 전면에 등장한 것은 90년대의 시민운동에서이다.

그렇다고 하더라도 90년대 말의 시점에서 볼 때 한국에서 여전히 노동운동이 지니는 의미를 과소평가해서는 안 될 것이다. 이는 무조건 노동운동의 중심성을 주장한다는 의미가 아니라 노동운동 없이 한국의 사회운동은 생각할 수 없다는 의미이다. 그만큼 한국의 사회구조는 더욱더 제3세계적 성격을 띠고 있다는 뜻이다. 물론 현실적으로 한국에서도 소수자와 주변자의 주장이나 존재가 중요한 의미를 가지는 것은 확실하다. 이를 이론적으로 어떻게 설명할 것인가는 앞으로의 과제라고 할 수 있다.

현시점에서는 구좌파적 마르크스주의뿐 아니라 알튀세르적 마르크스주의, 신좌파적 마르크스주의 그 어느 쪽도 그리고 좌파적 시민사회론과 급진적 민주주의론도 한국사회의 총체적인 파악과 사회변혁 전망 및 이를 위한 변혁주체 설정에 성공하고 있다고 볼 수 없다. 이 점은 누구보다도 그러한 갖가지 이론·사상의 제시에 악전고투하고 있는 지식인들 스스로가 잘 알고 있으며, 사실 이들은 이론과 현실의 틈바구니에서 고뇌하고 있다. 이 같은 상황은 한국뿐만 아니라 전세계 일반적인 현상이지만, 그럼에도 남북으로 분단되어 있고 지금도 여전히 신식국독자론/PD론의 이론틀로써 분석·인식될 수도 있다고 여겨지는 한국에서는 이론적·사상적으로 훨씬 더 중대한 문제를 안고 있다고 생각하지 않을 수 없다.

자본주의의 기본적 문제는 어디까지나 '노동력의 상품화'에 있으며, 이는 국경을 뛰어넘어 보편적 계급으로서의 노동자형성이 아니라 국민이나 인종, 민족, 성(性) 같은 각종 '공동체'로 분할된 '노동자'형성으로 이어졌다. "만국의 노동자여, 단결하라!" 하고 외칠지라도 현실적으로 노동력재생산을 시장의 배후에서 지원해 주는 것은 국민이나 민족, 가부장제가족이나 성별과 같은 일국 내의 모든 '공동체'이다. 당연히 노동자계급을 포함한 '전체'에 고찰의 눈길이 돌려져야 하며, 탈중심화한 소수자나 주변자를 강조하는 것만으로는 결코 이루어지지 않는다. 이와 관련하여, 신좌파나 시민운동 등의 논리는 다수와 소수라는 이항대립적 도식을 고수하는데다 전자를 경시하는 경향에 빠져 있지 않은가 하는 생각이 든다.

사회변혁에서 소수자나 주변자가 항상 중요한 위치를 차지하는 것은 사실이다. 일본의 사회변혁에서 재일조선인(=이질적인 소수자)의 위상을 생각해 보면 일목요연해진다. 그러나 다수 없이 소수는 존재하지 않거니와 중심 없는 주변은 존재하지 않는다. 한국에서 소수자 또는 주변자라 할 때, 과연 그것은 누구를 가리키며 또 그와 같은 자각은 어떻게 획득되고 조직화는 어떻게 가능한지, 아직 현실적으로도 이론적으로도 불충분한 상태이다. 한국에서는 이 점이 민족주의를 어떻게 생각할 것인가 하는 문제와도 연결되는데, 소수자나 주변자의 주장이 실제로는 민족주의를 전면부정하는 것이 될지도 모른다는 점에도 경계할 필요가 있다.

박명규(서울대 사회학)가 말하는 바와 같이, 이 점은 예를 들어 앤더슨의 '상상의 공동체'론은 중요하지만 이것이 한국의 역사적 맥락과 현실 정치경제적 조건을 무시한 문화론적 접근으로 유포될 때 또 하나의 서구추종주의에 빠질 위험성이 있다는 의미이다(박명규, 1999). 그리고 필자 나름대로 덧붙인다면 한국의 '공동체' 논의에서는 내셔널한(national) 것, 전통이나 문화 같은 것이 경시된 경향이 있다는 점도 문제이다. 노동자계급이나 소수자, 주변자 등 나아가서는 국민이나 민족을 논의할 때에도, 자본주의의 본질적 구축물이면서도 시장경제의 보편적 원리와 구별되고 공업화 이전부터 존재해 온 한국 고유의 정치·사회 질서, 전통적인 가족관계의 변용 등을 어떻게 자리매김할 것인지 혹은 어떻게 편성시킬 것인지를 좀더 진지하게 논의해야 하지 않는가 생각한다.

셋째는, '국민'개념의 문제이다. 이에 관해서는 지금까지 별로 논의되지 않고 있었으나 앞으로는 현실적으로도 그리고 학문적 과제로서도 중요한 의미를 띠게 된다고 본다. 앞에서 탈식민지주의 과제와 관련하여 한국의 진보진영은 협소한 민족주의를 경계하면서 분단극복을 향한 실천이 요구된다고 서술했는데, 그때 국민주의 비판의 질적 수준이 갖추어지는 것 그리고 민족주의의 옷을 걸친 국가주의나 반공주의에 대해 비판적일 것이 필요하다고 했다.

사실 국민국가는 근대에 들어와서 생겨난 것이다. 이는 요즈음의 문화연구 등에서 주장하고 있는 것처럼 '허구성'을 띤 것이지만 그럼에도 현실에 존재하고 있는 '실체'이기도 하다. 비록 국민국가가 '상상의 공동체'라 할지라도, 앤더슨은 국민국가론을 반드시 내셔널리즘 비판으로 전개했던 것은 아니다. 오히려 현대에 들어와서 국민(국가)을 구성한다는 것은 사람들의 정치생활에서 가장 보편적인 정통의 가치라고 말하고 있다. 즉 국민국가는 상상의 공동체라는 성격을 지니고 있지만, 결코 진공상태에서 떠다니는 공허한 존재가 아니다. 중요한 것은 국민국가에 얽혀 있는 갖가지 담론을 예의 주시하고 국민국가가 지닌 폭력장치나 타자에 대한 차이/차별화 기능에 비판적인 시각을 가지는 것이며 또 어떻게 하면 정치권력이나 지배층에 이용되지 않는 아이덴티티를 공유할 수 있는가 하는 점이다.

이 점, 한반도에 사는 사람들은 식민지 및 분단 시대를 통해서 특히 피억압적이고 타자 배제적인 '국민'개념을 강요당해 왔으며 남북한의 긴장상태 속에서 국민의 질을 물을 기회조차 매우 적었다. 요컨대 식민지근대 한국의 '국민'은 식민지화의 산물임에 틀림없으나, 이를 식민지화의 대상 내지는 결과만으로 파악해서는 안 된다는 것이다.

예를 들어 해방 후에 한정하여 살펴본다면, 김동춘에 따르면 한국의 '국민'개념은 정치권력에 의해 '혈연적' '정치적' 운명공동체임이 강조되어 왔으며 그만큼 권리 및 의무를 가진 개인의 집합체='자유로운 공동체'라는 발상과는 거리가 멀었다고 한다. 게다가 한반도에는 전쟁을 경험했던 두 개의 국가가 적대하고 있는 상태이고 그 가운데서 남한의 국민은 원칙적으로 '반공국민'을 유지해 오고 있었다. 다시 말해 '반공'이 국시(國是)인 한국에서는 이에 반하는 존재는 북한동포이든 해외동포이든 모두 '비(非)국민'으로서 '인간 이하'의 존재로 취급되었다. 뿐만 아니라 70년대 이전의 한국에서는 노동자나 빈민 등도 인간 이하의 취급을 면할 수 없었다(김동춘, 1999).

20세기 말 현재, 북한인구 약 2415만 명, 남한인구 약 4643만 명으로 추계되어(『연합연감』), 남북한 합쳐 약 7천만 명의 인구가 살고 있다. 또한 식민지지배를 경험한 한반도는 중국, 이스라엘, 이탈리아에 이어서 세계 제4의 이민송출국으로, 오늘날 해외에 정착해서 살고 있는 동포가 세계 142개국에 560만 명에 이른다고 한다(한국해외동포재단 자료). 남한의 주민구성을 살펴보면, 해방 직후나 한국전쟁 당시에 남쪽으로 넘어온 이른바 '탈북자(월남자)'가 백수십만이며 이들 가운데 일부는 심각한 차별과 편견에 시달리고 있다고 한다(김귀옥, 1999). 물론 남한에는 노동자와 시민 그리고 여러 종류의 소수자, 주변자 등이 있고 같은 국민이면서도 피억압과 피차별의 처지로 내몰리는 경우도 적지 않다.

국민국가의 이데올로기는 원래 국민통합의 기능을 가지는 동시에 '국민' 이외의 타자를 배제하는 성격을 지니고 있다. 실제로 해방 후 반세기의 역사를 보더라도 국민국가 한국은 안팎으로 수많은 동포를 비국민 혹은 적대자로 배제해 왔다. 1999년 들어서 마침내 김대중정권은 "재외동포의 출입국과 법적 지위에 관한 법률"을 제정하여 해외동포를 '국민'으로 대우하는 방책을 내놓았으나, 애당초 그 내용은 불충분한 것이다. 그런 의미에서 21세기를 살아가는 국민개념의 재구축을 도모하고 남북한의 민중과 해외동포가 공존할 수 있는 '민족'적 공동체를 어떻게 만들어나갈 것인가 하는 문제가 오늘날 제기되게 된다.

넷째는, 남북통일과 동아시아민중의 공존을 시야에 넣은 아이덴티티 구축의 문제이다. 여기에서 말하는 아이덴티티는 어디까지나 한국에 살고 있는 사람들의 아이덴티티를 말하는데, 이는 20세기가 전쟁의 세기였다는 점과 관계가 있다. 두 차례의 세계대전을 포함하여 전쟁과 학살로 목숨을 잃은 인류가 1억 8천만 명이 넘는다고 한다. 20세기 한반도에서 최대의 비극 역시 전쟁이었다. 한국전쟁에서 사망한 군인이 170만 명이었는데, 이는 양차 세계대전을 제외하면 한차례의 전쟁에서 20세기 최대의 희생자수라고 한다. 민간인 사망자를 합하면 그 수는 300여만 명이나 되며, 이 같은 한반도는 여전히 지구상에 마지막 분단국가로 남아 있다. 그리고 남북한의 통일은 민족사 최대의 과제이거니와 이는 현실적으로 세계사의 흐름과 밀접하게 연결되어 있다.

이와 같은 역사적 상황 속에서 80년대 이후 특히 90년대의 한국의 사상흐름을 볼 때, 과거 식민지지배 및 해방 후의 민족분단 비극에 대한 성찰이 반드시 사상의 활동에 감지되지는 않는 경향이 있다. 실제로 학계나 논단에서 종종 남북한의 분단이 거론되고 통일에 대한 전망이 화제가 되고 있음에도 불구하고 그것이 과연 얼마만큼 사상적인 활동 속에 편입된 것인가 하는 데는 의문의 여지가 있다. 이 점은 90년대의 구좌파나 신좌파, 그 밖의 여러 사상조류의 내용을 언뜻 살펴보기만 해도 확연해진다. 외국이론의 도입이나 한국사회의 분석, 변혁노선의 모색 그리고 현실의 운동에 몰두한 나머지 남북분단과 민족통일에 대한 사상적 갈등이 너무나 빈약했던 것 아닌가 하는 생각이 든다.

물론 역사학이나 정치학을 중심으로 분단과 통일에 관한 학문적 언급이 결코 적은 것은 아니다. 그러나 남북통일을 희구해 마지않았던 김구나 조봉암, 함석헌, 장준하, 문익환 등 전(前)세대의 운동가·사상가가 사라지고 없는 현재, 얼핏 활발해 보이는 사상의 활동 대부분이 개별적·전문적인 것이어서 전체를 꿰뚫어보는 통찰력이 결여되어 있고 분단극복과 통일달성에 대한 열정도 전해지지 않는 것처럼 느껴진다. 특히 조봉암에게서 볼 수 있듯이, 해방 당시 대다수의 민중들이 지향했던 진보적 이념을 체현한 통일지향 사상이 오늘날 어떤 형태로 계승되어 있는지가 분명하지는 않다. 이른바 학자나 전문가는 있어도 통일을 말하는 사상가는 거의 눈에 띄지 않게 되었는지도 모른다.

이 같은 의미에서 현재 한국에서 분단과 통일을 열렬히 말하는 사상가를 든다면, 역사학자 강만길이 그중 한 사람일 것이다. 강만길은 현시점에서 한국 역사학의 과제는 첫째로 미래 지향적이고 평화주의적인 역사론의 수립과 실천이며, 둘째로 남북통일에 기여하는 것임을 끊임없이 강조해 오고 있다. 강만길 자신은 이론과 운동 양쪽을 실천하고 인류의 이상을 추구하는 사회주의자가 되고자 노력해 왔다고 볼 수 있다. 실제로 강만길은 역사연구뿐 아니라 1998년 2월에 고려대학교를 퇴직한 후에도 가령 『통일시론』지의 창간(1998년 겨울호)에 편집인으로서 관여하는 등 남북통일의 추진을 인생 최대의 과제로 삼고 있다.

한마디 덧붙이면 강만길 하면 그가 일관되게 남북통일을 '동아시아 평화공동체'의 실현과 관련시켜 논해 왔음을 떠올리게 된다. 한반도 통일은 중국, 러시아, 일본, 미국 등의 강대국 사이에서 열강의 이해에 의한 타율적 국외중립이 아니라 '제3의 자율적·독자적 위치'를 획득하는 방향으로 이루어져야 하며 이로써 한반도는 동아시아의 평화를 보장하는 역할을 담당하게 된다고 그는 말한다(『世界』 1996年 1月

號;『한겨레21』2000. 1. 6). 이것은 동아시아에서 한국의 위상을 과대평가하거나 한반도를 중심으로 한 사고방식과 구별되는 것으로서, 오히려 한반도가 담당해야 할 위치를 조심스럽게 말하면서 동아시아 민중이 공존할 수 있는 아시아의 미래상을 제시하고자 하는 것이다. 사상적으로 볼 때, 이 발상은 아마도 의도적으로 서구근대를 하나의 대상으로 삼는 것도 아니거니와 아시아적 가치 같은 것을 특권화함으로써 새로운 보편성을 창출하고자 하는 것과도 무관하다. 즉 이것은 어디까지나 사고나 관념의 유희가 아닌 현실노선이며 한반도 7천만 주민이 공유할 수 있는 소박한 아이덴티티이다.

분단 반세기를 지난 지금, 남북통일은 상식적으로 말해서 독일처럼 어느 한쪽에 의한 흡수통일이나 베트남같이 전쟁에 의해 이루어진다고 생각할 수 없다. 2000년 6월 14일에 발표된 김대중대통령과 김정일 국방위원장(노동당총비서)의 '남북공동성언'에서도 그 기본축은 남북 화해와 신뢰 증진을 기초로 한 평화적 통일의 달성에 있다.

역사적인 '남북공동선언'은 ① 통일문제의 자주적 해결, ② 남의 연합제 안과 북의 연방제 안의 공통성 인정, ③ 이산가족방문단 교환, ④ 경제협력 및 사회·문화 분야 등의 협력교류, ⑤ 빠른 시일 내 당국자 대화로 이루어져 있는데(『朝日新聞』 2000. 6. 15), 이는 바로 동아시아의 평화와 안정과 직결되는 평화선언이기도 하다. 남북한의 민중에게는 미국, 일본, 러시아, 중국 등 주변국가의 군사적·대국주의적·패권주의적 간섭을 배제한 민족의식, 아이덴티티를 어떻게 획득해 갈 것인가 하는 문제인 동시에 동아시아 민중과의 공존을 시야에 넣은 아이덴티티를 어떻게 구축해 나갈 것인가 하는 문제이기도 하다.

그러나 여하튼 한반도의 역사진보 그리고 동아시아 나아가서는 세계평화의 차원에서 생각할 때, 남북통일은 21세기 한반도의 최대과제이다. 따라서 남북통일을 향해서 사상적 측면에서 어떻게 준비해 나갈 것인가 하는 점은 한국의 지식인에게 부과된 가장 큰 과제라고 할수 있다. 이는 당연히 이미 서술한 식민지성의 극복과 다양화된 사회에서의 주체설정 문제 혹은 해외동포까지 포함한 새로운 '민족'적 공동체 창출 같은 과제들을 하나하나 극복해 나가는 속에서 획득해 가게 될 것이다.

한편 이상과 같이 어떤 의미에서는 주관성을 배제하고 거리를 두고 한국의 사상적 과제에 관한 네 가지 논점을 열거했는데, 이제 이런 점들이 이 책을 집필한 재일동포인 필자에게 어떤 의미를 가지는가 하는 점이 마지막 문제가 될 것이다. 사실 이에 대한 고찰은 이 책의 역할이라기보다 다름 아닌 필자의 앞으로의 학문적 과제가 되겠지만, 다만 여기서는 이상의 네 가지 논점과 관련하여 몇 가지를 언급해 두고자 한다.

한국의 현대사상에서 배우는 바가 많지만, 이를 요약해서 말한다면 현시점에서는 국민국가를 대신하는 새로운 체제를 예견할 수 없는 조건 아래서 어디까지나 국민국가를 절대시하지 않고 그 권력관계의 민주화에 힘을 기울여나가면서 공정한 사회분배의 실현, 여러 소수자나 주변자들과의 공존 등을 구체화할 수 있는 새로운 공동체를 만들어가는 것이 과제가 아닐까 싶다. 이때 현실적으로는 환경, 여성, 인권, 복지, 소수자 같은 탈근대적인 요소를 띤 개별운동이 중요한 의미를 가지는 것은 확실하지만, 그럼에도 불구하고 이런 개별문제에 대한 급진적 성향의 활동전개가 반드시 민족이나 계급, 국가, 남북통일 같은 더 근본적인 문제를 해결하는 대안이 되는 것은 아니다.

즉 한국에서는 세대간, 양성간 그리고 빈부문제나 약자문제 등 시민운동이나 급진적 민주주의가 제기하는 문제를 넓은 시각에서 파악하여 이를 민족이나 계급, 국가 등의 문제와 상호 접합시키는 '전체'를 향한 시선을 사상적으로 어떻게 확보해 갈 것인가 하는 점이 시대의 과제라 할 수 있다. 이른바 한국에서는 '근대'가 아직 미완의 프로젝트로 존재한다는 뜻이며, 여기에다 탈근대주의와 탈민족주의가 병행해서 추구되어야 할 과제로 논의되어야 한다는 의미이다. 국민국가체제라는 관점에서 보면, 이것은 세계사적인 흐름에서 보더라도 한반도에서 통일국가의 실현은 20세기의 중앙집권적인 국민국가와는 다른 새로운 유형의 평화적인 국가모습을 탐구하는 가운데 이룩되어야 한다는 의미이기도 하다.

매우 어설픈 정리이긴 하지만, 이 점은 사실 재일동포의 미래와 아이덴티티를 고찰하는 데도 기본이 된다고 볼 수 있다. 재일동포에게 도대체 근대성이란 무엇이며 또 식민지성이란 무엇인가. 일본의 국민교육을 받는 것은 근대성의 획득에서 혹은 식민지성의 극복에서 플러스인가 마이너스인가. 일본인에게 동화되어 가는 것은 탈식민지주의 과제에 등을 돌리는 것인가. 원래 재일동포에게 근대성 및 식민지성과 민족주의 내지 민족의식(때로는 열등감) 혹은 종족성(ethnicity)은 상호 어떤 관계가 있는 것인가. 일본 그리고 남북한 두 개의 국가는 소수자(minority)로서의 재일동포를 어떻게 규정하려 해왔는가. 그에 앞서 전후(戰後) 일본에서 재일동포는 정녕 사상적인 의미에서 소수자적 존재였는가. 혹은 80년대 이후에 활발해진 시민적 권리획득 운동과정에서 재일동포는 비로소 변혁주체로서의 소수자의 자각을 가질 수 있었던 것인가. 또한 시민적 권리의 획득은 탈민족주의(의식) 나아가서는 탈근대주의와 어떤 관계를 가지고 있는가. 시간의 흐름, 즉 재일동포의 세대교체가 과거에 구애되지 않게 하고 통일에 대한 관심과 책무도 면제받게 하는 것일까. 그리고 국민국가체제가 지속되는 속에서 과연 재일동포는 어떤 '국민' 개념을 모색해야 하는가.

생각을 거듭하면 할수록 과제나 논점은 부풀어오르기만 한다. 문제는 국가간의 관계나 한 국가 내부의 권력관계뿐만 아니라 자신을 어떻게 자리매김할 것인가 하는 역사인식과도 깊은 관계가 있다. 민족이나 국가라는 커다란 틀뿐 아니라 개개인의 가정환경이나 교육 · 직업 등의 사회적 위상, 문화나 전통에 대한 접근방식 그리고 소박한 의미에서의 삶의 방식과도 관계가 있다.

필자는 현시점의 재일동포는 어디까지나 소수자 · 주변자='변혁의 주체'로서 자리매김되어야 한다고 생각하지만, 이 또한 앞으로 영원히 지켜져야 할 사상적 지평이라고 말할 수는 없다. 재일동포의 현실은 일본사회의 다양성과 빠른 변화 속에서 유동성을 띠고 있고, 그것들은 전체로서 재일동포의 아이덴티티 재구성 문제를 항상 제기하고 있다. 더욱이 그것들은 무엇보다도 일본이라는 국가, 그리고 거기에서 살고 있는 사람들과 밀접하게 관련되어 있다.

이렇게 볼 때, 이 책에서 현대 한국의 사상을 서술하는 것이 지니는 의의는 재일동포 문제를 고찰한다는 의미에서도 여러 가지 유익한 시각을 제공해 준 데 있을지도 모른다. 다시 말해 일본과 재일동포라는 이항대립적 사고를 넘어서는 하나의 방법론을 발견하게 되었다는 것이다. 이는 또 다른 측면에서 사상의 무게, 사회과학의 중요함이 다시금 명료해졌다는 것이다.

1) 80년대 한국 지식인의 사상적 고뇌에 관해 일본에 번역·소개된 책으로는 『韓國現代社會叢書』全5卷(1985~6, 御茶の水書房)이 있다. 그 구성은 다음과 같다. 李泳禧, 高崎宗司 譯, 『分斷民族の苦惱』(第1卷); 朴玄埰, 瀧澤秀樹 譯, 『韓國資本主義と民族運動』(第2卷); 姜萬吉, 水野直樹 譯, 『韓國民族運動史論』(第3卷); 白樂晴, 瀧澤秀樹 譯, 『民族文化運動の狀況と論理』(第4卷); 安秉直, 宮嶋博史 譯, 『日本帝國主義と朝鮮民衆』(第5卷)

2) 분석적 마르크스주의는 마르크스주의적 주제인 역사·착취·계급·국가·사회주의에 대해 비마르크스주의적인 방법, 즉 현대윤리학이나 수학, 게임이론, 신고전파 경제학 등 이른바 주류 사회과학에 의해 접근하는 것이다. 한국에서 분석적 마르크스주의의 연구성과는 아직 적다. '한국국회도서관문헌정보'(CD-ROM판 제7판, 1999. 3)에서 조사한 결과, 신광영, 「맑스주의의 위기와 분석적 맑스주의」(『사회비평』 제5호, 1991년 4월, 나남); 이한구, 「분석적 맑스주의와 역사적 유물론의 재구성」(『성균관대인문과학』 제27집, 1997)이 있다.

3) 내재적 발전론에 관한 일본의 문헌으로는 다음을 참조. 吉野誠, 「朝鮮史における內在的發展論」『東海大學紀要·文學部』 47, 1987; 並木眞人, 「戰後日本における朝鮮近代史研究の現段階 ─『內在的發展論』再考」, 『歷史評論』 No. 482, 1990. 6; 橋谷弘, 「朝鮮史における近代と反近代」, 『歷史評論』 No. 500, 1991. 12.

4) 백낙청은, 일본에서 nationalism을 '국가주의'로 번역하는 것은 오역이라고 주장한다. 그에 따르면, 일본은 영국이나 프랑스처럼 시민혁명을 거쳐서 국민주권을 확립한 것이 아니며 또 독일처럼 기존 국가·민족의 구별을 전제로 해서 민족주의 이념을 발전시켜 온 것도 아니다. 일본 근대사에서는 어디까지나 새로운 민족주의 이데올로기를 전근대적 국가체제 속으로 수렴시켰다는 것이다. 국가주의는 실제로는 '국가지상주의' 내지 '국가이성(raison d'État)'의 동의어로서, 민족주의가 이와 결합하는 것은 물론 있을 수 없다. 그러나 내셔널리즘에서와 마찬가지로, 민족주의 자체의 정착을 거쳐서 국가지상주의에 이르는 경우에는 어디까지나 '민족'의 이름으로 국가의 전횡이 자행되는 것이며 일본에서처럼 전근대적 절대주의와 내셔널리즘이 동일시되는 것은 아니라고 한다(백낙청 편, 『민족주의란 무엇인가』, 창작과비평사, 1981). 그러나 필자가 보기에는, 앞으로 한국에서도 필요에 의해서 '내셔널리즘'이라는 말을 사용해야 할 것 같다.

참고문헌

강내희 (1993), 「포스트모더니즘 논의의 이론적 한계와 관건」, 『이론』 제5호, 여름호.
_____ (1996), 『문화론의 문제설정』, 문화과학사.
_____ (1997), 「'계급중심주의'에 대한 질문들」, 『이론』 제17호, 여름호.
_____ (1999), 「문화사회를 위하여」, 『문화과학』 제17호, 봄호.
강만길 · 배영순 · 김인걸 · 윤한택 · 김성보 (1989), 「권두좌담: 80년대 민중사학론, 무엇이 문제인가」, 『역사비평』 7호, 겨울호.
강명구 (1992), 「한국사회와 언론문제」, 『한국사회 이해를 위한 길잡이』, 사회평론사. (梁官洙 · 文京洙 · 吳輝邦 監修, 『最新ガイド · 韓國社會論争』, 社會評論社, 1992.)
강정구 (1996), 『통일시대의 북한학』, 당대.
강준만 (1991), 「지적 선정주의를 파는 지식인 스타들」, 『말』 7월호.
_____ (2000), 「서울대 김세균교수와 『진보평론』에 묻는다」, 『인물과사상』 13, 개마고원.
고갑희 (1999), 「창간하며」, 『여/성이론』 제1호.
고길섶 (1999), 「탈식민주의 담론과 세계지도 다시 그리기」, 『문화과학』 제17호, 봄호.
고부응 (1997), 「서구의 제3세계 담론: 제이미슨, 아마드, 스피박」, 『열린지성』 창간호, 여름호.
고종석 (1999), 『감염된 언어』, 개마고원.
구승회 · 김성국 외 (1996), 『아나키 · 환경 · 공동체』, 모색.
권인숙 (1991), 「진보적 남성지식인의 비진보적 역할」, 『사회평론』 제2호, 6월호.
권태억 (1997), 「'식민지기 조선근대화론'에 대한 단상」, 우송조동걸선생 정년기념논총 II 『한국민족운동사연구』, 나남.
김관식 (1999), 『한국NGO』, 동명사.
김귀옥 (1999), 『월남민의 생활경험과 정체성』, 서울대학교출판부.
김동춘 (1996), 「1980년대 한국의 민족주의」, 『한국현대사와 민족주의』, 집문당.
_____ (1997a), 『분단과 한국사회』, 역사비평사.
_____ (1997b), 『한국 사회과학의 새로운 모색』, 창작과비평사.
_____ (1998), 「한국 사회과학의 반성과 21세기 전망」, 학술단체협의회 편, 『한국 인문사회과학의 현재와 미래』, 푸른숲.

_____ (1999), 「20세기 한국에서의 '국민'」, 『창작과비평』 통권106호, 겨울호. (김
    동춘, 『근대의 그늘』, 당대, 2000.)

김동택 (1999), 「자본주의 세계체제와 '아시아적 가치': 근대 극복의 전략」, 한국정치
    연구회, 『20세기 전환의 물결과 21세기 한국사회 대안의 길』 한국정치연구
    회 '99학술대회보고집.

김성곤 (1992), 「탈식민주의 시대의 문학」, 『외국문학』 제31호, 여름호.

김성구 (1998), 『경제위기와 신자유주의』, 문화과학사.

_____ (1999), 「'파업'이데올로기」, 『한겨레21』 제259호, 5. 27.

김성국 (1992), 「한국 자본주의 발전과 시민사회의 성격」, 한국사회학회 · 한국정치
    학회 편, 『한국의 국가와 시민사회』, 한울.

_____ (1999), 「동향과 쟁점: 왜 다시 아나키즘인가」, 『교수신문』 3. 15.

김성기 (1991), 『포스트모더니즘과 비판사회과학』, 문학과지성사.

_____ (1992), 「이병천교수의 포스트맑시즘 논의에 대하여」, 『사회평론』 제17호.

_____ (1999), 「사회적 지식의 새 지평을 기대하며」, 『문학사상』 제324호.

_____ 편 (1994), 「세기말의 모더니티」, 『모더니티란 무엇인가』, 민음사.

김성기 · 고종석 · 김영민 · 복거일 (1998), 「권두좌담: 한국지식인, 무엇을 생각하는
    가」, 『1998 지식인리포트』, 민음사.

김성기 · 손호철 · 김재현 · 김동춘 (1998), 「권두좌담: 오늘의 좌파지식인, 무엇을 할
    것인가」, 『한국좌파의 목소리』, 민음사.

김성기 · 이정우 (1997), 「대담: 현대 프랑스사상을 보는 관점」, 이정우 · 김성기 외,
    『프랑스철학과 우리』 1, 당대.

김세균 (1992), 「'시민사회론'의 이데올로기적 함의 비판」, 『이론』 제2호, 가을호.

_____ (1993a), 「민중운동의 현재적 위치와 전망」, 『이론』 제7호, 겨울호.

_____ (1993b), 「오늘 우리에게 마르크스주의는 무엇인가」, 『이론』 제7호, 겨울호.

_____ (1997a), 「오늘의 마르크스주의 — 재구성을 위한 하나의 시도」, 『이론』
    제17호, 여름호.

_____ (1997b), 『한국 민주주의와 노동자 · 민중정치』, 현장에서 미래를.

_____ (1999a), 「'국민승리21'운동을 어떻게 볼 것인가」, 『현장에서 미래를』
    2/3월호, 한국노동이론정책연구소.

_____ (1999b), 「'제3의 길' 'DJ노믹스'와 한국사회」, 한국정치연구회, 『20세기 전환
    의 물결과 21세기 한국사회 대안의 길』 한국정치연구회 '99학술대회보고집.

_____ (1999c), 「『이론』지 발간 이후 한국의 이론적 정세」, 새로운 진보정론지 발간
    을 위한 토론회 및 간담회, 숭실대사회봉사관.

김수길 (1990), 「사회민주주의의 재평가와 민주적 대안」, 『사상문예운동』 제4호, 여름호.

김수진 (1995), 「한국 노동조합운동의 현황과 전망」, 『경제와사회』 통권25호, 봄호.

_____ (1999), 「무성찰적 폐쇄회로 풀기」, 『창작과비평』 통권106호, 겨울호.

· 김연철 (1998), 「냉전기 통일론 극복과 탈냉전시대의 새 패러다임」, 『역사비평』 통권44호, 가을호.

김영민 (1996), 『탈식민성과 우리 인문학의 글쓰기』, 민음사.

김용옥 (1999~2000), 『노자와 21세기』 1~3, 통나무.

김욱동 (1999), 「나는 이렇게 본다」, 『중앙일보』 4. 13 ─ 「지식인 지도가 바뀐다(7): 포스트모더니즘론자들」.

김은실 (1994), 「민족담론과 여성」, 『한국여성학』 제10집.

김종철 편 (1993), 『녹색평론선집』, 녹색평론사.

김지하 (1970), 「풍자냐 자살이냐」, 『시인』 6/7월호. (キムジハ, 澁谷仙太郞譯, 『長い暗闇の彼方に』, 中央公論社, 1971.)

_____ (1999), 『예감에 가득 찬 숲 그늘』, 실천문학사.

김진균 (1986), 「한국의 민족운동과 사회학의 방향」, 박현채 외, 『한길역사강좌 1 한국민족운동의 이면과 역사』, 한길사.

_____ (1989), 「민중사회학의 이론화 전략」, 정창렬 외, 『한국민중론의 현단계』, 돌베개.

_____ (1997), 『한국의 사회현실과 학문의 과제』, 문화과학사.

김진균 · 장하진 (1991), 「대담: 사회이론의 전환과 실천적 지성」, 『사회평론』 11월호.

김진균 · 정근식 (1997), 「식민지체제와 근대적 규율」, 김진균 · 정근식 편저, 『근대주체와 식민지 규율권력』, 문화과학사.

김창호 (1992), 「마르크스주의 연구동향」, 『한국사회 이해를 위한 길잡이』, 사회평론사. (梁官洙 · 文京洙 · 吳輝邦 監修, 『最新ガイド · 韓國社會論爭』, 社會評論社, 1992.)

김 철 (1999), 「민족-민중문학과 파시즘: 김지하의 경우」, 유종호 외, 『현대한국문학 100년』, 민음사.

김현숙 (1993), 「그람시에 기댈까, 넘어설까」, 『시사저널』 3. 18.

김형기 (1992), 「알튀세르를 다시 읽을 것이 아니라 변화된 현실을 다시 읽어야」, 『사회평론』 제16호, 8월호.

김혜경 (1992), 「여성문제」, 『한국사회 이해를 위한 길잡이』, 사회평론사. (梁官洙 ·

　　文京洙 · 吳輝邦 監修,『最新ガイド · 韓國社會論爭』, 社會評論社, 1992.)

김혜경 · 이(박)혜경 (1998),「한국여성운동 동향: '차이'에 대해 고민하기」, 학술단
　　체협의회 편,『한국 인문사회과학의 현재와 미래』, 푸른숲.

김혜숙 (1998),「여성주의 인식론과 한국여성철학의 전망」,『현대 비평과 이론』 제16
　　집, 가을/겨울호.

김호기 (1993),「시민사회논쟁, 어떻게 이해할 것인가」,『말』, 1월호.

_____ (1995a),「그람시적 시민사회론과 비판이론의 시민사회론」, 유팔무 · 김호기
　　엮음,『시민사회와 시민운동』, 한울.

_____ (1995b),「환경사상과 환경운동의 흐름 및 쟁점」,『창작과비평』 통권90호,
　　겨울호.

_____ (1997),「모더니티와 한국사회: 사회학적 시각」,『현대사상』 통권2호.

김 효 (1988),「인터뷰: 리영희의 '우상과 이성'」,『월간경향』 6월호.

나자흠 (1991),「사회민주주의는 우리의 대안일 수 없다」,『사회평론』 창간호, 5월호.

도정일 (1992),「포스트모더니즘 논쟁」,『한국사회 이해를 위한 길잡이』, 사회평론
　　사. (梁官洙 · 文京洙 · 吳輝邦 監修,『最新ガイド · 韓國社會論爭』, 社會
　　評論社, 1992.)

도정일 외 (1999),「좌담회: 다시, 모더니티를 묻는다」,『현대사상』 통권8호.

도진순 (1998),「분단에 대한 연역과 통일의 전제」,『분단국가 50년, 그 배반의 역사
　　와 극복의 길』 '학술단체협의회 제2회 학술토론회 보고집, 8. 8.

라클라우 · 무페 (1990), 김성기 외 옮김,『사회변혁과 헤게모니』, 터.

리영희 · 서중석 (1991),「인터뷰: 버리지 못하는 이기주의와 버릴 수 없는 사회주의
　　적 휴머니즘」,『사회평론』 6월호.

박노해 (1997),『사람만이 희망이다』, 해냄.

박노해 · 고동우 (1998),「본격 인터뷰: 돌아온 박노해의 4시간 격정토로」,『길』 11
　　월호.

박노해 · 김성기 (2000),「박노해에게 묻는다」,『현대사상』 통권10호, 봄호.

박덕건 (1989),「학생운동의 새 흐름 PD그룹」,『월간중앙』, 5월호.

박명규 (1999),「역사적 맥락 무시한 맹목을 경계하라」,『교수신문』 12. 13.

_____ (2000),「복합적 정치공동체와 변혁의 논리」,『창작과비평』 통권107호, 봄호.

박영은 · 심광현 · 이성백 · 이진경 (1997),「좌담: 근대와 탈근대 또는 맑시즘과 포
　　스트모더니즘」,『길』 제91/92호, 7/8월호.

박현채 (1985),「민중의 계급적 성격 규명」, 김진균 외,『한국사회의 계급연구』, 한울.

박현채 · 조희연 편 (1989~92),『한국사회구성체논쟁』 I~IV, 죽산.

박형준 (1989), 「80년대 중간층론의 쟁점과 과제」, 『신동아』 10월호.

방영준 (1998), 「아나키즘의 현대적 조명」, 『오늘의 문예비평』 겨울호.

백낙청 (1978), 「민족문학 개념의 정립을 위하여」, 『민족문학과 세계문학 1』, 창작과
　　　비평사.

_____ (1992), 「분단체제의 인식을 위하여」, 『창작과비평』 통권78호, 겨울호.

_____ (1993), 「문학과 예술에서의 근대성 문제」, 『창작과비평』 통권82호, 겨울호.

_____ (1998), 『흔들리는 분단체제』, 창작과비평사.

_____ (1999), 「한반도에서의 식민성 문제와 근대한국의 이중과제」, 『창작과비평』
　　　통권105호, 가을호.

백낙청 · 김세균 · 김종철 · 이미경 · 김록호 (1990), 「좌담회: 생태계의 위기와 민족
　　　민주운동의 사상」, 『창작과비평』 통권70호, 겨울호.

백영서 (1999), 「20세기형 동아시아문명과 국민국가를 넘어서 — 한민족공동체의 선
　　　택」, 『창작과비평』 통권106호, 겨울호.

백영서 · 손호철 · 유재건 · 김호기 (1995), 「좌담회: 근대성의 재조명과 분단체제 극
　　　복의 길」, 『창작과비평』 통권87호, 봄호.

백욱인 (1990), 「'민중'개념을 어떻게 규정할 것인가」, 『90년대 한국사회의 쟁점』, 한
　　　길사.

백원담 (1999), 「동아시아담론 비판: 왜 동아시아인가」, 『실천문학』 통권56호, 겨
　　　울호.

서관모 (1988), 「중간제계층의 구성과 민주변혁에서의 지위」, 『80년대 한국인문사회
　　　과학의 현단계와 전망』, 역사비평사.

서울사회과학연구소 (1997), 『근대성의 경계를 찾아서』, 새길.

서울사회과학연구소 경제분과 (1991), 『한국에서 자본주의의 발전: 시론적 분석』,
　　　새길.

손호철 (1991), 「민주주의를 다시 생각한다」, 『창작과비평』 통권74호, 겨울호.

_____ (1995), 『해방50년의 한국정치』, 새길.

손호철 · 이병천 · 김수길 · 조희연 (1990), 「좌담: 오늘의 사회주의와 맑스주의의 위
　　　기」, 『창작과비평』 통권68호, 여름호.

송두율 (1997), 「우리에게 근(현)대는 무엇을 의미하는가」, 『현대사상』 통권2호.

스튜어트 홀 외 (1996), 전효관 외 옮김, 『현대성과 현대문화』 1 · 2, 현실문화연구.

신광영 (1991), 「맑스주의의 위기와 분석적 맑스주의」, 『사회비평』 제5호, 나남.

_____ (1994), 『계급과 노동운동의 사회학』, 나남.

_____ (1995), 「시민사회 개념과 시민사회 형성」, 유팔무 · 김호기 엮음, 『시민사회

와 시민운동』, 한울.

신용하 (1997), 「'식민지근대화론' 재정립 시도에 대한 비판」, 『창작과비평』 통권98
　　　호, 겨울호.

신재갑 · 김용환 (1996), 「맑스주의의 재구성과 근대성/탈근대성의 문제 ― 포스트맑
　　　스주의론을 중심으로」, 『인하공업전문대학논문집』 제21호.

신정완 (1992), 「마르크스주의의 새로운 조류」, 『한국사회 이해를 위한 길잡이』, 사
　　　회평론사. (梁官洙 · 文京洙 · 吳輝邦 監修, 『最新ガイド · 韓國社會論爭』,
　　　社會評論社, 1992.)

심광현 (1998), 『탈근대 문화정치와 문화연구』, 문화과학사.

아사다 아키라 (1995), 이정우 옮김, 『구조주의와 포스트구조주의』, 새길. (淺田彰,
　　　『權力と力』, 勁草書房, 1983.)

＿＿＿ (1999), 문아영 옮김, 『도주론』, 민음사. (淺田彰, 『逃走論』, 筑摩書房,
　　　1984.)

안기석 (1995), 「한국 진보지식인의 계보」, 『신동아』 5월호.

안병직 (1989), 「중진자본주의로서의 한국경제」, 『사상문예운동』 제2호, 겨울호.

＿＿＿ (1997), 「한국현대사 연구의 새로운 패러다임」, 『창작과비평』 통권98호,
　　　겨울호.

앤서니 기든스 (1998), 한상진 · 박찬욱 옮김, 『제3의 길』, 생각의나무.

앤소니 기든스 외 (1998), 임현진 · 정일준 옮김, 『성찰적 근대화』, 한울. (アンソニ
　　　ー ギデンズ 他, 松尾精文 他譯, 『再歸的近代化』, 而立書房, 1997.)

우종창 (1998), 「심층취재/최장집교수의 충격적 6 · 25전쟁관 연구」, 『월간조선』 11
　　　월호.

유팔무 (1992), 「속류맑스주의에 대한 속류비판과 이병천식 포스트주의의 딜레마」,
　　　『사회평론』 제17호, 9/10월호.

＿＿＿ (1993), 「'시민'의 개념을 어떻게 설정할 것인가」, 『교수신문』 3. 1.

＿＿＿ (1995), 「한국 시민사회론과 시민사회 분석을 위한 개념들의 모색」, 유팔무
　　　· 김호기 엮음, 『시민사회와 시민운동』, 한울.

＿＿＿ (1999), 「한국에서 제3의 길은 가능한가」, 『역사비평』 통권47호, 여름호.

유팔무 · 김호기 (1998), 「한국비판사회학의 궤적, 1988~1998」, 『한국인문사회과학
　　　의 현재와 미래』, 푸른숲.

유팔무 · 김호기 엮음 (1995), 『시민사회와 시민운동』, 한울.

윤건차 (1999), 「한국의 일본지성 수용의 문제점」, 『역사비평』 통권48호, 가을호.
　　　(尹健次, 「韓國の日本思想受容の問題點」, 『人文學研究所報』 No. 33, 神

奈川大學人文學硏究所, 2000年 3月)

윤도현 (1995), 「국가론, 민주주의론, 시민사회론」, 김수행 외, 『한국의 맑스주의 연구』, 과학과사상.

윤소영 (1992), 「한국에서의 '맑스주의의 위기'와 한국사회성격 논쟁」, 『사회평론』 제16호, 8월호.

_____ (1993), 「마르크스주의의 전화와 한국사회성격 논쟁의 재출발」, 『이론』 제7호, 겨울호.

_____ (1994a), 「한국에서 '노동자운동의 위기'와 마르크스주의의 전화」, 『이론』 제8호, 봄호.

_____ (1994b), 「PD의 진실」, 『이론』 제9호, 여름호.

_____ (1995), 『마르크스주의의 전화와 '인권의 정치'』, 문화과학사.

_____ (1996), 『알튀세르를 위한 강의』, 공감.

윤수종 (1998), 「분자혁명과 투쟁방향」, 정치·사상·교양 무크 『비판』 제3호.

_____ (1999), 「맑스주의의 확장과 소수자운동의 의의」, 『진보평론』 창간호, 가을호.

윤해동 (2000), 「친일파 청산과 탈식민의 과제」, 『당대비평』 통권10호, 봄호.

응구기·씨옹오 (1999), 이석호 옮김, 『탈식민주의와 아프리카문학』, 인간사랑.

이각범 (1988), 「진보적인 오늘의 중산층」, 『민족지성』 10월호.

이경순 (1992), 「탈식민주의 페미니즘」, 『외국문학』 제31호, 여름호.

이기백 편집 (1997), 『한국사 시민강좌』 제20집, 일조각.

이마무라 히토시 (1999), 이수정 옮김, 『근대성의 구조』, 민음사. (今村仁司, 『近代性の構造』, 講談社, 1994.)

이병천 (1991a), 「현존사회주의와 마르크스주의」, 『전망』 창간호.

_____ (1991b), 「맑스역사관의 재검토」, 『사회경제평론』 제4집.

_____ (1992), 「포스트맑스주의와 한국사회」, 『사회평론』 제17호, 9/10월호.

_____ (1993), 「세계사적 근대와 한국의 근대」, 『세계의 문학』 제69호, 가을호.

이삼성 (1995), 『미래의 역사에서 미국은 희망인가』, 당대.

이성백 (2000), 「90년대 진보적 사회이론의 상황」, 『진보평론』 제3호, 봄호.

이성환 (1994), 「근대와 탈근대」, 『모더니티란 무엇인가』, 민음사.

이영호 (1989), 「한국 근대민족문제의 성격」, 『역사와현실』 창간호, 9/10월호.

이영희 (1990a), 「'과학기술혁명'과 화이트칼라 노동자 — 비판적 검토」, 『창작과비평』 통권68호, 여름호.

이영희 (1990b) 「변혁의 동력이냐 변혁의 보조역량이냐」, 『90년대 한국사회의 쟁점』, 한길사.

이용주 · 허재용 (1997a), 「이론지형의 변화 — 마르크스주의의 위기와 탈근대적 문제설정」, 학술단체협의회, 『6월민주항쟁과 한국사회 10년』 2, 당대.

_____ (1997b), 「정통 맑스주의에서 포스트구조주의까지」, 『길』 제90호, 6월호.

이재현 (1992), 「포스트 중후군에 관하여」, 『경제와사회』 제14호, 여름호.

이정우 (1997), 「현대 프랑스철학, 그 왜곡의 비극」, 『길』 제88호, 4월호.

_____ (1999a), 「90년대 한국과 사유의 변화」, 『현대사상』 통권7호.

_____ (1999b), 『삶 · 죽음 · 운명』, 거름.

이종석 (1990), 「수구의 논리와 진보의 논리」, 『90년대 한국사회의 쟁점』, 한길사.

이진경 (1986), 『사회구성체론과 사회과학방법론』, 아침.

_____ (1997), 『맑스주의와 근대성』, 문화과학사.

_____ (1998), 『탈주선 위의 단상들』, 문화과학사.

_____ (1999), 「노동의 인간학과 근대성」, 『진보평론』 창간호, 가을호.

_____ 엮음 (1989), 『주체사상비판』 1 · 2, 벼리.

이한구 (1997), 「분석적 맑스주의와 역사적 유물론의 재구성」, 『성균관대인문과학』 제27집.

이해영 편 (1999), 『1980년대 혁명의 시대』, 새로운 세상.

이홍락 (1997), 「내재적 발전론 비판에 대한 반비판」, 『역사비평』 통권39호, 겨울호.

이효인 (1997), 「한국영화의 모더니티, 부정과 비판」, 『현대사상』 통권2호.

이효재 (1996), 『한국의 여성운동』 증보판, 정우사.

임영일 (1998), 『한국의 노동운동과 계급정치(1987~1995)』, 경남대학교출판부.

_____ 편저 (1985), 『국가 · 계급 · 헤게모니 — 그람씨 사상 연구』, 풀빛.

임지현 (1998), 「이념의 진보성과 삶의 보수성」, 『한국좌파의 목소리』, 민음사.

_____ (1999), 『민족주의는 반역이다』, 소나무.

임현진 (1996), 「사회과학에서의 근대성 논의」, 역사문제연구소 편, 『한국의 '근대'와 '근대성' 비판』, 역사비평사.

임현진 · 김병국 (1991), 「국가 · 자본 · 노동 관계의 한국적 현실」, 『사상』 겨울호.

임현진 · 송호근 (1992), 「지연된 전환과 '시장'의 환상」, 서울대학교 한국정치연구소 편, 『21세기 한국의 정치와 경제』, 서울대학교 한국정치연구소.

장상환 (1992), 「재벌문제」, 『한국사회 이해를 위한 길잡이』, 사회평론사. (梁官洙 · 文京洙 · 吳輝邦 監修, 『最新ガイド · 韓國社會論争』, 社會評論社, 1992.)

전영기 (1997), 「김대중/자유주의적 성향의 전형적 보수주의자」, 최종욱 외, 『보수주의자들』, 삼인.

정대화 (1998), 「김대중정부의 성격과 과제, 개혁/진보세력의 역할」, 『경제와사회』

통권37호, 봄호.

정상호 (1999), 「유교자본주의 비판」, 한국정치연구회, 『20세기 전환의 물결과 21세기 한국사회 대안의 길』한국정치연구회 '99학술대회보고집.

정성진 (1992), 「스탈린주의와 철저하게 결별하여야 한다」, 『사회비평』 제16호.

_____ (1997a), 「포스트모던 마르크스경제학 비판」, 『이론』 제16호, 96년 겨울/ 97년 봄 합병호.

_____ (1997b), 「한국경제의 사회적 축적구조와 그 붕괴」, 학술단체협의회, 『6월민주항쟁과 한국사회 10년』 1, 당대.

_____ (1999), 「세계체제론: 맑스주의적 비판」, 『진보평론』 제2호, 겨울호.

정연태 (1999), 「'식민지근대화론' 논쟁의 비판과 신근대사론의 모색」, 『창작과비평』 통권103호, 봄호.

정진성 (1999), 「민족주의와 페미니즘에 관한 한국여성학의 논의」, 한국여성학회발표문.

정철희 (1997), 「포스트맑스주의와 한국 사회 연구」, 『사회비평』 제17호.

정현백 (1990), 「한국사회에서 여성해방은 어떻게 이루어져야 하는가」, 『90년대 한국사회의 쟁점』, 한길사.

정현주 (1991), 「인터뷰: 사회구성체논쟁 개막의 주역, 박현채」, 『우리사상』 창간호.

조 광 (1993), 「대담: 강만길 — 분단극복을 위한 실천적 역사학」, 『역사비평』 통권21호, 여름호.

조순경 (1992), 「여성학의 발전과 한국사회학의 변화」, 『이화여대여성학논집』 제9호.

조순경·이숙진 (1995), 『냉전체제와 생산의 정치』, 이화여자대학교출판부.

조영래 (1983), 『전태일평전』, 돌베개.

조혜정 (1992~94), 『탈식민지시대 지식인의 글읽기와 삶읽기』 1~3, 또 하나의 문화.

_____ (1998), 『성찰적 근대성과 페미니즘』, 또 하나의 문화.

조희연 (1987), 「민중사회학의 발전적 심화론」, 『신동아』 4월호.

_____ (1989), 「80년대 사회운동과 사회구성체논쟁」, 『신동아』 9월호.

_____ (1993a), 「지성의 창·연구자 이병천교수—21세기 '희망의 기획' 신진보주의」, 『길』 제45호, 9월호.

_____ (1993b), 「지성의 창·신식국독자의 대논객 윤소영교수— 한국사회에서 맑스주의와 모더니티」, 『길』 제48호, 12월호.

_____ (1998), 「경제위기 속의 한국민주주의와 사회운동의 과제」, 『당대비평』 통권

3호, 봄호.

진중권 (2000), 「포스트모더니즘 ─ 관념의 유희에 머물 것인가」, 『한겨레21』 제297호, 3. 2.

채만수 (1990), 「중진자본주의론 비판」, 『사상문예운동』 제3호, 봄호.

_____ (2000), 「민주노동당 강령 비판」, 『진보평론』 제3호, 봄호.

최갑수 (1997), 「오늘의 마르크스주의는 얼마나 유효한가」, 『이론』 제17호, 여름호.

최승훈 (1988), 「전환기 문화운동의 새로운 과제」, 『사회비평』 창간호.

최원식 (1998), 「세계체제의 바깥은 없다 ─ 소국주의와 대국주의의 내적 긴장」, 『창작과비평』 통권100호, 여름호.

최원식 · 백영서 엮음 (1997), 『동아시아인의 '동양'인식: 19~20세기』, 문학과지성사.

최장집 (1993), 『한국 민주주의의 이론』, 한길사.

_____ (1998a), 「'민주적 시장경제'의 한국적 조건과 함의」, 『당대비평』 통권3호, 봄호.

_____ (1998b), 「DJ개혁의 본질을 말한다」, 『신동아』 8월호.

_____ 편저 (1985), 『한국자본주의와 국가』, 한울.

최종욱 (1997), 「'포스트(脫)'주의는 무엇을 포스트(脫)하였는가」, 『길』 제87호, 3월호.

치누아 아체베 (1999), 이석호 옮김, 『제3세계문화와 식민주의 비평』, 인간사랑.

태혜숙 (1993), 「포스트모던 여성해방론의 현황과 과제」, 『이론』 제5호, 여름호.

_____ (1997), 「탈식민주의 페미니즘」, 『한국여성학』 제13권 1호.

_____ (1998), 「제3세계 여성과 탈식민주의: 인종/계급/젠더의 역학」, 『세계사상』 제4호.

편집부 편 (1991a), 『새로 쓰는 사랑이야기』, 또 하나의 문화.

_____ (1991b), 『새로 쓰는 성이야기』, 또 하나의 문화.

학술단체연합심포지움 준비위원회 편 (1988), 『80년대 한국인문사회과학의 현단계와 전망』, 역사비평사.

학술단체협의회 편 (1999), 『5 · 18은 끝났는가』, 푸른숲.

학술단체협의회 '97학술토론회 (1997), 『박정희시대 재평가와 오늘의 한국사회』 10. 2.

한국사회학회 · 한국정치학회 편 (1992), 『한국의 국가와 시민사회』, 한울.

한국정치연구회 편 (1998), 『박정희를 넘어서』, 푸른숲.

한상진 (1987), 『민중의 사회과학적 인식』, 문학과지성사.

_____ (1991a),「세계적 변혁기의 민주주의 재조명」, 한상진 편,『마르크스주의와 민주주의』, 사회문화연구소.

_____ (1991b),『중민이론의 탐색』, 문학과지성사.

_____ (1992),『한국, 제3의 길을 찾아서』, 책세상.

_____ (1999),「한국사회변동의 양면성: 89～99」,『사상』가을호.

한상진·김성기 (1991),「포스트모더니즘, 이렇게 보아야 한다」,『사회평론』창간호, 5월호.

한완상 (1984),『민중사회학』, 종로서적.

_____ (1992),「한국에서 시민사회, 국가 그리고 계급」, 한국사회학회·한국정치학 회 편,『한국의 국가와 시민사회』, 한울.

함재봉 (1999),「탈근대와 유교의 정치학」,『비평』창간호, 상반기.

홍덕률 (1992),「계급론 논쟁」,『한국사회 이해를 위한 길잡이』, 사회평론사. (梁官洙·文京洙·吳輝邦 監修,『最新ガイド·韓國社會論爭』, 社會評論社, 1992.)

홍윤기 (1999),「우리의 허약한 현대, 그리고 야만으로의 퇴행 — 김지하, 시적 강인 함과 철학적 혼돈 뒤에 오는 것」,『당대비평』통권9호, 겨울호.

황태연 (1990a),「과학기술혁명과 노동운동」,『사상문예운동』제4호, 여름호.

_____ (1990b),「맑스주의의 위기’와 계급이론의 재건」,『창작과비평』통권70호, 겨울호.

_____ (1996),『지배와 이성』, 창작과비평사.

황태연·엄명숙 (1994),『포스트사회론과 비판이론』증보판, 푸른산.

姜來熙 (2000),「韓國におけるIMF新自由主義の攻勢と文化變動」,『思想』第909號, 3月號.

今村仁司 (1997),『アルチュセール』, 講談社.

金世均 (1994), 吳輝邦 譯,「韓國の進步運動の課題と展望」,『月刊フォーラム』, 10月號.

大畑裕嗣 (1994),「韓國における市民社會論の動向」,『思想』第844號, 10月號.

瀧澤秀樹 (1992),『韓國の經濟發展と社會構造』, 御茶の水書房.

ルイ アルチュセール (1994), 河野健二 他譯,『マルクスのために』, 平凡社.

柳東植 (1987),「韓國のキリスト敎」, 東京大學出版會.

マイケル ハート (1996), 淺野俊哉 譯,「スピノザの民主主義」,『現代思想』第24卷 第14號, 11月號.

麻田貞雄 (1974),「冷戰の起源と修正主義研究: アメリカの場合」,『國際問題』No.

170, 5月號.

マーク ピーテイー (1996), 淺野豊美 譯, 『植民地 ―帝國50年の興亡』, 讀賣新聞
　　社.

文京洙 (1990), 「韓國における社會變革論爭: 『マルクス主義』復權から再檢討へ」,
　　『季刊窓』第4號.

梶村秀樹 (1977), 『朝鮮における資本主義の形成と展開』, 龍溪書舍.

白樂晴 (1991), 「改良される分斷體制と民主化勢力」, 『世界』11月號. (백낙청, 『분
　　단체제 변혁의 공부길』, 창작과비평사, 1994.)

愼蒼健 (1997), 「『歷史修正主義』の 　」, 『インパクション』第102號, 4月號.

G. スピヴァック (1992), 清水和子・崎谷若菜 譯, 『ポスト植民地主義の思想』, 彩
　　流社.

アントニオ ネグリ (1999), 杉村昌昭・齊藤悅則 譯, 『構成的權力』, 松　社.

テリー イーグルトン (1998), 森田典正 譯, 『ポストモダニズムの幻想』, 大月書店.

ベネデイクト アンダーソン (1997), 白石さや・白石隆 譯, 『增補 想像の共同體』,
　　NTT出版.

한국현대사 연표

1910	한일합방	1932	만주국 건국
1919	3·1독립운동, 4월 대한민국임시정부 수립 (상해)	1941	태평양전쟁 발발
1945	8·15 일본의 패전, 해방	1945	제2차 세계대전 종료
1948	대한민국 및 조선민주주의인민공화국 수립, 국가보안법 공포		
1949	김구 암살당함		
1950	한국전쟁 발발		
1953	한국전쟁 휴전협정조인(한국, 서명 없음), 한미상호방위조약 조인		
1960	4·19학생혁명		
1961	박정희 일파 군사쿠데타, 반공법 공포		
1962	제1차경제개발5개년계획 확정		
1963	박정희, 대통령 당선		
1964	한일협정 반대운동, 인민혁명당사건, 월남 파병		
1965	한일기본조약 체결	1966	중국, 문화대혁명 일어남
1968	통일혁명당사건		
1970	김지하 담시 「오적」필화사건. 전태일, 분신 자살	1968	프랑스, 68년혁명(5월혁명)
1972	7·4남북공동성명. 12월, '유신체제'	1972	미·중 공동성명(미·중 국교회복)
1973	김대중납치사건		
1974	'민중·민족·민주선언', 민청학련사건, 긴급조치제4호, 민주회복국민회의 발족	1973	베트남, 평화협정 조인
1976	민주화운동지도자들의 '민주구국선언' 발표		
1978	한미연합군사연습 '팀스피리트' 개시, 한미연합사령부 정식발족		
1979	남조선민족해방전선사건, 박정희 대통령 피살, 전두환 일파의 군 내부쿠데타		
1980	5월광주민중항쟁. 전두환, 대통령취임		
1982	부산미문화원 방화사건	1982	일본, 역사교과서 서술 왜

			곡사건
1983	소련에서 대한항공기 격추사건, 아웅산 폭탄테러사건		
1984	남북적십자예비회담, 민주화추진협의회 발족(공동의장: 김대중, 김영삼)		
1985	남북이산가족 상호방문 실현		
1987	서울대 박종철 고문치사, 노동자·학생 대투쟁(6월항쟁), 노태우 민정당대표의 '민주화특별선언', 대한항공기 실종사건	1986	소련, 페레스트로이카 착수
1988	노태우정권 탄생, 재야 학술단체연합 심포지엄 개최, 서울올림픽		
1989	전교조 결성, 경실련 설립	1989	동유럽 사회주의 국가들, 민주화변혁
1990	서울에서 제1차 남북고위급회담, 한·소 국교수립	1990	독일통일
1991	남북한 UN동시가입, '남북기본합의서' 및 '비핵화공동선언' 합의	1991	걸프전쟁, 소비에트연방 해체
1992	한·중 국교수립		
1993	김영삼 '문민정권' 탄생. 북한, 핵확산금지조약(NPT) 탈퇴선언		
1994	북한, IAEA에서 즉시탈퇴 표명. 7월, 김일성 주석 서거. 참여연대 결성. 북·미, 제네바 합의		
1995	한반도에너지개발기구(KEDO) 발족		
1996	OECD 정식가입		
1997	북한, 김정일 조선로동당 비서의 총비서 취임. IMF로부터 금융지원		
1998	2월, 김대중 대통령 취임. 11월, 금강산관광선 첫 출항		
1999	미국의 대북한 정책 조정보고(페리보고)		
2000	민주노동당 수립. 4·13총선거. 6월, 분단 후 최초의 남북정상회담, '남북공동선언'. 남북이산가족 상호방문 합의		

색인

인명

나는 일본에서 태어나서 자란 재일조선인 2세이다. 옛 도읍지인 교토(京都)에서 태어나 대학을 졸업할 때까지 20여 년을 그곳에서 살았다. 교토는 산으로 둘러싸인 유서 깊은 도시로 곳곳에 오래 된 절도 많다.

부모님은 일본 식민지시대에 한반도에서 건너온 재일조선인 1세이다. 아버지는 고향이 경상북도이고 어머니는 경상남도이며 두 분이 일본에서 만나 결혼을 하셔서 슬하에 나를 포함하여 육남매를 두셨다. 찢어지게 가난하지도 않았지만 그렇다고 살림이 풍족했던 것도 아니다. 해방이 되고 고향으로 돌아가려고 귀국선이 떠나는 마이즈루(舞鶴)에서 배를 타기 위해 달포가 훨씬 넘게 기다렸던 기억이 있다.

나의 인생의 기억도 대략 이 무렵, 교토 북쪽의 항구마을 마이즈루에서부터 시작된다. 아마 2개월 가량 배를 기다렸던 것 같은데, 배가 온다는 날 아침에 한반도에서 전쟁이 일어나 결국 우리 가족은 귀국선을 타지 못했다. 어쩔 수 없이 우리는 다시 교토로 돌아와 말 그대로 재일조선인으로서의 삶을 살게 되었다. 지금 생각해 보면, 이것은 나의 인생에서도 크나큰 갈림길이었다.

교토의 우리 집은 시내 북쪽의 니시진(西陣)에 있었다. 예부터 니시진은 직물로 유명한 마을이었는데 일본의 전통의상인 기모노의 대

표적인 산지이다. 이곳에는 재일조선인도 비교적 많이 사는 편이었고
또 자주 왕래하는 이웃들도 대개가 직물과 관련된 일을 하는 동포들
이었다. 그러다 보니 나는 같은 재일조선인의 가정에 대해서는 잘 알
고 있었지만, 일본인 친구의 가정은 거의 알지 못했다.

하지만 나는 소학교부터 대학까지 일본학교를 다녔다. 교토에 민족
학교도 있었으나 대부분의 민족학교가 총련계여서, 나의 부모님은 별
로 내켜하지 않았던 것 같다. 부모님은 결코 반동적인 사상을 지니셨
던 것은 아니지만 그렇다고 좌파성향이었다고도 생각되지는 않는다.

대학까지 줄곧 일본학교를 다니다 보니 나는 본명을 쓸 것인가, 통
명(通名, 일본이름)을 쓸 것인가 하는 문제를 놓고 적잖이 고민했으
며 아직도 그 기억은 뇌리에 남아 있다. 통명은 일본사람과 마찬가지
로 일본식 성(姓)을 사용하는 것인데, 그 유래는 식민지시대의 창씨
개명에서 찾을 수 있을 것이다. 그러니 나의 이름을 쓰지 않고 일본인
을 흉내낸 성을 사용한다는 것은 생각해 보면 아주 이상한 일이다.

그러나 이런 어려움을 제대로 잘 이해할 수 없는 나이였던 중고등
학교 시절에는 일본이름을 썼다. 나 같은 재일조선인 2세들에게서 흔
히 볼 수 있는 일이었다. 그만큼 일본사회의 편견과 차별이 심하여 그
속에서 살아가는 하나의 편법이었다고 할 수 있다. 하지만 본명을 쓰

지 않는다는 것은 자신의 정체성 확립에 심각한 왜곡을 가져올 수밖에 없었다.

고등학교 졸업 후에 1년 재수를 하여 교토대학 교육학부에 입학하였다. 처음에는 법학부를 지원하였는데 법학이나 정치학이 좋아서라기보다, 들어가기가 가장 어려워 막연히 엘리트 코스라고 생각되었기 때문이다. 부모님의 뜻이 반영되었던 것도 사실이다. 그 이듬해도 교토대학을 지원했지만 합격점수가 제일 낮은 교육학부를 선택하였다.

학문이 무엇인지 알지도 못했고 또 자라면서 일본사회에서 살아가는 법을 터득할 기회를 가졌던 것도 아니어서, 교육학부에 지원하는 것이 어떤 의미를 가지는지 같은 것은 생각해 보지도 않았다. 다만 더이상 재수를 할 수 없어서 안전한 선택을 했을 뿐이다. 사실 어떤 특별한 목적이 있어서 대학을 가고자 했던 것도 아니다. 집안이 가난했기 때문에 대학을 가야만 나의 장래에 어떤 길이 열릴 것이라고 생각했을 따름이다.

부모님은 직물업을 하셨는데 직공이래야 한두 명인 그야말로 영세한 공장이었다. 그마저도 대학 2학년 때 도산해 버리는 바람에 나는 자립을 해야 해서 어렵사리 대학 기숙사에 들어갔다. 일주일에 엿새는 가정교사를 하는 등 아르바이트에 쫓겨 수업도 빼먹기 일쑤였다.

무슨 공부를 해야 좋을지도 몰랐고 서클활동 같은 것은 엄두도 못 내는 그야말로 칠흑같이 어두운 청춘시절이었다. 공부를 열심히 한 것도 아니거니와 노는 것도, 연애도 모르는 대학생활이었다.

교토대학을 졸업하고 도쿄대학 대학원에 들어갔다. 무엇보다도 싫기만 한 교토를 벗어나 휘황찬란해 보이는 도쿄에 가고 싶었다. 당시에 동포학생은 대개 대학을 졸업하면 가업을 이어받아 꾸려나가든가 아니며 남북으로 갈라져서 싸우고 있던 민족단체에 들어가 활동하곤 했다. 나의 경우는 이어받을 가업도 없었고 하물며 재일조선인이 일본회사에 취직하는 것은 언감생심이던 시대였기에 대학원 진학은 궁여지책이었다고 할 수 있다. 하지만 나는 무엇보다도 책 읽는 것을 좋아했고 또 막연하게나마 공부를 계속하고 싶다는 생각을 했던 것 같다.

그러나 내가 대학원에 들어갔을 때는 마침 전국적으로 학생투쟁이 가장 치열했던 시기였다. 도쿄대학도 예외가 아니어서 수업이 이루어지지 않았고 캠퍼스에서는 학생들과 전투경찰의 공방전이 반복되고 있었다. 재일조선인인 나는 그 투쟁대열에 끼는 것도 여의치 않았던 터라 한국역사를 공부하였고 또 이때 처음으로 우리말 공부를 시작했다. 이렇게 하여 점차 민족허무주의를 극복하고 민족성에 눈떠갔다.

당시 일본에서는 일반적으로 대학원생은 정부장학금을 받아서 공

부했지만, '외국인'으로 되어 있던 나는 자격이 되지 않아 대학원생활
도 역시 아르바이트의 연속이었다. 친한 친구도 없고 마음 터놓고 의
논할 선생님도 없었던 나의 도쿄생활은 그야말로 사방이 꽉 막혀버린
듯한 답답하고 고통스러운 나날이었다.

또 그때만 해도 일본의 학문상황은 한국을 완전히 아주 무시하는 풍
토였다. 그래서 남북한이나 재일조선인에 관심을 가지는 학자가 거의
없었다고 해도 과언이 아니었다. 도쿄대학에는 전국적으로 꽤 이름이
알려진 교수가 많았지만, 나와는 아무런 관계가 없었다. 그런 탓인지
오늘에 이르기까지 나에게는 '은사'가 없다. 다른 사람이 종종 "나의 은
사는…" 하고 말할 때면 나도 모르게 씁쓸해진다.

이렇듯 도쿄생활에 전혀 마음을 붙이지 못하다 보니 어떻게든 서울
에 가서 공부해야겠다고 마음먹었다. 그리하여 틈틈이 돈을 모아 모
국어를 배우러 서울을 두세 차례 갔다. 하지만 서울은 또 다른 의미에
서 정신적으로 몹시 견디기 어려운 속박이 느껴지는 곳이었다. 재일
동포라고 하면 머리에서부터 백안시되었으며 무조건 '빨갱이' 취급을
당할 수도 있는 분위기였다. 반공이데올로기를 정권유지의 도구로 삼
고 있던 군사정권이 재일동포들에게도 심한 억압정책을 취하던 시기
였다. 군사정권뿐 아니라 일반시민들도 재일동포를 그리 달가워하는

것 같지 않았다.

돈이라도 좀 있고 힘있는 친척이라도 있으면 달랐겠지만, 나 같은 사람은 쫓기듯 도쿄로 돌아오는 길밖에 없었다. 실제로 서울에서 비행기에 몸을 싣고 도쿄에 내리면 나는 해방감을 만끽할 정도였다. 그때 내가 한국사회에 좀더 가까이 다가가 공부에 힘쓸 수 있었더라면 나의 인생은 아주 달라졌을 텐데, 하는 후회를 지금도 한다.

대학원을 다닌다고는 하지만, 실상 그 속을 들여다보면 아무 내용도 없었고 자연히 논문다운 논문도 쓰지 못했을 뿐 아니라 박사과정을 수료하고도 마땅히 갈 곳이 없었다. 당시 일본인 학생은 대개 교수의 소개로 어느 대학에든 자리를 잡았지만, 재일조선인은 아주 예외적인 경우말고는 그런 길이 열려 있지 않았다. 또 의학이나 이공학계라면 몰라도 문과계의 대학원에 진학하는 사람조차 아주 드문 시절이었다.

박사과정이 끝날 무렵에 같은 재일조선인 여성과 결혼을 했다. 직업도 없고 가진 것도 별로 없었던 그런 어려운 형편에 용케도 결혼을 할 수 있었다는 게 지금 생각해 봐도 신기하다. 앞이 깜깜했던 나는 여기저기 닥치는 대로 이력서를 내고 취직을 하려고 했지만, 그 역시 뜻대로 잘되지 않다가 가까스로 한국과 거래하는 무역회사에 다닐 수 있게 되었다.

직원이라 해봐야 모두 두세 명 남짓했던 자그마한 회사였지만, 그 덕분에 아내와 나는 생활을 겨우겨우 꾸려갈 수 있었다. 호구지책으로 택한 직장생활이었다고 해도, 나에게는 가정이 있고 또 아침이면 전차를 타고 출근을 하는, 그럭저럭 평범한 샐러리맨 생활을 할 수 있게 되었다는 데 때로는 안심하고 또 때로는 뿌듯하기도 했다. 사실 직장생활을 하는 동안 아내는 정신적으로 많은 힘이 되어주었다. 그러나 아무리 그렇다고 해도 직장생활이 재미있을 리 없었고 여전히 나자신의 주체성 확립이라고 할까, 어떻게 살아가야겠다고 마음결정을 하지 못했다.

회사에 들어간 지 3년째, 내 나이 이미 서른이 넘었을 때이다. 이래서는 안 되겠다는 생각이 들어 그때부터 책을 읽기 시작하였다. '사람은 빵만으로 살아갈 수 없다' 언젠가 길이 열릴 것이라고 믿으며, 학위논문을 쓰기 위해 다시 공부를 시작했다. 완전히 독학이었다.

회사를 다닌 12년 동안 나는 모교 근처에도 가지 않았거니와 연구자들과 교류도 전혀 없이 고립되어 있었다. 무엇보다도 시간적인 여유가 없었고 또한 사상적·정치적으로 대립이 무척 심하였기 때문에 한국계 회사에 근무한다는 사실이 알려지는 것도 싫었다. 그 당시에도 도쿄에는 진보적인 조선사연구회 같은 연구회의 정례모임이 있었지만 그곳에 모이는 연구자들에게 군사독재정권하의 한국은 문자 그대로 규탄의 대상이었다.

직장 다니는 틈틈이 회사 근처에 있던 국회도서관 등지를 다니면서 책과 논문을 복사하고 또 밤을 낮삼아 책을 읽었다. 매일 자료를 작성하는 단조로운 작업이 이어졌지만, 아내가 도와주어서 6년 만에 8천 장의 자료를 만들 수 있었다. 자료작성이 끝날 무렵이 되자, 어느 정도 자신이 생겨서 그때부터 200자 원고지 2400매의 학위논문을 단숨에 써내려갔다. 논문을 쓰기 시작한 지 1년 반 만에 탈고한 것이고 논문준비를 한 지 8년 만이었다. 지금 돌이켜보면 그 8년 동안 월급은 별 탈없이 나왔던 것 같다. 하지만 그때는 월급이 나오지 않으면 당장 공부를 중단할 수밖에 없었으므로 하루하루가 불안의 연속이었다.

내가 박사논문 「조선근대교육의 사상과 운동」을 가지고 학교에 갔을 때 나와 같이 박사과정을 했던 친구들은 물론이고 교수도 무척 놀라워했다. 아마 10년 동안이나 어디서 어떻게 사는지 전혀 알 수 없었던 내가 박사논문을 가지고 나타나니까 그랬던 게 아니었을까 싶다.

나의 박사학위논문은 1982년에 도쿄대학출판회(東京大學出版會)에서 출판되었고, 나에게도 점차 길이 열렸다. 사실 교육학 전공 박사과정에서의 학위취득은 13년 만의 '쾌거'였는데, 학위를 취득하려는 사람이 별로 없었던 것이 가장 큰 이유였다. 그때만 해도 박사학위를 그리 수월하게 취득할 수 없었거니와 또 학위를 취득하지 않아도 은사의 소개로 어느 대학에든 취직할 수 있었다.

하지만 나는 어렵게 학위를 취득했으나 내가 대학에 자리잡는 데 도와줄 사람은 아무도 없었다. 다행히도 공개모집에 응모하여, 지금 내가 몸담고 있는 가나가와대학(神奈川大學)의 조교수가 되었다. 아마 그 뒤로부터 재일조선인 후배들이 대학원에서 공부하고 연구자의 길을 선택하는 코스가 일반화되어 간 것 아닌가 싶다. 나중에 나는 나의 박사학위논문이 1987년에 한국에서 책으로 해적출판되어 많은 사람들이 읽었다는 이야기를 들었다. 물론 저작권 문제 등이 있지만, 그보다 나는 기쁜 마음이 앞섰다. 나와 나의 조국이 이 책을 가교로 해서 이어졌던 것이다.

대학원 시절과 10여 년의 회사근무 시절을 돌이켜 보노라면, 그리운 마음과 괴로운 심정이 교차한다. 어떤 의미에서는 한국에서 동시대를 살아온 같은 세대의 사람들과 일맥상통할 것이다. 먹고 사는 것에 대한 공포심을 느끼면서 또 복잡한 정치적 환경 속에서 끊임없이 긴장하며 나의 정체성을 찾기 위해 조선근대사, 그중에서도 조선근대사상사를 공부한 것은 그후 나의 인생여정에서 결정적인 의미를 가지게 되었다.

　박사학위논문을 쓰는 것 자체가 나에게는 단순히 하나의 학문영역에서 미개척 분야에 도전하는 데 머무는 것이 아니었다. 논문주제가 봉건에서 근대로 나아가는 조선민중의 자기변혁＝역사주체의 형성인 것처럼, 일본에서 교육을 받고 일본사회의 왜곡된 차별 속에서 자란 내가 한 인간으로, 또 한 사람의 재일조선인으로 어떻게 진정한 자기변혁을, 주체성 확립을 이루어나갈 것인가 하는 문제였다. 남북한의 날카롭게 대립하고 있고 또 그로 인해 역사관과 민족관이 크게 괴리되어 있는 현실 속에서, 반봉건·반침략이라는 무거운 과제에 직면했던 선인들의 궤적을 따라가는 것은 그대로 나 자신의 역사적 위치를 자각케 해주고 동시에 미래를 향한 길을 지시해 줄 것이라고 기대하였다.

　현재, 젊은 세대의 재일조선인들은 일본사회의 각 분야에 진출하여 큰 역할을 하고 있다. 학문세계에서도 모든 학문영역에 재일조선인 교수들이 있으며 일본의 대학에서 일본학생들을 가르치고 있다. 그러니 나는 그 시작에 해당하는 시기의 교수라고 할 수 있었다.

　가나가와대학에 들어가서 먼저 놀랐던 것은 나 자신이 일본의 역사나 사회에 대해 아는 게 거의 없어서 학생들에게 가르칠 것이 없다는 사실이었다. 재일조선인 2세인 내가 일본의 대학에서 일본학생에게 가르쳐야 하는 새로운 환경에 당혹감을 느꼈던 것이다. 일본의 역사와 사회를 공부할 필요성이 생긴 셈이었다. 그때부터 나는 아주 최근까지 일본 근현대 사상사를 중심으로 샅샅이 공부하기를 게을리 하지 않았다.

식민지지배의 산물로서 일본인의 눈앞에 있는 재일조선인이 일본과 일본인을 비판하고 고발하기란 언뜻 보기에는 쉬울 것 같다. 그러나 사실 재일조선인이라고 해도 대개의 일상생활이 일본인과 다를 바가 없고 일본인들에게 대항할 만큼의 각오를 다지는 것 자체가 어려운 일이다. 혹은 그런 각오 같은 것이 원래 필요 없는지도 모르지만, 근대 일본의 역사와 사상에 대한 학문적 탐구에 뜻을 두고 나름대로 자기발언을 하려고 하는 한, 이 역시 반발이나 비판에 부딪히게 되고 이에 정면으로 맞설 수 있을 정도의 주체성을 구축하는 것은 대단히 어려운 일이었다. 다행히 『세카이(世界)』나 『시소(思想)』 등의 잡지에 많은 글을 발표하고 이 글들을 모아 책으로 출판을 했는데, 이러는 사이에 문제를 가능한 한 보편적이고 일반적인 방향에서 사고하려는 노력을 기울여왔던 것 같다.

나는 대학원 시절부터 지금까지 일관되게 재일조선인 2세로서 어떻게 살아가야 할 것인가를 모색해 왔다. 무엇보다도 인간은 누구나 운명적이면서도 역사적 존재로서 이 세상에 태어난다는 원점(原點)에 서는 것이 중요하다고 본다. 즉 재일조선인의 입장에 설 때 자기정체성은 필연적으로 남북한과 일본의 역사적 조건에 의해 규정되고, 따라서 삶의 방식을 모색하는 데 있어서 남북한과 일본, 특히 근현대의 한국과 일본이 걸어온 길에 결정적으로 속박된다는 사실을 이해하는 것이 전제라고 할 수 있다. 물론 한반도 남쪽 혹은 북쪽에서 태어난 사람은 또 다른 처지에 놓여 있고 그만큼 과제나 목표도 다를 터이다. 같은 해외동포라 해도 중국이나 구소련에서 태어나 자란 사람은 재일조선인과 또 다를 것이다.

나의 경우에는 어디까지나 재일조선인으로서 무엇이 문제이고 그것을 어떻게 극복해 나가야 할 것인지, 특히 사상사적으로는 무엇을 과제로 해야 할 것인지를 끊임없이 나 자신에게 묻고 또 물으며 그 해답을 찾고자 했다. 이러한 학문적 활동은 80년대 이후에 활발해진 재일조선인의 시민적 권리획득 운동으로도 이어졌다고 생각된다.

이런 면에서 이제까지는 전후(戰後) 일본의 사상전개와 국민교육의 양상, 일본인의 아시아관의 문제 등에 대해 적지 않게 발언해 왔으나 최근 들어서부터 이에 한계를 느끼면서 한국 현대사상사를 공부하기 시작했는데, 2, 3년쯤 되었다. 재일조선인의 과거와 현재, 미래를 고찰하는 것이 나의 원점이지만, 그것을 일본과 재일조선인 혹은 일본과 조선이라는 이항대립적 사고에서 고찰하는 것은 무리가 있다고 깨닫게 되었던 것이다.

실제로 현대 한국의 사상을 공부해 나가면서, 이는 한국사람들의 사상적 발자취를 배우는 것뿐 아니라 이들의 사상에 영향을 미쳤던 프랑스사상 등 현대 세계사상의 흐름을 배우는 것으로 이어졌다. 보편성과 독자성, 세계성과 지역성, 서구와 아시아 등과 같은 문제를 좀더 넓은 시야에서 볼 수 있게 되고 또한 재일조선인의 문제를 고찰하는 훨씬 더 근본적인 시각을 얻게 된 게 아닌가 하는 생각이 든다. 이런 의미에서 이 책은 나의 새로운 공부의 중간보고에 해당된다고 할 수 있으며, 이런 공부를 시작한 나 자신을 참으로 다행스럽게 생각한다.

박사학위논문을 쓰는 과정이 나 자신에게 조국과의 만남이자 정체성 발견의 여행이고 또한 일본 근현대 사상사에 대한 공부가 일본과 재일조선인을 더 잘 이해해 나가는 과정이었다고 한다면, 현대 한국 사상에 대한 연구는 남북통일을 향한 나 나름대로의 첫걸음이라고 생각한다. 자기인식과 타자인식은 표리일체를 이루고, 일본·일본인을 논하는 것은 한국·한국인을 논하는 것과 당연히 동시진행되어야 한다. 그래야만 재일조선인이나 세계의 여러 민족에 대해 이야기하고 나아가서는 근대의 보편적인 것에도 접근할 수 있을 것이다.

특히 탈냉전시대에 들어와서도 여전히 첨예한 긴장관계에 놓여 있는 남북한의 역사, 그중에서도 한국의 사상사와 정신사 문제를 다루는 것은 분단상황의 복잡함을 해명하는 동시에 재일조선인의 역사와 현황을 이해하기 위해서도 반드시 필요하다.

사실 나는 이 책을 쓰면서, 그전에 공부할 때는 알지 못했던 것을 많이 배웠다. 프랑스사상의 도입과 연관된 근대성이나 식민지성의 문제, 사회와 인간을 다면적·복합적으로 이해하려는 포스트구조주의의 사고방식과 탈식민지주의 문제가 함축한 의미를 깨닫게 되었고, 또 한편으로는 국가나 자본, 민족이나 계급, 남북통일 문제가 학문적으로 얼마나 중요한 문제인지를 새삼 확인하게 되었다. 그리고 두 동강 난 조국으로 인해 생활에서 엄청난 영향을 받을 수밖에 없었고 또 국적이나 법적 지위 등에 결정적으로 속박되어 온 재일조선인의 삶이 지니는 세계사적의 의미를 다시금 고찰하는 계기도 되었다.

재일조선인의 미래를 끊임없이 고민하고 있는 한 사람으로서 현대 한국의 사상흐름을 공부하면서 재일조선인의 미래를 새로운 방향에서 모색할 수 있게 된 것 같다. 당연히 이것은 남북한의 동포와 전세계에 흩어져 있는 해외동포를 포함한 새로운 민족공동체의 구체화라는 방향에서 생각해 나가야만 하는 것이다. 재일조선인의 미래는 결코 재일조선인에 한정된 문제로 생각해서는 안 된다. 더 큰 틀에서 말한다면 재일조선인의 문제는 일본이나 중국을 포함한 동아시아권, 나아가서는 국민국가를 넘어서려는 세계의 움직임 속에서 설정될 필요가 있다.

남북정상회담 후에 한반도의 정세는 크게 변화해 갈 것으로 생각된다. 그러나 남북통일이 금방 실현되는 것은 아닐 것이다. 김대중 대통령은 통일은 2, 30년 걸린다고 말하고 있는데, 통일에 이르는 과정에서 재일조선인이 어떻게 살아가야 할 것인지, 그에 필요한 사상·이념을 어떻게 제시해 나갈 것인지는 크나큰 문제이다. 남한의 지식인 그리고 북한의 지식인도 제각각 2, 30년에 걸쳐서 통일을 맞이하는 주체적인 사상·이념을 제시할 필요가 절박해질 것이 분명하다. 민족주의 문제도 그중 하나인데, 민족분쟁이 격화되어 가는 속에서 여러 민족이 공존할 수 있는 '민족주의'는 도대체 어떠한 것인지, 이는 재일조선인 그리고 한국에 사는 사람들에게도 중요한 문제이다.

그런 의미에서 우리의 향후 사상적 탐구는 결코 일국주의적으로 완결되는 것이 아니라 적어도 동아시아를 시야에 넣은 것이 되어야 할 것이다. 현실적으로 세계의 모순이 집중되어 있는 한반도의 통일은 현재 세계가 안고 있는 여러 가지 모순을 해결해 가는 노력 속에서 달성되는 것이고, 이를 위해서는 사상·이념의 탐구 또한 현대세계의 여러 문제를 예의 주시해야 할 것이다.

최근에 나는 해마다 몇 차례씩 한국을 드나들게 되었다. 5, 6년 전만 해도 생각할 수도 없는 일이었다. 반공독재국가였던 한국과 가능하면 관계 맺고 싶지 않았던 것이다. 나와 나의 딸과 아들은 국적이 한국이지만 나의 아내는 조선국적이었다. 자식들은 부계주의에 의해 자동적으로 나와 같은 국적이지만 아무튼 우리 가족은 한국의 호적에 한가족으로 기재되어 있지 않았다.

조선국적이라는 것은, 제2차 세계대전에서 패배한 일본이 구식민지 출신 재일조선인으로부터 '일본국적'을 박탈했을 때 제멋대로 붙인 국적표시(기호)로, 북한을 의미하는 것이 아니다. 재일조선인은 일반적으로 국적이 한국, 조선, 일본으로 혼재되어 있는 경우가 적지 않은데, 나는 우리 가족의 국적(표시)이 각각 다른 것이 오히려 '통일조선'의 증거라고 생각해 왔다. 언젠가 조국이 통일되면, 우리 가족 내의 분단선도 사라진다고 생각했던 것이다.

그러나 여권이 없다는 것은 몹시 불편하고 괴로운 일이다. 나만 한국정부로부터 여권을 발급받을 수 있었지만, 여권을 받기까지 얼마나 힘들었는지는 이루 말로 다 표현할 수 없다. 유효기간도 1년, 길어야 3년이었다. 가족 모두가 국적을 한국으로 바꾸지 않는 한, 이런 상황은 계속될 것이었다. 더구나 10여 년 전에 해외연구차 온 가족이 영국에 가게 되었는데, 나만 빼놓고 아내와 자식들이 소지한 일본정부 발급의 '재입국허가서'가 지구상의 그 어떤 나라에서도 통용되지 않는 얼마나 엉터리인지를 신물이 나도록 맛보았다.

최근에는 선진국을 중심으로 탈국가, 탈국경이 너무 간단하게 이야기되고 있지만, 이는 어디까지나 독립국가, 통일국가가 있고 나서의 일이다. 아무튼 이러한 우여곡절 끝에, 몇 년 전 내가 서울대학교 대학원에서 한 학기 동안 강의할 기회를 얻었을 때 아내의 국적을 한국으로 바꾸고 본적지의 호적에도 올렸다. 지금은 우리 가족 모두 한국여권을 가지고 있는데, 이는 한국의 민주화가 진전된 덕택이기도 하다.

남북분단에 의해 인생이 좌우된다는 것은 너무나 슬픈 일이다. 그 상징이 다름 아닌 이산가족의 존재인데, 이러한 불행한 상태는 하루빨리 바로잡혀야 한다. 이를 위해서 내가 할 수 있는 일은 최선을 다하고 싶다. 앞으로 한국에 사는 동포들과 더욱더 긴밀하게 교류하고, 이 시대를 사는 동포로서 보탬이 될 수 있는 일이라면 열심히 할 생각이다.

나의 학문적 과제도 가능하다면 조선 근현대 사상사를 근대성과 식민지성, 탈식민지화, 나아가서는 친일과 반일, 친미와 반미 등과 관련해서 정리해 보고 싶다. 또 하나, 재일조선인 연구자로서 역시 동일한 관심사에서 더욱이 일본 근현대사와 연관시켜서 재일조선인의 사상사를 꼭 쓰고 싶다. 종주국의 일본사람, 내국식민지의 오키나와사람 그리고 구식민지의 재일조선인이 동시대를 어떻게 살아왔는지 규명할 수 있으면 하는 바람을 간직하고 있다.

최근 들어와서 한국에서도 그렇고 재일조선인들 사이에서도 젊은 연구자들이 배출되어 각 방면에서 활약하고 있는 모습을 보면 몹시 기쁘다. 나 스스로는 아직 젊다고 생각하지만 아무튼 허락된다면 젊은 사람들에게, 어떤 상황에서도 자신의 가능성을 믿고 평소에 준비를 게을리 하지 말라는 당부를 하고 싶다.

아무리 고립무원의 상황에 놓여도 하루하루 꾸준히 자기가 하는 일에 열성을 다하고 힘을 길러가면 언젠가 자신이 희망하는 길이 열리게 된다. 또 가능하다면 혼자가 아니라 친구들과 커다란 목표를 향하여 함께 걸어가기 바란다. 오늘날의 한국에서는 민주화를 한층 더 실현시키고 통일로 향한 노력을 쌓아가는 길이 될 터이다.

옮긴이 후기
한국 지식인사회의 진솔한 논쟁의 불씨

 이 책은 윤건차 선생님의 『現代韓國の思想』(岩波書店, 2000)을 한국어로 번역한 것이다. 재일동포 학자가 동시대 한국사회의 사상적 흐름을 정리하고 평가한 저술이다. 8, 90년대 한국사회의 격변상황과 이를 둘러싼 지식인의 대응을 저자 나름의 시각에서 재구성하여 분석한 것이다.

 이 책의 주제는 한국의 사회, 사상, 지식인 등을 배경적 요인으로 하여 전개된다. 사회 혹은 사회적이라고 생각되는 현상을 과학적으로 해석하고 파악하려는 시도는 여러 학문분야에서 수행되어 왔다. 현실의 사회현상은 경제, 정치, 사회형태나 사회심리, 문화현상 등이 얽혀 있는 복합적 실체로서 존재한다. 사회의 어느 측면을 추상화하여 방법론적 모델로 구성하는 것을 통하여 근대의 사회과학은 많은 학문적 성과를 거두어왔다. 그리하여 사회과학적 인식의 틀을 통해 한국사회를 분석하여 방향성을 가진 삶의 모습과 정신적 구성체로 재조명하는 것은 의의 있는 작업이라 할 수 있다.

 또한 이 책은 사상 및 지식인이라는 프리즘을 통해 한국사회의 역사적 성격을 파악하고 있다. 사상이란 사고작용의 결과로 얻어진 체계적 의식의 내용인데, 좁게는 사회나 정치 등에 관한 일정한 견해를 가리키는 것이기도 하다. 이런 사상의 조류에 의해 형성되는 것이 정신사이다. 지성적 개성의 소유자인 지식인이 사회적 · 문화적 소산의 역사적 전통을 밝혀서 추체험하는 것이 정신사의 구체화인 사상인 것이다. 지적 생산에 종사하는 지식인의 사회사적 유형은 시대나 사회에 따라 다양하게 나타나는데, 지식인은 사회를 총체적으로 인식하는 역할을 감당해 냄으로써 사회적 존재가치를 인정받게 된다. 그리고 역사란 이러한 개성적 창조의 연속에 의해 엮어지는 것이다. 그런 의미에서 이 책은 지식인이란 존재의 사회적 의미에 대해 진지한 질문을 던지는 문제의식과의 대면을 경험하게 한다.

한국의 근현대를 '압축근대'라고 상정할 때, 한국사회에는 근대성과 식민지성이 서로 갈등하며 공존하고 있다. 동시대 한국사상의 핵심은 변혁노선의 모색과 변혁주체의 설정이었다. 한국에서 사회변혁을 지향하는 역사주체의 형성기반은 80년대에 이루어졌다. 노동운동을 비롯하여 학생운동, 여성운동 등을 이끈 다양한 주체들은 스스로를 의식화하고 사회적 책임을 자각함으로써 사회를 선도하는 주체로 성장했던 것이다. 80년대의 민주화운동과 한국자본주의 논쟁, 사회구성체 논쟁에 관한 서술에서 시작하여 사회주의권 붕괴 후 90년대 지식인의 사상적 갈등이나 다양해진 사회운동의 전개과정을 추적하는 것은 한국 현대사상의 전체적 양상에 대한 이해를 도모하려는 저술의 의도를 잘 보여주고 있다.

저자는 한국의 현대사상에 관한 분석을 통해 몇 가지 문제점과 과제를 제시하고 있다. 먼저, 식민지경험을 재검토하고 근대성이나 식민지성에 관한 분석적 이해를 바탕으로 '근대'를 극복해야 한다는 것이다. 과거를 객관화함으로써 근대성이나 식민지성의 정체를 밝혀내고 또 서구근대에 대치되는 아시아적 근대의 의미를 추구해야 하며, 나아가 해방 후의 신식민지 문제와의 관련성 속에서 탈식민지화 및 탈식민지주의의 성격을 규명해야 한다고 본다. 둘째는, 다양화된 사회의 구체적인 역사현실 속에서 주체를 설정하는 문제, 즉 노동자나 시민, 주변자, 소수자 등의 사회적 의미를 밝히는 것이다. 여기서는 자본주의의 본질적 구축물인 시장경제의 보편적 원리는 물론이거니와 이와 공존하고 있는 한국의 전근대적 정치·사회 질서 및 전통적인 가족관계의 변용에 관한 올바른 이해가 반드시 요구된다. 셋째는, 미래지향적 시각에서 국민개념을 재구축하고 남북의 민중과 해외동포를 포함한 '민족'적 공동체에 관한 관심이다. 마지막으로, 새로운 시대를 살아가는 문제로 남북통일과 동아시아민중의 공존을 시야에 넣은 아이덴티티의 창출을 과제로 삼아야 한다는 것이다.

이상을 총괄하여 저자는 현시점에서는 국민국가를 절대시하지 않고 국가 내부의 권력관계의 민주화를 진전시키면서 공정한 사회분배의 실현, 여러 종류의 소수자나 주변자들과의 공존 등을 구체화할 수 있는 새로운 공동체를 만들어나가야 한다는 견해를 피력하고 있다. 이는 한국에서 '근대'는 아직 완성되지 않았다는 뜻이며, 탈근대주의와 탈민족주의의 추구가 동시적으로 논의되어야 할 필요가 있다는 것이다. 20세기의 중앙집권적인 국민국가와는 다른 새로운 유형의 평화적인 국가의 모색을 통해 한반도의 통일국가가 이룩되어야 한다는 의미라고 보여진다.

저자는 정당성을 결여한 정권에 대항하여 격렬하게 저항하고 투쟁하는 가운데 형성된 한국 근현대에 관한 논의 및 사회의식을 일단 긍정적으로 평가하고 있다. 분단국가라는 냉엄한 조건 속에서 세계의 사상조류와 연동하면서 새로운 사상적 지평을 확보하기 위해 기울여온 지식인들의 노력에 찬사를 보낸다. 현실과 이념이 교차하는 장에서 선명하게 드러나는 지식인의 고뇌의 무게가 시사해 주는 바가 적지 않기 때문이다. 그러나 한편 진보적인 사상과 사회현실 사이에는 균열과 낙차가 있고, 지적 시차(時差)로 인한 혼선이 존재하고 있음을 갈파하고 있다. 또한 한국사회의 전환기를 주도해 나갈 주체의 형성에 있어서 노동운동을 주축으로 하는 민중운동과 각종 시민운동 사이의 상호 이해와 협력이 충분하지 못했다는 지적에도 귀를 기울일 필요가 있다.

이 책이 제시하고 있는 저자의 관점이나 입장에 대한 독자의 반응은 다양하리라 예측된다. 논의에 있어서 지적 깊이와 파장의 너비에 관한 반응이나 평가는 각양각색으로 나타나게 마련이다. 사안에 따라서는 적지 않은 논쟁이 예상되는 부분도 있다. 옮긴이 또한 모든 내용에 반드시 동의하는 것은 아니다. 그럼에도 불구하고 총체적인 사회변화의 동인인 정치적·사회적 역학관계의 변화에 관한 분석에서 국외자의 시선은 객관화 및 상대화를 가능하게 한다는 점에서 그 나름의 의의가 있다고 하겠다.

역사적 상황 속에서 80년대 이후, 특히 90년대 한국의 사상을 조망해 볼 때, 실제로 학계나 논단에서 남북분단이 종종 논의되었고 통일의 전망에 대한 언급이 전혀 없었던 것은 아니지만 과거 식민지지배 및 해방 후의 민족분단 비극에 대한 심도 있는 문제의식이 빈약했던 것이 사실이다. 국민국가가 지닌 폭력장치나 타자에 대한 차별화 기능을 비판적 시각에서 분석하여 정치권력이나 지배층으로부터 독립적인 아이덴티티의 공유를 실현하여야 한다는 문제의식이 명확히 제시되었다고 보기는 어렵기 때문이다. 이러한 시각에서 8, 90년대 한국사회라는 시공성에 주목하는 것은 21세기를 향한 한국사회의 사상적 지표 설정이라는 과제의 구체적 방향을 시사해 주고 있는 것이라 할 수 있다. 남북한과 일본 그리고 아시아 및 세계적 관점 속에서의 한국사회의 모습을 상대화하여 자리매김하는 학문적 작업인 것이다.

우리는 이 책에서, 분단 패러다임의 고착화로 역사의식의 갈등이 존재하는 현실 속에서 통일국가의 사상적 기반을 새로 구축해야 한다는 도전에 직면해 있는 한국 지식인들을 애정어린 눈길로 지켜보면서 동참하고자 하는 의지를 보여주는 동지적 지식인을 만날 수 있다. 이 책은 우리 자신이 지나온 궤적을 객관화하여 되돌아보는 작업, 즉 식민지경험과 타자화의 과정이 한국사회의 정체성 형성에 미친 영향에 대한 분석적 탐구를 요청하고 있다. 논쟁의 도화선에 불을 댕긴 주제들을 하나하나 되짚어보면서 이제부터 나아가야 할 향방을 타진하는 논의 및 연구의 추진을 더 이상 늦출 수는 없는 시점에 와 있다. 학문적 동지들이 마주앉아 치열한 현실인식을 바탕으로 미래지향적인 과제와 역사의식에 대한 진지한 토론 및 지적 대화의 장을 만들어야 하는 것이다.

저자인 윤건차 선생님은 한국의 현대사상 속에서 지식인의 의지와 갈등의 궤적을 살펴보는 작업과 자신의 아이덴티티를 재구성하는 작업을 중첩시키고 있다. 자신의 삶의 모습을 통찰하는 것과 분단조국에 대한 끊임없는 관심이 어우러진 학문적 결실을 일구어낸 것이다. 국민국가 한국에 대한 문제제기 및 통일된 조국에 대한 염원은 너무나 간절한 것이어서 숙연함마저 느끼게 한다. 지식인에게 정말로 절실한 '물음'의 답을 찾기 위해서는 자신의 문제의식 자체에 관한 점검이 선행되어야 한다는 자세를, 그리고 이성과 감성을 조화시키는 저술활동의 모범을 보여주었다고 생각된다.

이 책의 내용을 꼼꼼히 읽어 내려가면서 자신의 자리에 서서 열려 있는 학문적 대화의 장을 만들고자 하는 열정을 지닌 윤선생님의 정신세계를 엿보고 옮긴이는 많은 자극과 감동을 받았다. 학자로서의 자기성찰적 노력을 게을리 하지 않는 모습을 행간에서 읽을 수 있었다. 이를 통해 인간은 누구나 운명적이면서도 역사적인 존재로 이 세상에 태어나서 살아간다는 사실을 다시 한 번 깊이 음미하는 기회가 되었다.

번역작업을 진행하는 과정에서 여러 가지 협력을 아끼지 않으신 윤선생님의 치밀함과 헌신적 태도에 감탄을 금할 수 없었던 적이 한두 번이 아니었다. 인간미 넘치는 모습을 뵙고 진솔한 이야기를 나눈 것 또한 너무나 인상적이었다. 스스로 자신의 길을 개척하여 왔고 또 지금도 계속하여 새로운 길을 찾고 있는 윤선생님의 학자적 양식과 깨어 있는 의식에 경의를 표한다.

그리고 탁월한 식견을 갖춘 편집자의 자세와 남다른 책임감을 보여준 당대의 박미옥 사장님과의 만남도 매우 특별한 것이었다. 출판계의 사정이 날로 어려워지는 오늘날의 현실 속에서도 인쇄매체를 통해 정신사의 맥을 이어가야 한다는 의지를 가진 출판인들이 한국의 지식인들의 학문적 정진을 고무하는 역할을 하고 있다고 생각되었다. 이 책이 잘 다듬어진 모습으로 한국의 독자들을 만날 수 있도록 정성을 다한 당대의 사장님을 비롯한 여러 직원분들에게 감사를 드린다.

마지막으로 번역작업에 대해 언급해 둔다면 용어의 선택에 있어서는 가급적 한국에서 통용되는 용어를 사용하였고 저자의 특별한 의도가 담겨 있는 경우에는 이를 존중하였다. 그리고 본문의 내용 중 국내에서 출판된 자료나 문헌의 인용 및 인적 사항 등에 관해서는 일일이 확인하는 과정을 거쳤고 그 과정에서 보충하거나 수정된 부분도 약간 있다는 점을 밝혀둔다.

한국어판은 원저에 충실한 번역을 하고자 노력을 기울였으나 오역이 있지나 않을까 걱정이 되기도 한다. 원저의 의미를 정확하게 전달하면서도 잘 읽혀지는 한국어 문장을 만드는 작업의 어려움을 다시 한 번 실감하였다. 이 책이 한국의 학계와 논단에 활력을 불어넣는 하나의 실마리 역할을 할 수 있다면, 하는 기대를 가져본다.

장화경